KB052349

여신을
찾아서

여신을 찾아서

김신명숙

인류 최초의 신은 여자였다

판미동

"마고할마니가 키가 언마나 컸든가 자사히 알 수는 없지요.

지금 완도로 가자면 남창 앞에 달도라는 섬이 있어요.

그 앞에 그 사이강이 질로 호남일대에는 질 짚드랍니다.

그란디 '언마나 짚은가 보자' 그 한번 내려가 본께

그래도 포로시 마고할미의 넙턱지에 가 닿드라요.

여그는 또 이 건네서 저 건네 산을 보머는 이렇게 곧 가차요.

그란디 이것이 또 '늬가 언마나 너른가 보자' 그라고

이 바우 끄터리에다 대고 저 건네 바우 끄터리다 가랑을

대본께 포로시 닿드라요.

그래서 마고할마니가 언마나 크다는 것을 알았드라요."

— 『한국 구비문학대계』 6-5

추천의 말

지난 25년간 이끌어 온 크레타 여신순례가 한국에 여신영성을 소개하는
책으로 이어졌다는 사실을 알고 기뻤습니다. (…) 김신명숙 씨가 얘기하듯,
선사시대 여신의 발견은 학문적 추구에서 그치는 게 아닙니다. 가부장제적
문화와 종교에서 자라난 여성들에게 신이 여자였다는 사실의 발견은
심대하게 삶을 변혁시킬 수 있는 일입니다.

— 캐롤 크리스트
(여신운동의 대모, 미국 아리아드네 연구소 대표)

김신명숙의 『여신을 찾아서』는 한국여신 연구에 이정표를 세운
'여성사적(Her-Storical)' 작품이다. 하늘 아래 새것이 없다 하지만
이 책은 반짝이는 오리지널리티로 가득하다. 지금 대한민국과 세계에서
일어나는 남성들의 폭력에 대한 여성들의 고발운동, 'Me Too'는 고대
여신들의 힘이 다시 돌아오는 징표로 보인다. 지배와 종속, 폭력에 근거한
가부장제 문명은 보살핌과 돌봄, 자비에 근거한 여신 문명에 의해 치유되고
고쳐져야 한다. 신화적인 차원에서의 남성 신들은 역사적인 현실 속에서
남성지배를 정당화했다. 지고의 진선미가, 최상의 깨달음과 자유와 구원이
남성 신으로만 표현될 때, 여성들은 자기의 가장 깊은 존재에 깃들여 있는

영혼의 힘조차 잃게 된다. 여성들은 완전히 온전해지고, 최고의 자신이 될 가능성을 실현하기 위해서도 여신을 필요로 한다. 이 책을 통해 한국의 많은 사람들이 '신성한 여성성(Divine Feminine)'을 회복하고 가장 자기다운 생명력이 뿜어 나오는 풍성한 삶을 살기를 기원한다. 21세기는 '남성적 깨달음(Enlightenment)'이 '여성적 현묘함(Endarkenment)'과 한몸이 되면서 분리와 분열을 넘어 통합과 합일의 문명을 열어갈 것이다. 아픔과 고통의 'Me Too'가 나도 여신이라는 자기실현, 자기초월의 'Me Too'로 변화될 그날을 꿈꾸며 나는 이 책이 우리에게 아름다운 안내자가 되어 줄 것이라 확신한다. 진정한 자신이 누구인지, 나는 이 세상에 왜 왔는지, 어떻게 사는 것이 의미 있는 것인지 존재의 목적에 목말라하는 모든 분들께 이 책은 '영혼의 묘약'이 될 것이다. 여신과의 만남에 모든 답이 있다.

— 현경
(살림이스트 라이프코치,
뉴욕 유니온 신학대학원 여성신학 교수)

강물처럼 자연스럽게 흐르는 문장을 따라가면서 분명 느낄 수 있었다. 여신은 살아 있다. 지금 우리와 함께 살아 숨 쉬고 있다. 샘이 되었다가 바다가 되기도 하고, 나무가 되었다가 숲이 되기도 하며 장작이 되었다가 불이 되어 나를 따스하게 매만져 준다. 사람은 혼자서 살아갈 수 없다. 나의 내면에서 바람처럼 나를 다독이는 여신의 힘, 사랑하는 사람이 나에게 전해 주는 여신의 힘. 우리가 함께 만나는 순간순간이 서로에게 여신이 된다. '일상의 행복'이란 함께 사는 삶에서 우러나온다는 깨달음이 모두에게 필요하다. 여신을 찾아 저 멀리 크레타에서 시작된 여행길이 자연스레 제주를 지나고 서해바다를 헤엄쳐 지리산을 오른다. 아, 나도 떠나고 싶다. 경주 남산의 여신처럼 춤을 추며 '삶의 고개'를 넘실대고만 싶다.

— 은하선
(『이기적 섹스』 저자)

순례를 떠나기에 앞서
– 여신영성과 여신문화

태초에 사람들은 생명의 여창조주, 하늘의 여주인에게 기도했다. 종교가 처음 생겨났을 때 하느님은 여자였다. 기억하는가? (…) 위대한 여신— 신성한 여성 조상—은 기원전 7000년 신석기시대 초부터 서기 500년경 마지막 남은 여신신전들이 폐쇄될 때까지 숭배되었다.

—『신이 여자였던 시절』, 멀린 스톤

인류 최초의 신은 여자였다.

남성 신이 세상을 창조했다는 경전에 맹목이 돼 버린 사람이 아니라면 세계 곳곳의 선사시대 유적들, 오래된 창조여신 신화들이 말해 주는 진실을 부정하기 힘들 것이다. 그리스의 가이아나 바빌론의 티아마트, 중국의 여와와 한국의 마고 같이 세상과 인간을 만들어 낸 태초의 어머니들은 신화로 남아 있는 여신숭배의 역사를 보여 준다.

선사시대는 물론 역사시대 초기까지도 인류는 거의 예외 없이 위대한 여신을 숭배하며 살았다. 최초의 사회 형태도 모계씨족사회였고, 그 삶의 중심엔 어머니가 있었다. 그리고 자연의 순환과 인생의 주기에 따라 이어졌던 제의들은 대개 여사제가 이끌었다. 모성원리가 지배했던 그 시절은 대체로 평화롭고 평등했다. 위대한 여신은 곧 자연이었으므로 자연의 생명력과 아름다움을 찬양하는 예술이 꽃피었고, 사후가 아니라 이 땅에서의 축복이 삶의 중심에 있었다.

그들은 지배 권력과 정복 전쟁을 알지 못했다. 고대 유럽, 터키 아나톨리아, 서아프리카, 크레타와 몰타, 인더스 밸리, 중국과 일본 등에 산재하는 선사 유적지들과 유물들, 세계 각지에서 전승돼 온 오래된 낙원 전설들이 그 사실을 말해 준다.

그러나 자연의 품에 깃들어 소박하게 피어난 그 삶터들은 청동제와 철제 무기를 앞세운 침략자들의 출현과 함께 파괴되거나 복속됐다. 기원전 4000년 무렵 시작된 일이다. 멸망의 과정에 내부적 요인도 있었겠으나 외부의 침략이 더 크게 작용했던 것으로 보인다. 그와 함께 강력했던 여신들도 살해당해 남신으로 교체되거나 남신의 배우자 혹은 딸로 격하됐다.

우리가 학교에서 배운 문명의 역사는 이때부터 시작한다. 왕이나 황제라고 불리는 지배자가 출현하고 침략 전쟁이 끊임없이 이어졌으며, 여성의 종속과 노예제도 등이 체계화됐다. 호전적이고 권위적인 절대권력자들은 마르두크, 야훼, 제우스 등 자신을 닮은 남신들을 등장시켰다.

이후 이어진 기술적 진보와 과학의 발전에도 불구하고, 지배 체제와 정복 문화는 수천 년간 지속되어 다수의 사람들을 고통

속에 몰아넣었다. 근대에 들어 민주주의를 쟁취하는 역사적 성과가 있었으나 그 고통은 아직도 끝나지 않고 있다. 산업혁명과 과학기술의 발전은 오히려 가공할 핵무기 생산과 재앙적인 환경 파괴를 초래했다. 현란한 기술문명 속에서 사람들은 자연과 단절된 채 자본의 도구로 전락해, 갈수록 생명력을 잃어 간다.

과연 인류의 역사는 지나온 시간만큼 진보해 온 것일까?

우리는 여신을 숭배하며 자연의 흐름과 이치에 따라 살았던 '원시적인' 선사시대인들보다 행복할까? 그들이 당연하게 누렸던 소중한 무엇을 지금의 우리는 잃어버린 게 아닐까?

이러한 물음은 기껏해야 흥미로운 이야깃거리로 신화 속에 박제되어 있거나 아득히 잊힌 여신들을 다시 돌아보도록 자극한다.

여신운동의 탄생

역사의 뒤편으로 밀려나 있던 여신이 현대인들과 다시 만나기 시작한 것은 1970년을 전후한 시기였다. 특히 미국에서 뚜렷한 부활의 기운이 싹텄다. 기독교와 유대교 등 남성 중심적인 기존 종교에서 자기 자리를 찾을 수 없어 방황하던 여성들이 선두에 있었다.

여신의 여자들은 고대 여신신앙 전통과 만난 후 환희에 차서 자발적으로 서클을 조직해 나갔다. 소규모의 서클에서 함께 공부하고 리츄얼(의례)을 만들기 시작했으며, 잊혀진 여신의 성소들을 찾아 순례에 나섰다. 덩굴처럼 퍼져 나간 이 움직임은 여신영성운동(이하 여신운동)이라는 새로운 역사를 창조했다. 캐롤 크리스트나 스타호크 같은 지도자들, 숙련된 여사제들도 나왔다. 북미대륙에서 운동이 성장하면서 영국을 비롯한 유럽 지역, 오스트레일리아, 뉴질랜드 등지로도 확산됐다.

지금까지 50년 세월 동안 여신운동은 세계의 다채로운 여신 전통들을 자원으로 삼아 현대 여성의 욕망과 경험에 맞는 영성이 무엇인가를 탐구해 왔다. 현대에 새롭게 부활한 여신이 누구 혹은 무엇이어야 하는지에 대해서도 치열한 토론을 벌였다. 하지만 정설은 없다. 여신운동은 지배나 위계, 권위주의를 거부하기 때문에 전체를 통제하는 최고 조직이나 배타적 권위를 가진 하나의 경전을 인정하지 않는다. 보편적인 조직 운영에 관한 규정도 없다. 각자의 위치에서 자유롭게 탐구하고 실천하며 움직일 뿐이다. 개인이나 서클의 자율성과 창조성이 최대한 존중되는 것이다.

그러나 공통적으로 드러나는 특징들은 분명히 있다.

첫째, 자연 혹은 지구가 여신이라는 것이다. 여신운동은 어머니 지구, 위대한 여신이란 메타포를 통해 자연의 신성한 힘을 환기시킨다.

둘째, 세계의 주요 종교들이 부정하거나 격하시킨 여성의 몸과 힘, 신성과 인간성을 온전히 되찾고 여성들의 관계와 역사를 회복하려 한다.

셋째, 믿는 것보다 몸으로 느끼고 행하는 것을 중시한다. 여신은 추상적 개념이 아니라 살아 있는 생명력이고 어디에나 존재하는 신성이기 때문이다. 그래서 신학적 설명보다 리츄얼이 핵심을 이룬다. 여신운동가들은 사계절의 순환이나 해와 달, 별의 움직임에 따라 다채로운 리츄얼을 행하며 자연의 여신, 내 안의 여신과 접촉한다. 순례는 가장 특별하고 집중적인 리츄얼이라고 할 수 있다.

'여신'이라는 용어 때문에 생겨나는 오해들도 있다. 가장 흔한 것은 남성 중심적 종교가 여성을 차별한다고 비판하면서 성만 바꿔 같은 잘못을 저지르고 있다는 주장이다. 그러나 여신은 '치마 입은 남신'이 아니다. 기독교 하나님 같은 남성 유일신의 성만 바꾼 신이 아닌 것이다.

모든 사람은 여성의 몸에서 탄생한다. 이 엄연한 사실에 여신의 뿌리가 있다.

여신은 모든 이분법적 구분을 뛰어넘어 전체를 감싸며, 뭇 생명과 존재들의 상호연결성과 상호의존성을 드러낸다. 남성 또한 여신의 일부다. 아들도 어머니의 몸에서 태어나 그녀의 젖을 먹고 자란다. 그들의 심리를 형성하는 원초적 토대도 어머니다. 여신은 여성과 남성뿐 아니라 세상의 모든 다양한 성들도 낳고 품는 통합적 모성이자 여성성이다.

여신문화의 비전

여신운동은 개인의 영적인 성장과 사회적 변화를 함께 추구한다. 사회 변화에 별 관심이 없거나 보수적 입장이 지배적인 기존 종교들과 달리 영적인 차원과 정치·사회적 차원을 별개로 여기지 않는다. "영적인 것은 정치적인 것"이다.

이는 여신운동이 자연뿐 아니라 우리가 살고 있는 이 세상 자체, 개개인의 삶을 신성하게 여기기 때문이다. 신성함은 이 세상 밖에 존재하지 않는다. 그러므로 사회의 진보와 사회 구성원들의 영성 또한 상호 연관되어 있다. 사람들의 영성이 튼실하지 못하다면 세상의 변화도 어려워지고, 세상이 추악하면 개인의 영성도 뒤틀린다.

여신운동가들은 여신을 숭배했던 선사시대 공동체 문화가 더 나은 미래 비전을 창조하는 데 가장 좋은 역사적 자원이라고 생각한다. 그리고 그 비전에 근거해 자신과 세상을 바꿔 나가고자 한다. 현대사회가 요구하는 여신문화를 키워 전파하고자 하는 것이다. 여신문화가 제시하는 비전들은 다양하지만 대체로 다음과 같이 소개할 수 있다.

모든 존재들이 생명의 망으로 연결되어 있음을 느끼고 평등한 공동체 의식을 키우기.
자연과 몸의 신성성을 되찾고 일상적 삶의 기쁨을 고양하기.
전쟁과 지배, 탐욕이 없는 세상에서 소박하되 아름답게 살기.

여신운동가들은 토굴이나 기도실에 혼자 들어앉아 개인적 깨달음이나 구원을 찾는 것을 좋아하지 않는다. 그보다는 서클에서 함께 활동하며 친밀한 상호작용으로 서로의 영성을 북돋으려 한다. 영성의 성장에도 공동체가 중심에 있다고 보는 것이다.
여신운동가들이 열심히 주도하고 참여하는 사회운동은 환경·평화·여성운동이다. 특히 환경운동에 열성적이어서 대부분의 여신운동가들은 스스로를 에코페미니스트로 여긴다. 많은 여신운동가들에게 시위는 공동의 투쟁을 통해 영성을 키우는 뜨거운 리츄얼이다.
수천 년 잠들어 있던 여신이 깨어나 점점 더 커지고 있는 이유는 무엇일까?
세상의 상처와 고통들이 그녀를 부르고 있기 때문일 것이다. 달처럼, 구름처럼, 사계의 순환처럼 끊임없이 변화하는 그녀는 자신을 찾는 사람들에게 수만 개의 이름과 형상으로 나타난다.

그리고 각자에게 맞는 선물을 건넨다. 그 비밀 상자에는, 그리스 신화 속 판도라의 상자와 달리, 치유와 변화의 힘이 들어 있다. 바리공주처럼 생명을 살리고, 세오녀처럼 사라진 해와 달을 되찾게 한다. 세상에 생기와 총기와 영기가 반짝이도록 한다.

　그 첫걸음은 결코 어렵지 않다. 익숙하고 당연한 것들에서 한 걸음 물러나 내 목숨의 소리, 신명의 소리를 들으려 할 때 여신의 마법이 시작된다. 전혀 예상치 못했던 방식으로.

차례

순례를 떠나기에 앞서 | 여신영성과 여신문화   8

여는 글 | 동굴의 입구에서   18

1부
크레타에서

1 삶의 고개를 넘을 때 여신은 손을 내민다   43

2 여신은 우리의 고통을 함께한다   59

3 크노소스에는 지배, 차별, 전쟁이 없었다   79

4 여신은 산, 물, 나무, 뱀, 새, 벌, 돌… 자연이다   113

5 태어나라, 자라라, 죽어도 다시 태어난다   135

6 여신은 변신의 신비이자 창조력이다   155

7 여신은 위대하고 신성한 어머니다   179

8 군대보다 사랑이 더 멋지다   207

9 여신은 근원의 고향이다   225

2부
내 나라
내 땅에서

10 제주의 여신들은 지금도 살아 있다   257

11 어머니에서 딸로 이어진 제주의 뱀 여신   285

12 꽃을 피우는 큰 어머니가 되어라   305

13 서해바다에 사는 여덟 딸의 어머니   325

14 지리산에는 하늘의 여왕이 산다   341

15 고인돌에 사는 태초의 어머니   361

16 왕권을 보증했던 여신들   383

17 신성한 여근: 하늘과 땅의 뿌리   403

18 첨성대는 반추상 여신상이다   435

19 남산의 춤추는 여신: 상서로운 나선   487

20 가야왕실의 시조신: 거북과 암소   509

21 그 시절엔 인간세상이 태평했다   537

다시 여는 글 | 여신서클: 여신은 어디에나 있다   551

주   564

인용 및 참고자료   579

사진 출처   584

동굴의 입구에서

길대부인이 아기(바리공주)를 안고 한 고개를 넘어가 보니, 한쪽에 널따란
반석이 깔려 있고 그 뒤로 바위가 잦아졌는데 그 사이에 천연으로 생긴 굴이
하나 뚫려 있었다. 잠든 아기를 반석 위에 눕혀 놓고 돌아서려니 차마 발이
안 떨어졌다.
"야야 내 딸이야, 내가 너를 낳고 이틀만에 깊은 산중에 갖다 버리니,
너와 나와 이 시간부터 이별이다. 내 딸이야, 고이고이 잠들어라."
길대부인이 눈물 씻고 돌아설 적에…….

— 바리공주 무가, 『살아 있는 한국 신화』, 신동흔

스무살 고개를 넘어서던 시절 처음으로 경험한 동굴의 세계
는 말 그대로 충격이었다.

별 생각 없이 안으로 발을 들였는데 온몸의 세포들이 화들
짝 일어서는 압도적 에너지가 덮쳐 왔다. 긴장한 채 안쪽으로 조
금씩 걸어 들어가니 기기묘묘한 형상들, 질감들, 장면들이 만화
경처럼 이어졌다. 겉에서 보기엔 그저 둥그런 구멍일 뿐인데 그
감춰진 내부는 드러난 무엇과도 비교할 수 없이 오묘하고 신비
로운 비의의 세상이었다. 차원이 다른 세계였다. 그곳에서 예측
은 불가능했고 해석은 무력했다. 다만 두려움과 경이가 밀고 당
기는 가운데 현묘한 풍경을 따라 흘러갈 수밖에 없었다.

그러나 그렇게 매혹적이었던 첫 경험에도 불구하고 나는 더이상 동굴을 찾지 않았다. 그럴 기회가 주어지지도 않았다. 내게 동굴은 바리공주의 동굴이 아니라 그저 오묘한 자연의 풍경일 뿐이었다. 신화 속 동굴에는 무지한 채 내 인식은 동굴의 생성 과정에 대한 과학적 설명에 갇혀 있었다. 아무리 강렬하다 해도 신성이 결여된 체험은 쉽게 지워진다.

동굴 앞에 홀로 버려진 바리공주는 어떻게 되었을까?

신화의 문법대로 그녀는 죽지 않는다. 산신령이 호랑이를 보내 동굴로 데려와 키웠기 때문이다. 그때의 동굴은 산신령의 거주처였다. 생명력으로 충만한 성스런 공간이었다. 환하게 드러난 빛의 세상보다 근원적인 성소, 빛을 존재하게 하는 원초적 검은 땅이었다.

그것을 알고 그 비의를 깨닫는 데 이후 30년 가까운 세월이 필요했다.

⊜

도무지 알 수가 없었다, 그래서 두려웠다

10대 후반 이후, 평범한 외면과 달리 내 내부는 혼란스러웠고 때로 아득했다.

내가 무엇이고 누구인지, 왜 내가 이 모습과 조건으로 이곳에 있는지, 왜 살아야 하는지 도무지 알 수가 없었다. 집 안도, 집 밖도 편하지 않았다. 세상은 물론이고 나 스스로부터 낯설었다. 이렇게 불쑥 세상에 내던져져 있는 데 대한 어떤 합당한 설명도 찾을 수 없었다. 실존주의자들이 말하는 부조리의 감정이 수시로 나를 짓눌렀고, 그 무게를 감당하지 못해 많은 시간이 괴로웠다. 특히 죽음의 두렵고 냉혹한 그림자가 자주 나를 덮쳤다. 삶이 낯설고, 내가 왜 존재하는지 깜깜하면서도 언젠가 죽음을 맞아야 한다는 엄연한 현실도 무서웠다.

죽음의 그림자는 특히 황혼녘이면 더 다가들면서 실체가 되었다. 땅거미가 질 무렵이면 나뭇가지는 불안하게 휘청거리고 사람들은 허깨비처럼 보였다. 땅바닥이든 마룻바닥이든 바닥들도 더 이상 안전해 보이지 않았고 문득 흔들리거나 불쑥 치솟아 오르기까지 했다.

어떻게 사람들이 죽음이란 운명을 알면서도 모르는 척 잘 살고 있는지 이상하고 답답했다. 세상에 나 혼자 있는 것 같았다. 실존주의가 제시하는 해법들도 별 도움이 되지 못했다. 해처럼 빛나는 절대적 진리, 생사의 비밀을 밝혀 주는 근원을 찾아 혼돈과 두려움, 절망으로부터 벗어나길 갈구했으나 늘 헛발질이었다.

그런데 낙담과 절망의 한편에는 강렬하고도 근원적인 그리움이 잠재해 있었다. 궁극적 진리에 대한 염원이 머리에서 나온 것이라면, 그리움은 저 깊은 속에서 안개처럼 피어나 심장을 적시는 애절한 것이었다. 해질녘 광활한 사막에서 느리게 걸어가는 대상(隊商) 무리를 멀리서 실루엣으로 바라볼 때 스멀스멀 피어나는 아릿한 그리움, 그런 느낌이었다.

간절하고 아픈 그리움,
두 개의 심상

내 그리움은 정체가 모호한 채로 두 개의 심상으로 구체화되었다.

하나는 바닷가의 외할머니 집이다. 어린 소녀인 나는 바닷가 굽은 길을 엄마 손을 잡고 타박타박 걷고 있다. 외할머니 집에 가는 길이었다. 눈앞에 펼쳐진 개활하고 깊은 바다는 한 점 다름도 없이 균질하게 푸르렀다. 그리고 호수처럼 고요했다. 어린 나는 그 완벽한 아름다움과 우묵한 신비에 정신을 빼앗겼다. 가슴이 조금씩 뛰고 있었던 것도 같다. 하지만 너무나 안온하고 행복했다. 외할머니 집은 그 바닷가 어디쯤에 있는 외딴 오두막집이었다. 구체적인 장면은 생각나지 않으나 쪽진 머리에 한복을 입은 외할머니가 나와 우리를 맞았다.

다른 하나는 일자형 초가에 달린 자그마한 툇마루에 어린 내가 홀로 한가롭게 누워 있는 장면이다. 지극하게 따사로운 늦은 봄날의 오후쯤이나 될까. 초가는 강변에 있고, 저 멀리 갈대밭이 바람에 흔들리는 소리가 출렁 공기를 타고 와 귀를 건드린다.

아, 그 몽환적인 햇볕이라니. 그 햇볕을 온몸에 받으며 나는 잔잔한 평화 속에 더없이 그득하다. 부족한 것 하나 없는 충일한 행복감. 어디선가 "엄마야 누나야 강변 살자" 하는 노랫가락이 가늘게 들리는 것 같다. "뜰에는 반짝이는 금모래빛"이 눈앞에 황홀한 채로 나는 그 풍경 속에 녹아 있다.

그곳에 가고 싶었다.

그리하여 내 쌓인 그리움을 다 비워 내고 충일한 행복감에 젖고 싶었다. 그러나 두 곳 중 어느 곳에도 갈 수 없었다. 강변의 초가집은 스스로가 허구적 이미지라는 것을 알고 있었다. 그런 곳에 살았거나 가 본 기억이 없기 때문이다. 외할머니집은 어릴 때 경험이 만든 이미지인 줄 알았는데 엄마는 외할머니가 바닷가에 산 적이 없다고 말했다.

그렇다면 꿈이었을까? 그곳들은 어디에 있을까?

나의 그리움은 실현이 불가능한 만큼 커지기도 했으나, 온몸을 흔드는 세파 속에서 더 많이 잦아들었다.

나쁜 여자를
선언하다

대학 생활은 어정쩡했다. 근본적인 진리를 찾고, 근원적인 그리움에 가슴이 타면서도 어떤 영적 여정도 시작하지 못했다. 스승도 없었고 의미 있는 인연도 맺어지지 않았다. 한쪽 발은 영적 문제에, 다른 쪽 발은 현실에 걸친 채 평범한 대학 생활이 지나갔다.

대학을 졸업한 후 기자가 되었다. 세상의 정의를 위해서가 아니었다. 기자가 되어 이곳저곳을 돌아다니고 이런저런 사람들을 많이 만나다 보면 언젠가는 사람과 세상이 존재하는 이유, 궁극적인 진리의 실마리라도 찾을 수 있지 않을까 하는 막연한 기대가 있었다.

당연하지만 현실은 기대와는 다른 방향으로 나아갔다. 매일매일 기자로서 주어진 일들을 처리하느라 쫓기면서, 결혼을 하고 아이를 낳고 워킹맘이 되었다. 워킹맘의 불난 집 같은 일상은 나를 영적 관심에서 끌어내 불공평한 여성의 현실에 주목하게 만들었다.

약 10년간의 기자 생활을 끝내고 2년간의 독일 체류에서 돌아왔을 때 나는 30대 중반에 이르러 있었다. 그 무렵 『나쁜 여자가 성공한다』라는 책을 출간했고, 내 삶은 자생적 페미니스트로서 새로운 단계로 진입했다. 세상의 정의가 우선적인 관심사가 된 것이다. 나는 여성의 삶을 주제로 글을 쓰면서 세상에 목소리를 내기 시작했다. 대학원에 진학해 여성학을 공부하기도 했다. 그러는 사이 30대 후반과 40대 전반의 시간들이 숨 가쁘고 활기차게 흘러갔다.

그때의 10년 세월은 아주 소중한 시간이었다. 방송 진행 같은 새로운 경험도 했고, 평생을 함께할 만한 동지들도 만났다. 그런데 어느 때부터인가 열정도 예전 같지 않고, 뭔가 허전하고 힘이 빠졌다. 40대 중반 무렵 내 삶은 새로운 무언가를 요구하고 있었다. 그러나 그것이 무엇인지는 잘 잡히지 않았다. 하던 일은 그만뒀으나 열정이 가리키는 다음 일이 보이지 않았다.

일단 쉬기로 했다. 그동안 사회인으로, 엄마이자 아내로, 딸로, 학생으로 계속 바쁘고 지친 삶을 살았으니 휴식을 취할 필요도 있었다. 쉬는 것도 잘 사는 것이다. 아니, 잘 살려면 쉬어야 한다. 주민센터에 나가 운동도 하고 손에 잡히는 대로 책도 읽으며 한가롭게 시간을 보냈다. 그렇게 스스로를 풀어놓으면 무언가 내 안에서 튀어나올 것이라는 기대가 있었다.

그녀가
나타났다

그러던 2005년 후반의 어느 날, 그녀가 불쑥 내 앞에 나타났다.

유니온 신학대학원 현경 교수가 오래전에 건네준 그녀의 책 『결국은 아름다움이 우리를 구원할 거야』를 읽던 중이었다. 그 책에 '여신'이 있었다. 그런데 그것이 해골에 살이 붙고 피가 흐르기 시작한 듯 살아 일어난 것이다. 더 이상 건조한 개념이나 진부한 이해에 그치는 게 아니었다. 그녀가 내 삶에 접속했음을 느낀 순간, 몸 깊은 곳에서 전율이 일었다. 그리고 한 가지 생각이 깨달음처럼 뇌리를 쳤다.

지금까지 내 인생이 여신으로 수렴되는구나. 여신을 만나기 위해 굽이굽이 삶의 단계들, 고비들을 지나왔구나.

나도 모르게 일어나 여신을 껴안고 함께 춤추었다. 그때까지 내 삶의 두 주제, 인간 존재의 근본적 문제와 페미니즘이 하나로 통합되면서 지나온 과정 하나하나가 새로운 의미로 재구성되고 있었다. 여신은 그 둘을 아우르는 온전한 존재였고, 내 삶은 이제 온전성을 향한 질적으로 다른 단계를 마주한 것이다. 그때의 환희란! 멀리 사라졌던 외할머니의 신화적 바다가 원을 그리며 다시 등장한 것 같았다.

돌이켜 보면, 그녀와의 만남은 현경 교수의 책을 읽기 전부터 준비되고 있었을 것이다. 당시 여성주의 문화운동 그룹들에서는 수년 전부터 여신을 다루어 오고 있었기 때문이다. 하지만 그때까지 나는 그녀를 제대로 만나지 못하고 있었다. 알이 부화하려면 시간이 필요하듯 나의 여신도 내 안에서 깨어나기 위해 긴 시간이 필요했던 것 같다.

어쨌든 그날 이후 여신을 향한 여정이 시작되었다. 여신의 길에 들어선 것이다.

그 길은 동굴의 길이었다. 어두워 잘 보이지 않았고, 어느 쪽으로 나아가야 할지도 잘 몰랐다. 책과 논문들, 인터넷이 길을 안내했지만 동굴의 입구를 벗어나지 못한 느낌이었다.

여신의 정체도 모호했다. 그녀가 구체적으로 어떤 존재고 어떤 역사를 지니고 있으며, 21세기 첨단과학의 시대를 사는 나에게 어떤 의미가 있는지 잘 알 수가 없었다. 여신을 공부하기 위해 박사과정에 들어갔으나 국내에서 여신학(goddess studies)은 전인미답의 불모지였다.

물론 가끔씩 예상치 못한 동굴 속 풍경이 드러나 흥분과 기쁨을 맛볼 때도 있었다. 하지만 그것도 지적 탐구의 간접경험에 그치는 현실이 답답했다. 여신운동의 살아 있는 현장을 직접 보고 싶었다. 그들이 찾은 여신을 내 몸으로 직접 통과해 보고 싶었다.

그러던 내게 여신의 손짓이 느껴진 것은 2008년 즈음이었다. 그 무렵 여신운동의 선구자이자 대모인 여신학자 캐롤 크리스트를 알게 되어 지식을 넓히던 중이었다. 미국 출신인 그녀는 아예 거처를 그리스로 옮겨 매년 봄과 가을마다 크레타 여신순례를 이끌고 있었다. 그 정보를 접한 순간 순례에 꼭 참가하고 싶다는 열망이 신탁처럼 일었다.

그리고 2009년 10월, 신탁은 실현되었다.

⊘
여신순례,
숨은 여신 찾기의 여정

순례는 간단히 말해 일상에서 벗어나 신성한 장소를 찾는 여행이다. 신성한 장소들은 성스런 이야기나 사건, 역사뿐 아니라 그곳을 찾은 수많은 사람들의 꿈과 소망들을 담고 있다. 그곳이 얼마나 멀리 떨어져 있든, 도달하기에 얼마나 힘이 들든, 순례자들은 신성의 체험을 통해 치유와 변화를 얻고 싶은 열망 때문에 길을 떠난다.

나 역시 그런 순례자들 중 하나였다.

크레타는 한때 유례없이 독특하고 아름다운 여신문명을 꽃피웠던 섬이다. 2주에 걸친 크레타 순례에서 골간이 되는 부분들을 이 책의 1부에 실었다. 크레타의 여신 성소들과 박물관 등을 순례하며 배우고 느꼈던 내용들이다. 한 평범한 중년, 중산층, 고학력, 기혼 이성애자, 페미니스트 한국 여성의 개인적 순례 기록이자 크레타 여신문명에 대한 소개다.

순례 경험은 시간이 지날수록 잊혀지지 않고 숙성되며 깊어졌다. 그러면서 세계 여신의 역사와 함께 우리 여신의 역사에 대한 탐구와 사랑을 키워 냈다. 여신의 길에 들어선 후 지금까지 연구하며 찾았던 우리 여신들에 대한 이야기는 이 책의 2부에 소개했다. 한국의 크레타라고 할 수 있는 제주도, 바다 여신의 대표적 성지인 부안, 여산신 신앙의 중심지 지리산, 선사시대 여신신앙의 성지인 울주와 포항, 불국토가 되기 전 여신의 땅이었던 경주 등지로 이어진 순례기들을 우선 실었다.[1] 나머지 지역의 순례기는 다음 기회에 나눌 수 있을 것이다.

국내 여신순례는 혼자 혹은 여럿이서 함께한 감격적이고 아름다운 여정이었다. 내국인들뿐 아니라 외국 여신운동가들도 곁에 있었다. 잊혀지고 감춰진 여신의 역사, 잘못 이해됐거나 관심 밖으로 밀려난 여신 유적과 유물들을 조명하고 재해석하는 지적 순례도 앞서거니 뒤서거니 함께했다. 지적 순례의 길잡이가 돼 준 사람은 고고신화학자 마리야 김부타스였다. 나는 그녀가 밝혀낸 여신상징들과 크레타 순례 경험, 문헌자료와 구비전승과 민속, 그리고 국내학자들의 고마운 연구 성과들을 자원으로 한국여신전통의 큰 그림을 그려 볼 수 있었다. 그리고 이제 시작이지만 여신신앙의 구체적인 내용도 찾아낼 수 있었다.

세계의 주요 여신상징들은 놀라울 정도로 같거나 유사하다.

자연에 의지해 농사짓고 생명의 출산을 바라며 살았던 삶이 별다를 게 없었기 때문인지, 점진적인 문화의 전파와 교류 때문인지 아니면 둘 다가 원인인지는 자세히 모르겠다.

지적 순례의 과정은 항상 예상을 뛰어넘는 보물찾기의 여정과도 같았다.

우리 여신전통이 이렇게 강력했다니! 이렇게 여신들이 많았다니!

아는 만큼 보인다는 건 무서운 진리다. 여신상징에 눈을 뜨고 나니 보지 못했던 것들이 보이기 시작했다. 그 상징들은 인간의 신체 부위나 동물이기도 했고 추상적 문양이나 형태이기도 했으며 자연물이기도 했다. 그 다채로운 상징들을 통하니 여신들이 전하는 메시지가 들렸다. 그 새롭고 놀라운 이야기에 끌려 지난 몇 년을 미친 듯이 보냈다. '숨은 여신 찾기' 놀이를 한 것도 같다. 쉽지는 않았지만 하나씩 실마리가 풀릴 때마다 기쁘고 행복했다.

내가 연구하고 글을 썼다기보다 그녀들이 나를 인도하며 사용했다는 느낌도 있다. 마치 오래 기다렸던 것처럼 새로운 단서들이 불쑥불쑥 나타나서, 그것들을 따라가다 보면 쉬려야 쉴 수가 없었다. 덩굴처럼 계속 뻗어 나가는 질문과 추정들이 한밤중에도 벌떡 일어나 컴퓨터를 켜게 했다. 그만큼 잊혀진 우리 여신들의 실체는 크고 다채롭고 풍요로웠다.

우리 여신들이
보여 준 새로운 세상

가장 감격적이었던 것은 첨성대와의 만남이었다.

강력했던 신라의 여신전통을 살려내 첨성대를 살피니 수수께끼 같던 정체가 드러났다. 놀랍게도 첨성대는 천문 관측을 했던 여신상이자 신전이었다. 신라의 대여신 서술성모를 드높이기 위해 선덕여왕이 세운 것이다.[2] 첨성대의 동굴 속으로 들어가니 현묘한 세상이 열리면서 포석정도 제 모습을 나타냈다. 포석정 역시 경주 남산의 여신을 위한 성소였던 것으로 보인다.

경주는 불국토이기도 했지만 여신의 땅이기도 했다. 신라 금관과 금허리띠의 상징들도 이를 증언한다. 그런데 우리는 눈이 없어 지금껏 경주가 보여 주는 여신의 역사를 보지 못했다.

불교 하나로 만나는 경주보다 불교와 여신신앙이 교차하며 어우러진 경주가 더 풍요롭고 매력적이다. 게다가 신라의 여신신앙은 불교가 유입됐을 때 이미 수천 년의 역사를 지닌 우리 토착종교였다. 여신을 통하니 신라에 여왕이 셋 혹은 그 이상 존재했던 이유도 알 수 있었다. '신성한 여성'을 존중하는 전통이 있기 때문이었다. 그 전통은 가야에도 있었다. 어쩌면 더 강력했던 것도 같다.

가장 놀라운 발견은 우리 고대의 하늘이 여신이었다는 사실이다. 하늘은 당연히 남성이라고 알고 있던 내게 하늘 여신의 존재는 충격이 아닐 수 없었다. 지리산 성모천왕(聖母天王), 정견천왕(正見天王)처럼 이름에 하늘을 담은 여신들은 말할 것도 없고, 마고할미나 설문대할망, 서술성모도 다 하늘 여신들이었다. 암각화와 문헌 기록, 무속신화와 전설, 지금도 어딘가에 살아 있는 오래된 민속들은 우리 여신들의 기본값이 '하늘 자궁'이었음을 증언한다.

여신을 흔히 지모신(地母神)이라고 하지만 고대의 우리 여신들은 하늘과 산, 땅과 물을 다 아우르는 전일적 신이었다. 천지간에 가득한 우주적 생명 에너지의 화신이었다. 그 에너지의 조화 속에서 세상 모든 생명들이 태어나고 자랐다. 그리고 죽은 후 다시 태어났다.

한국여신의 가장 보편적이고 핵심적인 상징은 여근(女根, 여성 성기/자궁)이다. 나는 여신의 수수께끼들을 풀면서 거의 모든 경우에서 여근 상징들과 만났다. 여신이 곧 여근이라고 해도 좋을 정도다. 선덕여왕이 말한 여근의 힘이 그저 흥밋거리로 지나갈 이야기가 아니었던 것이다.

오늘날 여신이 낯선 수수께끼로 남은 것은 불교와 유교가 한국사회를 지배해 온 결과다. 음사(淫祀)로 몰리고 미신으로 배척당하면서 우리 여신들은 힘을 잃고 달빛 아래로 숨어야 했다. 그러나 그녀들은 그럼에도 불구하고 이 땅 곳곳에 낮은 포복으로 살아 있었다. 수많은 민초들이 자신의 고단한 삶을 집 앞의 산

할미, 물 할미, 돌 할미들에 의지해 왔기 때문이다. 그녀들의 풍요로운 생명력과 신통한 치유력, 보호와 축복 없이 그들의 삶은 유지될 수 없었다.

그렇게 살아남은 우리 여신들은 20세기 문학과 예술에서도 모습을 드러냈다. 소월이 노래하고 이은상이 진정한 자기를 찾았던 여신, 천경자가 그린 여신들이 우선 보인다. 효녀 심청의 본색 또한 여신이었다. 이들을 만난 것도 지적 순례의 소중한 선물이었다.

여신운동은
종교가 아니다

여신의 동굴은 종교의 시원에서부터 세상 곳곳에 존재해 왔다. 이 땅에서도 마찬가지다.

우리 역사에서 가장 뚜렷한 여신의 동굴은 고구려인들이 주몽의 신모 유화를 모셨던 수혈(隧穴)일 것이다. 안타깝게도 그곳은 현재 중국에 속해 있다. 그러나 주위를 잘 살피면 바리공주 같은 신성한 아기를 키웠음직한 신령스런 동굴을 어딘가에서 분명히 만날 수 있을 것이다. 산지가 대부분인 이 땅에는 동굴도 많다. 지금은 잊혀진 그 동굴에 발을 디디려면 낯섦의 불편함을 감수해야 한다. 하지만 일단 안으로 들어서면 얼마 안 가 무의식 저 깊은 곳에 원형으로 자리한 그녀를 만날 수 있을 것이다. 영혼의 접촉이 시작되는 것이다.

여신영성은 우리가 알고 있는 종교가 아니다.

신과 종교는 다르다. 종교는 제도일 뿐이다. 권력이 되어 버린 제도종교는, 우리가 익숙하게 보아 왔듯, 종종 자신의 신을 배반한다.

여신운동은 종교라기보다 영성운동이자 문화운동이다. 우리 존재와 삶, 자연과 우주를 뿌리 깊이 느끼고 성찰하면서 신성하고 행복한 자신과 만나는 일이다. 뭇 생명들이 끊임없이 순환하는 생명의 망으로 연결되어 있음을 깨달으며 그 흐름 속에서 '자연스럽게' 살고자 하는 노력이다. 모든 존재의 근원이 여신의 우주적 자궁이며, 어머니의 사랑이 우리를 살려왔듯, 여신을 통할 때 세상의 생명들이 골고루 번성하리라는 믿음이다.

10여 년 전 기쁨에 넘쳐 걷기 시작한 여신의 길.

그 길은 어디를 향해 있는가?

알 수 없다.

동굴 속 신비를 믿고 한발 한발 최선을 다해 나아갈 뿐.

가능한 한 아름답게.

---

* 독자들의 더 깊은 이해를 위해 필요한 곳에 주를 달았다. 번거롭더라도 글을 읽으며 책 뒤쪽에 붙인 주도 꼭 찾아보길 부탁드린다. 흥미로운 내용들이 꽤 담겨 있다.

1부
크레타에서

크레타 여신순례 지도

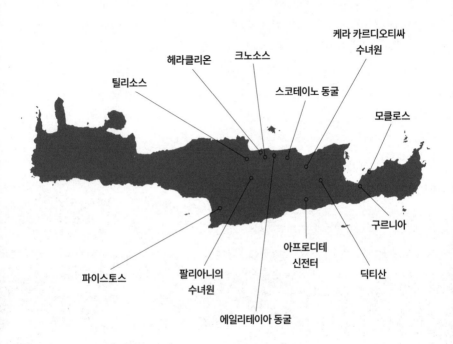

케라 카르디오티싸
수녀원

크노소스

헤라클리온

스코테이노 동굴

틸리소스

모클로스

아프로디테
신전터

구르니아

파이스토스

팔리아니의
수녀원

딕티산

에일리테이아 동굴

신이 여자였다는 사실, 그리고 당신의 삶

캐롤 크리스트

(여신운동의 대모.

미국 아리아드네 연구소 대표.

종교사학자. 신학자)

지난 25년간 이끌어 온 크레타 여신순례가 한국에 여신 영성을 소개하는 책으로 이어졌다는 사실을 알고 기뻤습니다. 이 책의 1부는 순례에 참가했던 김신명숙 씨가 쓴 기록입니다.

크레타 여신순례에서는 마리야 김부타스(Marija Gimbutas)의 가설을 사용해 고대 크레타(약 7000-1450 BCE)의 문화를 해석합니다. 김부타스는 신석기시대 고대 유럽(약 6500-3500 BCE)에 정착한 사람들의 문화가 평화롭고 평등주의적이며 어머니 중심적이었다고 보았습니다. 그리고 모계적이고 모거제적(母居制的, matrilocal)이었을 거라고 추정했지요. 나는 항상 고대 유럽의 신석기 문화에 대한 김부타스의 이론이 세계 다른 지역들에서의 신석기 문화들을 이해하고 해석하는 데 유용할 것이라 생각했습니다. 만약에, 대부분의 인류학자들이 인정하듯이, 여성들이 농업의 발명자라면 그들이 대지에서의 탄생-죽음-재생의 순환을 여성의 몸에서 나타나는 순환과 연결시키는 상징들도 서로 비슷하게 발명하지 않았을까요? 나는 김신명숙 씨가 한국에서의 그러한 가능성을 탐구하고 있는 데 대해 흥분을 느낍니다.

김부타스는 획기적 저서인 『여신의 언어』에서 고대 유럽이라고 명명한 문화의 유물들에서 보이는 상징들을 철저하게 분석해 보여 줍니다. 그녀는 그림이나 도자기, 다른 유물들에서 반복적으로 보이는 상징들, 즉 점, 'V', 물결선 그리고 나선 등이 단순한 장식이 아니라 그것들을 창조하고 사용했던 사람들이 이해했던 기호이거나 상징이라고 주장합니다. 점은 씨앗을, 'V'는 여성의 성스런 삼각형(sacred triangle)을, 물결선은 물을, 그리고 나선은 탄생과 죽음, 재생의 과정을 나타낸다는 것이지요.

김부타스는 유럽의 신석기 문화를 우리가 더 잘 아는 그 후의 문화와 구분짓기 위해 '고대 유럽'이란 말을 만들었습니다. 그녀는 유럽에서의 문화의 충돌을 묘사하는데, 평화롭고 평등하며 어머니 중심적인 신석기 고대 유럽의 문화가 가부장제적이고 부계적인 기마전사 무리들에 의해 침략당하고 훼손되었다는 내용입니다. 인도-유럽어를 사용했던 그들은 기원전 4400년 흑해 북쪽의 러시아 스텝 지대로부터 유럽으로 들어오기 시작했습니다. 크레타 섬은 유럽의 남쪽 끝에 있어 기원전 1450년경까지 인도-유럽 전사 무리들에 의해 침략당하지 않았습니다.

세계 대부분의 교육 제도들은 가부장제는 보편적이고, 전쟁은 불가피한 것이라고 가르칩니다. 우리는 남성 철학자들, 왕들 그리고 영적 스승들을 존경하도록 교육받습니다. 우리는 사람들이 서로 간에 그리고 자연과 더 큰 조화를 이루고 살았으며, 남성지배가 규범이 아니었던 가부장제 이전 시기가 있었다는 사실을 들은 적이 없습니다. 고대 유럽 상징체계에서의 '여신의 언어'에 대한 김부타스의 세심한 분석은 학자들에 의해 흔히 '황금시대'에 대한 환상 정도로 치부되는 상황입니다.

전통적인 학자들은 문화는 진화하는 것으로 봐야 한다며 고대 유럽의 문화가 기마전사들에 의해 전복된 것이라면서 김부타스의 이론을 반박해 왔습니다. 유럽과 미국의 학자들이 문화진화론을 선호하는 것을 나는 항상 제 잇속 챙기기로 여겨 왔습니다. 상대적으로 가까운 시기에 우월하게 무장한 침략자 무리들에 의해 토착적 문화들이 '전복되었다'고 보여 주는 식민의 역사가 있는 한 그렇습니다. 전통적인 학자들은 또한 가부장제적이지 않았던 사회에 대한 증거가 없다고 주장합니다.

그러나 고대 유럽에 대한 김부타스의 이론을 뒷받침하는 증거들이 세 계통에서 나오고 있습니다. 바로 DNA, 언어학 그리고 가모장제 문화에 대한 최근의 연구입니다.

유럽 남자들의 Y 혹은 남성 염색체에서 가장 공통적으로 발견되는 DNA가 흑해의 북쪽에서 유럽으로 들어온 것으로 보이고, 기원전 2500년경 가장 많이 유입되었다고 합니다. 이와 대조적으로, 대부분 유럽인들의 X 혹은 여성 염색체에 있는 DNA는 상당히 더 오래된 것으로서 구석기 시대까지 올라갑니다. 이러한 양상을 가장 잘 설명해 주는 가설은 남성 무리들이 수천 년에 걸쳐 유럽에 들어와, 결혼하거나 강간하거나 첩으로 삼아 토착여성들과 짝을 이뤘다는 것입니다. 이 남성들의 DNA가 현재 유럽의 가장 공통적인 남성 DNA라는 사실은 그들이 토착남성들을 대량학살했거나 그 자식들이 살아남지 못하도록 했을 가능성을 시사합니다. 인도에서 발견되는 유사한 DNA 양상 또한 인도-유럽인들의 침입과 관련된 것입니다. 혹시 DNA 연구가 동아시아 신석기 문화들에 대한 가부장제적 침략들의 증거도 찾아낼까요?

인도-유럽어들에 대한 언어학적 연구도 유럽의 인도-유럽 이전 문화들을 확인하고 설명하는 데 쓰입니다. 서로 다른 인도-유럽어들, 예를 들면 그리스어, 산스크리트어, 독일어 등에서 유사한 형태로 나타나는 단어들을 인도-유럽적 뿌리를 가진 단어들로 밝히는 것이지요. '말'을 가리키는 단어는 모든 인도-유럽어들에서 서로 관련된 형태로 나타나는데, 이는 인도-유럽인들이 그들의 본거지에서 나와 흩어지기 전에 말을 가축화했음을 말해 줍니다.

이와 달리 그리스어에서 '올리브'를 가리키는 단어는 다른 인도-유럽어들에서 어원이 같은 단어들을 갖고 있지 않습니다. 올리브가 인도-유럽인들이 들어오기 전 그리스 땅에서 토착민들에 의해 재배되었을 가능성을 보여 주는 것이지요. 전체적으로 볼 때, 이 연구는 고도로 발달되었던 농업사회들이 초기 형태의 인도-유럽어를 사용하며 말을 타고 나타난 가부장제적 침략자들에 의해 정복되었다는 김부타스의 이론을 확인해 주는 것입니다. 유사한 언어적 양상들이 동아시아에서도 발견될까요?

마지막으로, 아마도 가장 강력한 증거는 독일 학자 하이데 괴트너-아벤트로스의 작업에 의해 촉발된 '가모장제적' 사회들에 대한 새로운 연구입니다. 김부타스는 고대 유럽의 문화를 설명하는 데 '가모장제적'이라는 단어는 쓰지 않았습니다. 대신 '어머니 중심적', '모계적', 그리고 아마도 '모거제적'이었던 사회들에 대해 말하기를 선호했지요. 그 이유는 틀림없이 가모장제가 가부장제의 반대여서, 여성들이 남성을 지배하고 강간하고 노예로 만드는 사회일 것이라는 널리 퍼진 추정 때문이었을 겁니다.

그러나 괴트너-아벤트로스는 가모장제를 어머니 원칙을 존중하는 평등주의적 사회라고 정의합니다. 그녀는 이러한 사회들이 보통 농업의 초기 단계에 있고 모계적이고 모거제적이며, 땅도 모계집단에 의해 소유된다는 사실을 찾아냈습니다. 가모장제에서는 선물-주기(gift-giving)라는 문화적 실천을 통해 비교적 평등한 삶을 누리는데, 이는 더 가진 사람들이 공동체 축제에 음식이나 음료를 제공한다든가 하는 방법으로 다른 이들과 나누는 것을 말합니다. 이러한 사회들은 원로 여성들과 남성들로 구성된 집단에 의해 다스려지고, 모든 이들의 목소리가 들리도록 하는 메커니즘이 잘 정착되어 있습니다.

가모장제에서 신은 보통 위대하고 베푸는 어머니로 여겨집니다. 모든 소녀와 소년들은 그들을 키운 어머니처럼 친절하고 너그러워지도록 가르침을 받습니다. 인도네시아 미낭카바우족이나 히말라야 루구호에 사는 모소족은 살아 있는 평등주의적 가모장제 사회의 실례들입니다. 이러한 사회들이 남아 있는 현실은 고대 유럽뿐 아니라 '고대 아시아'에도 가모장제 사회가 흔히 존재했음을 말해 줍니다. 나는 김신명숙 씨와 다른 사람들이 동아시아의 가부장제 이전 여신문화들에 대해 연구를 계속해 나가길 기대합니다.

김신명숙 씨가 얘기하듯, 선사시대 여신의 발견은 학문적 추구에서 그치는 게 아닙니다. 가부장제적 문화와 종교에서 자라난 여성들에게 신이 여자였다는 사실의 발견은 심대하게 삶을 변혁시킬 수 있는 일입니다.

크레타 여신순례 참가자들 중의 한 명은 완전히 수혈을 받은 것처럼 느꼈다고 밝혔습니다. 순례 참가 전 그녀는 평등주의적인 가부장제 이전 문화가 과거에 존재했을 가능성에 대해 읽었습니다. 하지만 순례 이후 그녀는 그런 문화가 존재했다는 사실을 뼛속 깊이 알았습니다. 이 앎은 그녀가 전에 당연하게 받아들였던 가부장제적이고 호전적인 문화를 받아들이는 것을 점점 더 어렵게 만들었습니다.

1
삶의 고개를 넘을 때
여신은 손을 내민다

헤라클리온
여신순례단과의_첫_만남

신성한 산에서 여신의 파워를 느끼세요. 동굴의 어둠 속에서 그녀의
신비들을 감촉하세요. 미노아 제단들에 우유와 꿀을 바치세요. 당신이
여성들에 대해서, 당신 자신에 대해서 느끼는 방식을 변혁시킬 신성한
에너지와 접촉하세요. 고대의 도시들에 깔린 돌 위를 걸으세요.

― 크레타 여신순례 안내 책자

매혹의 도시에는 이방인들이 모여든다.

그렇다고 두근거림만 있는 것은 아니다. 낯선 이들의 발걸음
은 아무래도 멈칫거리며 흔들리게 마련이다. 2009년 10월 3일
저녁, 크레타의 주도 헤라클리온에 도착한 나도 그랬다.

인천공항에서 이스탄불로, 거기서 아테네로, 아테네에서 크
레타로 이어진 꽤 긴 여정이었다. 택시를 잡아타고 목적지인 시
내의 한 호텔로 향했다. 차창 밖을 보니 늦은 시간인데도 환해서
도시의 이국적인 정취가 뚜렷했다.

그리스 남쪽, 지중해 동부에 위치한 크레타는 그리스의 가장
큰 섬으로 본토와 구별되는 특유의 문화와 방언을 갖고 있다. 오

랫동안 숱한 외세의 침략과 지배에 시달렸으며 20세기 초가 돼서야 그리스 영토로 확실한 자리매김을 했다. 세계인들에게 크레타는 그리스 문명의 모체인 미노아 문명(3000-1450 BCE)이나 그리스 신화 혹은 니코스 카잔차키스의 소설 『그리스인 조르바』를 통해 잘 알려져 있다. 지중해의 이국적인 카페에서 커피를 마시며 지는 해를 감상하고 싶은 사람들이 흔히 찾는 낭만적인 관광지이기도 하다.

크레타의 정체성이기도 한 미노아 문명은 세계적으로 유명한 청동기 문명이다. 이 문명은 도시설계, 건축, 공예 등에서의 놀라운 기술뿐 아니라 독창적이고 생동감 넘치는 아름다움을 창조해 발굴 당시 세계를 깜짝 놀라게 했다. 특히 충격적인 것은 그들이 유례를 찾기 힘든 조화롭고 평화로운 사회를 건설했는데, 신앙의 중심에 여신이 있었다는 사실이었다. 역사시대에는 힘을 잃기 시작했던 여타 여신문화권과 달리, 미노아인들은 상대적으로 늦은 시기까지 고급 여신문명을 발전시켰다. 크레타가 현대 여신운동의 가장 중요한 성지 중 하나로 부상한 이유다.

하지만 크레타의 첫인상에서 바로 여신을 느끼기는 어려웠다. 현재 크레타의 종교는 그리스정교다. 크레타 사람이라고 해서 여신을 잘 알거나 큰 관심을 가지고 있는 것도 아니다. 미노아 여신은 오래전 역사에서 사라졌고, 사람들의 의식에서도 대부분 지워졌다. 차창 밖에 보이는 것은 여신신전이 아니라 육중한 교회 건물이었다.

미노아 문명엔
특별한 게 있다

크레타에서 가장 유명한 관광지는 크노소스 궁이다.

전설의 왕 미노스가 살았다고 알려진 이곳에는 연중 사람들
이 북적인다. 크노소스 궁은 한번 들어가면 빠져나오기 힘들다
는 음침한 미궁의 이미지를 갖고 있다. 미노스 왕을 비롯해 반
인반우(半人半牛)의 괴물 미노타우로스, 테세우스, 아리아드네, 다
이달로스와 이카루스 등이 등장하는 그리스 신화의 현장이기도
하다. 크노소스 궁에서 사람들이 우선 떠올리는 인물은 미노스
왕이나 테세우스 혹은 미노타우로스다. 아리아드네가 품고 있는
오래된 여신문화는 지금도 주변적이거나 가려져 있다.

크노스스 궁은 영국인 고고학자 아서 에반스(Arthur Evans)경
의 주도로 발굴되었다. 1900년 발굴을 시작할 때 그는 그곳이
호메로스의 『일리아스』가 전하는 미노스 왕의 궁전터라고 믿었
다. 새롭게 발견된 문명에 미노아란 이름이 붙은 이유다. 그러나
왕의 존재를 알려 주는 유물이 나올 것이라는 기대는 충족되지
않았다. 오히려 여신상이나 여성들을 묘사한 유물들이 계속해서
모습을 드러냈다.

양손에 뱀을 들거나 몸에 뱀을 휘감은 여신상들, 위엄을 갖
춘 아름다운 여신과 여사제 혹은 여성들을 중점적으로 묘사한

프레스코화와 인장들은 수수께끼와도 같았다. 결국 남성 중심적 시각을 가진 에반스 경도 미노아 사회가 여신을 숭배했고, 여성들의 위상이 높았다고 해석할 수밖에 없었다. 주변 근동 지역이나 이집트에서는 이미 여신이 힘을 잃어 가고 있었으나 크레타의 경우는 달랐던 것이다.

수없이 쏟아진 도자기와 프레스코화들은 미노아 문명 특유의 아름다움을 보여 주었다. 대부분 동식물이나 사람, 여신의례 장면 혹은 농사짓고 고기 잡으며 사는 일상의 활기찬 모습들이 묘사돼 있었다. 그것들은 생명에 대한 넘치는 사랑, 자연의 창조력과 조화로움에 대한 열렬한 믿음이 창조해 낸 고대 예술이었다.

미노아 사회는 또 계층 간 격차가 크지 않아 사람들이 골고루 편안한 삶을 누렸다. 에반스 경이 고대했던, 왕좌에 앉은 권력자를 묘사한 유물이나 지배자의 행적이라고 할 만한 것은 끝내 나오지 않았다. 유례를 찾기 힘든 놀라운 경우였다. 그 사회에서 권력이란 지배가 아니라 모성의 책임감 같은 능력이었기 때문이다. 따라서 여신을 숭배하면서도 미노아 남자들은 결코 종속적이지 않았다. 여성과 남성 모두가 당당하고 활기차게, 아름답고 우아하게, 그리고 성적으로 거리낌 없이 묘사돼 있는 미노아 예술품들이 이를 말해 준다.

미노아 크레타에서는 전쟁의 흔적은 물론 방어를 위한 요새조차 거의 발견되지 않았다. 칼을 휘둘러 적을 죽이는 '영웅'이 묘사된 유물도 나오지 않았다. 전쟁의 연속이었던 고대사에서

위 | 일부가 복원돼 있는 크노소스 유적터

아래 | 뛰어난 공예 기술과 특유의 아름다움으로 유명한 미노아 도자기들, 기원전 18세기경

크레타는 예외적으로 '팍스 미노이카(Pax Minoica, 미노아의 평화)'를 누렸던 것이다.

여신의 섬 크레타,
축복받은 사람들의 나라

고대 크레타가 특별히 행복한 사회였다는 사실은 크레타의 고대 이름들 중 하나인 마카리스를 통해서도 알 수 있다. 마카리스는 '축복받은 사람들의 나라'라는 의미다. 또 다른 이름은 크토니아인데 대지의 여신이라는 의미를 갖고 있다.

미국의 문화사학자이자 여신운동가인 리안 아이슬러는 1987년 출간돼 세계적 베스트셀러가 된 『성배와 칼』에서 크레타에 주목했다. 미노아 크레타를 여성과 남성이 대등한 동반자로서 조화를 이뤄 즐겁게 지낸 마지막 세상으로 높이 평가했기 때문이다. 미노아 문명은 그녀가 주장하는 성배의 문화가 구현된 역사적 실례였다.

아이슬러는 문화를 지배중심모델인 칼의 문화, 공동협력모델인 성배의 문화 두 유형으로 나눈다. 성배의 문화는 선사시대 여러 지역들과 크레타 등에서 꽃피웠던 여신문화로 평화와 공존, 자연과의 합일 등을 추구했다. 성배는 여신의 상징이다. 반면 성배의 문화를 멸망시키고 등장한 칼의 문화는 남성지배, 계급지배, 전쟁과 폭력, 차별과 착취를 만연시켰다. 현재 우리의 문화도 그 연장선상에 있다.

『성배와 칼』에서 아이슬러가 던지는 메시지는 분명하다. 5000년이나 지속된 칼의 문화를 끝내고 성배의 문화를 회복해야 한다는 것이다. 그녀는 역사를 문화의 진화라는 관점에서 분석하는데, 기술적·사회적으로 덜 발달했던 과거 공동협력사회가 가공할 핵무기 경쟁이나 벌이고 있는 현대사회보다 더 나았다고 본다. 인간을 포함한 자연 생태계를 유기적으로 인식했던 선사인들 역시 자연을 자원으로만 여기는 현대인들보다 앞서 있다. 선사인들을 원시인이라고 하지만 문화적으로는 그들이 우리의 미래에 중요한 지표가 될 수 있다는 주장이다.

아이슬러는 『성배와 칼』의 서문에서 그 책을 쓰는 데 통찰력을 준 사람들에게 감사의 마음을 전하는데 그중 한 명이 캐롤 크리스트다.

룸메이트 팔뚝의
호랑이와 표범 문신

헤라클리온 시내는 여느 유럽의 옛 도시와 비슷하면서도 달랐다. 여성적인 분위기가 강하고 건물들도 크지 않았다. 택시가 호텔로 다가갈수록 내 가슴은 설렘과 불안이 교차하며 흔들렸다. 몇 년 전까지 들어본 적도 없던 여신순례라는 낯선 여행을 마침내 머나먼 이국땅에서 시작하게 되었다는 흥분, 그럼에도 바쁜 일정에 쫓겨 제대로 준비를 못하고 왔다는 자책감, 게다가 유창하지 못한 영어로 2주나 되는 순례일정을 처음 보는 서양 여자들과 함께해야 한다는 불안감 등이 뒤섞였다. 열세 명의 참가자 중 나는 유일한 아시아 여성이었다.

"여기서 나는 혼자예요. 길을 찾는 데 접할 건 책과 논문들밖에 없고, 아직도 입구를 찾지 못하고 있어요."

순례 참가 동기를 묻는 질문에 나는 그렇게 썼다. 다른 참가자들로부터 배우고 싶다고도 했다. 몇몇 참가자들은 이미 여신의 길을 걷고 있는 여신의 여자들이었다.

올림픽 호텔에 들어가 '캐롤리나의 여행'에 참가한 사람이라고 밝혔더니 열쇠를 내주었다. 내 방은 3층이었고 룸메이트는 벌써 와 있다고 했다. 방으로 올라가는 길은 뭐랄까, 좀 과장하자면 신화적으로 다가왔다. 인생의 여정에서 새로운 세계로 입문하는 문지방을 넘어서는 느낌, 직선이 아니라 나선의 길을 따라 가는 듯한 감각이었다.

마침내 방 앞에 서서 문을 두드렸다. 잠시 부스럭거리는 소리가 들리더니 문이 열리며 당차 보이는 젊은 여자의 얼굴이 나타났다. 룸메이트 캐시였다. 건장한 체격에 긴 갈색 머리, 초록빛이 도는 눈동자가 매우 강렬한 인상이었다. 가볍게 인사를 나누고 방 안에 들어서니 열려 있는 트렁크 옆에 신발과 옷가지들이 이리저리 널브러져 있었다. 비로소 낯선 사람과 한 방을 써야 한다는 사실이 실감됐다. 캐시는 뭔가를 찾던 중이었다며 잠깐 미안한 표정을 지어 보였다. 아테네에서 친구들과 며칠을 지낸 뒤 오후에 도착해 한잠 자고 난 후라고 했다.

문득 그녀의 흰 팔뚝에 새겨진 커다란 호랑이 문신이 보였다. 그 밑에는 또 알 수 없는 검은 동물이 입을 쩌억 벌리고 있었다. 흠칫 낯설었다. 팔뚝에 맹수를 두 마리나 문신한 여자를 한국에서는 본 적이 없었다. 나중에 물었더니 호랑이는 인도의 여신인 두르가가 타고 다니는 것이고, 검은 동물은 표범이라고 했다. 다 여신의 상징이었다.

이후 이야기를 나누며 알게 된 그녀의 이력은 흥미로웠다. 20대 후반의 학생이었지만 여신영성의 경험은 다채로웠다. 그녀는 여신운동의 선구자 중 하나인 주잔나 부다페스트 계파에서 여신에 입문했다. 이후 많은 리츄얼들을 경험했고 헤라 여신의 여사제로 활동하기도 했다. 인도의 칼리 여신을 모시는 집단에도 참여해 힌두식 여사제 코스도 거쳤다. 그 집단은 수백 명이 모여 리츄얼을 할 정도로 규모가 컸다고 한다. 마법도 배웠다는 그녀는 "자기 의도를 분명히 하고 거기에 에너지를 집중시키는 기술"이라고 마법을 정의했다.

순례단과의
첫 만남

첫 만남의 장소는 호텔 옥상의 테라스였다.

두근거리는 가슴을 진정시키며 캐시와 함께 올라가니, 덩굴나무가 하늘을 적당히 가리고 있는 아늑한 테라스가 나타났다. 테라스 구석 테이블에는 와인과 함께 건포도와 견과류가 소박하게 차려져 있었다. 들어서는 순간 사람들의 시선이 몽땅 내게 쏟아지는 게 분명히 느껴졌다. 그리고 들려온 목소리.

"아, 당신이 킴이군요."

호기심 가득한 푸른 눈을 크게 뜨고 구척장신의 금발 여인이 내게 다가왔다. 순례를 이끌 크리스트임이 분명했다. 그녀가 매우 크다는 사실은 알고 있었지만 상상 이상이었다. 인사를 나눈 후 둘러보니 어스름 가운데 여기저기 여자들이 와인잔을 들고 담소 중이었다. 석양을 배경으로 서 있는 크리스트는 당당한 아테네 여신을 연상시켰다. 그런데 전체적인 느낌은 예상과 좀 달랐다.

여신을 찾아 모국도 버리고 그리스 레스보스 섬으로 이주한 여자. 미국을 오가며 여신영성을 가르치고 신화와 리츄얼을 연구하며 직접 여신순례도 이끄는 특별한 여성.

내가 상상했던 크리스트는 꽤 낭만적이어서 자유롭고 다소 비현실적인 분위기의 여사제 이미지에 가까웠다. 여신순례 웹사이트에 실려 있던, 커다란 풀잎을 엮어 만든 관을 쓰고 여사제처럼 웃고 있던 젊은 시절의 사진 때문이기도 했을 것이다. 그러나 그녀는 냉철한 학자의 분위기가 강했다. 옷도 여행을 앞둔 보통 사람의 캐주얼한 차림새였다.

순례 참가자들은 남미계로 보이는 한 명을 제외하곤 다 백인 여성들이었고, 대부분 중년을 넘긴 나이인 듯했다.[3] 와인잔을 집어 드는데 순례의 실무 담당자인 미카엘라가 다가와 인사를 건넸다. 그동안 수차례 이메일을 교환한 사이라 반가운 감정이 일었다. 다소 차갑고 엄격해 보이는 크리스트에 비해 미카엘라는 부드럽고 따뜻한 인상을 주는 여성이었다.

첫 번째 리츄얼

7시가 되자 우리 모두는 둥그렇게 둘러앉았다.

크리스트와 미카엘라를 포함해 여신순례에 참가한 열다섯 명이 첫 리츄얼을 시작하려는 것이었다. 먼저 통성명이 끝난 후 크리스트는 작은 악마의 눈(터키에서 흔히 볼 수 있는 액막이용 장식물)을 하나씩 나누어 주었다. 여행 중의 혹시 모를 불상사들을 막아 달라는 기원을 담은 것이었다.

각자 어떤 경로로 이곳까지 왔는지 가볍게 얘기하면서 낯을 익히는 순서가 이어졌다. 거의 26시간이나 걸린 내가 역시 제일 멀리서 온 경우였다. 놀란 반응을 보이는 사람들에게 한국은 낯설고 먼 나라인 듯했다. 어떻게 왔는지를 얘기하는 과정에서 참가자들이 어느 나라 사람인지, 어떤 상황에 있는지 등이 자연스럽게 드러났다.

나와 독일에서 온 여자 외에는 모두 미국과 캐나다 출신이었다. 여신운동이 가장 활발한 지역이 북미라는 사실이 실감났다. 독일에서 온 안드레아에게는 북미 출신이 아니라는 공통점 외에도 나의 독일 체류 경험 때문에 반가운 마음이 일었다. 그녀와는 성격도 잘 맞아서 순례 내내 단짝이 되어 돌아다녔다.

이어 자기가 왜 이곳에 왔는지 구체적인 동기들을 말하기 시작했다. 여러 이야기들 중 '늙어 감을 대면하는 여정'이라는 말이 인상적이었다. 노년을 바라보는 한 여성의 토로였다. 가장 많이 나온 말은 '삶의 전이기'였다. 일하랴 아이 키우랴 정신없이 인생의 여름을 보내고 새로운 시기를 맞고 있는데 그 과정이 쉽지 않다는 것이었다. 여러 참가자들이 자신이 겪고 있는 전이기의 불안과 혼돈, 힘든 투쟁에 대해 털어놓았다. 캐나다에서 온 카렌은 이렇게 말했다.

"이제 예순이 넘었는데 남은 인생을 무얼 하며 보낼지, 어떤 사람이 돼야 할지 모르겠어요."

좀 충격적이었다. 예순이 넘은 나이에도 여전히 그런가? 그 나이에도 정처 없이 혼란스러울 수 있구나. 개중에는 이미 그런 과정을 거쳐 안정을 찾았으며, 이번 여행을 통해 깊은 평화를 체험하고 싶다는 사람도 있었다. 각자 다른 삶의 단계를 지나고 있음이 느껴지는 순간이었다.

한 바퀴 얘기가 돈 후, 크리스트는 여행의 시작을 격려하는 시 한 편을 읊은 후 말했다.

"앞으로 매일 일정이 끝나면 저녁마다 이렇게 모여 그 날의 경험과 하고 싶은 말들을 나눌 거예요. 원칙이 하나 있는데 누가 얘기를 할 때는 그냥 듣기만 하세요. 혹시 조언을 주고 싶다면 나중에 하면 됩니다. 조언보다 더 중요한 것은 잘 들어 주는 일입니다."

잘. 들. 어. 주. 기.

크리스트의 말이 인상적으로 귀에 꽂혔다.

뱀을 집어들다

이어 그녀는 무언가가 들어 있는 작은 자루를 꺼내 들었다.

여신의 애뮬렛(Amulet)들이 들어 있다고 했다. 애뮬렛이라니? 처음 듣는 단어였다. 나중에 찾아보니 보호와 행운을 주는 작은 상징물이었다. 크리스트는 옆 사람의 손을 잡고 눈을 감은 후 자신이 왜 여기 왔는지를 상징하는 이미지를 떠올려 보라고 했다.

상징 이미지? 그게 무엇일 수 있을까? 쉽게 떠오르지 않았다.

애뮬렛이 뭔지 알고 있는 다른 사람들은 다 잘하고 있는데 나만 막막한 것일까?

슬쩍 당황스러웠다.

잠시 시간이 흐른 후 사람들에게 자루가 차례로 건네졌다. 애뮬렛을 하나씩 꺼내 새겨진 그림이 무엇인지 생각해 보라고 했다. 내 차례가 되어 손을 넣었더니 석고 같은 질감의 우둘투둘한 작은 물체들이 느껴졌다. 그중 하나를 꺼내서 보니 원형의 한 가운데 직선이 있고 양쪽으로 꿈틀대듯 굴곡진 초록색 선 두 개가 대칭을 이루고 있었다. 무언지 감이 잡히지 않아 옆 사람에게 보였으나 자기도 잘 모르겠단다.

크리스트는 다섯 명씩 그룹을 만든 후 애뮬렛에 대한 생각을 서로 나누도록 했다. 그리고 그 과정이 끝나자 『여신의 애뮬렛』이라는 책을 우리에게 건넸다. 책에는 각 애뮬렛들이 어떤 의미

뱀 애뮬렛

를 가진 상징인지 자세히 설명돼 있었다. 당시엔 몰랐지만 모두 가 여신의 상징들이었다.

내 애뮬렛은 뜻밖에도 뱀이었다. 초록색 때문에 나무가 아닐 까 생각했는데 뱀이라니. 책은 뱀이 '공포를 벗어 버리고 희망을 새롭게 하기'를 의미한다고 알려 주었다.

공포를 벗어 버리고 희망을 새롭게 한다?

의미가 깊은 듯하면서도 아리송했다. 도무지 짚이는 게 없었 다. 뱀이 낯설었고 꺼림칙하기까지 했다.

어떤 공포를 벗어 버리고 무슨 희망을 새롭게 한다는 것인 가? 이 순례에서?

환영 만찬을 위해 항구 옆 크레타 전통 음식점으로 자리를 옮긴 후에도 뱀의 출현이 계속 궁금했다. 하지만 여전히 안갯속 이었다.

2
여신은
우리의 고통을 함께한다

팔리아니_수녀원
도금양_나무와_성모_파나기아

종교적 상징들은 한 사회와 그에 속한 사람들의 가장 심층적인 가치들을
규정하면서 문화적 에토스를 형성한다. (…) 남성 신 숭배를 중심으로 하는
종교들은 여자들에게 남성들과 그들의 권위에 심리적으로 의존하도록
하는 분위기와 동기들을 만들어 낸다. 동시에 사회의 제도들에서 아버지와
아들들의 정치적·사회적 권위를 합법화한다.

— 『왜 여성들은 여신을 필요로 하는가』, 캐롤 크리스트

순례 일정이 본격적으로 시작됐다.

아침 9시 30분 호텔을 출발한 버스는 헤라클리온 시내를 금
방 벗어나 그린과 블루의 자연 속으로 미끄러져 들어갔다. 차창
밖으로 아담한 올리브 나무들이 스쳐 갔고, 지중해 특유의 햇빛
이 크리스털처럼 부서져 내렸다.

크리스트는 맨 앞줄에 앉아 유창한 그리스어로 운전자와 이
야기를 나누며 일정을 챙겼다. 그녀는 60대 중반의 나이와 여신
운동의 대모라는 국제적 명성에도 불구하고 마치 가이드처럼 행
동했다. 허드렛일도 미카엘라와 함께하는 모습이 내가 보아 온
남성 지도자들의 권위적인 모습과 판이하게 달랐다.

크리스트의 최근 모습

"자, 이제 아침기도를 시작합시다."
크리스트의 말에 우리는 함께 노래를 부르기 시작했다.

이 지구는 내 자매,
나는 그녀의 나날의 우아함을 사랑해.
그녀의 조용한 대담함도.

그리고 이어진 노래 하나 더.

오늘이 아름답게 동터 올 때
우리는 생명의 망을 수선하겠다고 선언하네.

여신이 바로 지구이자 자연임을, 그리고 여신운동이 망가진 생명의 망을 고치는 일임을 알려 주는 노래이자 기도였다. 바로 크리스트가 주장해 온 여신학의 핵심적 메시지였다.

그녀가 그런 깨달음에 이르러 여신운동의 선구자가 되기까지, 무언가를 이룬 사람들이 늘 그렇듯, 그녀 역시 몇 번의 전이기와 굴곡을 거쳐야 했다. 깊은 성찰과 도전, 좌절과 새로운 시도가 이어진 삶은 그녀 책의 제목처럼 '여신과 함께한 오디세이'였다.

여신은 여성의 힘과 신성을 보증한다

미국 캘리포니아에서 태어난 크리스트는 어려서부터 자연에 대한 사랑이 남달랐다. 또 일요일이면 교회에 가 찬송가 부르기를 좋아하던 총명한 소녀였다. 교회를 다니며 현명하고 전능한 하느님, 아버지 하느님의 사랑받는 딸이 되고 싶었던 그녀는 스탠퍼드 대학을 졸업한 후 종교학을 공부하기 위해 예일대 대학원에 진학했다.

그러나 공부하면 할수록 교수들은 그녀를 실망시키고 좌절케 했다. 그들이 말하는 하느님은 그녀가 어렸을 때 자연에서 느꼈던 신성과 달랐다. 그녀를 충만하고 행복하게 하는 꽃이나 사슴, 나무와 돌, 바다와는 별 관련이 없었던 것이다. 더 큰 문제는 신학자들의 여성관이었다. 그들은 여성이 육체적 존재에 불과하고, 영혼을 가진 존재는 남성이라고 말했다. 이브처럼 뱀의 유혹에 넘어가는 여성들은 남성보다 열등한 존재였다. 그녀는 그러한 차별적 시각과 자신의 경험에 맞지 않는 신학을 도저히 받아들일 수 없었다.

하느님에게 가까이 가고자 시작한 공부였건만 그 시간들은 오히려 힘든 고통만 가져다주었다. 그러면서 점차 기독교신학의 문제들이 보이기 시작했다. 하느님이 아버지로 표상되고, 오직 그의 아들에게만 삼위일체 구성의 자격을 주는 교리가 차별적 여성관의 근원임을 알게 된 것이다. 게다가 절대적 지배자로 군림하며 전쟁을 이끄는 하느님의 성격도 도저히 받아들일 수 없었다. 이후 그녀는 하느님과 교회로부터 점점 멀어져 더 이상 찬송가를 부르거나 기도를 할 수 없는 상태가 됐다. 긴급한 영적 고뇌와 방황이 시작된 것이다.

1970년대 초반 크리스트는 박사논문을 쓰고 있었으나 도무지 진척이 없었다. 하느님이 사라진 공허한 내면에서 나올 게 없었던 것이다. 불안과 좌절로 흔들리던 어느 늦은 밤, 그녀의 내면에서 갑자기 억제할 수 없는 분노가 치밀어 올랐다. 그녀는 미친 듯이 하느님을 향해 소리치기 시작했다.

"당신은 왜 자신을 아버지들의 신, 전쟁이나 하는 자, 우주의 제왕 등으로 표상하게 허락해서 나를 이토록 고통스럽게 하나요? 이 고통을 당신이 알았으면 좋겠어요!"

깊은 고통이 그녀를 흐느끼게 만들었다. 한참을 울고 났더니 어느 순간 고요한 침묵이 찾아왔다. 그리고 그 침묵 속에서 조용한 목소리가 들렸다.

"하느님 안에는 너와 같은 여성이 있다. 그녀는 너의 고통을 함께한다."

그것은 마치 계시의 순간과도 같았다. 그리고 1년 후 그녀는 당시 막 싹트던 여신운동과 조우하게 됐다. 여신 워크숍을 이끌던 스타호크를 만나게 된 것이다. 스타호크로부터 여신의 존재에 대해 들으면서 그녀는 자신의 삶 전체가 인정받는 듯한 기쁨을 느꼈다. 목소리가 말해 준 '하느님 안에 있는 여성'을 만난 것이다. 고향에 돌아온 것 같은 기분이었다고 한다.

우여곡절 끝에 크리스트는 1974년 박사학위를 취득했다. 그리고 컬럼비아 대학과 캘리포니아 대학 등에서 가르치면서 여신의 역사, 여신상징이 갖는 의미와 힘 등에 대한 연구에도 매진했다. 새로운 길을 개척하는 열정과 기쁨으로 빛나던 시기였다.

그러던 1978년 봄 그녀에게 특별한 기회가 찾아왔다. 캘리포니아 산타크루즈 대학에서 개최된 '부활하는 위대한 여신' 회의에서 기조연설을 하게 된 것이다. '왜 여성들은 여신을 필요로 하는가?'라는 제목이었다. 연설이 끝났을 때 전국에서 모인 500여 명의 참가자들은 우레와 같은 박수를 치며 환호성을 보냈다. 크리스트가 여신영성의 대표적 학자로 떠오른 순간이었다. 미국 학계에서 여신영성이 새로운 주제로 등장했음을 알린 역사적 순간이기도 했다.

크리스트의 연설은 그녀가 기독교와 결별했음을 알리는 공식적인 계기가 되었다. 그녀는 거기서 더 나아가 다음 해에는 친구들과 '떠오르는 달'이란 리츄얼 그룹도 만들었다. 학자에 그치는 게 아니라 여신운동가로서도 첫 행보를 뗀 것이다. 당시 미국에서는 여기저기서 여신서클들이 생겨나고 있었다. 크리스트는 한때 그룹의 여사제 역할도 맡았다.

그런데 도전적이고 명민한 소장 종교학자이자 대학교수로, 여신운동의 선구자로 잘나가는 것 같던 그녀의 앞날엔 예상치 못했던 난관들이 기다리고 있었다. 뿌리가 뽑혀 나가는 것처럼 고통스러운 시간이 다가왔다.

왜 여신이 여성들에게 중요한가?

크리스트는 '부활하는 위대한 여신' 회의의 기조연설에서 왜 여성들에게 여신이 필요한가에 대해 다음과 같이 설명했다.

"여신은 여성의 힘, 여성의 몸, 여성의 의지, 여성의 결속과 유산을 옹호하는 존재다. 여성들은 여신을 만났을 때 비로소 자신의 힘과 신성을 인정하고 신뢰할 수 있으며, 자기 몸과 그 안에서 순환하는 생명력을 긍정하고 축복할 수 있다. 더 이상 남신을 통해서 힘들고, 대개는 헛된 신성과의 접촉을 시도할 필요가 없는 것이다.

여신은 또 소녀이자 성숙한 엄마, 현명한 할머니이기도 해서 여성들이 인생의 매 단계를 온전하게 맞이할 수 있도록 이끈다. 나이 든 여성들도 자신의 힘과 아름다움을 인정할 수 있게 되는 것이다. 여성들은 여신을 통해 모녀관계와 자매애 등 여성들 간의 결속도 강화할 수 있다. 그러므로 여신은 그동안 지속돼 온 여성의 힘에 대한 평가절하, 여성 몸에 대한 폄훼, 여성의 의지에 대한 불신 그리고 여성들 간의 결속에 대한 부정을 극복하려는 여성들에게 큰 힘이 될 수 있다."[4]

크리스트가 제시하는 여신의 말씀

1. 생명을 양육하라.
2. 사랑과 아름다움 속에서 거닐어라.
3. 몸을 통해 얻은 지식을 믿어라.

4. 갈등과 아픔 그리고 고통에 대한 진실을 말하라.

5. 필요한 것만 가져라.

6. 당신의 행동이 다음 7세대에 걸쳐 미칠 영향을 생각하라.

7. 생명을 취하는 일은 크게 삼가라.

8. 큰 관용을 행하라.

9. 생명의 망을 고쳐라.

수녀원에서 만난
여신의 나무

그녀의 힘들었던 시절에 대한 얘기는 순례 초반 한 수녀원에서 직접 들을 수 있었다.

헤라클리온 남쪽, 팔리아니에 있는 아담하고 정갈한 수녀원이었다. 가운데 뜰을 둘러싸고 흰색 2층 건물이 빙 돌아 서 있고, 곳곳에 자리한 나무와 꽃들이 수를 놓은 듯했다.

뜰 한쪽에는 1000년이 넘었다는 신성한 도금양 나무가 있었다. 키는 크지 않았으나 구렁이, 코브라, 실뱀 등 온갖 종류의 뱀 떼가 모여 얽히고설킨 것 같은 가지들이 첫눈에도 비범해 보였다. 나무 기둥과 가지들 곳곳에는 작은 성화들, 금은 장식물들이 봉헌돼 사람들의 믿음을 보여 주고 있었다. 크리스트는 우리를 나무 주위에 앉게 한 후 이야기를 시작했다.

"1000년 넘은 이 나무의 신비로운 에너지가 느껴지지 않나요? 이 나무의 잎이나 마른 가지를 가지고 있으면 보호를 받는다고 해요. 나도 효과를 봤어요. 그리스로 건너와 우울과 절망에 빠져 있을 때 이 나무를 우연히 만나 큰 위로를 받았거든요."

몇몇 사람들이 바닥의 마른 가지를 줍는 것을 보며 그녀는 이야기를 이어 갔다.

미국은 신임 대통령이 성경에 손을 얹고 취임선서를 하는 나라다. 그런 나라에서 여신영성을 선언하며 기독교에 반기를 든 여성이 사회적 지위를 유지하는 건 쉽지 않았다. 학문적으로 뛰어난 업적을 보였음에도 학계의 따돌림이 심해졌다. 학생들과의 관계에서도 문제가 생겼다. 그녀를 가장 힘들게 한 것은 뜻을 함께했던 페미니스트 신학자들의 태도였다. 연대와 지지를 기대했던 동지들이 여전히 기독교와 유대교 안에 머물렀을 뿐 아니라 그녀에게 거리를 두었던 것이다. 심지어 비판하기도 했다. 게다가 개인적으로 이혼의 아픔까지 덮쳤다.

결국 크리스트는 40대 초반이던 1987년 그리스행을 택했다. 산 호세 주립대학의 정년 보장 교수직을 그만둔 후 아테네를 거쳐 레스보스 섬에 이주했다. 오랜 여신의 땅에서 새로운 삶을 개척하고자 한 것이다.

처음에는 여신의 축복을 받은 듯했다. 이미 그녀는 동굴을 비롯해 고대 여신의 성소들을 순례하며 여신의 신성을 접하고 난 후였다. 레스보스 섬의 쇠락한 아프로디테 신전에서 친구와

위 ㅣ 팔리아니 수녀원의 신성한 도금양 나무

아래 ㅣ 도금양 나무에 사람들이 매단 봉헌물들

리츄얼을 하다가 아프로디테의 웃음소리를 듣는 신비한 체험도 했다. 그래서 자신이 아프로디테의 여사제인 듯한 느낌까지 가지고 있던 터였다.

하지만 기대를 배반하는 것이야말로 현실의 몫이다. 그리스에서의 생활은 자꾸 엇나가기 시작했다. 타국에 홀로 정착하고 적응하는 일이 쉽지 않았던 데다 새로 만난 연인과도 헤어지는 등 시련이 이어졌다. 시린 고독과 좌절, 자신의 선택에 대한 회의가 밀려오면서 크리스트는 여신은 물론 자신마저 믿지 못하는 상황으로 떨어져 버렸다. '아무도 날 원하지 않을 거야. 더 이상 살 가치가 있을까?' 절망감에 허우적대던 시기였다. 자발적 망명이었지만 추방자의 고통에 빠졌던 것 같다.

그 무렵 크리스트가 우연히 들른 곳이 이 수녀원이었다. 그녀는 도금양 나무에서 치유의 힘을 느꼈고 그 힘으로 다시 일어섰다. 그리고 1993년 미국에 '신화와 리츄얼 연구를 위한 아리아드네 연구소'를 설립할 수 있었다. 크레타 여신순례는 이 연구소의 주력 프로그램이다.

그만큼 이 나무는 크리스트에게 특별한 존재였다. 그런데 여신순례에서 그리스정교 수녀원을 찾은 이유는 그녀의 개인적 치유 체험이 아니라 도금양 나무의 역사에 있었다. 크리스트는 그 역사를 도금양 나무의 전설을 통해 설명했다.

수녀원이 지어지기 전 그 일대는 큰 숲이었다. 어느 날 불이 났는데, 관목 숲에서 "안 돼!"라는 소리가 들렸다. 불이 꺼진 후 살펴보니 성모 마리아의 아이콘(성화)이 있었다. 마을 사람들은 그것을 그대로 놓아두었다. 마을 소녀들이 그 주변에서 놀곤 했는데 하루는 타다 남은 나무들이 살아나기 시작했다. 소녀들이 나뭇가지 하나를 심자 무럭무럭 자라났다.

신기하게 생각한 마을 사람들은 근처에 교회를 지어 성모상을 안치했다. 그런데 다음 날 아침 성모상은 소녀들이 키워 낸 나무에 가 있었다. 사람들이 다시 교회로 옮겼으나 다음 날 또 같은 상황이 벌어졌다. 몇 번의 반복 후에 사람들은 마침내 성모상이 원하는 곳이 그 나무임을 알게 되었다. 그리고 그 나무는 신성한 나무가 되었다.

교회에서 나와 굳이 나무를 고집하는 성모상은 기독교 신앙이 아니라 여신신앙과 관련된다. 이는 기독교 이전 여신신앙에서 나무들이 주로 여신의 신체나 상징으로 여겨졌고, 나무가 소녀들에 의해 살아나 자랐다는 사실에서 알 수 있다. 그리스에서 도금양 나무는 아프로디테의 나무였다.

그러니까 전설은 원래 여신의 나무였던 도금양 나무가 기독교 유입 후 성모 마리아를 통해 기독교로 포섭된 과정을 담고 있다. 거꾸로, 어쩔 수 없이 기독교를 받아들였어도 원래의 나무 숭배 전통을 유지하려 했던 마을 사람들의 의도도 읽을 수 있다.

크레타에서 성모 마리아는 파나기아(Panagia)라고 불리는데 '온전히 성스럽다.'는 뜻이다. 마리아란 이름을 그들 식으로 바꾼 것이다. 크리스트는 파나기아가 고대 크레타의 여신 이름일 수도 있다고 추정한다. 도금양 나무에는 전설 때문인지 성모 아이콘이 여럿 놓여 있었다.

기독교의 외피를 입은
여신신앙

수녀원 교회 안에는 영험하기로 이름 높은 성모 아이콘이 있었다.

사람들은 이 성상을 찾아 소원 성취와 보호를 빌고, 기도가 응답을 받으면 답례품을 바친다. 주렁주렁 걸려 있는 금은 장식물들은 그만큼 기도가 잘 듣는 증거라고 했다.

"저 성모상의 눈을 봐. 정말 인상적이지 않아?"

옆에 다가서며 안드레아가 말했다. 확실히 성모상의 눈은 지금껏 보지 못한 것이었다. 무언가를 쏘아보는 듯 도전적인 눈빛. 어찌 보면 화가 나서 흘겨보는 것도 같았다. 예수를 안고 있는데도 자애로운 표정이 아니었다. 그 눈빛 때문에 사람들은 강력하고 신비한 에너지를 느끼는지도 몰랐다.

안드레아는 성모상에 이끌려 한참이나 꼼짝 않고 서 있었다. 종교교육학 박사로 교회 관련 단체에서 일하는 그녀가 여신을 찾게 된 계기는 수년 전 참여한 여신캠프였다. 종교학을 공부한 한 독일 여성이 미국에 건너가 스타호크 밑에서 입문한 후 개최한 캠프였다.

"달밤에 리츄얼을 했어. 처음 경험해 본 자유롭고 행복한 달밤이었지. 특히 '당신이 여신입니다.' 하는 얘기를 들었을 때 참

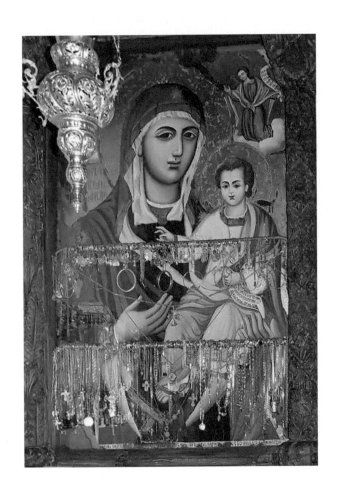

팔리아니 수녀원 교회 안의 성모상.
눈빛과 표정이 강렬한 느낌을 준다.

좋았어."

이후 그녀는 기회가 닿는 대로 여신을 공부하며 만나 왔다고 한다. 그런데 그럴수록 현재 하는 일이 힘들어지는 게 그녀의 고민거리였다. 성모상에 몰입해 있는 그녀의 모습을 보면서 어쩌면 그녀가 성모와 묻어 두었던 속깊은 대화를 나누고 있는 게 아닌가 하는 생각이 들었다.

잠시 후 크리스트가 일행을 불러 모았다. 그리고 기독교와 여신신앙 그리고 성모의 관계에 대해 간단히 설명했다. 그녀는 성경의 창세기에 등장하는 선악나무와 이브의 이야기에 뱀과 나무와 여성을 신성시했던 여신신앙이 담겨 있다고 말했다. 그런데 그것들을 원죄와 연결시키면서 기독교는 여신신앙을 부정했다는 것이다.[5] 하지만 뱀떼 같은 가지를 지닌 도금양 나무가 수녀원에서 숭배를 받고 있듯이, 고대의 여신신앙은 기독교로 교묘히 스며들었다. 역사에 단절은 없기 때문이다. 여신신앙을 기독교로 습합시킨 통로는 성모 마리아였다.

유명한 신화학자 조지프 캠벨은 아기 예수를 안은 성모상의 뿌리가 아들 호루스를 안고 있는 이집트 이시스 여신상에 있다고 보았다. 성모 마리아의 동정수태도, 태초의 여신 가이아에서 보이듯, 여신들의 처녀생식 능력에 연원이 있다는 견해도 있다.[6]

"이곳은 기독교의 외양을 하고 있지만, 여러분은 어쩌면 수천 년 전의 여신신앙과 별로 다를 것 없는 신앙의 현장을 보고 있는지도 모릅니다."

설명을 끝내며 크리스트가 한 말이었다. 그러고 보니 성모 마리아상과 성모의 나무가 숭배되고 있는 수녀원은 고대의 여신사원과 별 다를 게 없어 보였다.

수녀원을 나오면서 다시 한 번 둘러보니 들어올 때와는 매우 다른 느낌이 들었다.

기독교의 외피를 입은 여신신앙의 현장. 지금까지 살아 있는 유구한 여신의 힘!

왜 도금양 나무와 성모상이 절망에 빠져 있던 크리스트를 치유할 수 있었는지 비로소 알 것 같았다. 수천 년간 이어져 온 끈질긴 신앙만큼 강력하고 믿을 만한 힘은 없을 테니까.

크리스트와
대화의 시간을 갖다

며칠 후, 나는 크리스트와 개인적인 얘기를 나눌 기회를 가졌다.

산중의 아름다운 호숫가 카페에서였다. 그리스 커피를 앞에 놓고 가벼운 얘기를 하다가 그녀는 "한국에는 관음(관세음보살)이 숭배되고 있는데 왜 따로 여신을 찾으려 하느냐?"고 내게 물었다. 한국의 여신들에 대해서도 알고 싶다고 했다. 관음을 여성으

로 여기고는 있었지만 여신이라고 생각해 보지는 않았기 때문에
그녀의 질문은 당황스러웠다.[7]

나는 한국에서 관음은 여신으로 숭배되지 않는다고 답했다.
그리고 한국 불교에서 관음의 위상에 대해 아는 만큼 설명했다.
내가 가장 소개하고 싶은 한국여신은 무속여신인 바리공주였다.
유창하지 못한 영어의 제약에도 불구하고 나는 그녀에게 바리공
주의 신화가 갖는 의미를 최대한 설명하려 애썼다. 놀랍게도 그
녀는 우리의 마고여신도 알고 있었다.

좋은 기회를 놓칠 수 없어 나도 그녀에게 여러 가지 궁금했
던 것들을 물었다. 주로 여신운동에 대한 것이었는데 얘기를 하
다 보니 자연스럽게 그녀의 개인사도 흘러나왔다.

정말 놀라웠던 건 그녀의 주저 없는 솔직함이었다. 감출 법한
개인사라든지, 그리스 사람들이 좋긴 해도 너무 감정적이라 부담
스러운 부분도 있다든지 하는 얘기가 나오더니 급기야 그리스에
서 살기로 선택한 것을 후회하는 듯한 분위기까지 내비쳤다. 신
학이든 여신운동이든 세계의 중심인 미국 사회에 비하면 그리스
는 변방이었고, 게다가 섬에서 살고 있으니 그녀가 느끼는 소외
감과 한계가 큰 듯했다.

어쨌거나 잘못 들었나 할 정도로 예상치 못했던 발언이었다.
가부장제 종교와 타협하지 않고 고립무원의 상태에서 여신영성
의 길을 개척해 온 전사에게서 나올 법한 얘기가 아니었기 때문
이다. 그녀는 2005년 호주의 한 가톨릭 대학이 예정됐던 강연에

대해 장소 사용 불허를 통보하자 "오히려 기쁘다. 그만큼 나를 두려워하고 있다는 얘기니까." 하고 받아쳤던 여자였다. 또 그간 이룩한 성취도 역사에 뚜렷한 발자취로 남을 만한 것들이었다.[8]

때문에 2006년 권위 있는 학술지 《페미니스트 신학》은 크리스트의 삶과 업적을 소개하는 글을 실었다. 이 글은 크리스트를 여신영성 운동과 페미니스트 신학 운동의 선구자이자 시조모로 높이 평가했고, 크레타 여신순례를 행동하는 여신학이라며 치켜세웠다.

그러나 나는 기대했던 이미지와는 다른 크리스트를 앞에 두고 있었다. 치유가 됐다더니 또 흔들리고 있는 건가? 지도자로 여긴 그녀가 평범한 여성과 똑같이 느껴지는 곤혹스런 순간이었다. 인생이 한두 번의 치유로 다 살아지는 것이 아니어서 어쩌면 매년 매 계절 새로운 치유가 필요할 것인데도 그녀에 대한 낭만적 기대가 너무 컸던 탓이었다.

그날 밤까지도 그 충격은 사라지지 않고 뇌리를 맴돌았다. 그런데 충격 속에서도 한 가지는 시간이 지날수록 점점 더 분명해졌다. 그건 그녀가 최소한 믿을 만한 사람이라는 사실이었다. 그녀는 가르침을 받으러 온 내게 얼마든지 내 기대에 맞는 멋진 모습을 연출할 수도 있었을 것이다. 그러나 그녀는 그러지 않았다. 솔직하게 자신을 드러내는 태도는 그녀의 몸에 밴 윤리인 듯싶었다. 그리고 그것은 내게 남성과 다른 여성적 리더십의 특징으로 이해됐다.

크리스트는 그날 저녁 모임에서도 자기 인생의 중요한 실패 하나를 솔직히 인정하고 털어놓았다. "지금까지 진실한 사랑을 찾기 위해 분투했으나 결국 성공하지 못했고, 이제 놓아 버리는 법을 배웠다."는 것이었다.[9]

크리스트는 책과 기고문들에서도 자신의 취약하고 힘든 부분, 사적인 얘기들을 자연스럽게 드러낸다. 특히 1995년 출간된 『여신과 함께한 오디세이』는 그녀의 개인적인 크레타 순례기로, 연애나 고질적 좌절감 같은 삶의 고백이 솔직하게 담겨 있다. 그녀가 '강한 여성'의 페르소나를 전시하지 않고 굴곡진 속내를 드러내 보이는 것은 그 모든 경험들이 영성을 키우는 자원이라고 믿기 때문이다. 그녀는 고통과 수치를 감추지 않고, 분노와 회한을 부정하거나 억압하지 않는다. 그것들을 그대로 인정하고 성찰적으로 다루면서 여신의 힘과 연결시켜 끝내 극복하고 성장하는 과정을 보여 주고자 한다. 여신영성이 다른 무엇보다 여성의 경험에 근거한다는 주장을 스스로 실천하고 있는 셈이다.

크리스트는 다음 날 아침 버스 안에서 나와 나눈 대화를 사람들에게 간단히 소개했다. 한국의 다종교적 상황, 기독교와 불교의 가부장제, 여전히 대중적으로 살아 있는 무속, 관음신앙, 바리공주 등에 대해 말했는데 어찌나 정확하게 옮기는지 놀라지 않을 수 없었다. 메모 한 자 하지 않았는데 내가 말해 준 수치까지 정확히 기억하고 있었다.

소개가 끝나자 여러 질문들이 나왔다. 가장 관심이 큰 것은

역시 무속이었다. 기독교도들도 무당을 찾느냐, 불교도의 경우는
어떠냐 하는 질문이 이어졌다. '굿'이라는 말을 아는 사람도 있었
다. 내심 놀라는 한편으로 굿을 소개할 사진 하나 준비해 오지
못한 자신을 책망할 수밖에 없었다.

3
크노소스에는
지배, 차별, 전쟁이 없었다

크노소스_성소
유례없이_아름다웠던_세상

크노소스의 미궁을 보는 두 가지 방식이 있다. 에반스가 말한 왕궁이거나 위대한 여신의 사원이거나 (⋯) 그런데 크노소스가 사원이었다는 고고학적 증거들은 미궁의 모든 부분들에서 다 쏟아져 나왔다.

—『크노소스: 여신의 사원』, 로드니 캐슬든

순례 초반의 하이라이트는 역시 크노소스였다.

크노소스는 궁전을 중심으로 많은 사람들이 모여 살았던 고대의 도시다. 미노아 크레타에는 이런 도시들이 많았는데 크노소스는 그중 가장 크고 번화한 곳이었다. 파이스토스, 말리아, 카토 자크로스 등이 크노소스의 뒤를 이어 손꼽히는 고대 도시들이다. 이곳들 역시 순례 일정에 포함되어 있었다.

순례단이 크노소스 궁에 도착한 것은 늦은 오후였다. 10월인데도 햇볕이 뜨거웠다. 여기저기 부분적으로 복원이 돼 있기는 해도 전체적으로 황량한 유적지에는 세계 각지에서 온 관광객들이 무리를 이뤄 움직이고 있었다. 그곳이 왕이 살았던 궁전이라고 설명하는 한 가이드의 확신에 찬 목소리도 들렸다. 하지만 유적지의 정체에 대한 의문은 갈수록 커지고 있다.

발굴 초기부터 그 건물이 종교적 목적으로 사용되었음은 너무나 분명했다. 곳곳에서 여신상과 상징들, 종교적 이미지들과 의례용품들이 쏟아져 나왔기 때문이다. 에반스 경도 크노소스 궁이 궁전보다는 사원을 닮았다고 말했을 정도였다. 그가 의미한 왕은 최고의 사제직을 겸한 사제왕이었다. 반면 크리스트는 크노소스 유적터를 왕궁이 아니라 성스러운 센터라고 불렀다.

"지금까지 발굴된 유물들을 보면 이곳은 각종 의례들이 행해진 여신숭배의 중심적인 장소였습니다. 농사를 지어 얻은 첫 수확물을 감사의 마음으로 갖다 바치며 다음의 풍요로운 수확을 기원했겠지요. 뿐만 아니라 이곳은 공동체적 삶의 중심이었습니다. 농사를 함께 도모하고 수확물을 나누고, 남은 것들을 저장하는 일들을 관장했지요. 또 축제의 현장이었으며 중요한 일들을 토의하던 협치의 장소이기도 했습니다. 그러니까 종교적 기능은 물론 행정적·경제적·사회적 기능까지 다 담당했던 공동체의 구심점이었던 것이지요."

그 성소는 웅장하고 아름다웠을 뿐만 아니라 높은 기술 수준을 담고 있었다. 우리 일행은 크리스트와 가이드의 안내에 따라 성소 이곳저곳을 돌아다니며 예전의 모습을 상상해 보려고 애썼다. 여기저기 부서진 듯 서 있는 건물들, 붉은 기둥들, 돌계단들, 프레스코화들이 도움을 주었는데 대부분 에반스 경이 복

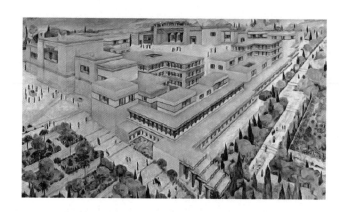

위 | 크노소스 성소 복원도

아래 | 크노소스 성소 평면도

원시킨 것들이었다.

가이드는 당시에 설치돼 있었다는 상하수도 시설과 수세식 화장실로 우리를 이끌었다. 그리고 미노아인들의 발달된 건축술과 미적 감각에 대해 한바탕 열변을 토했다. 미노아 문명은 크레타인들의 자부심인 듯했다. 이곳저곳 발길 닿는 곳에 무심하게 서 있는 큼직한 항아리들은 다채롭고 세련된 문양들을 품은 채 수천 년 전의 뛰어난 공예술과 풍요를 증언했다.

평화롭고 평등한
여신 중심 모계사회

크리스트는 미노아 사회가 모계사회였을 것이라고 말했다. 여성은 농업과 공동체의 일을 담당하고, 남성은 배를 타고 나가 무역을 하며 평등한 관계를 유지했다는 것이다. 그녀가 사는 레스보스 섬에도 최근까지 재산이 장녀에게 상속되는 전통이 남아 있었다고 한다.

"미노아 사회에는 지배의 흔적이 거의 없습니다. 이곳 성소의 방들만 봐도 다 비슷하게 작아요. 왕이 살았을 만한 특별하게 구별되는 방이 없지요. 또 많은 방들이 어둡고요."

가부장제가 확립되기 전 여남이 평등했던 모계사회, 자연의

여신상, 차탈회위크, 기원전 6000년경

신비롭고 풍요로운 생명력과 거대한 힘을 여신으로 섬겼고 여사제들이 의례를 이끌었던 사회, 발전된 기술이 지배권력이나 전쟁이 아니라 공동체의 풍요로운 삶을 위해 쓰였던 사회.

그런 사회를 건설한 문명의 중심에 내가 서 있다는 것이 잘 실감나지 않았다. 미노아시대는 시기적으로 보면 우리의 고조선, 단군시대에 해당한다. 크노소스 성소에는 그만큼 까마득한 과거의 시간이 있었다. 그 시대에 정말 그런 아름다운 세상이 존재했을까? 나뿐 아니라 많은 사람들이 고개를 갸웃거린다.

크노소스 발굴 당시에도 사람들은 유적과 유물들이 말해 주는 역사의 진실을 제대로 보지 못했다. 확실한 증거가 나오지 않았지만 해석의 중심에는 여전히 미노스 왕이 있었고, 여신은 그저 특이하고 흥미로운 사례로 여겨져 부차적으로 언급되는 정도에 그쳤다. 진실이 제대로 해석되기까지는 몇 번의 역사적 발굴들과 새로운 통찰력이 더 필요했다.

그중 대표적인 것이 1958년 터키 아나톨리아 고원에서 모습을 드러낸 신석기 유적지 차탈회위크였다. 대규모 신석기 주거지인 그곳에도 신전들이 있었고 여러 여신상들이 출토됐다. 그중 가장 유명한 것은 한 곡물창고에서 발견된 여신상이다. 기원전 6000년경 만들어진 이 여신상은 표범 같은 동물을 팔걸이처럼 배치한 의자에 앉아 출산을 하고 있다. 풍만한 몸집에 큰 가슴과 부푼 배를 과시하듯 드러내고 있는데 위엄 있는 자세와 분위기가 인상적이다.

발굴을 주도한 영국인 고고학자 제임스 멜라트는 차탈회위크에 살았던 신석기인들이 어머니 여신을 숭배했고, 농사를 지으며 평등하고 평화로운 정착 생활을 했다고 발표했다. 크레타 여신신앙의 뿌리를 시사하는 발굴 성과였다. 차탈회위크 발굴은 새로운 책임자의 지휘 아래 현재도 진행 중이다.[10] 고고학적 분석이 정교하고 풍부해지면서 최근 멜라트가 말한 어머니 여신에 대한 논란이 불거지고는 있으나 차탈회위크는 지금도 여신신앙의 역사를 회복하는 데 큰 비중을 갖는 중요한 유적지다.

미노아 크레타나 차탈회위크의 여신신앙이 구체적으로 어떤 내용이었는지를 밝히는 데 결정적 기여를 한 인물은 고고신화학자 마리야 김부타스였다. 수십 년간 남동부 유럽의 발굴 현장을 누볐던 김부타스는 방대한 유물·유적들을 고고학뿐 아니라 신화학, 언어학, 비교종교학, 민족학, 문화사를 다 아우르며 분석하고 종합했다. 그리고 천재적 통찰력으로 선사시대 여신문명이란 새로운 역사를 세상에 소개했다. 그녀는 『고대 유럽의 여신과 남신들』(1974), 『여신문명』(1991), 『살아 있는 여신들』(1999, 사후 출판) 등 여신숭배의 역사를 밝히는 책들을 내놓아 여신운동에 획기적 동력을 제공했다.

김부타스는 신석기시대 유럽인들이 여신과 어머니를 따르는 평화롭고 평등한 공동체를 이루어 살았다고 주장했다. 그녀가 고대 유럽(6500-3500 BCE)이라고 명명한 그 사회는 전쟁의 흔적이 발견되지 않을 뿐 아니라 예술적으로도 발전된 아름다운 공동체였다. 그들 삶의 중심에는 자연의 경이로움과 생명에 대한 예찬이 있었다. 이들이 숭배한 여신은 생명을 부여할 뿐 아니라 거두어 갔다가, 생사의 순환에 따라 다시 생명을 탄생시키는 위대한 존재, 즉 자연이었다.

그런데 이 여신의 시대는 호전적이고 남성 중심적인 인도유럽인들의 침입으로 종말을 맞았다고 한다. 그러면서 여신들은 남신으로 대체되었고, 평화로운 시대도 끝장나고 말았다는 것이다.

여신의 그림문자를
해독하다

김부타스의 가장 큰 업적은 선사시대 여신의 언어를 발견하고 해독해 알기 쉽게 소개했다는 데 있다. 그녀는 무수한 여신상들과 토기류, 암각화 등에 있는 다양한 문양들이 단순한 장식이 아니라 신성을 표현하는 상징적인 그림문자라고 보았다.

김부타스가 1989년 출간한 『여신의 언어』에는 그녀가 분류하고 해석한 여신상징들이 체계적으로 정리되어 있다. 여신의 언어는 기호와 상징들 그리고 신성의 이미지들로 구성되었으며 자연과 긴밀히 연관되었다. 그리고 여성의 몸이 주요 소재로 사용되었다. 성기, 자궁, 가슴, 임신한 배 등은 생명을 탄생시키고 양육

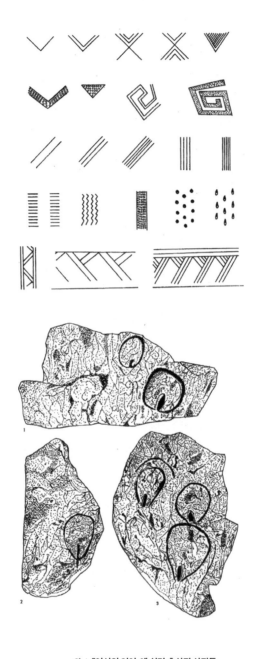

위 │ 『여신의 언어』에 실린 추상적 상징들

아래 │ 『여신의 언어』에 실린 구석기 여성성기 암각화하며 거둬 가기도 하는 여신의 대표적 상징들이었다. 여신은 모든 생명의 유일한 원천이었으며 샘물과 우물, 해와 달, 촉촉한 대지에서 에너지를 취하는 것으로 이해됐다.

신석기시대 여신신앙은 전 지구적으로 나타나고 그 양상이 별로 다르지 않다. 그 때문인지 김부타스가 제시한 여신상징들은 놀라울 정도로 세계적 보편성을 보인다. 한국의 경우도 예외가 아니다. 그녀의 해석을 우리 신석기 유물에 적용시키면, 잘 알려진 빗살무늬토기에 새겨진 다양한 문양들이 달리 보인다. 그냥 원시적 장식으로만 이해했던 사선이나 V자, 삼각형, 지그재그, 마름모, 그물 등의 문양이 특정한 의미를 담은 문자로 변신한다. 물이나 새 여신, 여성의 성기 등으로 읽히는 것이다.

그녀의 작업으로 우리는 선사시대의 언어를 만나고 해독할 수 있는 문을 열게 됐다. 그 때문에 신화학자 캠벨은 로제타석을 발판으로 이집트 상형문자를 해독한 장 프랑수아 샹폴리옹의 기념비적 업적에 그녀의 성취를 비견했다. 그리고 여신의 언어를 더 빨리 만나 자신의 저작에 반영하지 못했음을 자주 한탄했다.

**동아시아 신석기시대에도
여신이 중심에 있었다**

김부타스가 밝혀낸 선사시대 여신문명은 동아시아에도 존재했다. 중국 홍산문화 시기의 대형 여신묘와 여신상들, 일본 조몬시대의 무수한 여신상들은 신석기시대 동아시아 지역에도 여신신앙이 지배적이었음을 알려 준다. 조몬시대 여신상들은 매우 정교하게 만들어졌을 뿐 아니라 독특하고 기이한 아름다움으로 단박에 보는 이의 눈길을 잡아끈다.

오른쪽의 것은 요즘 조각품이라고 해도 될 정도로 현대적이다.

홍산문화는 중국 내몽골과 요하 유역에서 꽃피웠던 신석기 문화다. 우하량 유적지에서는 거대한 여신의 신전과 사람과 같거나 두세 배 더 큰 여신상들이 발굴되어 세계적으로 비상한 주목을 끌었다. 아래의 사진들은 발굴된 여신상 머리와 복원해 본 모습이다. 신전의 주실에 봉안됐던 3배 크기의 여신상은 높이가 5미터에 이르렀을 것이라고 하니 그 규모에 놀라지 않을 수 없다. 말 그대로 위대한 여신이었던 것이다.

그런데 홍산문화를 낳고 키운 곳은 매장 방식 등으로 볼 때 동이족의 옛 지역으로 여겨진다. 우리 민족과 관련될 가능성이 높다는 얘기다. 여신상 옆에서는 곰 아래턱과 발 형상이 파편 상태로 발굴되었다. 이 때문에 국내 학계 일부에서는 우하량의 여신을 단군신화의 웅녀와 연관시킨다. 그녀는 정말 웅녀와 관련된 여신일까?

조몬 비너스,
야마가타현, 기원전
2500년경

우하량 유적지에서 발굴된 여신상 머리와 복원한 모습, 기원전 3500년경

한반도에서 출토된 신석기 여신상은 손가락에 꼽을 정도다. 하지만 옛 동이족 지역에서 불쑥 나타난 우하량의 거대한 여신은 한반도 여신의 역사를 새롭게 돌아보라고 속삭인다. 단군 이전에 웅녀가 위대한 여신으로 홀로 존재했을 수도 있다. 설사 웅녀와 관련시키는 게 무리라 하더라도 한반도 인접지역에서 나타난 웅장한 여신유적이 우리 여신의 역사에 시사하는 바는 결코 작지 않다.

여성적 건축,
자연에 대한 사랑

크노소스 성소는 기원전 2000년경에 처음 지어져 기원전 1380년까지 수백 년간 계속 중건되었다. 중앙의 직사각형 큰 마당을 서로 다른 형태와 층수의 건물들이 둘러싼 구조다. 최고 높이는 5층이었고 전부 1,300개 정도의 방이 있었을 것으로 추정된다. 성소가 지어지기 전 그 일대는 수천 년 동안 신석기 주거지였다.

한가운데 지배자의 공간이 아니라 큰 마당을 둔 성소 건물은 공동체 중심적이고 여성적인 성격을 드러낸다. 빈 공간은 음(陰), 여성성을 상징한다. 한쪽 구석에 마련된 야외극장과 네 방향 모두 뚫려 있는 입구들을 통해서도 성소의 열려 있는 공동체적 성격을 알 수 있다.

성소의 방들은 신전이나 각종 물품들의 저장 공간, 주거 공간, 작업장 등으로 사용되었다. 그것들은 정형화되지 않았고, 미로같이 구불구불한 복도로 이어져 있었다. 또 계단들이 지상에서 지하로 내려갔다가 다시 지상으로 연결되며 빛과 어둠의 대비를 느끼도록 설계됐다. 당시 다른 지역의 반듯하고 웅장한 건축물들과 달리 비대칭적이고 불규칙하며 복잡한 모양새다. 그래서 후일 그리스인들에게 미궁이라고 전해졌고, 미궁에 갇힌 미노타우로스 신화가 생겨났을 것이라고 한다.

크노소스 성소는 크게 서쪽 구역과 동쪽 구역으로 나뉜다. 서쪽 구역은 지하에 작은 신전들이 여럿 조성되어 있는데 특히 필라 크립트라고 불리는 작은 방이 유명하다. 어두운 방 한가운데 돌을 반듯하게 깎아 쌓은 기둥이 세워져 있어 그렇게 불린다. 돌기둥은 건축적 이유와는 상관없는 종교적 시설로, 대개 미노아 여신의 대표적 상징인 양날도끼 문양이 새겨져 있다.(양날도끼에 대해서는 6장 참조) 신전들이 지하에 위치한 것은 동굴을 모방한 것으로 해석된다. 여성의 음문과 자궁을 닮은 동굴은 선사시대부터 대표적인 여신의 성소였다.

크리스트는 필라 크립트의 돌기둥이 동굴 속 석순에서 유래했는지도 모른다고 설명했다. 석순이 솟구치는 땅 에너지를 상징하기 때문에 여신상으로 숭배돼 온 전통이 있다는 것이었다. 돌기둥은 그저 남근 상징으로만 알았던 내게는 매우 생소한 설명이었다.

동쪽 구역엔 일부에 신전이 있으나 지하 공간이 없으며 홀과 접견실, 큰 방 등이 자리했다. 빛이 들어오는 열린 공간들이 있어 전체적으로 환한 분위기였다. 각 공간의 벽들에는 미노아 문명 특유의 활기찬 감각을 드러내는 유명한 채색벽화와 부조들이 장식되어 있었다.

김부타스는 크노소스 서쪽 구역은 죽음 이후 생명의 재생을, 동쪽 구역은 탄생을 나타낸다고 해석했다. 그리고 죽음과 사후

필라 크립트의 돌기둥과
그곳에 새겨진 양날도끼 문양

의의 재생 과정을 관장한 서쪽 구역이 중심 성역이라고 보았다. 그곳에서 계절 의례나 개인의 통과의례 등 중요한 의례들이 치러 졌을 것으로 추정했다. 간단히 말해 크노소스 성소는 죽음과 재생, 탄생과 삶이 좌우의 양 날개를 이루며 위대한 여신을 표상했던 여신의 사원이었다.

성소 건물 지붕의 가장자리에는 '성화(聖化)의 뿔'이 나란히 장식되어 있었다. 멀리서도 보이는 이 뿔 장식은 그곳이 성소임을 알리는 표지였다. 이 뿔은 소뿔인데 미노아인들은 소를 성스런 동물로 여기고 사랑한 것으로 유명하다. 크노소스 성소에서는 황소 머리 의례 용기 등 유명한 황소 관련 유물들이 다수 출토됐다. 복구된 성소의 외벽에도 달리는 황소 상이 크게 그려져 있다.

황소 머리 의례 용기는 헤라클리온 고고학박물관에 있었는데 보는 순간 깜짝 놀라지 않을 수 없었다. 몇 해 전 크레타를 반나절 정도 스쳐 지나갔을 때, 한 상점에서 매우 인상 깊게 보았던 바로 그것이었기 때문이었다. 당시 나는 그 정교하고 아름

황소 머리 의례 용기, 크노소스, 기원전 1600-1500

다운 황소 머리가 현대 예술가의 작품인 줄 알았는데 기원전 1500년경에 만들어졌다니 믿어지지가 않았다.

박물관에 자리한 다채로운 미노아 유물들 역시 수천 년 전의 것이라고 믿기 힘들 만큼 높은 예술적 수준을 보여 주고 있었다. 수많은 도자기들에는 문어와 돌고래, 꽃과 새, 나비와 벌 등이 화려하고 생동감 있게 묘사돼 있었다. 또 생명 에너지의 분출과 순환을 나타내는 추상적 문양들도 여신의 상징으로서 함께 장식되거나 독자적으로 그려져 세련미를 과시했다.

미노아 예술에서 무엇보다 특징적인 것은 자연과 인간의 활기차면서도 우아한 아름다움이다. 바다에서 춤추듯 헤엄치는 푸른 돌고래들, 대담하고 화려한 꽃과 식물들, 우아한 자태의 새와 그리핀(독수리의 머리와 날개, 사자의 몸을 가진 전설상의 동물), 날렵한 푸른 원숭이를 그린 프레스코화들은 미노아인들이 자연을 얼마나 아름답게 느끼고 사랑했는가를 잘 보여 준다. 이는 타 문화권에서 유례를 찾기 힘든 미노아식 아름다움이다.

황소 머리와 뿔도
여신상징

황소는 흔히 남성적 힘의 상징으로 여겨진다. 하지만 고대 여신신앙에서 황소의 머리나 뿔은 여신의 재생력을 상징했다. 한 예로 차탈회위크 유적지의 프레스코화에는 여성의 하반신에 황소 머리와 뿔이 배치되어 있다.[11]

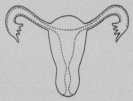

황소 머리 형상과 유사한 자궁·나팔관

황소 머리가 여신상징으로 사용된 이유는 분명치 않지만 자궁·나팔관의 형태적 유사성이 가장 설득력 있게 거론된다. 선사시대인들이 장례를 치르며 시신의 근육을 제거하는 과정에서 유사성을 발견했을 것이라는 추정이다. 김부타스도 이 견해를 받아들여 여신문명의 유물과 유적들에서 흔히 나타나는 황소 상징들을 분석했다.[12] 그리고 아테나의 탄생도 새롭게 해석했다. 잘 알다시피 아테나는 제우스의 머리에서 태어나는데, 제우스는 황소로 상징되는 신이다. 그는 황소로 변해 페니키아의 공주 에우로페를 크레타로 납치했다. 따라서 제우스의 머리는 황소 머리가 되는데, 황소 머리는 자궁을 상징하니 아테나의 기이한 탄생도 놀랄 일만은 아니라는 것이다.

쇠고기 외에는 소를 보기도 힘든 현대의 우리들에게 소에서 여신을 느끼는 일은 낯설다. 하지만 우리 신라와 가야에도 소 신앙이 있었다. 소머리와 소뿔은 그들에게도 신성한 것이었다. 어쩌면 미노아 크레타와 놀랄 만큼 비슷한 신앙의 양상을 가졌던 것도 같다.(자세한 내용은 18, 20장 참조)

미노아 여사제,
우아한 위엄

여신을 숭배했던 미노아 사회에서 다양한 의례들을 주재했던 사제는 여성이었다.

크노소스 성소 남서쪽 건물에서 발굴된 프레스코화 「행진」은 미노아 여사제의 모습과 지위를 분명하게 보여 준다. 그림의 중심에는 양손을 들고 위엄 있게 서 있는 여사제가 있다. 그녀 양쪽으로는 경배의 자세를 취하거나 공물용기를 받들고, 혹은 악기를 연주하며 다가오는 남자 무리가 길게 묘사되어 있다.

성소 북쪽 건물에 자리했던 프레스코화 두 개도 의례 장면을 보여 준다. 「성스런 숲과 춤」에는 춤추고 있는 일군의 여사제들이 있다. 구불거리는 검고 긴 머리에 가슴을 드러낸 그녀들은 아름답게 장식된 드레스를 입고 팔을 들어 군무를 추고 있다. 아마도 여신을 부르는 제스처일 것이다. 그녀들의 오른쪽으로는 거대한 올리브 나무들이 서 있고 그 뒤로 사람들이 빽빽하게 모여 그녀들을 주시하는 중이다.(가운데 흰 부분이 여성군중이다.)

「그랜드스탠드」에는 성대한 의례를 보기 위해 성소에 모여든 사람들이 묘사되어 있다. 군중이 콩나물처럼 빼곡히 들어차 있는데, 성화의 뿔로 장식된 3부 구조 건물 옆으로는 여성들이 주욱 앉아 있거나 서 있다. 「성스런 숲과 춤」에서 처럼 그녀들은 가

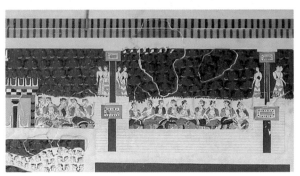

위 ｜ 「행진」, 크노소스, 기원전 1500년경

중간 ｜ 「성스런 숲과 춤」, 크노소스, 기원전 1500년경

아래 ｜ 「그랜드스탠드」 부분, 크노소스, 기원전 1500년경

여신의례 장면을 묘사한 미노아 인장,
미케네, 기원전 1400년대

장 중심적인 자리를 차지하며 그림의 주인공으로 부각돼 있다.
군중은 머리만 간략히 표현된 반면 이 여성들은 몸 전체가 디테
일하게 묘사됐을 뿐 아니라 화려하게 채색됐다. 누가 보아도 이
들이 의례의 주관자거나 핵심 인물임을 알 수 있다.

　이 프레스코화들은 명백하게 여성 중심적 의례 장면을 보여
준다. 미노아 문명 권위자인 나노 마리나토스는 이 그림들이 여
자가 주인공인 축제 장면을 묘사한 것이라고 말한다. 주인공인
그녀들은 머리부터 발끝까지 공들여 치장한 우아한 모습이다.

　여신의례 모습은 미노아 인장들에도 잘 담겨 있다. 그중 미케
네에서 발굴된 유명한 한 인장에도 여사제로 보이는 여성들이
있다. 그녀들은 치마만 입고 나무 밑에 우아하게 앉은 여신에게
꽃을 바치고 있다. 여신은 한 손으로 풍만한 가슴을 받쳐 과시하
고 있고, 여사제들 역시 상반신이 노출돼 있다. 그들 사이에는 양
날도끼가 자리하고 두 마리 뱀으로 구획된 윗 공간에는 해와 달
이 배치됐다. 여신상징으로서 가슴은 생명과 양육, 부를 의미하
며 새 여신과 연관된다.

프레스코화나 인장에 묘사된 장면은 춤이나 의례 장면만 보여 줄 뿐 음악과 노래, 헌사 등은 들려주지 못한다. 그러나 비슷한 시기 다른 지역의 여신신앙 전통을 참고하면 어느 정도 상상이 가능하다.

다음은 수메르의 최고 여사제 엔헤두안나(기원전 23세기)가 이난나 여신에게 바친 찬사다. 크노소스 성소가 세워지기 전에 살았던 그녀는 역사상 이름이 기록된 최초의 시인이기도 하다. 수메르를 비롯한 근동 지역은 미노아 종교에 큰 영향을 미쳤으니, 서로 간에 유사성이 많았을 것이다.

> 세상의 질서를 세우는 여주인
> 위대한 여왕 중의 여왕
> 신성한 자궁의 아기
> 당신을 낳은 어머니보다 더 위대한
> 모든 것을 아는 당신
> 현명한 예지인 당신
> (…)
> 은혜로운 가슴을 가진 당신
> 빛나는 가슴을 가진 당신
> 나는 당신의 우주적 힘을 노래할 거예요
> (…)
> 나/ 최고의 여사제,
> 나/ 엔헤두안나
>
> 거기서 나는 의례 바구니를 들어올렸지요
> 거기서 나는 즐거움의 탄성을 노래했지요

톨로스 무덤 유적, 카밀라리

서클댄스,
가장 오래된 의례 춤

여신을 찬양하는 의례들은 계절에 따라 크레타 섬 전역에서 이루어졌다. 그 의례들에서 미노아인들은 우리의 옛 조상들처럼 음주가무를 즐기며 축제의 시간을 보냈을 것이다. 앞서 소개한 황소 머리 용기는 술이나 우유 같은 액체를 담아 의례에서 여신에게 바쳤던 것이다. 크레타에서 발굴된 여러 동물 형태의 여신상들도 의례 용기인데, 우리 삼국시대 동물형 토기들도 대부분 마찬가지다.

여신학자인 마라 켈러는 크레타의 가장 중요했던 공동체 의례로 씨 뿌리는 시기의 신성한 결혼 축제와 수확이 끝난 후의 추수감사 축제를 꼽는다. 후일 그리스어로 '히에로스 가모스(hieros gamos)'라고 불린 신성한 결혼은 여신과 연인 사이의 성적

위 | 추수감사 항아리, 아기아 트리아다, 기원전 1500-1450

중간 | 추수감사 항아리 양각 부분만

아래 | 톨로스 무덤 출토 토우, 카밀라리, 기원전 1600년경

결합을 상징한다. 대지 여신의 몸에서 씨앗이 새롭게 싹을 틔울 수 있도록, 즉 재생할 수 있도록 성적인 의례를 행한 것이다. 크레타를 지나던 데메테르가 잘생긴 청년 이아시온을 만나 세 번 갈아 놓은 밭이랑에서 정사를 가졌고, 그 결과 풍요의 신 플루토스가 태어났다는 신화는 이 의례를 함축하고 있다.

추수감사 축제 모습은 한 항아리를 통해 그려 볼 수 있다. 수확을 마친 농부들의 행진 장면이 매우 사실적으로 양각돼 있기 때문이다. 어깨에 농기구를 걸친 농부들이 활기차게 지도자를 따르고 있는데, 일부는 악기 연주에 맞춰 흥겹게 노래를 부른다. 켈러는 프레스코화 「행진」도 어머니 여신을 찬양하는 추수감사 축제를 묘사한 것이며, 「황소 재주넘기」도 이 축제의 한 부분이었을 것이라고 추정한다.(108쪽 참조)

죽음의 의례 역시 중요한 것이었다. 톨로스 무덤이라고 불리는 묘지들이 있었는데, 자궁을 연상시키는 형태로 둥글게 돌을 쌓아 올려 만들었다. 여신의 자궁에서 죽은 이가 다시 탄생할 것이라고 믿었기 때문이다. 우리의 순례 일정에는 카밀라리에 있는 톨로스 무덤(2500-1900 BCE)이 포함되어 있었다. 그곳은 마을의 공동장지로, 다양한 도자기들과 토우들이 발굴됐다. 토우는 죽은 조상에게 음식을 바치거나, 서로 어깨를 잡고 서클댄스를 추는 모습인데, 미노아 의례 장면을 구체적으로 보여 준다. 우리 순례단도 그곳에서 서클댄스를 추며 죽은 사람들을 기억하는 리츄얼을 했다.

켈러는 서클댄스가 크레타의 가장 오래된 의례 춤이라고 본다. 그것은 지금도 크레타 민속춤으로 전승되고 있다. 그런데 서클댄스는 크레타뿐 아니라 세계 곳곳에서 전해져 온 오래되고 보편적인 공동체의 춤이기도 하다. 우리의 경우 강강술래가 그에 해당할 것이다.[13]

켈러는 크리스트의 가까운 친구다. 마침 우리가 순례를 하던 중 크레타를 방문해 잠깐 만날 기회가 있었다. 함께 저녁을 먹으며 얘기를 나눴는데 한국인 제자도 있어 한국에 대해 어느 정도 알고 있었다. 그녀와 나는 크레타와 비슷하게 여신신앙이 강한 제주도에 대해 잠깐 얘기를 나눴다. 그때 살짝 가슴이 뛰었던 것은 크레타를 통해 제주도가 새롭게 보였기 때문이었을 것이다.

황소게임에
참여하는 여성들

여사제가 존중됐던 미노아 사회에서는 여성의 지위 또한 높았다. 사회적 관심이 우선 여성에게 있었던 것 같다는 평가도 있다. 많은 유물들이 그녀들의 높았던 자아존중감과 자유로웠던 삶을 말해 준다.

유명한 프레스코화인 「푸른색 배경의 여주인들」에 묘사된 여성들은 양팔을 들고 흐뭇한 미소로 어딘가를 보고 있다. 가슴을 노출했지만 전혀 거리낌이 없다. 성적 대상이 아니라 생명을 양육하는 신성한 가슴이기 때문일 것이다. 그녀들은 주체적으로 아름답고, 젊어도 품위가 있다. 무엇보다 자부심에 빛나는 행복한 표정이 인상적이다.[14]

미노아 여성들은 사적인 장면보다 공적인 맥락에서 등장한다. 집 안에서 아이를 돌보는 어머니가 아니라 사회적 힘이나 지위를 갖고 있는 존재다. 때문에 여성이 정치도 담당했을 것이라는 견해도 있다. 당시의 제정일치적 상황을 감안한다면 가능성이 낮지 않다. 에반스 경은 미노아 사회가 모권제였다고 추정했다. 모권제 여부에 대해서는 논란이 계속되고 있지만, 최소한 모계사회였다는 데는 많은 학자들이 동의하고 있다.

더 흥미롭고 의미가 큰 것은 남성들이 묘사된 방식이다. 미노아 남성들은 지배복종 관계를 당연시하거나 폭력적인 가부장들이 아니었다. 그들은 전쟁이 아니라 꽃과 동물들을 사랑했고, 바다를 누비며 무역을 하면서도 남의 것을 약탈하지 않았다. 그리고 관념적으로 세상을 파악하기보다 삶 속에 뛰어들어 놀이와 스포츠를 즐겼다.

크노소스 성소의 유명한 벽화 중 하나인 「백합왕자」는 그대로 꽃미남 아이돌 같다. 긴 공작깃털과 꽃으로 장식된 관을 쓰고 활기차게 걷는 모습이다. 관이 원래 그의 것이 아니라는 목소리가 크지만, 그걸 없애더라도 인물의 성격이 크게 달라지지 않는

위 | 「푸른색 배경의 여주인들」, 크노소스, 기원전 1525-1450

아래 왼쪽 | 「백합왕자」, 크노소스, 기원전 1550년경

아래 오른쪽 | 「어부」, 아크로티리, 기원전 1600년대

다. 아크로티리에서 발굴된 한 벽화에는 양손에 생선두름을 묵직하게 들고 있는 건장한 남성이 그려져 있다. 여신에게 바칠 공물이거나 가족을 위한 먹거리일 것이다.

존중받는 여성과 지배적이지 않고 활기찬 남성이 맺는 관계는 평등하고 조화로울 수밖에 없었을 것이다. 이러한 미노아 여남관계를 잘 보여 주는 유물이 「황소 재주넘기」 프레스코화다. 황소 재주넘기는 달려오는 황소 위로 날아올라 재주를 넘는 위험한 경기인데, 성소의 가운데 큰 마당에서 치러졌던 것으로 여겨진다. 그림에서 젊은 남자는 달리는 황소 등 위에서 재주를 넘고 있고, 소 양쪽으로 여성이 한 명씩 서 있다. 한 여성은 황소의 뿔을 잡고 있고, 다른 여성은 남자를 받아내려는 듯 양 손을 앞으로 올려 뻗었다.

달리고 있는 황소의 뿔을 여성이 잡는 것은 현실에서는 불가능하다. 남자도 마찬가지다. 아마도 이 그림은 실제 상황이라기보다 황소의 뿔과 여성을 연결시켜 어떤 신성한 힘을 드러내고자 한 것 같다. 아이슬러는 이 그림을 보고 여남 간에 함께 모험을 즐기면서 서로 목숨을 의탁하는 공동협력 정신을 잘 담고 있다며 높이 평가했다.

「황소 재주넘기」, 크노소스, 기원전 1400년경

왕좌가 아닌
여사제 의자

크노소스 '궁'을 찾은 관광객들이 가장 관심을 보이는 곳은 왕좌실이라 불리는 작은 방일 것이다. 미노스 왕의 방으로 알려져 있기 때문이다. 이 방에는 에반스 경이 "마침내 미노스 왕의 유물을 찾았다."며 흥분했다는 작은 의자가 놓여 있다.

하지만 이 의자는 누가 봐도 왕좌라기엔 너무 소박하고 여성스럽다. 여자아이들이 좋아할 만한 공주 의자 같다. 등받이 둘레는 뱀처럼 구불구불하다. 무엇보다 왕좌 뒤쪽 벽에는 미노아 여신의 상징인 그리핀 두 마리가 호위하듯 우아하게 앉아 있다. 방도 종교적 성격이 강한 서쪽 구역에 속해 있으며, 왕의 공간이라기엔 너무 작고 단순하다.

크노소스 성소를 여신의 사원이었다고 단언하는 역사학자 캐슬든은 왕좌실의 모양새와 구조, 분위기로 볼 때 결코 왕과 연관시키기 어렵다고 주장한다. 낮은 천장에 창도 없이 어둡게 가라앉은 분위기, 의례를 위해 따로 마련된 공간, 제단으로 보이는 의자 양옆의 돌벤치 등이 여사제의 방으로 보인다는 것이다. 여사제가 의자에 앉아 여신을 대리했을 것이라는 추정이다. 의자 등판의 볼록한 윗부분은 산 정상을 표현한 것이라고 한다.

김부타스는 이에 동의하면서 산 정상이 바로 여신을 상징한

'왕좌실'로 알려진 크노소스 성소의 방

다고 말했다. 그리고 그리핀이나 사자, 개 등 동물들과 여신을 함께 묘사하는 것이 미노아 인장들에서 많이 보이는 양식임을 상기시켰다. 미노아 크레타의 산 정상들에는 여신의 신전이 자리했다. 지리산 천왕봉에 지리산 성모의 사당이 있었던 한국과 마찬가지다.(14장 참조) 마리나토스 역시 왕좌실의 주인을 여신을 대리하던 고위 여사제로 추정한다. 우리를 안내했던 가이드도 왕좌실을 여사제와 연관시켜 설명했다. 그는 점점 사람들의 관점이 바뀌고 있다고 덧붙였다.

크노소스 성소는 자연의 아름다움과 조화로운 인간의 삶이 함께 구현됐던 공동체의 구심점이었다. 성소의 중앙마당은 모든 사람들을 자궁처럼 품었을 것이고, 건물의 복도와 방들, 외벽에 그려진 수많은 프레스코화들은 그들의 영혼을 활기차게 고양시켰을 것이다. 어둠을 품고 있는 미로 같은 건물은 그 자체로 여신의 몸이었던 것 같기도 하다. 크노소스 성소를 3D로 복원시킨 동영상을 보고 있노라면 우리들이 잃어버린 것이 무엇인지 피부로 느끼게 된다.

4
여신은 산, 물,
나무, 뱀, 새, 벌, 돌··· 자연이다

딕티산·구르니아
산과_바다와_하늘, 자연의_여신들

여신은 무엇보다 지구, 모든 생명을 내놓는 검은 어머니, 양육하는 어머니다. 그녀는 비옥함을 주고 생명을 발생시키는 힘이다. 자궁이면서 죽은 자를 받아들이는 무덤이고, 죽음의 힘이기도 하다. 모든 것은 그녀로부터 나오고 그녀에게로 돌아간다.

— 『나선 춤』, 스타호크

미노아인들이 숭배했던 여신은 한마디로 자연의 여신이었다. 천지간에 살아 있는 무수한 자연물과 그 힘들이 여신으로 표상되거나 상징되었기 때문이다. 그것들은 땅의 비옥함이나 물의 생명력이었고 해와 달의 에너지였으며, 산과 나무와 곡물 혹은 동물들이기도 했다. 이 풍요롭고 경이로운 자연은 그 다채로움만큼이나 많은 여신들을 창조해 냈다.

그들이 하나의 궁극적 신성으로서 자연의 여신이란 개념을 갖고 있었는지는 아직 확실히 알 수 없다. 만약 그랬다면 특정 자연물과 관련된 수많은 개별 여신들은 그것의 다양한 화신들로 여겨졌을 것이다.

미노아 문명을
상징하는 뱀 여신

그녀의 두 눈은 트랜스 상태인 듯 크게 치켜떠져 있고, 얼굴은 외경스러운 무언가에 놀란 듯 잔뜩 굳어 있다. 이 세상이 아닌 다른 세상과 접속하고 있는 것 같다. 탱탱한 젖가슴은 복부를 단단히 조인 상의 사이로 전부 노출됐고, 에이프런이 달린 긴 주름치마가 화려하다. 잘록한 허리, 날씬한 몸매의 젊은 여신이다. 들어 올린 양손은 꿈틀대는 뱀을 놓칠세라 꽉 움켜쥔 상태다. 그 옆의 좀 더 큰 여신상은 앞으로 두 팔을 내뻗고 있는데, 팔에는 뱀이 흐르듯 감겨서 움직인다. 머리와 몸통도 굵은 뱀들이 휘감고 있는데 특히 배 부분에서 뒤엉켜 뭉쳐 있다.

미노아 문명의 대표적 아이콘인 뱀 여신상은 헤라클리온 박물관 진열대에 그렇게 서 있었다. 유명한 만큼 사람들이 몰려 있었는데 모두 같은 생각을 하는 듯했다. '왜 뱀일까? 사람들이 징그럽게 여기는 뱀들이 왜 여신상에서 꿈틀대고 있을까?'

"뱀은 재생을 상징합니다. 옛사람들은 주기적으로 허물을 벗고 새로 거듭나는 뱀의 모습에서 생명의 갱신과 지속성을 보았지요. 또한 겨울잠을 잔 후 땅속에서 기어 나오는 모습을 보고 뱀이 지하세계와 지상세계, 죽은 자와 산 자를 연결하는 신령한 동물이라고 여겼습니다. 구불구불 춤추듯 움직이는 모습에서 특

위 ┃ 미노아 문명을 상징하는 뱀 여신상, 크노소스, 기원전 1600년경

아래 ┃ 신석기 뱀 여신상, 이에라페트라, 기원전 5800-4800

별한 생명 에너지를 느끼기도 했을 거고요."

크리스트의 설명이었다. 수녀원에서 그녀가 창세기의 뱀에 대해 얘기했던 게 떠올랐다. 기독교에서 이브와 뱀을 실낙원의 주범으로 지목한 이후, 서구에서 여성과 뱀은 원죄의 상징이 되었다. 여자는 뱀 같은 존재로 여겨졌고, 존중의 대상에서 혐오의 대상으로 전락했다.

대부분의 현대인들에게 뱀은 기피와 공포의 대상이다. 그런데 저렇게 온몸에 뱀을 휘감고 있는 여신상이라니! 적응이 쉽지 않은 문화적 충격이었다.

미노아 뱀 여신상들은 뱀 춤을 추고 있거나 봄을 맞아 재생의례를 하고 있는 것으로 해석된다. 새 생명이 약동하기 시작하는 초봄은 여신의례를 하기에 최적인 시기다. 춥고 황량했던 겨울 혹은 죽음의 시간이 지난 후 공기가 따뜻해지면서 여린 연둣빛 싹들이 솟기 시작하는 축복의 시기에 고대인들은 돌아온 처녀 여신을 열렬히 환영했다. 함께 모여 노래하고 춤추며 축제를 벌였다. 한국을 포함해 전 세계적으로 존재했던 봄맞이 의례다.

박물관에는 신석기시대의 뱀 여신상도 있었다. 새 같은 얼굴에 뱀이 똬리를 튼 듯한 자세로 앉아 있는 형상이었다. 낯익은 느낌이다 했더니 크레타 여신순례를 소개하는 웹사이트에서 만났던 바로 그 여신상이었다. 그녀는 우리 순례단을 보호해 주는 순례의 여신이기도 했다. 이 여신상의 풍만한 몸에는 선들이 고르게 그어져 있는데, 이는 강이나 시냇물을 상징한다. 크리스트는 인간 여성과 새, 뱀 그리고 강이 함께 어우러진 이 여신상이 생명의 하나 됨을 보여 준다고 설명했다. 자연과 분리된 현대인들에겐 낯설지만 다른 생명체들과 연결된, 자연의 일부분으로서의 인간에 대한 인식이다.

세계 전역에서 뱀은 신성하게 여겨졌으며, 현재까지도 많은 지역에 뱀 신앙이 남아 있다. 또 뱀과 여성은 무수한 신화와 민담들에 함께 등장하며 서로 얽혀 있다. 여성 또한 월경과 출산을 통해 주기적인 순환과 재생의 능력을 보여 주기 때문일 것이다. 신화연구가인 김영균은 뱀의 상징적 의미를 탯줄과 연관시켜 해석했다. 뱀은 지상의 동물 중 가장 탯줄을 닮아 있기 때문이다. 그리고 뱀이 지하에서 지상으로 나오듯 인간은 탯줄을 통해 어두운 자궁에서 이 세상으로 나온다. 이런 인식이 뱀 숭배를 낳았다는 것이다.

새 여신과
벌 여신

새도 뱀처럼 선사시대 이래 중요하게 사용된 여신의 상징이었다. 하늘로 높이 솟구쳐 저 멀리 사라지는 새는 고대인들에게 인간은 닿을 수 없는 신성한 하늘의 전령사 혹은 여신의 현현으로 여겨졌다. 또 먼 곳과의 교신을 가능케 하는 메신저로, 인간에게 곡식 같은 귀중한 것들을 가져다주는 행운의 존재로 신성시되었다. 흥부에게 박씨를 물어다 준 제비도 그러한 인식에서 탄생했을 것이다.

새 여신은 씨앗뿐 아니라 인간의 자손도 가져다준다고 여겨졌다. 또 생명을 양육하는 존재로서 물과 친연성을 갖고 있다. 신라와 가야는 오리 모양 토기를 많이 만들었는데 오리는 한국의 대표적인 철새이자 물새다. 유럽에는 황새가 아기를 물어다 준다는 오래된 전설이 퍼져 있다. 양육자로서 새의 모습은 한국의 전설과 무가에서도 발견된다. 버려졌으나 후일 비범한 인물로 성장할 아기를 비둘기나 학이 돌봤다는 식의 내용들이다. 아마도 새끼들에게 열심히 먹을 것을 날라주는 새의 모습이 그런 인식을 낳은 듯하다. 새는 또 부와 운명, 예언의 여신으로도 여겨졌다.

다른 한편 새는 죽음을 가져다주는 두려운 존재이기도 했다. 독수리나 매 같은 맹금류들은 죽음의 여신으로 여겨졌는데 버려진 시체를 파먹는 것과 관련이 있을 것이다.

미노아 크레타에서는 초기부터 새 모양의 의례 용기와 여신상들이 만들어졌다. 새는 또 여신상의 머리 위 혹은 신전에 앉아 있거나 의례 장면에 여신의 현현으로 나타난다. 말리아 공동묘지에서 발굴된 새 여신은 작은 날개에다 머리에 터번을 썼는데 젖가슴을 강조해 양육자로서의 측면을 드러낸다. 한국에도 무덤에서 나온 유사한 형상의 새 모양 토기들이 있다. 3세기경

위 | 미노아 새 여신상, 말리아, 기원전 2000년경

아래 | 새 모양 토기, 전주, 원삼국시대

원삼국시대에 제작됐는데, 새가 죽은 이의 영혼을 하늘로 인도한다는 믿음 때문에 만들어진 것으로 보인다.

세계의 신화들에서 새가 여신의 메신저로 등장하는 경우는 흔하다. 고구려의 여신 유화는 비둘기를, 신라의 선도성모는 솔개와 매를 부렸다. 중국의 대표적 여신으로 한국인에게도 친숙한 서왕모는 청조(靑鳥)를 거느렸다. 거대한 매의 날개를 좌우로 활짝 펼친 이시스 여신상도 유명하다. 그녀의 날개는 새 생명의 숨결을 주는 것으로 믿어졌다. 그리스 신화에서는 아테나가 올빼미를, 아프로디테가 비둘기를 상징으로 거느린다. 김부타스는 아테나가 고대 유럽의 새 여신에 뿌리를 두고 있다고 보았다.

자연 만물에서 여신을 보았던 미노아인들은 벌도 재생의 여신이 출현한 것으로 여겼다. 벌 여신은 인장이나 장신구, 도자기 등에 인간의 형상으로 묘사되어 있다. 크노소스 성소에서 발굴된 한 마노석에는 날개 달린 개를 양쪽에 거느린 벌 여신이 새겨져 있다. 머리 위에는 선으로 간략히 표현된 큰 황소뿔 두 개가 자리하고, 양날도끼 모양의 나비가 그 위에서 솟아오른다.

미노아인들이 벌을 얼마나 소중히 여겼는가는 말리아 성소에서 출토된 황금벌 펜던트를 통해 알 수 있다. 벌 두 마리가 머리와 꼬리를 맞대고 꿀방울과 벌집을 들고 있는 모습을 정교한 세공으로 제작했다. 고대 지중해 여러 지역에서 여사제들이 꿀벌이라고 불렸다는 사실로 미루어 이 펜던트는 여사제의 목걸이였을 것으로 추정된다.

위 | 벌 여신을 묘사한 마노석 인장, 크노소스, 기원전 1500년경

중간 | 황금벌 펜던트, 말리아, 기원전 1800-1700

아래 | 벌 여신 의례를 묘사한 황금 인장, 이소파타, 기원전 1600-1450

크노소스 근처 이소파타의 무덤에서 출토된 유명한 황금 인장 반지도 벌 여신을 묘사하고 있다. 벌의 머리를 한 네 명의 여성들이 춤추고 있는데 머리에서는 꽃가루가 날리고 땅에는 꽃들이 피어 있다. 왼쪽 위의 허공을 나는 듯한 작은 여성 형상이 벌 여신의 현현으로 해석된다. 김부타스는 이것이 봄을 맞아 벌춤을 흉내 내며 수분의례를 하는 장면이라고 보았다.

현대인들에게 벌은 꽃구경할 때 귀찮게 달려드는 벌레에 불과하지만 고대인들에게는 신성한 존재였다. 신의 음식이라 불린 꿀을 만들어 줄 뿐 아니라, 온갖 초목들의 꽃가루를 매개해 주기 때문이다. 잊기 쉬운 사실이지만 벌이 없다면 인간의 생명도 위협받게 된다.

산과 사냥의
처녀여신들

산지가 많은 크레타에는 여러 여산신들이 있었다. 히말라야 에베레스트산이나 후지산이 여신의 산이고 알프스 산맥의 고봉 융프라우가 '처녀'를 뜻하는 데서 알 수 있듯, 세계 주요 산들에는 여신들이 많다. 고대에는 훨씬 더 많았을 것이다.

산은 땅과 하늘을 연결하는 신성한 축이자 뭇 생명들의 터전으로서 태곳적부터 숭배의 대상이었다. 웅장하고 위엄 있는 형상에다 구름, 안개, 눈이 연출하는 신비로운 분위기도 외경의 감정을 갖게 했을 것이다. 무엇보다 산은 생명의 젖줄인 강의 발원지다.

미노아인들은 산 정상에 신전을 마련해 산 어머니를 모셨다. 대표적 여산신은 크레타 동부에 웅장하게 자리한 딕티산의 여신 딕티나다. 그녀는 브리토마르티스라는 여신과 동일시되기도 한다. 이들은 산과 사냥을 관장하는 처녀 여신이자 야생동물의 여주인으로서 이후 그리스 신화의 아르테미스로 순치됐다. 브리토마르티스는 '상냥한 처녀'라는 의미고, 딕티나는 '그물'과 관련된다.[15] 전설에 의하면 딕티나는 미노스 왕의 구애를 피해 바다에 몸을 던졌으나 어부들에 의해 구조되어 그리스 본토로 건너갔다고 한다. 미노아 문명 이후 약화된 크레타 여신신앙이 오히려 그리스로 전파된 역사가 담긴 전설인 듯하다.

딕티나는 내 룸메이트 캐시가 특히 좋아한 여신이었다. 순례가 끝난 날 그녀는 내게 딕티나 여신상이 달린 목걸이를 선물로 건넸다. 집에서 직접 만들어 온 것이었다. 그녀는 딕티나를 크레타의 아르테미스라고 설명하며 한국에 돌아가 리츄얼을 할 때 쓰라고 했다.

로마시대 크레타에서 만들어진 동전에서는 딕티나가 한 손에는 창을 들고, 다른 손에는 아이를 안고 있는 모습으로 나타난다. 이 아이는 뜻밖에도 제우스라고 한다. 그리스 신화에서 제우

아이 제우스를 안고 있는 딕티나를 묘사한 동전,
크레타, 2세기경

스는 크레타 산중에서 태어나고 자란다. 그곳이 어디인가에 대
한 다른 주장들이 있는데 딕티산의 딕티동굴이 가장 유력한 곳
으로 꼽힌다. 때문에 딕티나가 안고 있는 남자아이가 제우스로
여겨지는 것이다. 인도유럽인들이 숭배했던 하늘의 신 제우스가
크레타를 고향으로 갖게 된 것은 크레타에서 지속됐던 여신숭배
의 힘이 그리스 신화에 영향을 미쳤기 때문이라고 한다.

　딕티산과 동굴은 우리 순례 코스 중 하나였다. 그곳에선 딕
티나뿐 아니라 제우스도 숭배되어 그리스 본토와 달랐던 크레타
제우스를 만날 수 있는 곳이었다. 딕티 동굴의 내부는 내가 처
음 접했던 동굴의 신비경을 그대로 재현한 듯했다. 크고 깊었으
며, 화려하고 기이한 형상들이 만화경처럼 이어졌다. 딕티 동굴
의 밑바닥까지 통로가 잘 마련되어 있었고, 곳곳에 조명이 설치
되어 여신 자궁의 내밀한 아름다움을 밝혀 주었다. 동굴 끝부분
에는 거대한 종유석과 석순들로 둘러싸인 물웅덩이가 있었는데,
그 뒤쪽 공간의 길게 파인 구멍에서 제우스가 태어났다고 한다.
여성의 성기를 닮은 구멍이었다.

초기 미노아시대에는 이 동굴에 시신들을 매장했다. 기원전 2200년경에는 산 어머니를 숭배하는 의례가 거행됐다. 이곳에서 제의용 테이블들, 인장들, 작은 인물상들, 음식과 액체가 담긴 오래된 토기 등 많은 유물들이 출토됐다. 이 무렵 한국에서도 여산신들이 제사를 받았을 것이다.

산 어머니의 아들, 제우스

딕티 동굴로 가기 전 크리스트는 올림푸스의 최고신 제우스가 아닌 크레타의 제우스에 대해 설명했다. 그는 미노아 문명이 멸망하고 그리스인들이 크레타에 들어온 후 등장한 신이다.

"크레타의 제우스는 미노아 남신이 이름을 바꾼 존재로 보입니다. 식물의 신이었으니까요. 그의 어머니 레아도 크레타의 산 어머니 같은 존재로 여겨졌다고 봐야 할 거예요."

여신 중심 종교에서는 매년 죽었다가 다시 태어나는 생명의 순환이 대개 젊은 남신을 통해 드러난다. 이 남신은 식물의 신으로서 여신의 연인이자 아들이었다. 그리스의 아도니스, 이집트의 오시리스도 이러한 식물의 신이었다. 고대 지중해 지역에서는 젊은 남신의 죽음을 애도하고 부활을 축하하는 신화와 의례가 하나의 문화적 현상으로 자리하고 있었다.

고대 크레타에서 제우스는 턱수염 없는 긴 머리의 젊은이로서, 산 어머니의 아들로 인식됐다. 신성한 모자관계에 속해 있었던 것이다. 딕티 동굴에서는 청동제 양날도끼와 칼도 나왔는데 칼은 아들 제우스에게, 양날도끼는 어머니에게 바쳐진 것으로 추정된다. 크레타에는 제우스의 무덤도 있었다. 이는 그가 그리스 본토에서와 달리 불멸의 존재가 아니었음을 말해 주는 증거다. 그리스인들은 그 무덤이 신성모독이라며 화를 내곤 했다.

역사학자인 캐슬든에 의하면 크레타엔 벨카노스라는 젊은 남신이 있었다. 식물의 신인 그는 항상 여신을 경배하는 태도로 나타난다. 그런데 크레타에 들어온 제우스는 벨카노스와 연결돼 제우스 벨카노스로 불렸다. 제우스 벨카노스는 소년으로 여겨졌으며, 어머니 여신에게 종속되어 있었다고 한다. 1976년 『신이 여자였던 시절』을 써서 여신운동에 불을 붙인 멀린 스톤은 그리스 고전시대에도 크레타인들이 여전히 제우스를 갓난아기로, 어머니 레아의 아들로 섬겼다고 주장했다. 또 레아가 제우스에게 겁탈당했다는 전설도 있는데, 이는 여신과 아들 사이에 신성한 성적 결합이 이뤄졌던 이전 이야기의 흔적일 수 있다는 것이다.

그리스 신화에서 제우스의 아버지 크로노스는 자식에게 왕위를 빼앗길까 두려워 아내 레아와의 사이에서 낳은 자식들을 모두 먹어 버린다. 레아는 남편을 속이고 아기 제우스를 딕티 동굴에 숨겼는데, 그곳에서 아말테이아라는 암염소가 그를 키웠다. 성장한 제우스는 결국 아버지를 몰아내고 신들의 왕좌에 등극한다. 하지만 그 역시 후일 아버지와 같은 이유로, 임신한 아내 메티스를 먹어 버리게 된다.

왕위를 빼앗길까 두려워 자식을 먹어 치우는 아버지, 장성한 후 아버지의 권력을 탈취하는 아들. 남신이 지배하게 된 신화의 세계는 미노아 여신문명과 너무나 다른 권력투쟁의 시대를 증언한다.

⊘

바다의 여신

에게해에 떠 있는 크레타에서는 당연히 바다의 여신도 숭배되었다. 바닷가에 신전들이 있었을 것이라고 하나 그 흔적이 확실하게 남아 있지는 않다.

여신신앙에서 물은 특별한 지위를 갖고 있다. 흙, 공기, 불 등 자연의 다른 요소들도 신성하지만 특히 물은, 생명수라는 표현이 웅변하듯, 최고의 신성을 부여받는다. 지구상 최초의 생명체가 원시바다에서 탄생했다는 가설은 잘 알려져 있으며, 설득력 있게 받아들여진다. 우리 모두도 어머니의 자궁 속 양수에 떠 있다가 이 세상에 나왔다. 물은 우리의 원초적 체험이다.

태초의 어머니들도 바다에서 세상을 창조했다. 수메르 바다의 여신 남무는 하늘과 땅 그리고 최초의 신들을 낳았다. 바빌론의 여신 티아마트도 바다의 여신이다. 그녀는 세상을 창조한 최초의 혼돈으로서 담수의 신 압수를 취해 신들을 탄생시켰다.

미노아 바다의 여신은 금반지 장식에 모습을 남겼다. 에반스 경이 바다의 여신이라고 명명한 여신상들이다. 모클로스라는 작은 항구 지역(9장에서 소개)에서 출토된 금반지에는 배를 타고 항해하는 여신의 모습이 새겨져 있다. 여신은 뱃머리가 용 혹은 해마 형상인 작은 배에 혼자 앉았고, 뒤에 작은 신전이 자리한다. 신전 위로는 나무가 자라나 있다. 여신은 왼손을 들어 작별인사를 하는 듯하고, 곧 어디론가 떠날 듯한 분위기다. 그녀는 홀로 어디를 향하고 있는 것일까?

미노스의 반지로 알려진 금반지에도 배에 올라 노를 젓는 여신이 있다. 그녀 앞에는 성화의 뿔로 장식된 작은 신전이 실려 있다. 오른쪽 맨위에는 하늘에 모습을 드러낸 여신이 작게 보이고, 그 아래로는 신전에 앉은 큰 몸집의 여신이 있다. 윗부분 중간과 왼쪽의 신전에는 나무가 솟아 있는데, 사람들이 춤추듯 나뭇가지를 잡고 있다. 이는 나무숭배 장면으로 해석된다. 하늘과 땅, 바다의 여신이 함께 있는 이 반지는 세상 전체를 여신의 영역으로 여겼던 미노아인들의 신앙을 잘 보여 준다.[16]

위 │ 모클로스 반지, 모클로스, 기원전 1500-1450

아래 │ 미노스의 반지, 크노소스 추정, 기원전 1500-1400

여신의 신성한 나무와 숲
그리고 돌

나무는 순례 과정에서 가장 자주 언급된 여신의 화신이었다. 우리는 순례지 곳곳에서 수백 년이 넘은 신성한 나무들과 기꺼이 교감했다. 유럽에서 가장 굵은 기둥을 가진 거대한 플라타너스도 만났다. 그 특별한 나무들에서는 누구나 느낄 수 있는 생명 에너지와 푸르른 아름다움이 흘러나왔다. 우리는 나무 주위를 둘러 서서 서클댄스를 추었으며, 그 품에 안겨 쉬기도 했다.

크레타에선 특히 올리브 나무들이 신목으로 여겨졌다. 올리브는 크레타뿐 아니라 전체 그리스 문명의 양분이자 상징이라고 할 만큼 그들의 삶에 중요했다. 우리는 미노아 유적지나 박물관에서 올리브기름을 짜는 데 쓰였던 오래된 도구들을 볼 수 있었다.

김부타스의 설명대로 나무는 생명력을 체화하고 있는 존재다. 그것들은 열매를 맺어 양식을 주고 약재가 되어 치유를 선물하며, 그늘을 만들어 휴식을 준다. 또 땅속의 뱀부터 하늘의 새까지 깃들 수 있는 뭇 생명들의 삶터다. 동아시아에서 가장 유명한 생명의 나무는 불로장생을 약속했던 서왕모의 복숭아나무일 것이다. 특히 한국은 당산목 신앙에서 알 수 있듯 나무숭배의 전통이 매우 강하다. 유화도 이름이 말해 주듯 버드나무 여신이었다. 제주의 여신들은 대개 신목으로 숭배된다.

신성한 나무는 하늘과 땅과 지하세계를 연결하는 통로로서 인간의 소원을 하늘에 전달하는 매개체이기도 했다. 웅녀가 단군을 낳기 위해 신단수 아래서 빌었던 이유다.

나무 못지 않게 미노아인들이 사랑하고 신성시한 것은 꽃이었다. 벽화나 인장들에는 여신에게 꽃을 바치는 장면이 많은데 크로커스, 양귀비꽃, 백합 등이 자주 등장한다.

숲은 비옥하고 신비롭다. 거의 모든 고대 종교들은 숲을 신성한 제장으로 삼았는데, 미노아 유물들에도 나무 앞이나 숲에서의 의례 장면들이 묘사돼 있다. 고대 한국에서도 숲은 중요한 제사처였다. 신라의 신유림(神遊林), 천경림(天鏡林) 같은 숲들은 신들이 노닐고 하늘 거울이 비추는 성스런 공간이었다.

크노소스 성소의 돌기둥을 통해 알 수 있듯, 돌도 그들의 중요한 신앙 대상이었다. 우리는 구르니아라는 도시 유적지에서 미노아인들의 일상적인 돌 숭배를 느낄 수 있었다. 마을 전체가 돌길로 잘 구획되어 있었는데, 중심 지역 길의 한 코너에 아담한 크기의 입석이 자리했다. 우리 시골마을에 자연 그대로 무심히 서 있는 선돌할미를 닮은 모양새였다. 옆에는 그것이 신성한 돌임을 알려 주는 안내판이 있었다. 그 돌이 근동 지역에서와 같이 신의 표상으로 여겨졌을 것이라는 설명이었다.

미노아에서 자연의 여신은 지상세계를 넘어 하늘로도 확장되었다. 해와 달과 별, 우주 전체로 이어진 것이다.[17] 미노아인들에게 여신은 한마디로 '모든 것'이었다. 그들은 지구·자연·우주 전체인 여신을 느끼고 경배하면서 자신들의 자연 속 주소, 우주적 주소를 알았던 것 같다.

여신의 숲, 경주 천경림

경주에 있었던 천경림의 '천경(天鏡)', 하늘거울이란 무엇일까? 아마도 둥근 청동거울과 관련돼 있을 것이다. 청동거울은 청동기에서 초기 철기시대에 걸쳐 제사도구로 쓰였다. 거울은 빛을 반사하는 물건이니 하늘거울은 해와 달을 의미한다. 이는 무당들이 신성시하는 청동거울인 명도(明圖)를 통해 알 수 있다. 여러 명도 중에서 으뜸인 일월명도는 해와 달을 상징한다. 기원전 1세기에 일본에 건너갔다는 신라 왕자 천일창이 일본 왕에게 바친 물건 중에는 해거울(日鏡)이 있었다. 그러니까 천경림은 해와 달에게 제사 지낸 신성한 숲이었을 것이다.

그런데 거울은 여신과 긴밀한 관계를 보인다. 일본 해의 여신 아마테라스는 손자에게 거울을 주며 자신을 대하듯 모시라고 명한다. 이집트 하토르 여신의 상징 중 하나도 해를 의미하는 거울이었다. 고신라에서도 해와 달은 여신과 관련돼 있었으므로 천경도 여신의 상징이었을 것이다.(자세한 내용은 18장 참조) 천경림에서의 제사는, 시공간의 큰 격차에도 불구하고, 나무 밑에 앉아 있는 여신 위로 해와 달이 배치된 미노아 인장이 보여 주는 의례와 별로 다른 게 아니었을 것이다.

5
태어나라, 자라라,
죽어도 다시 태어난다

스코테이노_동굴
어둠의_신비에_대하여

나는 모든 것들의 자연적 어머니이고, 모든 원소들의 여주인이며, 세상 최초의 자식이고, 신성한 힘의 수장이며, 죽은 자들의 여왕이며, 천상에 거주하는 모든 것들의 으뜸이다.

나는 모든 남신들과 여신들을 하나로 품고 홀로 나타난다. 하늘의 행성들, 바다의 건강한 바람, 지하의 비통한 침묵은 나의 의지에 의해 다스려진다. 나의 이름, 나의 신성은 다양한 방식과 관습들, 그리고 여러 이름들로 온 세상에서 숭배된다. (⋯) 나의 진정한 이름은 이시스다.

—『황금당나귀』, 루키우스 아풀레이우스

구석기시대부터 동굴은 거주지이자 성소였다. 형태적 유사성에다 특유의 내밀한 비경과 에너지 때문에 동굴은 여신의 자궁으로 여겨졌다. 그곳은 죽은 자를 재생시키는 신비로운 힘을 가진 공간이었다. 선사인들이 시신을 동굴에 묻은 이유다.

산악 지대가 많은 크레타에는 3,000개의 동굴들이 있다고 한다. 그중 성스럽게 여겨진 것들은 공통적으로 방 같은 공간과 통로, 신비로운 석순과 깨끗한 샘물을 갖추고 있다. 자궁을 닮아야 하는 것이다. 우리 일정에는 다섯 차례나 되는 동굴 순례가 들어 있었다.

동굴 순례는 현대인들에게 어떤 의미를 줄 수 있을까? 크리스트는 한마디로 '어둠의 회복'이라고 설명했다.

"자궁에 다시 들어가는 행위는 그곳에서 변환을 거쳐 재탄생하는 것을 의미합니다. 진정한 변환은 어둠을 통할 때 가능하니까요. 우리 문화는 흑백논리에 의해 빛과 어둠을 대비시키고 빛만 예찬합니다. 어둠은 죄악시하거나 없애야 할 대상으로 여기지요. 그와 동시에 남자는 빛, 여자는 어둠과 연관돼 왔어요. 하지만 자궁과 땅속이 그러하듯 생명은 어둠 속에서 생겨납니다. 씨앗이 싹을 틔우기 위해서는 어둡고 찬 흙 속에 있어야 하듯 치유나 변환, 새로운 삶을 찾는다면 자기의 중심에 어둠을 품어야만 하지요."

처음으로 찾은 동굴은 스코테이노 동굴이었다. 제일 깊은 바닥까지 4층으로 이어진 큰 동굴로 크노소스에서 멀지 않은 동쪽 산중(해발 225미터)에 위치해 있다.

그곳으로 가는 버스 안에서 크리스트는 모두가 동굴 탐사에 적합한 복장을 갖춰 입었는지 다시 한 번 확인했다. 내려가는 길이 가파르고 거칠며, 때로 미끈거리는 진흙 지대도 있기 때문에 엉덩이와 온몸이 더러워질 각오를 하라고 했다. 신발도 등산화여야 했다. 헤드라이트나 플래시도 필수품이고, 없으면 촛불이라도 들라는 지시였다. 위험할 수 있다는 주의까지 덧붙여지니 나이 많은 참가자들 사이에 슬쩍 긴장감이 돌기도 했다.

스코테이노 동굴은 미노아 여신 브리토마르티스가 숭배된 곳이라고 전해진다. 로마시대까지도 성소로 쓰였을 정도로 신성하

스코테이노 동굴 입구

게 여겨졌다. 크리스트가 직접 조사한 바에 의하면 스코테이니라는 여신의 거주처이기도 했다는데, 스코테이니는 '검다'는 뜻이다. 버스에서 내리기 전 우리는 동굴 속 어둠을 상상하며 「빛과 어둠」이란 간단한 노래를 만트라처럼 불렀다.

지하세계로 내려가며
두려움을 버린다

버스에서 내려 경사진 돌길을 내려가니 거대한 아치형 입구가 나타났다. 아무런 표식도, 설명도 없이 자연 그대로였다. 입구로 들어선 순간 온몸의 열을 식히며 서늘하고 강력한 기운이 우리 일행을 감쌌다. 으슥한 동굴 안은 밖에서 보기보다 훨씬 거대했고, 울퉁불퉁한 바닥 이곳저곳에 커다란 석순들이 비스듬히 침투한 빛살을 받으며 솟아 있었다.

그곳에서 우리는 먼저 페르세포네 여신을 찬양하는 노래를 불렀다. 지하여행의 안내를 부탁하기 위해서였다. 그리고 각자 촛불이나 플래시를 켜고 어두운 동굴 안을 향해 나아갔다. 모두 지하세계로 내려가는 페르세포네가 되는 것이었다.

그녀가 내려가고 우리도 내려가네

우리는 지하세계로 그녀를 따르네
페르세포네에게 찬양을!
죽어서 새로 태어나는 그녀!

그리스 신화에서 페르세포네는 데메테르와 제우스의 딸로 지하세계의 여왕이다. 식물의 여신인 그녀는 일정한 기간을 지하세계에서 보내야 한다. 신화는 지하세계를 다스리는 신인 하데스가 그녀를 납치했다고 말한다. 하지만 여신운동가들은 그것이 가부장제에 의해 왜곡된 서사라고 보고, 페르세포네가 스스로 지하행을 택했다고 해석한다. 하늘과 땅의 여신인 이난나가 지하세계까지 다스리는 힘을 얻기 위해 자발적으로 하강했듯, 페르세포네도 영적 성숙과 강인함을 얻기 위해 그렇게 했다는 것이다. 우리는 그런 페르세포네의 뒤를 따르는 순례자들이었다.

그런데 동굴의 지하 2층으로 내려가는 길부터 쉽지 않았다. 울퉁불퉁하게 굴곡진 길이 이어졌고 흙에 덮인 바위들은 축축해 미끄러지기 쉬웠다. 입구에서 멀어질수록 점점 더 어두워지니 그것도 문제였다. 소박하지만 거친 동굴이었다. 그러나 곰이나 개, 사람의 형상을 한 석순들, 종유석들이 늘어서 있어 우리의 길을 인도하는 듯도 했다. 크리스트가 앞장서고 미카엘라가 헬퍼로 나섰으나 어느 지점에서인가 고령인 일부는 내려가기를 포기했다.

그들을 보내고 좀 더 아래로 내려갔는데 한순간 방처럼 생긴 공간이 나타났다. 마침내 2층에 다다른 것이다. 한쪽 구석에 있는 평평한 돌이 제단이라고 했다. 우리는 주위를 둘러본 후 제단 앞에 모였다. 제단 위에는 윗부분이 사람 얼굴을 닮은 커다란 석순이 있었는데 브리토마르티스 여신이라고 했다. 오래전 사람들은 이곳에서 의례를 거행한 후 제단 옆에 뚫려 있는 구멍에 공물을 던졌다고 한다.

우리는 제단에 여신상들, 여신에게 바치는 공물들, 촛불들을 놓았다. 준비가 끝나자 리츄얼이 시작됐다. 모두 함께 「빛과 어둠」을 부르는 가운데 한 사람씩 제단에 다가가 와인이나 꿀, 우유 등을 부었다. 촛불들만 빛나는 동굴 안의 분위기가 그때까지 했던 어떤 리츄얼보다도 매혹적이었다. 왜 오랜 옛날부터 영성가들이 동굴을 즐겨 찾는지 알 수 있었다. 어둠 속에서 만나는 신비, 신비 속에서 느끼는 또 다른 나.

헌액 리츄얼이 끝나자 제단 옆 구멍에 각자 버리고 싶은 것을 던져 버리는 순서가 시작됐다. 크리스트는 미리 우리에게 버리고 싶은 것을 상징하는 물건이나 돌멩이 같은 것을 준비해 오라고 했었다. 먼저 리츄얼 안내자 한 명이 초를 들고 서서 말했다.

"우리가 신비의 길을 걸을 때, 우리가 어둠 속으로 들어갈 때, 우리는 시작한 여행에 불필요한 모든 것, 방해가 되는 모든 것들을 버릴 것을 요구받는다. 오직 발가벗었을 때 우리는 새로 태어날 수 있다. 버림의 상징으로 우리 각자는 어둠 속으로, 변환의 자궁으로 돌을 던질 것이다."[18]

맨 처음 크리스트가 나섰다. 그녀는 무언가를 던지며 이렇게 말했다.

"나는 나의 후회들을 버린다."

그러자 초를 들고 둘러 서 있던 나머지 사람들이 일제히 입을 모아 말했다.

"나를 인도하소서 아리아드네, 나를 인도하소서 페르세포네, 나를 인도하소서 스코테이니. 내가 어둠 속으로 내려갈 때."

후회들을 버린다는 크리스트의 말은 호숫가 카페에서의 대화를 떠올리게 했다. 왠지 나는 그녀가 정말로 후회들을 버렸다는 믿음이 들었다. 그리고 그녀를 안아 주고 싶었다.

마침내 내 차례가 되었을 때, 나는 돌멩이를 들고 잠시 눈을 감았다. 그리고 기도하는 마음으로 진실로 오랫동안 버리고 싶었던 것을 분명하게 떠올렸다.

"나는 나의 두려움을 버린다."

내가 버리고 싶은 두려움, 그것은 죽음에 대한 두려움이었다. 뒤집자면 삶에 대한 당혹감과 불안이기도 했다. 여전히 풀리지 않는 삶의 의미와 생사의 수수께끼.

어느 스님은 쓸데없는 질문 말고 '지금, 여기'에 집중하라고 했지만 나는 근본적 질문 없이 삶의 순간들을 온전히 대할 수가 없었다. 어느 목사는 하나님의 소명을 말했지만 나는 저 멀리 천국에 있다는 그 아버지를 믿을 수가 없었다. 사회적 정의 실현이나 세속적 인간애는 마땅히 추구해야 할 가치이긴 하지만 그것만으로는 무언가 허전했다. 사회적 성취는 자존을 지키기 위해 어느 정도 필요하긴 하나 근본적으로 헛되게 느껴졌다. 아무 곳에도 깊이 뿌리를 내리지 못한 내 삶은 부평초거나 이방인 같은 것이었다.

진실로 나는 미아 같은 정처 없음, 무의미와 죽음의 공포를 넘어서게 하고 세상의 악들이 던지는 위협들에 대처할 수 있게 하는 깊고도 위대한 어떤 근원, 궁극의 무엇을 만나고 싶었다. 내가 던진 돌에는 그러한 염원이 담겨 있었다.

2층에서의 리츄얼이 끝나자 우리는 제단을 정리하고 다시 내려갈 채비를 했다. 이제부턴 길이 훨씬 험하다는 말에 일부가 또 포기해 최종적으로 남은 사람은 여덟 명이었다.

더 깊은 땅속에 자리한 3층으로 내려가는 길은 들은 대로 가팔랐다. 어둠도 더 진해서 불빛을 세심하게 비춰 가며 한 걸음씩 조심스럽게 나아가야 했다. 흙투성이 바위에 등을 대고 엉덩이로 미끄러져 내려가야 하는 길목도 있었다. 겨우 3층에 도달한 우리를 기다리고 있는 것은 또 커다란 구멍이었다. 4층으로 내려가는 입구였다.

완전한 어둠

수직형 땅굴처럼 거친 입을 쩌억 벌리고 있는 구멍 앞에서 그때까지 별 무리 없이 잘 내려온 나도 겁이 났다. 구멍 아래 통로로 몸을 내려야 했기 때문이다. 아래에 무엇이 있는지는 알 수가 없었다. 자칫 미끄러져 떨어지기라도 하면 어떻게 될까? 사람들 사이에서 서로 괜찮겠느냐는 말이 오갔다. 어쨌든 이제는 내려가는 수밖에 없었다.

우리는 손을 내밀어 서로 잡아 주고 앞선 사람의 조언을 들으며 몸을 낮춰 한 걸음 한 걸음 구멍으로 진입했다. 다행히 일단 구멍 아래로 몸을 내리니 생각보다 힘들지 않아 무사히 내려갈 수 있었다. 모두 잘 내려왔는지 확인한 후 우리는 다시 앞으로 나아갔다. 발걸음마다 더 세심히 불을 비추며 조심해야 했다. 그런데 몇 걸음 걷지 않은 것 같았는데 마침내 4층 공간이 모습을 드러냈다.

최종 목적지인 맨 밑바닥, 동굴의 신성한 중심인 여신의 자궁에 다다른 것이다. 백년 묵은 간장처럼 진한 어둠이 웅덩이처럼 고여 있는, 꽤 큰 타원형 공간이었다.

"와, 박쥐다!"

외치는 소리에 고개를 들어 보니 높다란 천장 한쪽 구석에 박쥐 한 마리가 푸드득거리고 있었다. 느닷없는 인기척과 손전등의 불빛에 놀란 듯했다. 난생 처음으로 깊은 동굴 속에서 보는 박쥐였다. 이리저리 움직이는 불빛들에 비춰져 커다란 거미집과 왕거미도 보였다. 고대의 비밀을 캐는 영화의 한 장면에라도 들어온 듯한 느낌이었다.

"저기 좀 보세요."

크리스트가 불빛으로 중앙의 한 곳을 가리켰다. 그곳에는 육중하게 솟아오른 희뿌윰한 석순이 금방이라도 다가설 것 같은 자세로 서 있었다. 스코테이니 여신일까?

현묘한 에너지를 발산하며 깊은 동굴방 한가운데 서 있는 커다란 석순을 보니 크노소스 성소의 지하신전 한가운데 세워진 돌기둥이 왜 여신을 상징하는지 비로소 이해가 됐다. 남성 중심 고정관념이 뒤집히는 순간이었다. 선사시대 사람들은 땅에서 솟아나는 식물이나 나무 등에서 여신의 생명력을 느껴 생명의 기둥으로 표현했다. 석순도 생명의 기둥으로 여겨져 여신으로 숭배됐다고 한다.

우리는 석순 주위를 돌며 평소에는 접할 수 없는, 땅속 깊은 곳에서 발산되는 지하의 에너지, 여신의 에너지를 느껴 보았다. 그리고 불을 움직이며 이곳저곳 바닥과 벽들을 살폈는데 또 다른 신비로운 형상의 석순과 종유석들이 계속 눈에 들어왔다.

그렇게 자연의 신비를 따라 흐르던 중이었다. 갑자기 크리스트의 목소리가 울렸다.

"자, 그럼 지금부터 모든 불을 끄고 완전한 어둠 속에서 10분 정도 명상의 시간을 갖도록 하겠어요. 각자 편안한 위치에 앉아서 촛불만 들고 있으세요. 한 사람, 한 사람 순서대로 촛불을 꺼 나갈 거예요."

순간 나는 기겁했다. 촛불을 다 끄고 10분간이나 명상의 시간을 갖는다고? 이 깊은 땅속, 검은 웅덩이 같은 공간에서? 잘못 들었길 바랐다. 그런 일이 일어나면 안 되는 것이었다! 하지만 사람들의 움직임으로 보아 잘못 들은 것 같지는 않았다.

그때부터였다. 3층을 통과할 때부터 시작되어, 특히 4층으로 난 구멍을 내려올 때 슬금슬금 내 뒷덜미를 잡았던 공포가 분명한 모습을 드러내기 시작한 것은. 그 공포는 순식간에 거대한 괴물이 되어 나를 덮치고 있었다.

그것은 아직도 남아 있는 공황장애와 폐쇄공포증이었다. 30대 후반에 접어들 무렵 뚜렷한 이유도 없이 시작된 이 증상은 상당히 호전되기는 했으나 여전히 나를 괴롭히는 골칫거리였다. 사방이 막힌 공간이나 좁은 곳은 두려움을 자아냈다. 크레타로 오기 위해 비행기를 탔을 때도 이륙하자마자 가슴이 답답해지고 숨이 가빠져 한동안 남몰래 싸워야 했다.

하지만 내 사정은 아랑곳없이 촛불이 하나둘 꺼지고 있었다. 사라지는 촛불들을 보며 나의 부주의를 탓했다. 전날 머물었던 호텔 바에서 본 다큐멘터리가 화근이었다. 오래전 순례에 참가했던 사람들의 순례 과정을 기록한 것이었는데 동굴 속 장면들이 꽤 환했다. 촬영을 하려니 그럴 수밖에 없었던 것을, 우리 또한 그러려니 믿었던 것이다. 안내문에 '완전한 어둠 속에서 변환의 명상을 할 것'이란 문구가 있었으나 나는 완전한 어둠이란 말을 그냥 동굴 속 어둠의 수사로만 이해했다. 멍청하게도!

어쨌거나 이미 되돌릴 수 없는 일이었다. 나 역시 촛불을 꺼야 했다. 나 때문에 먼 타국까지 와 이 특별한 순간을 맞고 있는 다른 사람들에게 피해를 줄 수는 없었다. 일단 견뎌 보는 수밖에.

마침내 촛불이 다 꺼지자 눈앞에는 문자 그대로 완전한 어둠이 드리워졌다. 지진이라도 나서 땅속에 갇힌 사람처럼 완전한 어둠 속에 파묻히고 말았다.

어둠의 세상에
나 혼자 있었다

비행기나 지하철 안에서는 갇힌 느낌이 들어도 다른 사람들을 보며 달랠 수 있었다. 그런데 한순간에 사방이 온통 흑암뿐이었다. 그 속에 나 혼자 있었다.

깊은 땅속의 어둠은 지상의 어둠과 달랐다. 수만 혹은 수천만 년, 아니 그보다 더 오래, 동굴의 생성기부터 묵어 온 어둠은 농축된 진액처럼 무거웠다. 그 짓누르는 듯한 흑암이 두려워 눈을 꼭 감았다. 그게 무슨 차이가 있다고.

두려움에 점차 호흡이 가빠지고 있었다. 내가 동굴의 가장 밑바닥, 지하 160미터 땅속에 앉아 있다는 사실이 새삼 상기되면서 공포가 밀려왔다. 단순한 폐쇄공포증이 아니라 나의 고질적 문제인 죽음의 공포였다. 말 그대로 공황상태가 시작됐다.

세상에, 내가 깊은 땅속에 있구나. 죽은 사람처럼.

곧 죽을 것 같은 공포에 심장이 **빠**른 속도로 두방망이질 치고 숨이 가빠 오기 시작했다. 바로 소리를 지르며 발작이라도 할 것 같았다. 아, 이 일을 어찌할 것인가…….

크리스트를 부를까?

그러고 싶었다. 하지만 다른 사람들의 소중한 경험을 망치게 될 것이라는 다른 공포가 나를 막았다. 내가 유일한 아시아 여성이라는 사실도 적지 않은 부담이 되었다.

견뎌야 했다. 이를 악물고 손바닥으로 가슴을 누르며 숨을 반복해서 깊게 들이쉬었다. 그리고 무너진 건물 더미 아래서 며칠간이나 버텨 살아난 사람들을 생각했다. 3년 전쯤 터키 카파도키아의 지하도시에 들어갔던 일도 떠올렸다. 기독교인들이 박해를 피해 땅굴을 파고 내려가며 만들었던 지하도시. 그곳에 내려가기 전에도 나는 남모르게 진땀을 흘리며 자신과 싸워야 했다. 하지만 끝내 잘 견디지 않았던가.

그러나 그 지하도시와는 사정이 또 달랐다. 지하이기는 해도 가끔 햇빛도 비쳤던 것 같고 안에는 불빛도 있었다. 또 언제든 되돌아 나올 수 있었다. 동굴 속 완전한 어둠에 혼자인 듯 갇힌 적은 없었던 것이다.

이미 나를 덮친 공포는 쉽게 물러설 기미를 보이지 않았다. 숨이 막혀 기절하거나 죽을 수도 있다는 위협이 계속 목덜미를 겨눴다.

뚝. 뚝. 뚝.

천장에서 물방울 떨어지는 소리까지 음산하게 다가왔다. 박쥐가 푸드득거리는 소리라도 낸다면 공포감은 배가 되리라. 그렇게 죽을 것 같은 공포에 눌려 있던 어느 시점이었다.

'도와주세요, 페르세포네. 도와주세요, 스코테이니.'

나도 모르게 여신을 찾고 있었다. 2층에서 리츄얼을 할 때 불렀던 여신들의 이름이 떠오른 것이다. 우리가 인도해 달라고 청원했던 여신들이었다. 그런데 그녀들의 이름을 속으로 불러 대던 어느 순간 내 안에서 조용한 목소리가 들리기 시작했다.

탄생, 죽음, 재탄생.
탄생, 죽음, 재탄생.

순례 중 크리스트가 여신을 설명하면서 자주 했던 말이었다.

태어나고 죽고 다시 태어나는 생명의 순환, 그 영원한 반복의 리듬.

그런데 정말 다행스럽게도 그 목소리는 나를 덮친 공포를 외투 벗기듯 조금씩 벗겨 내는 듯했다. 그때부터 나는 '탄생, 죽음, 재탄생'을 만트라처럼 계속 불렀다.

죽는다고 내가 없어지는 게 아니야. 무언가로 재탄생하는 것이지. 저 밖의 푸른 나무든 들판의 작은 꽃이든, 지저귀는 새든 침묵하는 바위든, 아니 이 동굴 속에서 떨어지는 저 물이든. 죽음은 무(無)가 아니야. 변환의 과정일 뿐이야. 죽어도 나는 여기,

이 지구에 존재해.

죽어도 이 지구에 존재할 것이라는 믿음은 공포를 밀어내며 조금씩 숨을 편안하게 했다.

동굴이 여신의 자궁이라면 이 어두운 공간은 생명을 발생시키고 키워 내는 사랑의 에너지로 움직일 것이다. 나를 탄생시킨 어머니의 자궁을 믿듯 이 동굴의 어둠을 믿을 수 있지 않을까?

생각이 이어지면서 조금씩 흑암의 고요함, 부드러움까지 느껴지는 듯했다. 사실 깊은 땅속에 있다는 '생각'만 아니라면 불편한 게 없었다. 나는 양팔과 두 다리를 모아 태아 자세를 취했다. 미노아인들이나 신석기 우리 조상들이 장례 때 시신을 그렇게 수습했듯이.

그리고 다시 여신에게 기도를 올렸다. 새로 태어나게 해 달라고, 두려움에서 벗어나 자유자재, 무애무구한 존재가 될 수 있게 해 달라고. 공포가 잦아들면서 동굴 속에 나 혼자 있지 않다는 사실도 분명히 느껴졌다. 사실 내 공포는 '혼자'라는 착각 때문에 가중된 것이었다.

나 외에 일곱 명의 여자들은 기침소리 하나 없이 고요히 앉아 있었다. 그녀들의 존재를 지각할 수는 없었지만 함께하고 있다는 사실 하나만으로도 큰 힘이 되었다.

사람들이 '함께' 존재하고 살아간다는 것은 얼마나 큰 축복인가. 산다는 것은 함께한다는 것이다. '함께'는 죽음도 넘어선다. 혼자 존재한다는 것, 고독은 죽음의 다른 말일 것이다.

"자, 이제 모두 촛불을 켜세요."

드디어 10분이 지난 모양이었다. 크리스트의 목소리와 함께 부스럭거리며 촛불들이 하나둘 켜졌다. 그러면서 사람들의 모습이 드러났다.

안도감과 함께 뿌듯함이 밀려왔다. 동굴의 중심, 여신의 자궁에서 예기치 않게 죽음의 공포를 마주했으나 결국 별 탈 없이 극복한 자신이 대견했다.

⊘

빛은 어둠이 있어
존재한다

지상으로 올라가는 길은 내려올 때보다 한결 쉬웠다. 안드레아에게 어둠 속 명상이 어땠느냐고 물었더니 "너무 좋았다."며 흐뭇해했다. "매우 편안하게 그 시간을 즐겼다."는 것이었다.

마침내 1층에 오르니 내려가지 않고 남아 있던 사람들이 환호성을 지르며 우리를 맞았다. 지하세계에서 돌아오는 페르세포네를 맞이하는 데메테르처럼. 그녀들은 그곳에서 따로 리츄얼을 하며 자신들의 시간을 가졌다고 했다.

동굴 입구로 햇볕이 폭포처럼 쏟아지고 있었다. 이제 홀로 있는 빛이 아니라 어둠과 함께 있는 빛이었다. 아니, 어둠이 있어

스코테이노 동굴 입구로 쏟아져 들어오는 빛

존재하는 빛이었다. 빛의 근원으로서의 어둠, 이제 그 어둠의 미스터리를 두려워하거나 회피하지 말고 조금씩 품어 나가야 할 것이었다.

단군신화의 웅녀가 생각났다. 그녀를 인간으로 변신시킨 동굴의 신비. 우리 오랜 조상들은 동굴에서 어떤 체험을 했기에 그런 신화를 남긴 것일까?

스코테이노 동굴에서의 경험은 내 나름의 작은 신비체험이었을 것이다. 동굴의 마지막 방은 여신의 자궁이었고 나는 그 안에서 죽음을 만났다. 아테네에서는 죽은 사람들을 데메트리오이, 즉 데메테르의 사람들이라고 불렀다. 나는 그곳에서 데메트리오이의 과정을 잠깐이나마 거쳤던 것이 아닐까?

감히 말하자면, 죽음은 이제 내게 까마득한 두려움의 대상이 아니다. 두려움이 없지는 않지만 대책 없는 공포가 아니라 외경의 감정에 가깝다. 여신을 통해 죽음과의 접점을 찾았기 때문에 이제 그 지점을 넓혀 나가면 될 것 같다. 그러다 보면 어느 순간 죽음 이후 어두운 미지의 과정에 나를 편안히 맡길 수 있는 상태로 진화할 수 있을 것이다.

사람들은 흔히 '어차피 죽을 때는 혼자'라며 인간 존재의 쓸쓸한 절대고독을 얘기한다. 그러면서 자아의 좁은 장벽을 더 굳게 쌓는 사람도 있다. 그러나 우리 모두는 죽음이란 필연을 공유한다. 선후의 시간 차이가 있을 뿐 우리는 '함께' 죽음을 맞는 것이다. 여기에 개별 인간의 차원을 뛰어넘는 생사의 비의와 신비가 있다. 어쩐지 나는 죽을 때 유난히 나를 사랑했던 할머니나 어머니, 아버지가 나타날 것 같다. 그리고 그들이 앞서 경험한 죽음의 길로 나를 잘 인도해 줄 것 같다. 아무런 공포나 고통의 기억 없이 이 아름다운 세상으로 왔듯, 갈 때도 또한 그러하지 않을까? 그 이후는 지금의 내가 상관할 바가 아니다.

『도덕경』 16장은 죽음과 관련해 이렇게 말하고 있다.

온갖 것 무성하게 뻗어 가나 결국 모두 그 뿌리로 돌아가게 됩니다.
그 뿌리로 돌아감은 고요를 찾음입니다.
이를 일러 제 명을 찾아감이라 합니다.
제 명을 찾아감이 영원한 것입니다.
영원한 것을 아는 것이 밝아짐입니다. (…)
몸이 다하는 날까지 두려울 것이 없습니다.

후일 순례기를 쓰는 과정에서 김부타스의 『여신의 언어』를 뒤적이다가 순례 첫날 집어든 뱀 애뮬렛의 원본을 만났다. 미노아 무덤에서 출토된 상아 인장이었다. 죽음 이후 재생을 기원하는 의례품이었을 것이다.

공포를 벗어 버리고 희망을 새롭게 하기.

뱀 애뮬렛의 의미와 그것의 출토지가 무덤이라는 사실이 스코테이노 동굴에서의 경험과 연결되면서 신탁을 받은 듯한 느낌이었다.

6
여신은
변신의 신비이자 창조력이다

헤라클리온_박물관
양날도끼·나선·신성한_삼각형··· 여신_상징들

"아리아드네, 가장 신성한 이여,
크레타의 위대한 어머니 (…)
우리에게 당신의 실을 건네주오,
우리 여성 영혼의 중심에 이르는
직관의 길을
우리가 따라갈 수 있도록. (…)
미궁의 여주인이여!
우리를 인도하소서.
우리를 보호하소서.
우리를 집으로
이끄소서."

— 「아리아드네」, 도나 폰타나로즈 래벅

미노아 크레타가 여신 중심 사회였음을 보여 주는 유물들은
무수하게 많다. 그중에서도 가장 확증적인 유물로는 크노소스에
서 출토된 인장석과 아크로티리에서 발굴된 프레스코화 「크로커
스꽃 채집자들」이 있다.

크노소스 인장석에는 산꼭대기에 서서 위엄 있는 포즈로 홀
(笏)을 든 팔을 내뻗은 여신이 있다. 여산신이다. 그녀의 아래쪽에
는 암사자 두 마리가 호위하며 서 있고, 한 젊은 남성이 그녀를
우러르며 손을 들어 경배하고 있다. 그녀 뒤에는 크노소스 성소
인 듯한, 성화의 뿔로 장식된 신전이 보인다.

「크로커스꽃 채집자들」은 훨씬 더 웅장하고 화려하게 여신을

위 | 산꼭대기에 위엄 있게 서서 젊은 남성의 경배를 받고 있는
미노아 여신, 크노소스, 기원전 1500년경

아래 | 「크로커스꽃 채집자들」, 아크로티리, 기원전 1600년대

묘사한다. 이 그림에서 여신은 3부 구조의 높은 좌대에 당당한 포즈로 앉아 있다. 여신은 그녀의 오른쪽에서 두 날개를 쳐들고 그녀를 우러르는 그리핀처럼 아름답고 우아하다. 몸집은 분명히 구별되도록 크고, 미노아 여신들이 그렇듯 가슴은 완전히 노출되어 있다. 신비로운 푸른 원숭이는 여신에게 꽃을 바치고, 그 뒤의 소녀는 채집해 온 크로커스꽃들을 바구니에 붓고 있다. 김부타스는 이 여신을 자연의 여주인이라고 해석했다. 환영처럼 아름다운 이 여신은 봄을 상징한다.

미노아 여신의 대표적 상징,
양날도끼 혹은 나비

　미노아 여신들은 차탈회위크 경우처럼 출산하는 어머니가 아니라 처녀의 모습이다. 인장, 반지, 프레스코화, 여신상 등의 유물에 나타난 여신들은 날씬하고 탄력이 넘친다. 김부타스는 그녀들을 젊은 재생의 여신이라고 보았다. 달에 비유하자면 미노아 여신은 초승달, 차탈회위크의 여신은 보름달이다.

　미노아 여신은 자연물이나 동물들로 표상되기도 했지만, 추상적 형태와 문양들로 상징되기도 했다. 이들은 재생과 생명 에너지, 자연의 순환 등을 의미하는데 흔히 독립적이기보다 함께 어울리거나 교환 가능하게 쓰였다.

미노아 여신의 추상적 상징은 양날도끼 형상이 대표적이다. 기독교에 비유하자면 십자가에 해당한다고 할 수 있다. 따라서 미노아 유물들에는 양날도끼가 자주 나타난다.

크노소스 성소에서는 '미궁의 여주인'으로 불린 양날도끼 여신이 숭배됐다. 에반스 경은 그녀를 위대한 미노아 여신이라고 불렀다. 양날도끼는 라브리스(Labrys)라고 불렸는데, 미궁을 뜻하는 영어 'Labyrinth'의 어원으로 여겨진다. 양날도끼가 미궁으로 알려진 크노소스 성소와 뗄 수 없는 관계임을 알 수 있다.

그런데 라브리스를 양날도끼라고 하는 것은 형태에 근거한 편의적인 명명에 불과하다. 본래 뜻은 아직 밝혀지지 않았기 때문에 라브리스가 도끼가 아닐 가능성은 얼마든지 있다. 가령 김부타스는 라브리스가 나비거나, 모래시계 모양으로 상징됐던 죽음과 재생의 여신이 발전된 형태라고 보았다. 고치에서 솟아오르는 나비는 생명의 부활을 상징하므로 양날도끼는 자연의 재생력을 의미하게 된다. 미노아 도자기에는 반은 여자고 반은 나비인 여신이 등장한다.

양날도끼 상징은 여러 변형을 보인다. 그중 삼각형 두 개가 꼭지점을 맞대고 있는 단순한 형태는 차탈회위크에서도 발견된다. 크리스트는 순례 당시 양날도끼가 의미하는 것에 대해 여러 가설들을 소개할 뿐 자신의 생각을 말하지 않았는데, 최근 그것이 새의 날갯짓을 표상한 것 같다는 견해를 보였다. 양날도끼는

위 | 여신에게 바쳤던 작은 금제 양날도끼들, 기원전 1700-1600

아래 | 미노아 석관에 그려진 의례 장면. 여사제들 앞에 서 있는 커다란 양날도끼 기둥이
의례에서 그것이 갖는 비중을 말해 준다. 양날도끼 위에 비둘기가 앉아 있다.
아기아 트리아다, 기원전 1370-1320

신전뿐 아니라 무덤에서도 많이 발견되며, 종종 황소뿔 사이에서 솟아나는 모습으로 묘사되기도 한다.

여신의 생명 에너지, 나선

크리스트가 자주 강조한 여신상징 중 하나는 나선이었다.

생명의 순환과 진화 등을 함의하는 나선은 도자기나 벽화 등에 애용된 문양으로, 가장 오래된 상징들 중의 하나다. 크레타 중남부에 있는 파이스토스 성소의 돌계단에도 새겨져 있을 정

위 | 나선으로 장식된 도자기, 크노소스, 기원전 1800-1700

아래 | 파이스토스 디스크, 파이스토스, 기원전 1600-1450

도로 나선은 미노아 유적과 유물 곳곳에서 모습을 드러냈다. 선사인들이 소용돌이치는 물이나 바람, 조개의 껍질, 고사리처럼 끝이 말린 식물 혹은 태아 등을 통해 나선을 인식했을 것이라고 추정된다. 김부타스는 나선이 고대 유럽의 예술을 지배한 주제로서 생명 에너지 혹은 또아리 튼 뱀의 역동적인 힘을 상징한다고 보았다.[19]

파이스토스 성소에서는 파이스토스 디스크로 불리는 점토판 하나가 발굴되었다. 원형의 점토판 앞뒤에는 미노아인들의 문자인 선형문자 A가 새겨져 있다. 아직 해독을 못해 기도문이나 의례에서 여신을 찬양하기 위해 부른 노래로 추정하고 있다. 그런데 이 문자들은 밑그림으로 그려진 나선을 따라 빼곡히 배열돼 있다. 나선 상징의 중요성을 말해 주는 유물이 아닐 수 없다. 크노소스 성소의 미궁 같은 설계도 나선 형태를 차용한 사례로 볼 수 있다.

나선문양은 회전문양, 분방한 곡선 등과 함께 미노아 예술품 특유의 역동성을 창조해 낸다. 많은 미노아 유물들이 살아 움직이는 듯한 리드미컬한 감각을 발산하는 이유다. 그것은 발랄한 생기가 자극하는 춤이라고 할 수 있다. 고구려 벽화와 신라 천마도 등에서 느낄 수 있는 신령스런 생기와도 통하는 것 같다. 생명의 자연스런 약동이 찬양되는 것인데, 이는 그리스 문명의 정형화된 기하학적 문양과 확실한 대비를 이루는 아름다움이다.

나선은 세계의 다양한 여신전통들에서 보편적으로 애용됐을 뿐 아니라 다른 종교의 유물들에서도 자주 찾아볼 수 있다. 아일랜드에서 일본, 알래스카에서 남미에 이르기까지 신비로운 상징으로 사용돼 왔다. 우리 고대 여신신앙에서도 나선은 매우 중요한 상징이었다.

여신의 성기/자궁,
신성한 삼각형

내게 가장 충격적이었던 여신의 상징은 삼각형이었다.

처음 헤라클리온 박물관을 둘러볼 때 크리스트가 한 작은 여신상을 가리키며 소개한 상징이다. 경직된 자세의 여신상 성기 부위에는 역삼각형이 뚜렷이 새겨져 있었다. 크리스트는 이 삼각형을 '성스런 삼각형'이라고 불렀다.

성스런 삼각형? 여성의 성기가 성스럽다고?

처음 그 말을 들었을 때의 충격이 아직도 생생하다. 한 번도 들어본 적이 없는 말이었다. 잘못 들었나 했을 정도였다. 그런데 크리스트는 너무나 당연한 얼굴로 그 삼각형이 외부에서 본 치골 부위를 양식화한 것으로, 자궁의 상징이라는 설명을 한 후 다음 장소로 걸음을 옮겼다. 그녀를 따라 걸음을 옮기면서도 내 시선은 그 삼각형을 쉽게 떠나지 못했다. 누가 분명히 가르쳐 준

것도 아닌데 어느 사이엔가 가장 성스럽지 못한 곳, 수치와 음욕의 기관으로 여겨 왔던 곳이 성스럽다니 그럴 수밖에 없었다.

나중에 알았지만 여성성기와 자궁은 구석기시대부터 등장하는 가장 오래된 여신의 상징으로, 전 세계에 걸쳐 분포한다. 선사시대 사람들은 생명을 잉태하고 탄생시키는 자궁을 다른 무엇보다 신비롭고 성스럽게 여겼다. 남근이 아니라 여근 숭배가 중심에 있었던 것이다. 그리고 여근 숭배가 발전하면서 삼각형을 비롯한 여러 여근 상징들은 풍요와 행운, 치유와 보호 등의 상서로운 의미들로 확장되었다.

순례 후반 아기오스 니콜라오스에 있는 박물관을 찾았을 때도 성스런 삼각형을 만났다. 미르토스 여신을 통해서였다. 미르토스 지역에서 발굴된 이 여신상은 밥사발을 엎어 놓은 것 같은 몸통에 목을 잡아 뺀 작은 거북 같은 얼굴을 하고 있다. 그래서 크리스트는 거북 여신이라고 불렀다. 몸통에는 작은 돌기처럼 붙인 두 가슴이 있고, 그 아래 그물무늬로 채워진 성스런 삼각형이 자리한다.

크레타에서 성스런 삼각형을 만났을 때 누군가 나에게 한국에도 있나 찾아 보라고 권했다면 나는 어떻게 반응했을까? 당시에 나는 신성한 여근 상징들과 거북 여신이 우리 여신신앙 전통을 복구하는 데 핵심적 길잡이가 될 거라고는 상상조차 하지 못했다.

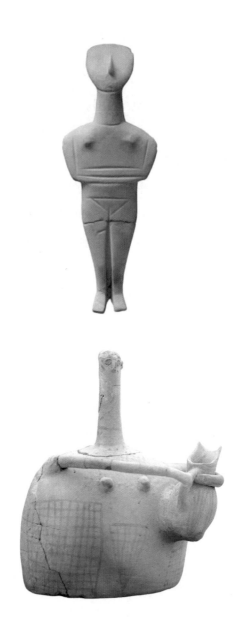

위 | 성스런 삼각형이 강조된 여신상, 포우르니, 기원전 2400년경

아래 | 미르토스 여신, 미르토스, 기원전 2500년경

농업과 도기,
직물의 창조자는 여성

미노아 여신의 다양한 상징들을 우리는 순례지의 이곳저곳에서 만났다.

그것들은 낯설었지만 오래전에 잃어버린 세계를 가리키는 나침반이었다. 그 세계에서는 순환하는 자연과 우주의 생명력, 삶과 죽음의 신비가 모두 신성한 것이었다. 따라서 일상적인 삶도 신성함에 터 잡고 있었다. 또 여성에 대한 인식도 지금과는 전혀 달랐다. 크리스트는 선사시대 인간의 삶에서 여성이 차지했던 역할과 위상에 대해 이렇게 말했다.

"대부분의 인류학자들은 여성이 농업과 도기, 직물의 창조자였을 거라고 합니다. 여성이 주로 채집을 했고, 요리와 의복을 담당했던 걸 생각하면 사실 당연한 얘기지요. 그런데 이 세 가지 중요한 일들은 다 변형 혹은 변신의 신비를 보여 줍니다. 씨앗이 싹을 틔워 열매를 맺고, 흙이 불의 힘으로 그릇이 되고, 양털이 실을 거쳐 천이 되는 것, 모두 하나의 물건이 다른 물건으로 바뀌는 것이니까요. 고대인들은 그런 놀라운 일을 하는 여성들을 우주의 창조적 힘, 에너지와 연관시키면서 여신을 숭배했을 겁니다. 흔히 여신상을 다산과 풍요의 상징으로 얘기하지만 여성의 몸과 손을 통한 변환의 힘도 함께 생각해야 합니다. 선사시대나 미노아시대 여신상들은 대체로 아이를 안고 있지 않습니다. 출산만이 아니라 여러 다른 여성적 힘과 능력, 창조성이 숭앙됐다는 증거지요."

크리스트는 여신을 자연이라고 정의하면서도 다산이나 풍요에만 관련시키는 세간의 태도를 받아들여서는 안 된다고 강조했다. 자칫 자연-여성/문화-남성이라는 진부하고 제한적인 이분법에 빠질 수 있을 뿐 아니라 여신의 역사도 오도하는 것이기 때문이다. 과거 위대한 여신들에 대한 숭배 양상을 보면 그녀들의 역할은 인간 삶의 전방위에 걸쳐 있었다.

세계의 신화들은 중요한 물질적·정신적 발명들을 여신과 관련시킨다. 이집트에서는 이시스, 메소포타미아에서는 닌릴이 농사짓는 법을 가르친 여신으로 숭배됐다. 그리스의 데메테르, 고구려의 유화와 제주의 자청비도 있다. 『위대한 어머니 여신』을 쓴 에리히 노이만은 선사시대 도기문화는 여성이 지배한 영역이라고 말했다. 더구나 흙으로 만들어진 그릇들은 여성을 상징했다. 당시에는 혁명적 기술이었을 직물 짜기 역시 여신들과 관련돼 있어, 그것이 여성에 의해 고안되고 발전되었음을 알려 준다.

원초적 글쓰기도 선사시대에 등장했다. 김부타스는 『여신의 언어』를 통해 문자를 조직적으로 배열하는 규칙이 이미 신석기시대에 시작됐음을 보여주었다. 처음에 썼던 글들은 여신숭배와 관련한 영적이고 성스런 내용이었다. 미노아인들의 선형문자 A는 이를 계승, 발전시킨 것으로 이해된다. 신화를 보면 수메르의 니다바 여신은 찰흙 서판과 글쓰기의 창시자이고, 인도의 사라스와띠는 산스크리트어의 창시자다.

미노아 여신 또한 자연에만 국한된 존재가 아니었다. 미노아 크레타가 주변의 여러 나라들과 활발하게 무역을 하며 수준 높은 문명을 구가했고, 기술적으로도 놀랄 만한 발전을 이룬 사회였음을 상기해야 한다. 사회 경제적으로도 공동체 전체를 보살피는 평등한 체제가 평화로운 일상을 제공했다. 이로 미루어 미노아 여신들은 자연의 여신일 뿐 아니라 문화의 여신, 기술의 여신, 지혜와 지성 혹은 공평한 법과 정의의 여신이기도 했을 것이다. 이는 후대의 그리스 여신들이나 타지역 여신들의 속성들을 통해서도 추정할 수 있다.

기술과 공예의 여신인 아테나는 지혜의 여신이기도 하며, 웨일스의 케리드웬도 영감과 지식의 여신이다. 사라스와띠도 지혜와 학문·음악의 여신이고, 지혜의 여신 소피아도 있다. 마아트는 고대 이집트인들이 숭배한 진실과 정의의 여신이고, 테미스는 그리스의 법과 질서의 여신이었다. 이시스와 데메테르도 법 제정자, 지혜와 충고와 정의를 나누어 준 현자로 알려졌다.

우리 이웃인 만주족의 여신 타라이한마마는 씨족의 법 제정자였다. 그녀는 방직과 함께 협력과 도리를 가르쳤고, 분쟁의 상황에서 공평하게 시비를 가려 주었다. 특히 중요한 것은 그녀의 법이 평화의 원리에 기반해 있다는 것이다. 우리의 자청비도 하늘나라에서 전쟁이 나자 한쪽 편을 드는 게 아니라 양쪽 군사를 다 쓰러뜨려 전쟁 자체를 없애 버린다.

여신은 영적 통찰력이나 신성한 계시, 예언을 주관하는 존재이기도 했다. 신탁사원으로 유명했던 그리스 델피의 아폴로 신전은 원래 대지여신 가이아를 숭배하던 곳이었다. 후일 아폴로가 신전을 지키던 큰 뱀들을 죽이고 그 자리를 차지한 후에도, 신탁의 전달자는 여전히 여성들이었다. 그러므로 우리는 이렇게 말할 수 있다.

"미노아 여신은 자연이었을 뿐 아니라 아름다운 문화의 지혜로운 창조자였다."

우리가 잊어버린
아름다움

순례 당시 나는 미노아 여신들과 얼마나 공감했을까?

지금 돌이켜 보면 많은 것들을 놓쳤음에 틀림없다. 당시에는 여신의 언어, 여신문화에 대한 지식이 일천해서 유물과 유적들이 전하는 메시지를 충분히 알아듣지 못했다. 그래서 자그마하고 때로 조악해 보이는 여신상들이 낯설고 어색했다. 여신상들이나 상징들보다는 크레타의 찬란하게 아름다운 자연, 산과 바다와 나무와 돌들에서 여신을 느꼈다.

그럼에도 불구하고 순례에서 만난 여러 여신상들과 이미지들, 상징들은 내 일상의 어느 순간에 문득문득 떠오르곤 했다. 흥미로운 일이었다. 여신의 성스런 삼각형에 대해 알고 난 후 나 자신을 포함한 여성의 몸을 보는 시각에 어떤 질적인 변화도 일어났다. 어느 날인가는 목이 말라 물을 달게 마시던 중 여신상에 새겨진 물의 상징들이 떠올랐다. 우리 할머니들이 소중히 떠놓고 빌었던 정화수의 깊은 의미가 드러나는 순간이었다.

여신의 역사를 공부하면서 세계 여러 지역에서 나온 고대의 무수한 여신상들을 자주 접하게 된다. 그녀들은 풍만한 몸집에 가슴과 엉덩이가 강조돼 있거나 임신 중이고, 흔히 기괴한 형상을 하고 있다. 신체의 일부분이 생략되거나 상징적으로 처리된 경우도 많다. 그러나 그녀들이 표상하는 것은 다르지 않다. 그것은 우주에 가득 찬 순환하는 생명력에 대한 경외와 믿음과 간구다. 신성함이란 결국 생명의 망 속에 있다는 깨달음은 갈수록 더 단단해진다.

유명한 페미니스트 시인이자 이론가인 아드리엔 리치도 처음에는 고대의 여신상들에 거부감을 느꼈다고 한다. 우리가 생각하는 여성미의 이상과 너무나 동떨어졌기 때문이었다. 그러나 그녀는 차츰 그 여신들이 "우리가 거의 잊어버린 방식으로 아름다우며", "그녀의 풍만한 몸이 내적인 깊이와 평온 그리고 균형을 담고 있음"을 깨닫게 되었다고 한다.[20]

여신을 만나면 새로운 아름다움과 잃어버린 신성함을 깨우치게 된다. 순환하는 변신의 신비와 내 안의 충만한 창조력을 만난다. 수천 년 전의 낯선 여신문화가 현대 여성들뿐 아니라 남성들과의 소통에서도 성공하고 있는 현실은 놀랍다. 그 소통의 힘은 대중문화에서도 여신을 부활시키고 있다.

대중문화가 불러낸 여신신앙,
영화 「아바타」와 소설 『다빈치코드』

「아바타」는 여신영화라는 평을 받을 정도로 여신신앙을 서사의 중심에서 다뤘다. 특히 선사시대 여신문화를 재현한 듯한 스펙터클한 세상을 3D로 구현해 전 세계를 매료시켰다. 디지털 여신신화라고 할 만하다.

판도라 행성의 원주민인 나비족은 위대한 여신 에이와를 숭배하며 홈트리라는 거대한 나무에 살고 있다. 이들의 삶은 여신문화를 일구었던 신석기인들과 매우 흡사해 보이는데, 실제로 제작자들은 신석기 수준의 문명을 상정하고 나비족을 창조했다고 한다.

판도라의 모든 생명체들은 서로 연결돼 하나의 거대한 유기체를 형성하는데 그것이 바로 에이와다. 자연 그 자체로서, 판도라의 가이아 여신이라고 할 수 있다. 판도라에서는 나무들도 의식이 있는 생명체처럼 서로 소통하며, 인간의 뇌 같은 연결망 속에 존재한다.

에이와는 자연의 생명력에 그치는 것이 아니라 자신의 정령인 씨앗들을 통해 지혜를 계시하기도 한다. 그녀는 모든 생명체를 차별 없이 품고 균형을 유지하며 보듬기 때문에 누구의 편도 들지 않는다. 생태계의 균형, 그것이 그녀의 지혜다. 때문에 나비족은 쓸데없는 살생을 하지 않으며 불가피한 경우 그 영혼이 에이와의 품에 안기도록 기도한다.

에이와의 성소는 원시림 한가운데 영혼의 나무가 있는 곳이다. 버드나무 같은 거대한 나무가 강력한 에너지로 화면을 압도하며 등장한다. 신비로 가득 찬 이 나무 앞에서 주술적인 의례를 인도하는 샤먼은 여주인공인 네이티리의 어머니 모아트다. 여사제인 그녀는 영적 지도자로서 족장인 남편과 함께 부족을 이끈다. 네이티리의 이름에는 어머니 이름이 들어 있어 그들이 속한 오마티카야족이 모계사회를 형성하고 있음을 말해 준다. 네이티리의 아버지 에이투칸은 죽어 가면서 딸에게 자신의 활을 넘기며 부족을 보호하라고 말한다. 부족을 보호하는 힘이 여성에게 주어지는 것이다.

지구에서 온 과학자인 그레이스 어거스틴 박사의 임종 장면은 특히 인상적이다. 그녀는 영혼의 나무 앞 제단에서 죽어 가면서 이런 말을 남긴다.

"나는 그녀와 함께 있어요. 그녀는 실재해요."

그녀는 사람이 죽을 때 근원인 어머니 여신에게 돌아간다는 여신신앙의 생사관을 대변한다. 이로써 「아바타」의 여신은 과학과 대립하는 게 아니라 과학도 품는 전일적 신성으로서 새로운 위상을 드러낸다. 아마도 이 점이 현대에 부활한 여신영성의 새로운 특징일 것이다.

「아바타」의 메시지는 분명하다. 현재 지구가 당면한 생태적 위기의 고발이다. 그리고 그 대안으로 나비족의 여신신앙을 펄떡이는 신화적 상상력으로 보여 준다. 아이러니하게도 고대의 여신문화가 최첨단 영상

기술을 통해 미래의 지향점으로 호소력 있게 제시된 것이다.

전직 해병대원 제이크가 나비족의 일원으로 재탄생하는 과정은 영적 여정의 비유이기도 하다. 지구에서 멸시받는 장애인이었던 그는 부족의 건장한 리더로 다시 태어난다. 생명력 충만한 지혜로운 여신을 만나 치유와 재생을 체험한 것이다. 그리고 여신의 아들로서 새로운 정체성을 얻는다. 영화 끝부분에서 제이크는 침략 세력과의 마지막 결전을 앞두고 혼자 에이와의 나무를 찾아 비장하고도 간절한 마음으로 기도를 올린다. 그러면서 초록이 사라진 지구의 현실을 떠올리고 이렇게 말한다.

"그들은 어머니를 죽였습니다."

* * *

소설 『다빈치코드』는 2003년에 출간돼 세계적 충격파를 던진 메가셀러다. 기독교의 왜곡된 남성지배 전통을 비판하면서 신성한 여성성을 주제로 내세웠기 때문이다.

저자인 댄 브라운은 기독교 역사 속에서 여성적 신성이 어떤 굴곡을 거쳐 왔는지를 흥미진진하고 지적인 스릴러 형식으로 폭로한다. 소설에서 주요인물들이 필사적으로 추적하는 성배는 알려진 것처럼 예수가 최후의 만찬 때 포도주를 따라 마신 컵이 아니다. 마리아 막달레나의 유해와 그녀가 예수와 결혼했음을 증명하며 그 후손들에 대해 기록한 문서들이다.

막달레나의 몸을 성배로 은유하는 소설의 관점은 고대 여신전통에 닿아 있다. 여신전통은 성배를 소재로 소설 전편에 걸쳐 변주되는 핵심적인 주제다. 소설에서 막달레나의 신성은 단지 예수의 아내로서가 아니라 고대로부터 이어져 온 여신신앙에서 획득된다. 그녀와 여신신앙의 연계는 소설의 첫머리에서부터 끝부분에 이르기까지 일관되게 이어진다.

남자 주인공인 상징학자 랭던은 시온수도회에 대해 이렇게 설명한다. "여신숭배를 계속 유지하려는 이 수도회의 전통은, 초기 기독교 교회에서 권력을 가진 남성들이 여성을 비하하고 남성에게 유리하도록 저울을 기울게 한 거짓말들을 퍼뜨려 세상을 속였다는 믿음에 토대를 두고 있어요."

"수도회는 콘스탄티누스 대제와 그의 남성 후계자들이 신성한 여성성을 악마화하는 선전전을 통해, 온 세상을 기독교 이전 유럽의 모권적 토착신앙에서 가부장제적 기독교로 개종시키는 데 성공했으며, 그로써 현대종교에서 여신을 영원히 말살시켰다고 믿고 있습니다."

시온수도회의 그랜드마스터이자 여주인공 소피의 할아버지인 소니에르는 세계 최고의 여신 도상학자다. 루브르 박물관의 관장인 그는 풍요와 여신숭배, 위카, 신성한 여성성과 관련된 유물들에 열정을 쏟아 루브르를 여신 유물들을 가장 많이 소장한 박물관으로 만들었다. 그가 수집한 여신 유물들은 그리스 델피의 가장 오래된 여사제들의 신전에서 발굴된 양날도끼, 황금으로 된 헤르메스의 지팡이, 이시스 여신의 상징물인 테트와 앙크, 이시스가 아들 호루스에게 젖을 주는 조각상 등이었다.

소니에르는 죽으면서 자신의 몸에 펜타클을 그려 넣는다. 프랑스 경찰간부가 그것을 악마숭배로 읽자 랭던은 성스러운 여신의 상징이라고 반박한다. 펜타클은 비너스 여신의 상징이다. 그런데 바티칸이 그것을 악마의 표시로 둔갑시켜 버렸다는 것이다. 『다빈치코드』에서 성배는 구체적으로 여성의 자궁을 함의하며 V자로 기호화된다. 역삼각형의 축약이다. 랭던은 V가 여성성과 풍요를 표상하는 고대의 상징이라고 설명한다. 레오나르도 다빈치가 그린 「최후의 만찬」에서 예수와 막달레나는 서로 반대쪽으로 몸을 기울여 V자 형상을 만들어 내고 있다.

소설에서 고대 여신신앙과 그 의미는 곳곳에서 반복적으로 강조된다. 이를테면 다음과 같은 것들이다.

> "생명을 주는 자로서의 여성이란 개념은 고대 종교의 토대였어요. 출산은 신비롭고 강력한 것이었지요. 슬프게도 기독교 철학은 생물학적 진실을 무시하고 남자를 창조자로 만듦으로써 여성의 창조력을 탈취하기로 결정했습니다. 창세기는 이브가 아담의 갈비뼈로 만들어졌다고 말하고 있어요. 여자가 남자의 파생물이 된 거지요. 죄 많은 존재이기도 하구요. 창세기는 여신의 종말을 알리는 시초였습니다."

> "고대인들의 섹스에 대한 견해는 오늘날 우리들의 것과 완전히 반대였습니다. 섹스는 최고의 기적인 새로운 생명을 잉태케 하는 것이었는데, 기적은 오직 신에 의해서만 이뤄지니까요. 자궁으로부터 생명을 만들어 내는 능력은 여성을 신성하게 만들었습니다. 신으로요. 성교는 인간 영혼의 두 반쪽인 남성과 여성의 찬양되는 결합이었고, 그를 통해 남성은 영적 온전성을 찾고 신과 교감할 수 있었답니다."

> "여신의 시대는 끝났다. 추가 기운 것이다. 어머니 지구는 남자들의 세상이 되었고, 파괴와 전쟁의 남신들이 세상에 피해를 가져왔다. 남성 자아는 상대인 여성에게 점검받지 않고 2000년이란 세월을 독주했다. 시온수도회는 현대인들의 삶에서 신성한 여성성을 말살해 버린 것이, 미국 원주민 호피족이 코야니스콰치라고 부르는 균형 잃은 삶을 초래했다고 믿는다. 세상은 남성 호르몬이 날뛰며 일으키는 전쟁들, 여성혐오가 만연한 수많은 사회들, 그리고 어머니 지구에 대한 불경한 태도로 불안정한 상황에 처해 버린 것이다."

마치 『성배와 칼』의 저자 아이슬러의 견해를 그대로 옮겨 놓은 것 같다. 실제로 브라운은 『성배와 칼』로부터 중요한 통찰을 많이 얻었다고 한다. 『다빈치코드』는 역사를 배경으로 하는 팩션이기 때문에 출간되자마자 진위 여부에 대해 커다란 논란이 생겨났다.

그런데 브라운은 소설임을 내세우며 그 뒤로 피하는 모습을 보이지 않았다. 그는 등장인물들과 스토리는 당연히 픽션이지만 소개된 역사적 배경과 자료들, 사건들, 인물들은 엄연히 사실에 근거한 것이라는 주장을 견지했다. 뉴햄프셔 퍼블릭 라디오 방송에 출연했을 때는 "요즘 세상은 시대에 뒤떨어진 남성철학에 기반해 있다."고 비판하기도 했다. 그래서 여주인공의 이름을 '지혜'를 뜻하는 소피로 지었다고 한다.

7
여신은
위대하고 신성한 어머니다

에일리테이아_동굴·케라_카르디오티싸_수녀원
엄마와_딸의_애증에_대하여

우리에겐 아름다운 어머니가 있습니다.

그녀의 언덕은 버팔로 / 그녀의 버팔로는 언덕

우리에겐 아름다운 어머니가 있습니다.

그녀의 바다는 자궁 / 그녀의 자궁은 바다

우리에겐 아름다운 어머니가 있습니다.

그녀의 이빨은 / 물가의 하얀돌

여름 풀밭은 / 그녀의 풍성한 머리카락

우리에겐 아름다운 어머니가 있습니다.

그녀의 녹색 허벅지는 광활하고

그녀의 갈색 포옹은 영원하며

그녀의 푸른 몸은

우리가 아는 모든 것입니다.

— 「우리에겐 아름다운 어머니가 있습니다」, 앨리스 워커

이 세상에 존재하는 무수한 단어들 중 가장 근원적인 하나를 꼽으라면 '엄마'일 것이다.

우리 모두는 그녀의 자궁에서 생겨나고 자라 이 세상에 왔으며, 그녀의 젖과 밥을 먹고 성장한다. 익히는 첫 단어도 그녀를 부르는 말이다. 마, 마마, 나나, 맘, 엄마⋯⋯. 세상의 아기들이 엄마를 부르는 말은 거의 같다. 우리는 일생 중 가장 푸근하고 충만한 순간들을 그녀의 젖가슴에 안겨서 경험한다.

어머니는 여자와 다르다. 그녀는 자신의 몸으로 세상의 모든 자식들을 생산하고 키움으로써 여자보다 더 큰 존재가 된다. 가부장제에 의해 힘을 잃고 마침내 희생자로 전락하기 전, 세상의

크노소스 성소에 모여 있는 순례 참가자들.
가운데 모자 쓴 이가 크리스트다.

어머니들은 모두 큰 어머니였다.

우리는 크노소스 성소에서 그런 고대의 어머니들로부터 이어진 우리의 존재를 깨닫는 간단한 리츄얼을 했다. 우리가 모인 곳은 바다로부터 성소로 올라오는 길의 한쪽 구석이었다. 지나가던 관광객들이 흘끔거리며 쳐다봤지만 방해가 될 정도는 아니었다. 먼저 참가자 중 한 명이 건네받은 문서를 들고 읽기 시작했다.

"우리는 여기 고대의 장소에 왔습니다. 신비를 배우러. 숨을 깊게 들이쉬세요. 그리고 돌들의 에너지를 느끼세요. 숨을 깊게 들이쉬세요. 그리고 이 비옥한 계곡의 돌집에서 살았던 사람들의 에너지를 느끼세요. 숨을 깊게 들이쉬세요. 그리고 이곳 성소에서 삶과 죽음, 재생의 의례들을 거행했던 사람들의 에너지를 느끼세요."

나는 눈을 감고 깊은 숨을 쉬며 고대의 시간을 현재로 불러내기 위해 노력했다. 하지만 현재와 과거의 모호한 교차 지대에서 어떤 이미지부터 떠올려야 할지 갈피가 잡히지 않았다. 돌기둥은 무조건 남근석으로 알았던 내가 그것을 여신으로 여겼던 세상을 불러내기란 쉬운 일이 아니었다. 갈팡질팡하고 있는데 다음 안내자의 목소리가 들렸다.

"잠시 시간을 내어 당신보다 먼저 여기에 왔고, 당신을 여기로 데려온 그들을 기억해 보세요. 우리는 알려지지 않은 시간까지 이어져 있는, 끊이지 않은 여성들의 계보로부터 왔습니다."

'여성들의 계보'란 말이 귀에 꽂혔다. 나는 그 말을 실마리 삼아 성소 중앙의 마당에서 의례를 올리는 여사제들, 성소 여기저기를 부지런히 오가는 어머니들을 상상하기 시작했다.

이어 성소에서 숭배됐던 미궁의 여주인을 부르는 시가 낭독됐다. 그리고 우리는 한 줄로 서서 침묵한 채 크리스트를 따라 미궁 터의 구불구불한 길로 나아갔다. 행진을 이끌었던 여사제를 따르듯이. 미노아 시대로 돌아가 당시를 느껴 보는 간단한 리츄얼이었다.

잠시 후 우리는 성소의 북서쪽 모서리에 있는 극장터에 모여 앉았다. 그리고 각자 돌아가며 기억할 수 있는 모계조상들의 이름을 부르기 시작했다. 첫 순서는 크리스트였다.

"나는 캐롤리나입니다. 제인의 딸이고 제인은 레나의 딸, 레나는 도라의 딸이고 도라는 독일에서 온 메리의 딸입니다. 나는 저 멀리 알려지지 않은 시간까지 이어진, 끊어지지 않은 여성들의 계보로부터 왔습니다."

끊어지지 않은 여성들의 계보.

그러나 내 기억 속의 그 계보는 크리스트에 비하면 초라하기 그지없었다. 내가 기억할 수 있는 이름은 엄마와 할머니 단 둘뿐이었다. 그제서야 나는 그동안 내가 외할머니의 이름도 모르고 살아왔다는 사실을 깨달았다. 그 신비스럽게 푸르른 바닷가 오두막집에 살아 있는 외할머니의 이름도 모르고 있다니, 내가 속한 여성의 계보는 크노소스 유적보다 더 황폐화되어 있었던 것이다. 게다가 당시 엄마는 내게 고통이었다. 크레타로 오기 전 생겨난 모녀관계의 깊은 창상은 아직도 건드리기만 하면 붉은 피가 비어져 나오는 상태였다.

엄마와 딸의 애증

한국 사회에서 어머니란 존재는 아직도 눈물샘을 자극한다. 그러나 어머니와 딸들의 관계는 그리 단순하지 않다. 어머니의 희생과 헌신에 눈물도 맺히지만 부정과 분노의 감정 역시 공존하기 때문이다. 주체적인 삶을 살려는 여성들은 대개 어머니를 사랑하면서 동시에 비난한다. 어머니의 무력한 순응적 삶이 분노를 일으키기 때문이다. 리치가 잘 설파했듯 딸은 어머니에 대한 애증으로 분열하고, 어머니는 그런 갈등 속에서 죄책감에 시달린다. 어머니의 자기혐오와 자기비하는 딸의 영혼을 속박하는 덫이 되기도 한다.

50대의 많은 여성들처럼 나도 "절대로 엄마처럼 살지 않을 거야."를 외쳤던 반항적인 딸이었다. 결혼 전엔 아버지가, 결혼 후엔 이기적인 남편과 다섯 아이들이 멋대로 사용했던 엄마의 삶은 내 인생의 부정적 참고문헌이었다. 그러나 그녀는 내게 제일 가까운 존재였기 때문에 그 불공평한 삶은 그대로 내 통증이기도 했다. 그 통증을 치유하기 위해 나는 성인이 된 후 엄마의 보호자를 자임했다.

하지만 엄마 역시 나의 가장 든든한 보호자였다. 결혼할 때까지도 나는 엄마에게 아무런 불만이 없었다. 집밖 출입도 통제했던 아버지 탓에 그토록 원했던 교사의 길을 접어야 했던 엄마는 못 이룬 꿈을 딸들을 통해 이루려 교육에도 열성이었다. 내가 기억하는 한 부모님이 의도적으로 아들과 딸을 차별해서 대하지는 않았다.

특히 엄마는 내게 무한한 사랑을 쏟았다. 하고자 하는 것은 힘닿는 한 지원하려 했고, 행동을 통제하려 들지도 않았다. 엄마는 언제나 내게 푸근함을 주는 요람 같은 존재였다.

중학생 때 버스 좌석에 엄마랑 같이 앉아 있다 졸려서 머리를 엄마에게 기댔던 장면이 떠오른다. 그 순간 엄마는 준비라도 했던 듯 즉각 움직였다. 손으로 내 머리를 당기며 내가 가장 편안해할 수 있도록 자세를 바꾼 것이다. 잠시 후 스르륵 행복한 잠에 빠지던 중 문득 '엄마가 죽으면 어떡하지?' 하는 두려운 생각이 스쳤다. 순간 잠이 달아났던 것 같다. 엄마는 언제나 내 옆에 있어야만 하는 존재였다.

엄마 엄마,
쓰러진 엄마

"이제 내가 있어야 할 곳으로 간다."

크레타로 오기 한 달 전쯤 엄마는 단호하게 말했다. 며칠 나와 냉랭한 시간을 보낸 후였다. 당시 엄마는 5년째 우리 집에 살고 있었으나 이제 그만 떠나겠다는 선언이었다.

추석 명절을 앞두고 엄마는 정말로 모든 짐을 꾸렸다. 그리고 모시러 온 큰아들과 함께 당신 집으로 갔다. 당신 집이지만 큰아들네가 살고 있고, 속으로는 그의 것이라고 여기는 그 집으로. 그 집이 당신이 생각하기에 '있어야 할 곳'이었다.

엄마는 그렇게 내 집, 당신에게는 사위의 집인 불편한 공간을 떠났다. 뇌출혈로 망가진 70대 중반의 쇠락한 몸에 죄책감과 무력감, 분노가 되지 못한 서러움을 굴레처럼 두르고.

엄마가 뇌출혈로 쓰러진 건 65세 때였다. 자기 몸을 자식들을 위한 거름이나 껍데기로만 여겨 홀대하고 무시하던 엄마에게 그건 예고됐던 일이었다. 하지만 갑작스럽긴 마찬가지였다. 대비책이 하나도 준비되어 있지 않은 상태에서 큰 딸인 내게 책임이

주어졌다. 아니, 그보다는 내가 먼저 보호자 역할을 자처하고 나선 측면도 클 것이다. 어릴 때부터 엄마는 늘 내게 커다란 부채였으니까.

뇌졸중은 정말 잔인했다. 하루아침에 엄마는 새끼들을 건사하느라 하루 종일 종종걸음 치던 어미닭 같은 모습을 잃었다. 6개월 사이에 뇌수술을 두 번이나 받아 정신까지 망가졌다. 엄마는 수도를 틀고 나서 잠글 줄을 몰랐고, 대소변조차 가리지 못했다. 멍한 눈으로 기저귀를 차고 누워 있는 엄마, 잠시 기저귀를 뺀 사이 앉아 있던 침대에 소변을 흘리는 엄마를 보는 건 정말 고문이었다. 엄마가 아니라 낯선 장애 할머니가 내 앞에 있었다.

그녀를 끝까지 보살펴야 한다는 두려움, 엄마의 경제활동 중단에다 간병비까지 쉬운 게 아무것도 없었다. 아버지는 이미 돌아가셨고, 동생들은 큰 힘이 될 수 없는 처지였다. 특히 남동생들이 난감해하는 듯했다. 아들이기 때문에 더 큰 두려움과 부담감을 느꼈을 것이다.

엄마의 정신이 다시 돌아오고 몸도 어느 정도 회복되기까지 5년의 시간은 전쟁과도 같았다. 그때 나를 가장 힘들게 한 것은 엄마의 병이 아니었다. 기대를 배반했던 남동생들이 준 상처와 좌절이었다. 여동생들은 나름대로 경제적·정서적 지원을 했지만 남동생들은 그렇지 못했다. 처지가 어려웠다 해도 내가 보기엔 할 수 있는 일에도 소홀했다. 보살펴 주는 게 아니라 보살핌을 필요로 하는 엄마는 그들에게 너무 낯설고 감당하기 힘든 존재였던 것 같다.

우리 집과 당신 집, 요양원과 병원을 전전하며 죽음 직전까지 갔던 엄마는 회복이 불가능할 것이라는 의사들의 진단을 뒤엎고 5년 만에 좋아지기 시작했다. 정말 기적 같은 결과였다. 퇴원과 함께 엄마는 우리 집으로 들어왔다.

일상적인 대화가 가능해진 엄마를 맞으며 나는 진심으로 행복했다. 무엇보다 엄마를 요양원에 두었다는 죄책감을 털어 낼 수 있었기 때문이다. 멍한 눈으로 방안을 두리번거리며 누워 있는 엄마를 요양원에 두고 나오던 때의 찢어지던 가슴은 지금도 생생하다. 떠나는 발걸음을 디뎌 나갈 때마다 심장에 바늘이 박히는 것 같았다. 딸들의 방문이 매일 이어지도록 조치를 취해 놓긴 했지만 버렸다는 느낌은 어쩔 수 없었다.

엄마는 우리집에서 지내면서 빠르게 몸을 회복해 나갔다. 6개월 정도 지난 후에는 아파트 노인정 출입도 시작했고, 제삿날과 자식들 생일을 다 기억해 낼 정도로 정신도 맑아졌다.

그런 엄마를 보며 나는 앞으로 누릴 엄마와의 행복한 시간을 기대했다. 엄마를 통해 기적을 보여 준 생명의 힘에 감사하면서. 엄마가 쓰러졌을 때 나는 왠지 모르지만 푸른 잎이 무성한 거대한 나무를 떠올리며 기도하곤 했다. 그 나무에 활짝 웃는 엄마 얼굴을 오버랩시키며 되는 대로 간구했다. 당시 나는 여신의 나무는 물론 여신영성 자체를 몰랐다. 특정 종교나 영성집단에 속해 있지도 않았다. 그런데 왜 거대한 나무가 발산하는 생명력에 기도했는지 모르겠다.

나도 의식하지 못하는 사이 자연의 힘과 신성함에 끌리고 있었던 것일까?

막무가내인
엄마의 죄책감

세상에 배반당하지 않는 기대가 얼마나 될까?

향기로운 차를 앞에 놓고 엄마와 마주앉기 시작하던 초반에만 해도 기대는 현실이 되는 것 같았다. 선한 성품에 자기주장보다 주변 사람들에게 맞춰 살아온 엄마라 특별히 부딪칠 일도 없었다. 엄마와 일상적인 대화를 나누며 예전처럼 맛있는 음식을 함께 먹을 때면 정말로 죽었던 엄마를 다시 찾은 기분이었다.

그런데 결혼 이후 처음으로 한집에서 살게 된 엄마와의 관계는 더 이상 과거와 같지 않았다. 우선 자신이 딸네, 아니 사위네에 '얹혀살고 있다.'며 눈치를 봤다. 나는 전처럼 엄마의 온전한 딸이 아니라 어려운 사위의 아내였다. 그런 엄마와의 대화는 시간이 지나면서 자주 짜증스러워지기 시작했다.

엄마는 자신이 쓰러진 이후의 시간에 대해서는 전혀 기억이 없었다. 얼마나 치명적이고 절망적인 상태에 있었는지, 그 5년 동안 자식들이 자기를 어떻게 대했는지 하나도 생각해 내지 못했다. "네가 날 살렸다더라." 하면서 미소는 지었지만 남의 얘기하듯 다소 멀뚱한 표정이었다. 내가 엄마에게 "고맙다."는 소리를 원한 건 아니었다. 내 노력이 헛되지 않게 나아 준 엄마가 오히려 고마웠다.

문제는 내가 그토록 돌아오기 원했던 엄마의 '제정신'이었다. 그리고 남동생들에 대한 분노와 상처로 일그러진 내 거친 내면에 있었다. 일방적 심판자였던 나는 그들을 절대로 용서하지 못하고 있었다. 마땅한 도리를 안 한 자식은 엄마에게도 혼나야 했다. 그런데 엄마는 내가 그럴수록 방어적인 태도를 취하면서 '착하고 불쌍한 남동생을 원수 대하듯 하는' 매몰찬 큰딸을 못마땅해 했다. 그리고 여전히 힘든 처지인 큰아들에 대한 걱정과 감싸기로 반응했다. 그럴 때마다 나는 거의 발작하듯 반발했다. 그러지 말자고 하면서도 스스로를 통제하지 못했다.

나는 또 엄마와 함께 살면서 도리나 관례라는 이름으로 엄마의 뼛속 깊이 박혀 있는 가부장제와 새롭게 대면해야 했다. 엄마는 노인정에서도 딸네서 산다고 하면 위신이 안 선다고 했다. 말은 안 해도 당신의 집은 큰아들이 있는 곳이었다. 결국 나는 엄마를 진정 행복하게 해 줄 수 있는 자격이 없는 자식이었다.

심리적으로도 엄마는 아프기 전과 크게 달랐다. 집안의 온갖 대소사를 책임지며 꾸려 가던 믿음직한 맏며느리이자 아내, 엄마였던 그녀는 더 이상 그 역할들을 할 수 없게 되자 길을 잃은 것처럼 보였다. 정체성의 혼란 속에서 엄마가 할 수 있는 건 자기를 탓하는 일뿐이었다.

엄마가 키우는 죄책감은 정말 막무가내였다. 그녀는 화가 난 내가 아들들이 당신을 소홀하게 대했다고 다 고자질했는데도 원망은커녕 그들에게 자신이 더 잘하지 못했음을, 늙고 병든 지금도 더 주지 못함을 미안해하고 죄스러워했다. 아픈 엄마에게 소홀했던 자식이 아니라 큰 병이 들어 자식들을 힘들게 한 자기가 잘못이고, 다른 부모들처럼 사업 자금을 펑펑 대 주지 못하는 자기가 못난 어미라는 것이었다.

⊘
가는 엄마를
내다보지도 않았다

그러한 죄책감은 낮은 자존감과 무력감을 동반했다. 엄마는 자식들에게 정당한 문제제기를 해야 할 때도 회피하면서 차라리 자학을 택했다. 내가 머리로만 알고 있던 가부장제 아래 어머니들의 심리적 특성들이었다. 그런 일이 있을 때마다 나는 엄마와 갈등을 빚었다. 몇 마디 얘기를 나누다 답답해서 소리를 지르기 일쑤였다.

아무리 설득을 해도 변화가 없자 나는 자꾸 엄마를 비난하게 됐다. 엄마가 자식들을 잘못 키웠으며 지금도 잘못 대하고 있다고. 그렇게 나 역시도 모든 잘못을 엄마에게 덮어씌우는 아이러니를 연출하면서 우리 모녀관계는 자주 뒤틀렸다. 같은 여자로서 엄마와 대화를 해 보고 싶었던 나의 바람은 허망한 것이었다. 아무리 말해도 엄마는 자신의 가치, 자신의 욕망, 자신의 권리에는 둔감하기만 했다.

엄마가 아니라 한 여성으로서 자신을 돌아봐야 한부터 몰려오기 때문이었을까? '배우지 못한 한'으로 표현되곤 했던, 선생님이 되지 못한 좌절과 상처를 다시 건드리기 싫어서였을까? 그래서 엄마는 그토록 엄마이려고만 했던 것일까? 그런데 나는 내 입장만 옳았기 때문에 엄마를 참아 내지 못했다. 그리고 자식들을 잘못 키운 엄마라는 공격까지 해댔다. 그러니 당신은 당신대로 그렇게 야속한 심정을 드러낼 수밖에 없었을 것이다.

"그래, 네 말대로 다 내 잘못이다. 자식도 잘못 키우고, 무식하고, 종처럼 살고⋯⋯. 다 내 잘못이야."

남동생네 문제로 또 큰소리가 불거진 후 엄마가 나간다고 했을 때, 그 목소리엔 되돌릴 수 없는 확고함이 담겨 있었다. 가슴이 철렁 내려앉았다. 당신 집도 계시기에 편한 상황이 아니니 말려야 했다. 하지만 그러기 싫었다. 가능할 것 같지도 않았고 내심정 몰라 주는 답답한 엄마가 야속했으니까. 그렇게 엄마는 갔고, 나는 가는 엄마를 내다보지도 않았다.

크레타로 떠나기 전 여동생의 전언에 의하면 엄마도 나에게 분노를 드러낸다고 했다. 그러면서 전에 없이 노골적으로 아들 편을 든다는 것이었다. 속이 마구 상했다. 그 귀한 분노를 왜 이제야 나에게 드러낸다는 말인가?

떨쳐 버렸다고 생각했는데 순례 중에도 엄마는 불쑥불쑥 뇌리에 떠올랐다.

가실 때 나가 보기라도 할걸, 후회가 됐다가도 야속한 마음이 바로 솟구쳐 갈팡질팡이었다. 할 만큼 했으니 이제 잊자고 다독여도 다시 가슴이 아파 왔다. 엄마가 나간 후 쓰던 방에 들어갔을 때 가슴을 스쳤던 상실감, 장례식이라도 치른 듯 헛헛하고 쓰리던 심정이 고스란히 찾아들었다. 한 달밖에 안 된 생채기였으니.

그러다 또 기가 막혔다. 여동생은 직접 말은 안 해도 분명히 나를 책망하는 기색이었다.

내가 잘못했다는 건가? 겨우 이런 결과나 보려고 쓰러진 엄마 몸을 받아 안고 그렇게 갖가지 마음고생을 하며 10년 세월을 싸워 왔던 것인가?

자유시간이나 식사 중 일행과 개인사를 얘기할 때면 엄마 얘기가 기다렸다는 듯 스르륵 흘러나왔다. 여신의 여자들이라면 뭔가 가슴이 시원해질 얘기를 해 주지 않을까 하는 기대가 있었다. 그런 걸 얻지는 못했지만, 문화적 차이에도 불구하고 그들은 내 심정을 충분히 이해해 줬다. 특히 엄마보다 약간 어린 70대 여성 리즈는 내 심정에 대한 공감뿐 아니라 강하고 주체적인 모습으로 위로의 힘을 발휘했다. 가톨릭 신자인 그녀가 여신순례에 참가한 데는 나름의 이유가 있었다.

"2000년쯤이었나, 내가 잘 알던 주교 한 사람이 성 스캔들을 일으켰어요. 엄청난 충격이었지. 그 일을 해결하려고 다른 여성들과 함께 나섰는데, 그 과정에서 오히려 더 큰 실망을 경험하게 됐답니다. 그래서 결국 여성적 신성을 찾게 됐지요."

실망과 분노의 경험을 토로하는 리즈의 목소리는 단호했다. 자애로운 인상의 할머니가 보여 주는 뜻밖의 단호함은 지혜와 힘의 발현으로 느껴졌다. 그건 내가 엄마에게 간절히 바랐던 것이기도 했다.

⊜

머리가 잘린 모녀상

모녀관계는 우리 순례의 중요한 주제였다.

그와 관련된 첫 번째 방문지는 에일리테이아라는 작은 동굴이었다. 고대 크노소스의 항구였던 암니소스 위 언덕에 있는데, 출산의 여신 에일레이티아의 성소였다. 호메로스의 『오디세이』에도 언급된 유서 깊은 동굴로, 오랜 세월 임신 및 출산과 관련된 여러 의례들이 치러진 곳이다. 발굴 결과 이 동굴은 신석기시대부터 성소로 쓰였던 것으로 밝혀졌다.

에일리테이아 동굴 속의 모녀여신상

에일레이티아는 제우스와 헤라의 딸로 그리스 신화에 등장하지만, 크노소스 성소에서 발굴된 선형문자 B 점토판에 이름이 기록된 것으로 보아 원래 크레타 여신으로 여겨진다. 선형문자 B는 크레타를 정복한 미케네인들이 사용한 문자다. 그런데 미케네인들은 미노아 문화와 종교를 상당 부분 받아들여 강한 연속성을 보인다.

에일리테이아 동굴 입구에는 영락없이 임신한 여성의 배를 닮은 석순이 불룩 솟아 있었다. 배꼽까지 뚜렷했다. 임신한 여성들이 이 돌을 손으로 문지르거나 돌에 배를 대며 안전한 출산을 기원했다고 한다.

이 동굴의 중간쯤에는 모녀상으로 불리는 석순 두 개가 솟아 있었다. 사각형으로 둘러쌓은 낮은 돌벽은 신성한 장소라는 표시였다. 크리스트는 우리를 그 앞에 불러 모았다.

"저게 어머니 여신이고 그 옆이 딸 여신이에요. 그런데 기독교도들이 도끼로 머리를 잘라 버렸다고 해요."

앉아 있는 듯한 어머니 여신은 풍만하면서 땅딸막했고, 서 있는 딸 여신은 날렵했다. 수천 년 세월을 저렇게 함께 있는 모녀. 불현듯 어머니 여신을 닮은 엄마가 떠오르면서 가슴이 아려 왔다. 함께 경배를 받다가 머리가 잘린 모녀상. 그 형상은 내 가슴의 아린 상처와도 이어져 있었다. 동굴 속에는 머리가 잘린 다른 여신상도 있었다. 그걸 쳐다보는데 누군가의 입에서 '아세라'라는 말이 나왔다. 아세라 여신상을 불사르고 제단을 파괴하라고 명령하는 구약의 섬뜩한 구절이 떠오른 모양이었다.

작고 험하지 않은 동굴이어서 돌아 나오기까지 시간이 많이 걸리지 않았다. 그런데 천천히 동굴 입구를 향하던 나는 뜻밖의 장면을 목격했다. 저만큼 앞에서 크리스트가 머리 잘린 여신상에 몸을 기대어 껴안은 채 나지막이 노래를 부르고 있었다. 사람들은 그녀를 방해하지 않으려 못 본 척 앞으로 나아가는 중이었다.

자신만의 리츄얼을 하는 것일까?

방해가 될까 봐 조금 못 미친 곳에서 멈춰선 나는 가만히 그녀를 지켜보았다. 그녀의 긴 몸과 옆얼굴의 실루엣이 입구로부터 들어오는 반투명의 빛 속에서 여신상과 멋진 조화를 이루고 있었다. 그동안 보지 못했던 여사제의 아우라가 그녀에게서 번져 나오는 듯했다. 잠시 후 그녀는 여신상을 쓰다듬으며 키스를 하고 몸을 일으켰다.

그 이튿날 저녁, 경험 나누기 모임에서 크리스트는 그 행동에 대해 이렇게 말했다.

"여신상 옆을 지나가는데 '내 머리가 잘렸다.' 하는 소리가 들렸어요. 슬퍼졌지요. 나는 그녀를 부둥켜안고 토닥이며 위로해 줬어요."

모녀관계의 원형,
데메테르와 페르세포네

모녀관계는 크리스트에게도 중요한 주제였다. 특히 그녀의 여신학을 완성하는 데 어머니의 죽음이 큰 역할을 했다. 여신에 대한 인식에 결정적 변화를 준 계기였기 때문이다.

그녀의 어머니는 크리스트가 레스보스 섬에 살고 있던 1991년 암 선고를 받았다. 그 소식을 들은 크리스트는 자신이 지금까지 가장 사랑했던 사람은 결국 어머니였음을 깨달았고, 그 사실을 편지에 써서 보냈다. 어머니는 "지금까지 받은 편지들 중 가장 멋진 편지"라는 답신을 보내면서 크리스트에게 집에 와 줄 것을 청했다. 함께 있어 달라는 것이었다.

어머니는 그녀가 집에 도착한 지 몇 주 후에 세상을 떠났다.

그런데 어머니의 방에서 임종을 지켜보던 크리스트는 예기치 않았던 경험을 한다. 어느 순간 그 방이 사랑으로 가득 차 있음을, 그리고 어머니가 사랑을 향해 가고 있음을 분명하게 느낀 것이다. 오로지 그렇게 표현할 수밖에 없는 느낌이었다고 한다. 그때까지 불확실했던 여신에 대한 인식이 분명해진, 일종의 계시 같은 순간이었다. 그날 이후 그녀는 세상에 가득한 사랑을 여신의 현존으로서 믿고 느끼게 되었다.

그녀의 고백은 내게 그리스 모녀여신인 데메테르와 페르세포네를 연상시켰다. 죽음과 모녀관계가 사랑 안에서 얽히고 풀린다는 점에서 그렇다. 어머니 데메테르가 곡물을 자라게 하고 선사하는 존재라면, 페르세포네는 겨울을 보낸 씨앗이 봄을 맞아 새롭게 솟아나게 하는 존재다. 자연의 순환에 따른 대지의 풍요는 두 여신의 분리와 결합을 이끄는 사랑에 의해 지속된다. 이 모녀여신의 사랑과 결속은 가부장제 이후에도 오래 살아남았다는 점에서 특별하다.

페미니스트 이론가인 뤼스 이리가라이는 데메테르-페르세포네 신화가 현대여성들에게 갖는 의미에 주목했다. 여성이 주체로 서기 위해서는 뒤틀린 모녀관계가 회복돼야 하는데 이 신화가 원형적 자원이 될 수 있다고 본 것이다. 데메테르-페르세포네 신화에서 딸은 어머니와 떨어질 수 없는, 어머니의 또 다른 자아이자 분신이다. 그리고 두 여신의 행복한 재결합으로 다시 생명이 탄생하고 자라나며, 풍요로운 자연이 유지된다.

가부장제 사회의 모녀관계는 상처를 숙명으로 갖고 있다. 어머니는 딸보다 아들과 공생관계를 형성하며, 딸이 주체로 서도록 도와줄 수 있는 힘도 의지도 상실당한다. 그로 인해 생긴 상처와 고통 때문에 생명의 땅은 크게 훼손되어 황무지가 된다.

안나와 마리아,
성모녀를 만나다

엄마와의 문제가 목에 낀 가시 같았지만 나는 그것을 순례와 연관시켜 생각하지는 못하고 있었다. 그런데 순례가 중반으로 접어든 어느날 예기치 않은 일이 일어났다. 딕티산 허리 아래 자리한 케라 카르디오티싸 수녀원을 방문했을 때였다.

수녀원은 1300년대에 지어진 아담하고 단출한 건물이었다. 성모 마리아를 숭배한다고 했으나 큰 관심은 없었다. 마리아 숭배의 뿌리에 여신전통이 자리한다는 사실은 알았지만, '예수의 어머니'인 그녀가 썩 반가울 이유는 없었다.

교회 안에는 대개 그렇듯 기적을 행한다는 성모 아이콘이 있었다. 그 앞에서 기도를 올리기 위해 몇몇 사람들이 기다리고 있어서 우리는 교회 내부부터 둘러봤다. 벽과 천장 일부에 프레스코 성화들이 있었고, 여기저기에 아이콘들이 장식되어 있었다. 크리스트는 우리를 한쪽 벽으로 데려가더니 한 그림을 가리켰다.

"마리아의 어머니인 성 안나가 마리아를 출산한 장면이에요."

마리아의 엄마? 태어나 처음 들어 보는 말이었다. 의아한 채로 그림을 보니 막 출산한 여인이 침대에 누워 있고, 그 옆 작은 침대에 아기가 놓여 있었다. 그리고 여자 셋이 탄생을 축하하는 잔치를 준비 중이었다. 마리아에게도 당연히 엄마가 있었을 텐데

수녀원에서 산 안나-마리아 성모녀상

그에 대해서는 생각해 본 적도, 들어 본 적도 없었다.

내가 기독교도가 아니라 까맣게 몰랐나 해서 안드레아에게 물었다. 그런데 교회 관련 단체에서 일한다는 그녀도 금시초문이라고 했다. 크리스트는 크레타에 마리아의 거룩한 탄생을 찬양하는 교회들이 여럿 있다고 말했다. 이는 모녀관계가 중심이라는 점에서 여신신앙이 기독교에 침투 혹은 흡수된 것으로 볼 수 있다는 것이었다. 그러면서 그녀는 마리아의 탄생에 대한 얘기를 간략히 소개했다. 그 내용은 외경인 『야고보 원복음서』에 담겨 있다.

> "안나와 요아킴은 결혼해 부유하고 신실한 삶을 살았으나 자식이 없었다. 낙담한 요아킴은 하느님께 기도하러 광야로 갔다. 그동안 집에 남겨진 안나도 아이를 주신다면 하느님에게 바치겠다며 간절한 기도를 올렸다. 그때 한 천사가 안나에게 나타났다. 그리고 그녀가 가장 놀라운 아이를 잉태할 것이라고 알렸다. 요아킴도 기도 중 역시 천사의 예고를 듣고 기뻐하며 집으로 돌아왔다. 그 후 안나는 딸을 낳았고, 매우 기뻐하며 마리아라는 이름을 지어 주었다. 마리아가 세 살이 되었을 때, 그들은 그녀를 예루살렘 성전으로 데려가 그곳에서 양육되도록 맡겼다."

예수를 낳은 자궁에 그치지 않고 자신의 이야기를 가진 마리아, 천사의 고지로 태어났으며 스스로 신성한 마리아, 그리고 딸의 출생을 기뻐하며 이름을 지어 준 어머니 안나.

그리스정교 수녀원에서 만난 마리아의 허스토리는 정말 뜻밖이었다. 여신의 섬 크레타에서는 기독교도 여신전통을 품고 있었던 것이다. 크리스트는 안나-마리아 숭배의 저변에 데메테르-페르세포네 숭배가 자리한다고 보고 있었다.

보물을 발견하다

교회에서 나온 후 잠시 휴식시간이 주어졌다. 정원도 구경하고 다른 건물들도 둘러보다가 한쪽 구석에 있는 기념품 가게에 들어갔다. 다른 수녀원과 마찬가지로 수녀들이 만든 수제품들과 성화, 카드 등을 팔고 있었다. 대충 훑어보고 있는데, 문득 옆에서 크리스트가 한 성화를 가리키며 말했다.

"이게 안나와 마리아예요."

나무조각을 사각형으로 파서 그린 손바닥만 한 성화였다. 붉은 가운을 두른 안나가 왼팔에 마리아를 안은 모습을 담았다. 마리아는 아기처럼 작았지만 배가 부른 성인의 모습이다. 임신한 딸을 안고 있는 엄마. 그 작은 성화를 보는 순간, 내 가슴에서 무언가가 움직였다.

거의 눈물이 나올 뻔했다.

그래, 세상에는 성모자상만 있는 게 아니야. 성모녀상도 있어, 이렇게.

엄마와의 관계에서 생겨난 깊은 창상이 한순간 치유되는 느낌이었다. 엄마가 끝내 의식을 바꾸지 못한다 해도 괜찮을 것 같았다. 이런 성모녀상이 있는 한.

생각보다 비쌌지만 망설이지 않고 집어 들었다. 순례에서 얻은 예상치 못한 보물이었다.

이미지의 힘이란 얼마나 큰 것인가? 그런데도 여성들은 얼마나 힘을 빼앗고 억압하는 이미지들에 둘러싸여 살고 있는가? 이미지의 전복이 발생시킨 효과는 놀랍고 감동적이었다.

나중에 알고 보니, 이리가라이도 1984년 이탈리아 토르첼로섬에 있는 박물관에서 이 성모녀상을 보았을 때 '환희에 가득찬 지각적·정신적 효과'를 느꼈다고 한다. 그것은 그녀에게 '나와 나의 어머니, 그리고 다른 여성들의 육체적 구현을 경멸하지 않고 살아가기 위해 필요한 미적이고 도덕적인 상'이었다.

성모 마리아의 탄생을 찬양하는 축제

그리스정교에서는 축일을 정해 매년 성모 마리아의 탄생을 축하하는 행사를 갖는다. 크리스트는 1994년 9월, 그리스 스키로스 섬에서 거행된 이 축제에 참가한 적이 있다. 축제는 산꼭대기 동굴에 위치한 교회에서 거행됐으며 안나와 마리아가 주인공이었다.

교회로 올라가면서 크리스트는 고대 크레타인들이 산꼭대기와 동굴에서 산 어머니에게 올렸던 의례를 떠올리지 않을 수 없었다. 축제는 황혼녘에 시작돼 새벽까지 계속되었다.

여자들은 교회를 꽃으로 장식하고 입구에 죽은 양 두 마리를 제물로 걸어 놓았다. 남성사제가 있었으나 전체 축제 준비는 그 교회를 보살피는 한 가족의 어머니가 이리저리 움직이며 실질적으로 지휘했다. 크리스트는 교회 밖 어둠 속에 앉아 그 과정을 지켜보면서 끈질기게 지속돼 온 고대 여신숭배 전통을 확연히 느꼈다고 한다.

강하고 신성한 어머니

그날 밤 꿈에 엄마가 나타났다.

나는 경사를 이루며 물이 흘러내리는, 넓은 개천 같은 목욕탕에 있었다. 때가 둥둥 떠 있고 지저분했는데 그 안에 엄마가 있었다. 엄마는 내게 들어오라고 했으나 나는 지저분해서 싫다며 더 아래로 내려갔다. 아래쪽은 엄마가 있는 곳보다 깨끗했다. 하지만 남탕이어서 들어갈 수가 없었다.

할 수 없이 다시 올라가려는데 갑자기 물을 간다면서 엄청난 양의 물이 폭포처럼 쏟아지기 시작했다. 그 물에 휩쓸려 엄마가 떠내려가고 있었다. 발을 동동 구르며 엄마를 보니 머리털이 세찬 물살에 가발처럼 벗겨져 문어머리가 되었다. 순간 어떤 남자가 뛰어들어 엄마를 구출해 냈다. 그런데 엄마가 힘없이 쓰러지며 다시 물에 빠졌다. 기겁한 나는 살려 달라고 악을 써 댔고, 남자가 다시 나타나 엄마를 건져 냈다. 그러나 엄마는 또 물에 빠지고 말았다. 다시 건져 냈으나 계속 거센 물살에 휩쓸린 탓에 거의 죽은 것 같았다.

그런 엄마를 안고 앉아 내가 울고 있었다. 숨이 막히고, 가슴이 미어지는 듯했다. 그런데 갑자기 엄마가 오징어처럼 변하더니 머리로 내게 말했다. 잘못했다고.

그 말에 더 흐느끼면서 엄마를 안고 있다가 잠이 깼다.

늙어서도 행복한 엄마라면 얼마나 좋을까?

그러나 많은 어머니들의 내면은 늙어갈수록 무력해지면서 뒤틀린다. 사랑으로 키워 준 어머니의 이런 노년을 대면해야 하는 딸들은 고통스럽다. 자신도 어머니가 된 딸이라면 그 심정은 더 복잡해진다. 늙은 어머니와 딸의 관계는 찢기고 다시 만났다가 또 찢겨 나간다.

강하고 지혜로운 엄마, 언제든 기꺼이 찾아가 조언과 위로를 구할 수 있는 엄마는 어디에 있는가? 불가능한 꿈일까? 시인 김승희는 『늑대와 함께 달리는 여인들』 추천사에서 딸들의 바람을 이렇게 대변했다.

> 미숙한 채로나마 어느덧 나도 어머니가 되었고, 내가 누군가의 어머니가 되는 동안 늙고 메마르고 바스라져 더 이상 나의 위대한 어머니가 될 수 없는 노년의 어머니 사이에서 나를 위로해 줄 수 있는 강하고 신성한 어머니를 갖고 싶다고 느끼고 있지 않았던가……. 나의 완전한 생명의 원형을 받아 줄 수 있는 '아프락사스' 같은 존재를 얼마나 꿈꾸며 찾았던가?

김승희가 꿈꾸며 찾아 온 존재는 '원초적인 신성한 어머니'다. 위대한 어머니 여신일 것이다. 현실의 엄마에게 좌절하고 고통받는 딸들에게, 혹은 엄마가 되어 새로운 모성을 탐구하는 여성들에게 부활한 여신은 떠오르는 희망이 되고 있다. 미국 여신 운동에 대한 최초의 포괄적 연구서인 『여신의 무릎에서 살아가기』는 현대 여성들이 왜 어머니 여신을 찾으면서 그녀의 딸이 되고자 하는지를 이렇게 설명하고 있다.

> 일부 영적인 페미니스트들은 신성한 어머니를 갖는 것이 인간 어머니가 지닌 취약점들을 보상하고, 여성들에게 더 완전한 어머니를 선사하는 길이라고 말한다. 그 어머니는 결코 딸로부터 분리되거나 딸이 필요로 하는 것들에 부적합한 어머니가 아니다. (…) 영적 페미니스트들은 이 위대한 어머니여신이 어머니됨의 사회적 평가에 전환적 효과를 가져오고, 실제 모녀관계에서 생겨나는 중압감들을 완화시키길 희망한다.

강하고 지혜롭고 사랑에 가득 찬 어머니. 딸이 납치되어 강간 당하는 일이 일어나면 온 세상을 황무지로 만들 정도로 분노하고 슬퍼하는 어머니. 사랑과 정의가 균형을 이루고, 지성과 감성과 영성이 통합된 어머니. 그 그리운 어머니를 현대 여성들은 위대한 어머니 여신을 통해 만나고 있다. 이 여신은 그녀의 딸들에게 힘을 주고 아들들을 각성시키면서 새로운 변화를 이끄는 중이다.

8
군대보다
사랑이 더 멋지다

아프로디테_신전터
아프로디테와_사포, 사랑과_성애의_여신들

당신은 그곳을 알아요.
그러니 크레타를 떠나 우리에게로 오세요.
덤불숲 그지없이 상쾌한 / 이 신성한 신전으로.
유향은 제단 위에서 피어오르고
사과나무 가지 사이로 / 찬 물방울 흘러내리고
어린 장미덤불 땅에 그늘 드리우네.
흔들리는 잎들은 깊은 잠을 쏟아내고
봄꽃들 가운데 말들이 잘 자란 초원에선
시라(蒔蘿) 잎들이 향기를 내뿜네.
여왕이여! 키프리언(아프로디테의 별칭)이여!
맑은 신주(神酒)에 녹아든 사랑으로
우리의 황금잔들을 채우소서.

— 사포

사랑과 아름다움, 성애의 여신 아프로디테를 싫어하는 사람이 있을까?

아프로디테가 발산하는 매력과 힘은 거부가 불가능한 치명적인 것이다. 그녀는 삶의 가장 근원적이고 핵심적인 동력인 사랑과 성애에 자리하기 때문이다.

그런데 관능적 성애와 사랑은 아프로디테의 고유한 속성이 아니라 고대의 위대한 여신들이 공통적으로 지니고 있던 기본값이었다. 수메르의 여신 이난나는 「이난나와 두무지의 구애」로 알려진 신화에서 자신의 섹슈얼리티를 조금도 거리낌 없이 과시한다. 이난나는 신랑인 두무지를 기다리며 성적 쾌락에 대한 기대로 들떠 이렇게 노래한다.

> 나의 음부, 뿔, 하늘의 보트는 초승달처럼 열망으로 차 있네. 나의 갈지 않은
> 땅은 놀고 있네. (…) 누가 나의 음부를 갈아 줄 것인가? 누가 나의 높은 들판
> 을 갈아 줄 것인가? 누가 나의 젖은 땅을 갈아 줄 것인가? (…) 누가 그곳에
> 황소를 놓아 줄 것인가?[21]

두무지가 그 일을 하겠다고 하자 이난나는 바로 이렇게 답
한다.

> 그렇다면 내 음부를 갈아 주오.
> 내 사랑.
> 내 음부를 갈아 주오.

이들의 성적 결합은 물론 단순한 성행위가 아니다. 곡식과 식
물들의 풍요로운 수확을 기원하는 의례인 히에로스 가모스다.
여신신앙에서 섹슈얼리티는 육욕적인 차원에 그치지 않는다. 그
것은 자연과 우주를 발생시키고 유지시키는 창조력이자 생산력
으로서 근원적이고 편만한 신성의 차원을 획득한다. 성스러운
섹슈얼리티는 우주와 자연과 삶을 이해하는 핵심적 원리이자 가
치다.

아프로디테의 거주지,
크레타

그리스 신화에서 아프로디테는 섹시한 바람둥이거나 다른 여신들과 아름다움을 다투는 경쟁적 여신으로 그려진다. 하지만 아프로디테의 뿌리는 제우스가 등장하기 이전의 시기에 닿아 있다. 수메르의 이난나, 바빌로니아의 이슈타르, 페니키아의 아스타르테가 키프로스를 거쳐 그리스로 들어와 아프로디테로 변신한 것이다.

따라서 이 여신들 간에는 유사점이 많다. 이난나와 아스타르테가 하늘의 여왕으로 칭송됐던 것처럼 아프로디테도 아프로디테 우라니아(천상의 아프로디테)라고 불렸다. 아스타르테에게 바치는 향과 비둘기는 아프로디테 숭배에서도 나타난다. 신전에서의 성적 교합 현상도 같다.[22] 그리고 이슈타르와 이난나처럼 아프로디테도 금성의 여신으로 여겨졌다.

이슈타르는 식물의 신 탐무즈를 젊은 연인으로 두고 있는데 이난나-두무지 관계와 같은 것이다. 이 관계는 아프로디테와 아도니스 짝에서 다시 등장한다.

아프로디테의 신화적 고향은 크레타 동쪽에 있는 키프로스 섬이다. 아프로디테의 여러 이름들 중 하나가 키프리언(Cyprian)인 이유다. 이 섬의 파포스라는 곳에 유명한 그녀의 신전이 있다. 그런데 크레타 역시 아프로디테 숭배의 중요한 거점이었다. 그녀가 근동 지역에서 그리스로 건너가는 과정에서 여신문명을 꽃피웠던 크레타를 거치지 않을 수 없었기 때문이다. 때문에 아프로디테를 미노아 뱀 여신과 연관시키는 학자도 있다.[23]

사포의 시를 보면 크레타도 아프로디테의 거주지라는 사실을 알 수 있다. 그녀는 아프로디테를 키프리언이라고 부르며 크레타로부터 자신이 있는 레스보스 섬의 아프로디테 신전으로 오라고 청한다. 자연의 아름다움이 만개한 레스보스 신전으로 아프로디테를 부른 사포는 그녀의 열렬한 숭배자였다. 사포의 시 중 온전히 남아 있는 유일한 것은 「아프로디테 찬가」다.

사포와 동성애,
호모 에로틱

크레타의 아프로디테 신전터 방문은 순례 후반부에 이루어졌다.

낯선 미노아 여신들에 비해 익숙하고 매력적인 여신의 성소를 방문하게 된 참가자들은 살짝 들뜬 모습이었다. 나 역시 그랬다. 게다가 그리스 최고의 서정시인으로서 스스로 여신의 아우라가 충만한 사포를 통해 아프로디테를 만나게 되었으니 기대는 더 증폭됐다.

아프로디테와 사포라니!

최고 경지의 색정적이고 정감적이며 지적인 여성성이 크레타의 투명한 10월 햇살 속에서 유혹적으로 피어나는 듯했다. 아프로디테를 만나기 위해 우리가 도착한 곳은 카토 시미라는 산골 마을이었다. 딕티산 남쪽면에 위치한 높고 험한 곳이었다.

버스에서 내리니 상쾌한 공기가 콧속으로 스미면서 작고 예쁜 샘터가 보였다. 산에서 내려온 물이 조롱조롱 떨어지는 소리가 들리는 듯했다. 우리가 갈 신전터 근처에서 솟아나는 것이라고 했다. 동굴 속이든 산속이든 샘물은 여신의 성소임을 알리는 신성한 표지다.

신전터는 그 마을에서 가파른 산길을 한참 더 올라간 곳에 있었다. 원래 미노아 여신을 숭배하던 곳인데 미노아 문명이 멸망한 후 아프로디테와 헤르메스의 신전으로 바뀌었다. 미노아 신전이 그리스 신전으로 계속 쓰인 거의 유일한 경우라고 했다. 한때 아프로디테의 여사제를 자처했고, 사포가 살았던 레스보스 섬의 주민이기도 한 크리스트의 사포에 대한 애정은 대단해 보였다. 그녀는 신전에 대해 설명하면서 사포에 대한 소개도 길게 했다.

사포는 그리스를 대표하는 서정시인으로서 영웅서사시로 유명한 호메로스와 쌍벽을 이룬다. 하지만 호메로스는 실존인물인지, 개인인지 집단인지조차 확실치 않은 반면 사포는 분명히 실존했던 인물이다. 비록 알려진 삶이 사실과 전설이 버무려진 것이긴 해도.

기원전 7세기에 살았던 사포는 엄청난 양의 시를 남겨 사후 9권의 시집이 편찬됐다. 하지만 현재 남겨진 것은 거의 다 부분적인 단편들뿐이다. 그녀의 시세계가 이교도적이고 거리낌 없이 에로틱하며, 동성애적이라는 이유로 기독교로부터 탄압받았기 때문이라고 한다.

사포가 살았던 당시 서정시는 독립된 장르가 아니라 종교 의례나 공적 모임 등에서 리라 연주에 맞춰 불린 노래였다. 사포 스스로 리라를 연주하며 노래를 불렀다. 그녀의 작품에는 아프로디테뿐 아니라 아도니스 제전과 관련된 것들도 있다. 사포는 소녀들을 모아 의례에 쓰이는 노래와 춤도 가르쳤다. 때문에 그녀를 아프로디테의 여사제이자 교육자로 보는 학자들이 있다.

사포의 많은 시들은 여성간의 정열적인 사랑을 노래한다. 레즈비언이란 말이 그녀가 살았던 레스보스에서 유래했을 정도다. 우리에게 원조 레즈비언쯤으로 여겨지는 그녀는 정말 동성애자였을까? 그에 대한 크리스트의 설명은 흥미로웠다.

"여성과 남성이 사회적으로 다른 공간에서 따로 어울리는 호모 소셜(homosocial)은 대부분의 문화에서 지금도 살아 있습니다. 그렇게 동성끼리 어울리다 보면 성적 관계가 없어도 서로에게 끌리는 감정을 느끼게 되는데, 그것이 호모 에로틱이지요. 사포의 시에 강렬하게 표현되어 있는 그 감정입니다. 사포가 호모 섹슈얼이었는가는 사실 아무도 정확히 알 수 없지요. 그리스 남성들이 미소년과 동성애 관계를 가졌던 것을 보면 그럴 가능성도 있지만요. 어쨌든 분명한 건 사포가 살았던 당시의 문화가 지금과는 너무나 달랐다는 것입니다."

레즈비언이라는 현대의 시각으로는 결코 사포를 이해할 수 없다는 말이었다. 사포와 그녀를 따랐던 여자들이 꾸렸던 공동체도 마찬가지다. 그들의 에로틱한 관계는 뭐라고 규정하기 힘든 사랑과 아름다움으로 차 있다. 현대 여성들 사이에서는 찾아보기 힘든 정서다.

크리스트는 사포의 서정시들을 전쟁영웅을 찬양하는 서사시들에 대비시켰다. 그녀의 시들은 주체적 여성을 노래할 뿐 아니라 남성과 다른 여성의 가치관을 분명히 드러낸다는 것이다. 일례로 『일리아드』는 스파르타의 왕비 헬레네가 트로이의 왕자 파리스를 따라간 것이 트로이 전쟁의 원인이라고 말한다. 그래서 헬레네는 그리스에서 전쟁을 유발시킨 불륜녀이자 악녀로 인식됐다. 그러나 사포의 평가는 전혀 다르다. 헬레네를 언급하고 있는 그녀의 시를 보자.

어떤 사람은 기마군단이, 어떤 사람은 보병부대가
또 어떤 사람은 함대가, 어두운 지상에서 가장 멋지다고 말하겠지.
하지만 나는 말하네.
무엇이든 자기가 가장 사랑하는 것이 가장 멋지다고.
이는 쉽게 증명되지. 세상 남자들의 구애 가운데 헬레네가

제일로 선택한 남자가 바로 트로이의 영광을 폐허로 만든

그 남자 아니었던가.

그의 뜻에 이끌려 부모와 자식도 잊고,

그녀는 그와 함께 멀리 떠나갔네.

그러니 아낙토리아,

비록 멀리 있는 네가 우리를 잊어도,

네 사랑스런 발자국 소리와 네 눈의 반짝임은

리디아 말의 광채나 갑옷 입은 보병부대의 행진보다

나를 더 감동시키지.

사포에게 헬레네는 불륜녀가 아니라 어떤 장애에도 불구하고 사랑을 선택한 여성이다. 사포는 사랑의 절대적 가치를 옹호하면서 아낙토리아라는 여성에 대한 그리움을 토로한다. 헬레네를 거론하는 그녀의 태도에는 조금도 주저함이 없다. 전쟁의 원인이 헬레네의 사랑이 아니라 아내를 소유물로 여긴 메넬라오스의 복수심이라고 생각했기 때문이었을까?

사포는 군대보다 사랑이 더 멋지고 감동적이라고 거듭 강조한다. 메넬라오스가 트로이를 정복하는 위용을 과시했어도 헬레네의 사랑에는 미칠 수 없는 것이다.

크레타의 원형적
아프로디테

신전터로 가기 위해 우리는 픽업트럭으로 옮겨 탔다. 한참을 더 올라가야 하는데 울퉁불퉁하고 좁고 뱀처럼 굽어 있는 흙길이어서 버스로는 갈 수가 없기 때문이었다.

트럭이 출발하자 모자를 손으로 잡고 있어야 할 정도로 거센 바람이 느껴졌다. 야생탐험이라도 떠나는 기분이어서 모두 들뜬 표정이었다. 아이들처럼 서로 소리를 질러 부르고, 웃음을 터뜨리고, 한껏 기분들이 고양됐다.

돌무더기들만 남아 있는 신전터에 도착했을 때, 그곳엔 아무도 없었다. 사방으로 딕티산의 봉우리들이 솟아 있었고 참나무와 소나무 숲 너머 저 멀리 크레타 해안이 내려다 보였다. 한낮의 땡볕에 달궈진 우리들은 동쪽 바위 사이에서 흘러나오는 샘물에 손을 씻고 세수도 했다.

신전은 미노아시대부터 로마시대 기독교가 공인될 무렵까지 2500여 년간(기원전 2000년경부터 기원후 6-7세기까지) 계속 쓰였다고 한다. 크리스트의 설명이 더 이어졌다.

"미노아 산 어머니의 신전이었던 이곳이 왜 아프로디테와 헤르메스의 신전으로 바뀌게 되었을까요? 아마도 미노아 여신과 젊은 남신에 대한 숭배가 아프로디테와 헤르메스 숭배로 변한

아프로디테 신전터로 향하는 픽업트럭에서

것으로 보입니다."

그렇다면 헤르메스는 아도니스 같은 존재였을까? 김부타스는 헤르메스가 올림포스의 신들보다 더 오래된 신으로, 고대 유럽에 뿌리가 있다고 보았다. 이 젊은 남신은 생물의 성장을 촉진하고 열매를 맺게 하며, 가축들이 번성하도록 돕는 풍요의 신이자 행운의 신이다. 헤르메스가 들고 다니는 케리케이온이라는 마법의 지팡이는 뱀 두 마리가 서로 얽혀 있는 모습이다. 김부타스는 그를 여신의 수행원으로 여겼다.

신전터에서는 작은 여신 입상들이 여럿 발굴됐다. 그중 특히 주목할 것은 젖가슴뿐 아니라 치마를 양쪽으로 벌려 하체를 전부 다 노출시킨 여신상이다. 가운데 역삼각형이 뚜렷하게 표시되어 있다. 이 에로틱한 여신상은 호메로스 이전에 존재했던 초기의 아프로디테로 여겨진다. 크레타에서 아프로디테는 파트너 남신 없이 단독으로 널리 숭배되기도 했다.

이 신전에서는 결혼을 앞두고 크레타 여러 도시들에서 모인 소녀소년들의 성인식이 거행됐던 것으로 추정된다. 이때 아프로

크레타의 아프로디테 여신상, 카토시미, 기원전 7세기

디테와 헤르메스는 그들의 성애에 대한 조언자로서 역할을 했을 것이라고 한다.

순례에서 돌아와 순례기를 쓸 때만 해도 나는 성기를 일부러 노출시켜 보여 주는 초기의 아프로디테 여신상이 갖는 의미를 이해하지 못했다. 성애의 여신이라 그런가 했다. 뒷날 첨성대가 여신상이자 신전이라는 결론에 이르고 나서야 비로소 그 의미를 분명히 깨달았다. 그리고 이 여신상은 첨성대가 여신상이라는 하나의 방증이 되었다.

사포의 자부심에
응답하다

리츄얼은 샘물 옆에 있는 한 나무에서 시작됐다.

나무 아래 깔린 돌들을 제단 삼아 작은 아프로디테 여신상과 기둥, 샘물을 담은 주전자가 놓였다. 먼저 크리스트가 문학과 예술의 여신인 아홉 명의 뮤즈들을 부르는 노래를 했다. 그리고 아프로디테를 부르는 사포의 시를 읊었다. 이어서 우리 모두 한 명씩 제단 앞에 나아가 사포의 시를 하나씩 읽었다. 그리고 님프 역을 맡은 캐시가 건네주는 주전자를 받아 제단에 물을 부었다. 크리스트는 며칠 전 우리에게 사포 시집을 건네주면서 각자 마

아프로디테를 위해 만든 제단

음에 드는 시 하나씩을 점찍어 두라고 얘기했었다.

내가 고른 시는 짤막한 것이었다.

> 너는 잊을지 몰라
> 하지만 말해 뒤야겠어
> 어떤 미래의 누군가가 우리를
> 기억할 것이라고.

그 시를 보는 순간 망설임 없이 그것을 택했다. 그녀가 살았던 때로부터 2600년이나 지난 후에, 동아시아 한국에서 온 내가 그녀를 생각하며 아프로디테의 리츄얼에 참가하게 됐으니 그보다 더 적절한 시구가 없을 것 같았다. 그녀의 넘치는 자부심에 내가 응답하고 있는 듯한 감동까지 일었다.

기억되는 사람은 결코 죽지 않는다. 그리고 우리는 기억을 통해 죽은 사람과도 연결되며 변화한다. 나라와 인종은 달라도 나는 사포를 아름답고 신성한 여성조상으로 받아들일 수 있었다. 신성한 여성조상은 여신이기도 하다.

리츄얼은 "우리가 생명의 원천을 축복하듯, 우리도 축복받네."라는 노래로 끝났다. 신전터에서 내려온 우리는 처음에 보았던 샘터 앞의 아름다운 식당에서 점심식사를 즐겼다.

식당의 이름은 아프로디테였다.

여신의 말씀

위대한 어머니의 말씀을 들으라. 그녀는 과거에 아르테미스, 아스타르테, 디오네, 멜루시네, 아프로디테, 케리드웬, 다이아나, 아리온로드, 브리지드, 그리고 여러 다른 이름들로 불렸다.

"언제든 네가 필요한 것이 있을 때, 한 달에 한 번, 이왕이면 보름달이 뜰 때 비밀스런 장소에 모여 나, 모든 현자들의 여왕인 나의 영혼을 경배하라. 너는 노예 상태로부터 자유로워지리라, 그리고 자유롭다는 표시로 의례에서 알몸이 되리라. 노래하라, 즐겁게 먹고 놀아라, 춤추라, 음악을 만들고 사랑하라, 모두 다 내 앞에서, 영혼의 엑스터시와 땅위의 기쁨 모두 나의 것이기에. 나의 법은 모든 존재들을 향한 사랑이기에.

젊음의 문을 여는 비밀은 나의 것이고, 생명의 와인이 담긴 컵도 나의 것인데 그것은 불멸의 성배인 케리드웬의 솥이다.[24] 나는 영원한 영혼의 지식을 주노라, 나는 죽음을 넘어 평화와 자유 그리고 먼저 돌아간 사람들과의 재회를 선사하노라. 나는 무언가 희생물을 요구하지 않으니, 보아라, 나는 모든 것들의 어머니고 나의 사랑은 땅 위로 쏟아지기 때문이다."

별 여신의 말씀을 들으라. 그녀 발의 먼지는 하늘의 주인이고, 그녀의 몸은 우주를 감싼다.

"나는 녹색 지구의 아름다움이고, 별들 사이의 하얀 달이며, 물의 신비이다. 나는 너의 영혼이 일어나 나에게 오라고 청한다. 나는 우주에 생명을 주는 자연의 영혼이기 때문이다. 모든 존재들은 나로부터 시작되고 나에게 돌아온다.

환희의 가슴으로 나를 경배하라, 보아라, 모든 사랑과 기쁨의 행위들은 나의 리츄얼이라. 아름다움과 강함, 힘과 자비, 명예와 겸손, 웃음소리와 경배가 네 안에 함께하도록 하라. 그리고 나를 알고자 애쓰는 너는, 네가 신비를 알지 못하는 한 너의 간구와 동경이 소용없음을 알라. 만약 네가 구하는 것을 네 안에서 찾지 못한다면 결코 밖에서도 찾지 못할 것이기에. 보아라, 나는 시초부터 너와 함께 있었고, 열망의 끝에서 얻을 수 있는 바로 그것이다."

---

* 이 「여신의 말씀」은 현대 마법신앙(Witchcraft)의 어머니로 불리는 도린 발리엔테가 쓴 것을 스타호크가 조금 손본 것이다. 스타호크는 마법신앙에 뿌리를 둔 여신운동을 이끌고 있다. 크리스트와는 성격이 좀 다르다. 「여신의 말씀」은 짧은 글이지만 강렬한 이미지로 여신이 어떤 존재고, 어떤 리츄얼을 원하는지 알려 준다. 마법신앙 계열뿐 아니라 전체 여신영성 진영에서 신성한 문서로 받아들여져 큰 영향을 끼쳤다.

9
여신은
근원의 고향이다

모클로스·틸리소스
#"당신은_집에_왔어요."

우리 모두는 여신에게서 나왔네
그리고 그녀에게로 돌아갈 것이네
빗방울이 바다로 흘러들듯이

발굽과 뿔, 발굽과 뿔
죽는 모든 것은 새로 탄생하리

현자와 할미, 현자와 할미
지혜의 선물이 우리 것이 되리

— 「우리 모두는 여신에게서 나왔네」 노래 가사

크레타 여신순례는 바다의 순례이기도 했다. 대부분의 순례지가 바다가 보이는 곳이거나 바닷가였다. 그리고 바다의 풍경들은 전형적인 지중해의 풍광 속에서 빈틈없이 완벽했다. 그 아름다움은 때로 비현실적이어서 신화적인 아우라까지 뿜어내는 듯했다.

크레타의 여러 바다들 중에서도 내게 특별한 경험을 준 곳은 모클로스의 바다였다. 크레타 북동부에 위치한 모클로스는 작은 항구를 둘러싼 아담하고 한적한 어촌이었다. 우리는 순례가 막바지에 접어들 무렵 그곳에 도착했다. 늦은 오후, 구불구불 경사진 길을 따라 마을 초입에 들어서니 바닷가의 그림 같은 카페들이 차창을 스쳐갔다.

우리는 가정집을 증축해 만든 숙소에 짐을 푼 후 각자 마을 산책에 나섰다. 숙소에서 몇 걸음 나서면 바로 개활한 바다였다. 작은 섬들을 품어 안고 잔잔하게 일렁이는 바다는 부드러운 바람으로 다가와 "이제 편히 쉬라."고 말해 주는 것 같았다. 바닷가를 따라 느릿느릿 발길 닿는 대로 걸으며 시간을 보냈다. 다소 세게 불기 시작한 바닷바람이 기분을 더 고양시키는 듯했다. 보트들이 묶여 있는 작은 항구 너머로 앙증맞은 꼬마 섬 하나가 바짝 다가앉아 있었다. 미노아 유적지가 있는 모클로스 섬이었다.

나의 성소를 만나다

바닷바람을 충분히 쐰 나는 숙소를 향해 발길을 돌렸다. 숙소가 가까워지면서 아까 지나쳤던 자그마한 하얀 교회가 다시 눈에 들어왔다. 바다에 붙은 교회의 내부가 궁금해져 그쪽으로 방향을 틀었다. 그런데 갑자기 눈앞에 새로운 세상이 펼쳐지는 것이었다.

저절로 눈이 크게 떠지고 입이 벌어지던 그 장소.

바다를 마주한 교회 앞의 작은 공터였다. 공터 가운데는 낮은 돌담을 두른 나무 하나가 있었고, 사각 돌기둥을 눕혀 놓은

모클로스에서 발견한 나의 성소

듯한 벤치가 바다 쪽에 자리했다. 자석에 끌리듯 돌벤치에 가서 앉았다. 땅거미가 지기 전 솜털 같은 햇살만 내려와 앉을 뿐, 주변에서 아무 소리도 들리지 않았다. 오직 눈앞까지 잔잔하게 밀려와 속삭이듯 부서지기를 반복하는 파도소리뿐.

한순간에 세상이 정지된 듯, 혹은 사라진 듯한 느낌이었다. 수평선과 맞닿은 하늘은 연한 핑크빛으로 번져가며 신비로운 분위기를 자아냈다.

완전한 평화라고나 할까. 나도 모르게 풍경에 녹아들고 있었다. 마음이 편안해져 '나'라는 자의식이 사라지는 듯하면서 동시에 이곳이 '나의 자리'라는 생각이 들었다. 오묘한 아이러니였다.

다음 날에도 그곳을 찾았다. 마침 그날은 모클로스 섬 방문 외에는 특별한 일정이 없었다. 아침식사를 마친 나는 바로 나의 성소로 향해 나의 바다를 마음껏 탐하고 누렸다. 날씨도 최상이었다.

오전 11시경 일행 중 몇은 보트에 올라 모클로스 섬으로 향했다. 나도 그 그룹에 합류했다. 섬에는 들은 대로 미노아 묘지와 주거터 등의 유적이 있었다. 특히 내 관심을 끈 것은 금관이 나왔다는 서쪽의 큰 무덤이었다. 우리는 전날 아기오스 니콜라오스 고고학박물관에서 그 금관을 직접 보고 온 터였다. 흥미롭게도 모클로스 금관은 신라 교동금관과 꽤 유사한 형태다. 수메르 문명에 기원이 있다는 설명이었는데 수메르는 우리 고대사와의 관련성이 제기되는 문명이기도 하다.

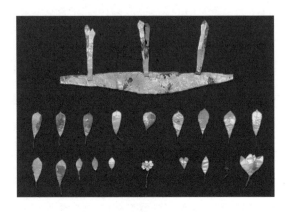

위 | 금관, 모클로스, 기원전 2300-2000
이 금관은 아래의 잎 모양 장식들과 함께 은상자에 담겨 있었다.

아래 | 교동금관, 경주, 5세기 추정

모클로스 금관 관테에는 크레타 염소 세 마리가 점들을 돌출시킨 기법으로 장식돼 있다. 염소는 자연의 생명력을 자극하는 여신의 상징이다. 관 장식은 염소의 뿔로 보인다.

섬에서 돌아온 후 나는 우연히 멕시코계 와니타와 얘기를 나누게 됐다. 그녀는 상당한 비만이었다. 체력도 안 좋아 뒤처지거나 빠지는 경우가 적지 않았고, 숨을 헐떡이며 힘들어 하는 모습이 가끔 눈에 띄었다. 그랬던 그녀가 모클로스에서는 모처럼 편안한 시간을 보내는 듯했다.

와니타는 텍사스주 경찰로 오래 일하다 몇 달 전 은퇴했다고 말했다. 은퇴기념으로 자신에게 준 선물이 크레타 순례 여행이었다. 지중해 여행이 평생의 꿈이었기 때문이다. 그녀는 꿈을 이루게 돼 너무 기쁘다며 소리내 웃었다. 더구나 40년지기인 캐리와 동행이었다. 두 사람은 순례 내내 서로를 보살피며 진한 자매애를 보여줬다.

와니타는 《세이지 우먼》이라는 잡지를 통해 여신영성에 입문했다. 크리스트도 그 잡지를 통해 알게 됐다. 여성적 신성을 추구하고 있는데, 과달루페 성모(멕시코에서 숭배되는 토착적 성모 마리아)가 자신의 수호여신이라고 했다.

은퇴 기념 선물이라는 말을 들으니 새삼 이 순례가 참가자들에게 갖는 의미가 묵직하게 느껴졌다. 과달루페 성모에 대한 소개도 흥미로웠다. 과달루페 성모는 대지의 여신인 토난친의 신전이 있던 성스런 산에서 16세기에 발현했다. 크레타에서 성모 마리아가 토착여신과 만나 파나기아가 된 것처럼, 멕시코에서는 원주민을 닮은 갈색피부의 과달루페 성모가 출현한 것이다. 과달루페 성모는 멕시코의 가장 중요한 예배 대상이자 국가의 수호신이다.

바닷가 미궁 리츄얼, 당신은 집에 왔어요

그날 저녁 우리는 숙소에서 좀 떨어진 바닷가 넓은 공터에서 바다 리츄얼을 했다.

땅거미가 지기 시작할 때 그곳으로 가며 마주한 하늘은 찬란한 붉은 빛의 향연이었다. 연한 핑크빛 공기 속을 걷는 듯한 환상적인 느낌까지 일었다.

공터에 다다르니 한쪽 편에 돌로 그려진 미궁이 보였다. 그 옆에도 비슷한 크기로 땅을 살짝 파서 만든 둥근 터가 있었다.

우리는 나이가 젊은 순서대로 줄을 지어 둥근 터로 다가갔다. 그리고 생명의 시원인 바다를 예찬하는 간단한 리츄얼을 했다. 이어 처녀 여신과 할머니 여신이 된 두 사람의 인도로 미궁에서의 리츄얼이 시작됐다. 먼저 할머니 여신이 미궁의 입구에서 미궁의 여주인 아리아드네를 찬양하며 지혜를 간구하는 시를 읊

바다 리츄얼을 했던 미궁

기 시작했다. 그와 동시에 처녀 여신은 미노아 여신처럼 양팔을 성화의 뿔같이 직각으로 굽혀 들고 미궁 안으로 떠났다. 이어 다음 사람이, 그리고 또 다음 사람이 할머니 여신의 신호에 따라 미궁 속으로 걸어 들어갔다.

할머니 여신은 계속 시를 낭송했고, 미궁에 들어간 사람들은 걷기 명상을 하듯 침묵 속에서 천천히 걸으며 중심을 향해 나아갔다. 걷다가 옆길에서 다가오는 사람을 만나면 손바닥을 부딪쳐 서로를 격려했고, 길을 잘못 들어 마주보게 되면 몸을 옆으로 돌려 양손을 부딪친 후 엇갈려 나아갔다.

먼저 중심에 도달해 있던 처녀여신은 그곳에 서서 사람들을 맞았다. 그녀가 들고 있는 그릇에는 달팽이 껍질들이 담겨 있었는데, 미궁을 닮은 나선이 뚜렷했다. 마침내 그녀 앞에 서자 그녀는 달팽이 껍질 하나를 내 배꼽에 대고 말했다.

"당신은 중심을 찾았습니다. 집에 왔어요."

그리곤 그것을 내게 주며 다시 말했다.

"평화롭게, 기쁨에 넘쳐 가세요."

나는 몸을 돌려 온 길을 되짚어 가기 시작했다.

입구를 향해, 천천히.

햇살이 힘을 잃어 어둠의 베일이 점차 드리워지는 가운데 들리느니 나지막한 파도소리뿐이었다. 공터에는 우리들뿐이었고, 아무런 인기척도 소리도 없어 다른 세상에 온 것 같았다.

구불대며 도는 길을 헛갈리지 않게 천천히 걸어 나오자니 기분이 차분하게 가라앉으며 경건한 마음이 올라왔다. 다른 사람들도 눈을 내리깔고 명상하듯 조용히 걷고 있었다. 깊은 침묵의 시간이었다. 나는 내 숨결에 집중하면서 처녀 여신이 말한 '중심', '집'이란 말을 떠올렸다.

나는 정말 집에 온 것일까?

그러하길 빌었다. 정말 그랬으면 싶었다. 그리하여 고질적인 이방인의 정서에서 벗어나길 바랐다. 나중에 알았지만 여신의 여자들은 종종 처음 여신을 만났을 때의 느낌을 '집에 온 것 같았다.'고 표현한다. 오랜 방황과 탐구 끝에 마침내 궁극의 고향인 자연과 어머니 자궁을 느꼈기 때문일 것이다.

리츄얼을 마치며 우리가 함께 부른 노래는 「우리 모두는 여신에게서 나왔네」였다. 노래는 "빗방울이 바다로 흘러들 듯 우리 모두 여신에게 돌아갈 것"이라고 말했다. 바다 리츄얼에 어울리는 쉽고도 인상적인 노래였다.

미궁 리츄얼은 직선적인 시간관과 세계관에 물들어 살아온 내게 새로운 시각도 제공했다. 삶의 끝은 죽음이고 죽음은 영원한 무(無)라는 생각, 성취를 향해 계속 올라가는 것이 성공이라는 생각이 얼마나 큰 미신인지 깨달은 것이다. 그건 마치 밤 없이 낮만 살려는 사람과도 같다. 그런 관점에는 표피적이고 허망한 '목표'만 있을 뿐 중심이 없다. 삶에는 궁극적 중심이 있고, 그곳에 도달하려면 삶과 죽음, 전진과 후퇴, 상승과 하강, 빛과 어둠의 순환을 미궁처럼 통과해야 한다는 지혜가 없다.

셋이 함께한
작별인사

모클로스를 떠나는 날 아침, 서둘러 식사를 마치고 숙소 밖으로 나섰다.

나의 성소에 조금이라도 더 머물며 작별의 시간을 갖고 싶었기 때문이다. 정해진 일정만 아니라면 며칠 더 머물고 싶은 마음이었다. 감사하게도 나의 성소에는 아무도 없었으며 날씨도 다정했다.

돌벤치에 앉은 나는 눈앞의 바다와 하늘과 섬들을 최대한 내 몸에 새기기 위해 온몸의 감각을 열려 노력했다. 그런데 갑자기 아래쪽에서 안드레아가 나타났다. 그녀는 물가의 한 바위에 앉더니 몸을 돌려 내게 미소를 보냈다. 나도 미소로 화답했다.

"너도 여기를 좋아하는구나."

그녀는 고개를 끄덕이곤 바다를 향해 몸을 돌렸다.

그렇게 우리는 각자 고요히 그 장소와의 작별의례를 치르고 있었다.

그런데 이번에는 또 한 명이 새로 나타났다. 미카엘라였다. 그녀는 조용히 내게 오더니 묻지도 않고 옆에 앉았다. 방해를 받은 셈이었지만 그녀의 접근이 싫지는 않았다.

"여기가 너무 마음에 들어 떠나기 싫네요."

"그렇죠? 나도 그래요. 사실 여기는 내게 특별한 장소예요. 3년 전 순례 참가자로 이곳에 처음 왔을 때 여기서 사람들과 늦은 밤까지 마시고 춤추고 한바탕 파티를 벌였지요. 내 생일이었거든요. 사실 그게 내 입문식이었어요. 그러니 이 장소를 잊을 수가 없지요."

그녀는 매력적인 미소를 띠며 주위를 찬찬히 둘러보았다. 3년 전 그 날 밤을 회상하는 듯했다. 그녀는 열성적인 시민운동가였다. 젊은 시절 미국 사회를 휩쓸었던 반문화운동에 뛰어든 후 생태를 중시하는 대안적인 삶을 살면서 반전·반차별 시위 등에 적극적으로 참여한다고 했다. 자신의 가치를 따르는 그녀의 한 평생이 작은 감동으로 느껴졌다. 여신 입문식을 여기서 치렀다니 그녀에게야말로 여기가 성소일 것이었다. 나는 그녀에게 혼자만의 시간을 주기 위해 자리에서 일어나 물가로 내려갔다.

당시 나는 바다의 여신을 묘사한 금반지(130쪽 참조)가 모클로

스에서 출토됐다는 사실을 모르고 있었다. 알았다면 작별의 순
간이 좀 더 정다웠을 것이다.

⊜

아리아드네
자매가 되다

순례지를 찾는 마지막 날인 10월 15일, 참가자들의 결속을
다지는 리츄얼이 있었다.

장소는 이다산 기슭의 틸리소스란 마을에 있는 유적지로, 미
노아시대의 큰 빌라들이 발굴된 곳이었다. 크노소스가 번성했을
당시 함께 문명의 꽃을 피운 마을이었다. 토관을 이용한 상하수
시설에다 당시 방식의 수세식 화장실도 있었다. 우리는 크리스트
의 안내에 따라 유적터를 돌아보며 당시 미노아인들의 생활 양

식과 수준을 상상해 보았다.

그리고 화장실 주변에 모여 의견을 나눴다. 우리는 그들의 삶이 생각보다 훨씬 발전된 모습이었을 것이라는 크리스트의 견해에 동의했다. 자연에서 모든 것을 배우려 했던 그들은 자연의 전문가들이었다. 우리는 그들의 역량을 미카엘라가 소개한 '생체모방학'이라는 학문을 통해 추정해 볼 수 있었다. 재닌 베니어스라는 생물학자가 선도하는 새로운 분야라고 했다.

"생체모방학은 자연에서 배운다는 기본전제에서 출발해요. 다양한 생물체들의 활동을 연구해 우리가 당면한 문제들을 해결하는 데 쓰는 거지요. 예를 들면 한 시멘트 회사가 이산화탄소를 사용해 몸을 만드는 산호초의 방식에서 아이디어를 얻어 이산화탄소 배출량을 획기적으로 줄였다고 해요. 이런 예야말로 미노아인들의 생활방식 아니었을까요?"

미카엘라는 또 "자연은 에너지를 보존하려 한다."면서 "필요한 만큼만 아껴 쓰고 재생해서 쓰라는 게 자연의 가르침"이라고 열을 올렸다. 누군가가 미국의 에너지 정책을 비판하고 나서면서 한동안 환경문제에 대한 의견들이 오갔다. 인간이 자연에서 멀어질수록 탐욕도 비대해진다는 데 우리 모두는 공감했다.[25]

한동안의 뜨거웠던 토론이 끝난 후 우리는 리츄얼을 위해 한 빌라 터로 이동했다. 순례 중 리츄얼로서는 마지막이었기 때문에 특별한 감회들을 느끼는 듯했다. 내 룸메이트 캐시는 이동 중 갑자기 한 돌기둥을 부여잡고 한동안 간절한 기도를 올리기도 했다. 무언가에 감응이 된 모양이었다.

리츄얼 장소는 돌기둥 두 개가 서 있어 입구 같은 느낌을 주었다. 그 기둥 사이로 미카엘라가 여사제처럼 서서 우리를 맞이했다. 어느새 미리 와 있었던 모양이었다. 사람들은 그녀의 안내에 따라 기둥 밖에 줄 지어 서 있다가 한 사람씩 그녀 앞으로 나아갔다. 미카엘라는 앞에 선 사람의 이마에 향유를 찍어 주며 말했다.

"아리아드네 자매가 된 걸 환영합니다."

그리고 따뜻한 포옹이 이어졌다.

미카엘라의 선언을 듣는 순간, 내 안에서 무언가 울컥하는 게 느껴졌다. 이로써 순례 참가자 열세 명은 93년 이래 매년 봄, 가을 크레타 여신순례에 참가해 온 수백 명의 여성들, 즉 아리아드네 자매들과 같은 자매가 된 것이었다. 아리아드네 자매로 새로 태어난 우리들은 원을 만들어 모여 섰다. 그리고 서로의 자매됨을 축하하는 노래를 불렀다.

아리아드네 자매가 됐다는 건 무슨 뜻일까? 문득 여신의 종족이란 말이 떠올랐고, 그 종족에 입문식을 한 게 아닐까 하는 생각이 들었다. 자연의 여신을 되살리고 내 안의 여신을 키우면서 함께 세상의 균형과 조화와 평화를 추구하는 사람들, 그런 사람들을 여신의 종족이라고 부르면 좋을 것 같았다.

순례에서 돌아온 후 나는 우연히 TED 강연을 통해 베니어스를 보게 됐다. 그녀는 무엇인가를 만들거나 문제를 해결할 때,

얼마나 많은 것들을 자연에서 배울 수 있는가를 구체적 실례를 통해 설득력 있게 보여 줬다. 그녀는 인류가 자식들을 위해 집을 지은 최초의 건축가도 아니고 최초의 종이발명가도 아니며, 방수 시스템 등 많은 과학적 장치들을 처음으로 고안해 낸 생명체도 아니라고 말한다. 오히려 우리는 그러한 천재적인 생명체들에 둘러싸여 살고 있다는 것이다. 그녀는 생체모방학자들을 '자연의 제자들'이라고 불렀다.

인간을 낳고 살게 하는 자연, 능력이 충만한 자연, 천재적인 지혜로 가득 찬 자연. 그녀가 말하는 자연은 내가 듣기에 그대로 여신이었다.

◉

마지막 리츄얼,
경험 나누기

10월 16일 저녁 7시.

드디어 모든 순례 일정을 마치고 예정된 마지막 모임을 가질 시간이었다.

장소는 첫 만남이 있었던 호텔 옥상이었다. 첫 만남과 달리 참가자들은 편안하고 익숙한 몸짓으로 서클을 열었다. 함께한 2주간의 특별한 경험이 웃음과 농담과 아쉬움 속에 담겨 있었다.

작별 리츄얼의 하이라이트는 순례를 총 정리하며 소감을 밝히는 순서였다. 이 리츄얼의 안내자는 와니타였다. 원색의 화려한 드레스로 치장한 그녀는 평소와 전혀 다른 모습이었다. 늘 피곤한 비만 여성이 아니라 활기차고 아름다운 여사제 같았다.

"우리가 함께하는 시간이 끝나가고 있습니다. 여러분 각자 우리가 함께한 여행과 헤어짐에 대해 가슴 속에 있는 말들을 털어놔 주시기 바랍니다."

와니타의 말이 끝나자 침묵이 흘렀다. 생각이 많으면 쉽게 말이 나오지 않는 법이다.

잠시 후 처음으로 입을 연 사람은 와니타 본인이었다.

"나는 이번 순례에서 많은 것을 배웠습니다. 나 자신에 대해서요. 처음부터 여러 사람들이 내 건강을 염려해 줬지요. 아시다시피 나는 이렇게 뚱뚱하잖아요."

그 말이 떨어지자마자 "그렇지 않다."며 여러 사람들이 이구동성으로 수습에 나섰다. 그녀에게 가장 피해야 할 뚱뚱하다는 말을 스스로 해 버리니 다들 좀 당황한 듯했다. 와니타는 웃으며 "어떤 표현을 쓰든 뚱뚱한 것은 사실"이라며 말을 이었다.

"이미 여행 초반부터 내 몸은 문제를 일으키기 시작했어요. 다리는 무겁고 머리는 아프고. 자로스에서는 산길을 좀 걸었다고 지쳐서, 춤추기로 돼 있던 식당에 가기를 포기하고 침대에 누워 있었지요. 그때 나는 일정이 며칠이나 더 남았는지를 암담한 심정으로 헤아렸어요. 그리고 나 자신을 돌아보지 않을 수 없었지요. 그러면서 원래 아름다운 이 몸을 내가 잘못 건사해 왔다는 걸 처음으로 인정하게 됐답니다. 이 몸을 새롭게 고쳐야 할 필요를 느꼈어요."

그녀의 말이 끝나자 사람들은 모두 큰 소리로 "축복받기를." 하고 외쳤다. 그만큼 그녀의 얘기는 진솔했고 감동적이었다. 그녀 인생의 가장 큰 약점이자 짐이었을 비만하고 건강하지 못한 몸에 대해 비로소 사람들 앞에서 말할 용기를 갖게 된 것이었다. 여신순례를 통해 자신의 몸에 대한 인식이 새로워진 덕분인 듯했다. 선사시대의 많은 여신상들은 정형화된 미인상과 거리가 멀 뿐 아니라 그녀처럼 뚱뚱한 몸을 하고 있다.[26]

와니타의 얘기를 이어받은 것은 캐나다에서 온 카렌이었다.

"나도 순례를 통해 몸에 대한 교훈을 얻었어요. 내 경우는 몸의 한계를 받아들여야 한다는 걸 깨달았지요. 앞으로 몸을 잘 보살펴야 한다는 것도 느꼈고요. 우리 공동체가 큰 힘이 됐기 때문에 함께해 준 여러분에게 정말 감사한 마음을 느낍니다."

카렌은 한때 래프팅 강사를 할 정도로 강한 체력을 지녔던 여성이었다. 그런데 무릎 부상으로 일을 그만두고 나서 우울증에 빠지고 몸도 약해졌다. 그녀는 순례 중 한 호숫가에서 몸이 옛날 같지 않다는 걸 받아들이기가 참 힘들다며 눈물을 보이기도 했다. 스코테이노 동굴을 내려갈 때 내가 도와주려 하자 신경질적인 반응을 보인 적도 있었다. 그런데 이제 늙어 가는 자기 몸의 한계를 받아들일 수 있게 된 모양이었다.

같은 여행을 통해 와니타는 현재 몸의 한계를 극복해 보겠다는 각오를 한 반면 카렌은 인정하기로 했다는 사실이 흥미로웠다. 각자 마주한 상황과 통과 중인 인생의 단계가 다르기 때문일 것이다. 순례에서 경험된 여신의 품이 그만큼 넉넉했다는 의미이기도 했다.

사람들은 모두 이번 순례가 자신에게 남긴 것, 의미한 것, 혹은 가장 인상 깊었던 일 등에 대해 털어놓았다. 안드레아는 공동묘지에서 있었던 재생의 리츄얼을 통해 20대 시절의 낙태 경험과 마침내 화해할 수 있었다. 기독교 문화가 주는 죄책감에다 이후 아이를 갖지 못하게 된 상황이 그녀를 오래 괴롭혀 온 모양이었다.

내 룸메이트 캐시는 가족사의 비극을 거리를 두고 바라볼 수 있게 됐다. 그녀의 남동생은 한 해 전 학교에서 총기살인을 저질러 감옥에 있었다. 그녀의 가족이 겪은 고통과 시련은 엄청났다. 그 때문인지 그녀는 여행의 목적이 "어떤 노력도 하지 않고 그냥 자신을 편안하게 놔두는 것"이었다고 말했다. 여행 중 잠을 잘 잔 것만으로도 축복받은 기분이라는 것이었다. 또 이제 자신의 고통보다 남동생 사건으로 피해를 입은 다른 사람들의 고통을 먼저 생각할 수 있게 됐다고 털어놓았다.

반면 와니타의 절친 캐리는 총기사고의 피해자였다. 그녀가 직접 털어놓은 게 아니라 어쩌다 크리스트에게 듣게 된 사실이었다. 캐리는 7년 전쯤 유난히 금슬이 좋았던 남편을 총으로 잃었다. 전형적인 백인 금발미인인 그녀는 소방공무원으로, 직업에 맞게 여전사 같은 몸을 지니고 있었다. 그러나 늘 말이 없고 뒤로 한발 물러나 있는 듯한 인상이었다. 마지막 리츄얼에서도 별말이 없었다. 친구 때문에 마지못해 순례를 하는 듯한 느낌도 주곤 해서 누군가가 그 점을 지적했을 때 크리스트는 이렇게 대답했다.

"내게 그 사실을 털어놓은 게 남편이 죽은 후 처음이래요. 어쩌다 누가 얘기를 꺼내도 화를 내며 막았다고 해요. 캐리는 스스로를 강한 여자로 여기기 때문에 약한 면을 보이는 게 어려운 거지요. 그런데 이제 스스로 얘기하기 시작했으니 변화가 생긴 거예요. 그걸 축하해 줘야죠."

마지막 리츄얼에서 가장 많이 들은 소감은 "이번 여행이 삶의 다음 단계를 여는 큰 계기가 될 것 같다."는 것이었다. 첫 만남에서 삶의 전이기란 말이 많이 나왔는데, 각자 나름대로 무언가를 얻어 가는 듯했다. 시 낭송도 있었다. 레이키 치료사인 마사가 순례에 대한 소감을 자작시로 낭송해 큰 박수를 받았다.

서클은
다시 이어진다

마지막으로 선물을 나누는 순서가 있었다. 우리는 각자 준비해 온 선물과 카드를 큰 주머니에 함께 담은 후 돌아가며 하나씩 꺼내기 시작했다.

선물들은 다양했다. 크레타에서 산 물건들이 가장 많았지만 집에서 만들어 가져온 것도 있었고, 특별히 비싸 보이는 것도 있었다. 선물이 개봉될 때마다 사람들은 소리를 지르며 축하해 줬고, 카드에 적힌 내용을 들으면서 공감과 감동을 표시했다. 내가 집은 선물은 뜻밖에도 크리스트가 준비한 것으로, 크레타의 전통적인 면 테이블보였다. 카드에는 다음과 같은 글이 쓰여져 있었다.

친애하는 아리아드네 자매에게.
당신이 집에서 이것을 테이블 위에 깔 때, 우리가 크레타에서 함께 했던 모든 식사들을 생각하세요. 좋은 음식, 좋은 대화, 그리고 지금까지 여성의 손에 의해 창조된 모든 아름다움도 생각하세요.
축복받기를!

― 캐롤리나

그 글을 읽자 사람들이 좋겠다며 부러워했다. 나도 행운을 잡은 기분이었다.

선물 교환을 마무리한 우리는 모두 일어나 해가 지고 있는 서쪽을 향해 섰다. 그리고 미카엘라를 따라 몸을 움직이며 미노아 여신들을 불렀다. 손으로 여근 부위에 성스런 삼각형을 그렸고 양손을 들어 성화의 뿔을 만들었으며, 양팔을 뻗쳐 양날도끼의 호를 그렸다. 그리고 배에 나선형을 그려 스스로 여신이 되었다.

리츄얼이 모두 끝나자 사람들은 함께 외쳤다.

"서클은 끝났다. 그러나 다시 이어진다!"

미노타우로스 신화
다시 읽기

기원전 1450년경 크레타는 그리스 본토에서 건너온 호전적인 미케네인의 수중에 들어갔다. 그 무렵 산토리니 섬에서 발생한 엄청난 화산폭발과 거대한 해일도 크레타의 쇠망에 결정적 일격을 가했다. 그나마 다행인 점은 미케네인들이 미노아 여신과 그 문화를 상당 부분 받아들였다는 것이다. 하지만 그 시기는 길지 않았다. 그들도 기원전 1100년경 철제무기를 휘두르며 북방에서 내려온 야만적인 도리스인에게 정복되고 말았기 때문이다. 약탈과 방화를 일삼은 도리스족은 미노아/미케네 문화의 파괴자들이었다.

겨우 살아남은 것은 신화나 전설이 되었다. 그중 하나가 어느 날 갑자기 사라졌다는 아틀란티스 전설이라는 견해도 강하다. 아틀란티스 섬이 산토리니와 크레타라는 것이다. 그리스 철학자 플라톤은 이 섬이 풍부한 천연자원을 보유했고 교역이 활발해 도시와 항구에 부가 넘쳤으며, 도시들은 뛰어난 기술로 질서정연하게 잘 계획되어 있었다고 기록했다. 이 낙원 같은 섬은 대지진과 해일로 어느 날 바닷속으로 가라앉아 버렸다고 한다.

　미노아 크레타는 괴물 미노타우로스를 통해 그리스 신화에도 강렬한 자취를 남겼다. 크레타의 미궁에 갇혀 있다 아테네에서 온 테세우스에게 살해당한 미노타우로스. '미노스의 황소'를 의미하는 이 흥미로운 존재는 도대체 누구인가? 우선 신화의 내용부터 들여다보자.

　　미노스는 에우로페가 제우스에 의해 크레타로 납치된 후 낳은 세 아들 중 장남이다. 그는 태양신의 딸인 파시파에와 결혼했다. 미노스는 왕위에 오르기 전 신들이 자기의 기도는 들어준다고 하면서 바다의 신 포세이돈에게 황소를 보내 달라고 청했다. 포세이돈은 하얀 황소를 보내줬고 이를 본 사람들은 미노스를 왕으로 인정했다. 포세이돈은 미노스가 그 소를 자신에게 바칠 것이라고 믿었으나 미노스는 그 소가 아까워 다른 소를 대신 바쳤다. 화가 난 포세이돈은 파시파에가 황소와 사랑에 빠지게 만든다.

　　파시파에는 그 소를 너무나 사랑해 상사병에 걸릴 지경이었다. 결국 그녀는 명장 다이달로스가 나무로 만든 암소 속에 들어가 황소를 유혹하는 데 성공했다. 그 결과 미노타우로스가 태어난다. 황소 머리에 인간의 몸을 한 괴물이었다. 그런데 미노타우로스는 커가면서 점점 난폭해져 통제가 되질 않았다. 미노스 왕은 다이달로스에게 한번 들어가면 나올 수 없는 미궁을 만들게 한 후, 중앙에 미노타우로스를 가두어 버렸다.

　　한편 미노스의 아들 안드로게우스는 아테네에서 열린 경기에 참가했다가 죽임을 당했다. 화가 난 미노스는 아테네로 쳐들어 가 승리한 후 그들에게 청년 7명, 처녀 7명씩을 미노타우로스의 먹이로 바치게 했다. 세 번째 인신공물이 바쳐질 때 아테네 왕의 아들 테세우스가 그들 중의 하나로 크레타에 실려 왔다. 미노스는 만약 테세우스가 미노타우로스와 싸워 살아 나온다면 살려 주겠다고 약속한다.

　　그런데 미노스 왕의 딸인 아리아드네가 첫눈에 그에게 매혹됐다. 그녀는 붉은 실꾸러미를 테세우스에게 건넸고, 그는 실을 풀면서 미궁 속으로 들어가 미노타우로스를 칼로 처치했다. 그러고는 함께 온 아테네 젊은이들과 아리아드네를 데리고 크레타를 빠져나갔다. 하지만 아리아드네는 결국 낙소스 섬에서 버려지고 만다. 그후 디오니소스와 만나 그의 아내가 되었다고도 한다.[27]

이 신화가 미노아 문명과 관련해 품고 있는 숨은 진실은 무엇일까?

먼저 이 신화를 만든 사람들이 크레타를 정복한 그리스인들이라는 사실부터 상기해야 한다. 그러면 그들이 신성했던 황소를 반인반우의 식인 괴물로 둔갑시켰을 가능성이 쉽게 떠오른다. 고대 그리스 사람들은 정복당한 사람들을 야만인으로 포장해 정복을 문명화 과정으로 정당화하는 이야기를 만들어 내는 데 능했다. 크리스트는 그러한 맥락을 고려해 미노타우로스 신화를 해체해 다시 읽어야 한다고 주장한다. 그리스인들이 크레타를 음탕한 왕비가 황소와 통간해 괴물을 낳고, 그 괴물이 사람을 잡아먹는 야만적인 사회로 왜곡시켰다는 것이다.

미노타우로스에겐 크레타의 황소 유물들이 보여 주는 아름다움과 건강한 활력이 거꾸로 투사되어 있다. 「황소 재주넘기」 장면에는 스페인 투우와 달리 칼과 창도 등장하지 않는다.

칼을 든 것은 오히려 테세우스다. 그리스 유물 중에는 '영웅' 테세우스가 칼로 미노타우로스를 죽이는 장면을 묘사한 것들이 많다. 칼의 세력인 그리스인들이 평화로운 미노아 문명을 파괴하는 장면이다. 황소 머리가 여신의 상징임을 감안하면 미노타우로스는 괴물화된 미노아 여신이라고 할 수 있다. 그러니 아리아드네 역시 버림받을 수밖에 없었을 것이다. 테세우스는 아마존 종족도 정벌한 인물이다.

2부
내 나라
내 땅에서

국내 여신순례 지도

서울 인왕산
선바위

양양
오산리 유적

평창 하리 석관묘

삼척 해신당

고령 장기리
암각화

단양 석문과 동굴

옥천
고인돌과 선돌

가야산
해인사

포항 칠포리 암각화

남원
대곡리 암각화

지리산
여원치

경주 첨성대·
황남대총·천마총

경주 남산·포석정

부안 수성당

문무왕릉

화순
핑매바위

울주 천전리 암각화·
반구대 암각화

함평
아차동

강진
무위사

지리산
마고성

지리산
천왕사

김해 구지봉

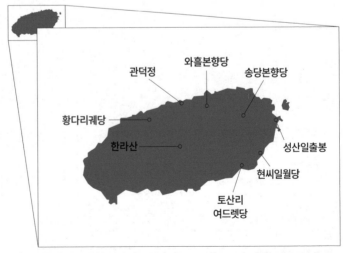

관덕정

와흘본향당

송당본향당

황다리궤당

성산일출봉

한라산

현씨일월당

토산리
여드렛당

세계 최다 고인돌과 샤머니즘, 한국의 소중한 문화유산

아니네 반데메르
(네덜란드 판소피아
아카데미 대표.
종교사학자. 신학자)

김신명숙 씨가 '허-스토리(Her-story)'와 여신의 관점에서 한국의 역사와 문화, 지형을 탐구하는 데 성공한 것은 큰 도약입니다. 왜냐하면 '우리-역사(Our-story)'를 쓰기 위해 '히-스토리(His-story)' 아래 있는 허-스토리를 밝히는 일은 필요하지만 쉽지 않은 일이기 때문입니다. 또 선구적이고 용감한 작업이기도 합니다. 이 일을 하려면 양파껍질을 벗겨 내듯 탐구를 계속해야 합니다. '허-스토리'를 재구성해 '우리-역사'를 만들기 위해서 '히-스토리'를 해체해야 합니다.

여신학은 불교나 기독교 같은 세계 종교들이 생기기 이전의 보편적인 시기로 거슬러 올라갑니다. 자연에 기반한 이 기독교 이전, 불교 이전 문화들에 '원시적', '미개한'이란 딱지를 붙이는 것은 오해입니다. 전 세계에 존재했던 자연의 사람들은 자연과 조화를 이루며 살았고, 현명했으며 평화롭고 평등했습니다. 그들에게 자연은 별과 달과 해, 그리고 지상세계 ─ 깨끗한 물과 공기, 건강한 초목, 활기찬 동물과 사람들이 있는 ─ 를 아우르는 거시적 우주였습니다. 그들 모두는 별과 계절과 밤낮이 순환하는 자연의 리듬에 따라 살면서 자연에 연결된 한 부분임을 느꼈습니다.

이 평등하고 평화로운 사회들은 전 세계에 커다란 거석 구조물들을 세웠습니다. 한국은 세계에서 가장 많은 거석 구조물을 보유하고 있는 나라입니다.(세계 고인돌의 40퍼센트가 한국에 있다. ─ 필자 주)이러한 문화들에서는 어머니와 모성이 중심에 있었는데 그것은 어머니가 조상들을 낳았기 때문입니다. 그녀는 탄생, 죽음 그리고 재생의 문이었습니다. 여성성에 대한 존숭은 중요한 씨족 어머니들과 가모장제적 사회구조를 낳았고, 사회경제적 분야에서 나눔과 보살핌을 만들어 냈습니다.

거석 구조물들은 다양한 기능을 수행했습니다. 천문달력이면서 대가족 집단이나 씨족과 부족의 만남의 장소였습니다. 여기에 조상들이 묻혔고, 여기서 살아 있는 이들은 죽은 이들과 접촉할 수 있었습니다.

샤머니즘은 한국에서 여성 전문 분야였고 현재도 그렇습니다. 한국에서 그것은 문화유산으로 여겨지는데, 세계적으로 볼 때 예외적인 현상입니다. 그 이유는 한국과 일본이 고대 유럽의 문화와 비교하면 매우 늦게 가부장제화되었기 때문입니다.

거석구조물, 여성 예술과 샤머니즘은 현대 세계의 다른 지역들보다 한국과 일본에서 더 오래 살아남았던, 잃어버린 여성지향적 세계문화의 잔존물입니다. 한국의 천문대인 첨성대는 오래된 가부장제 이전 문화의 여러 측면들을 보여 주는, 늦은 시기의 유적입니다.

우리는 한국을 포함한 세계의 모든 곳에서 불교와 기독교 이전 자연종교를 재활성화할 필요가 있습니다. 그것을 재발견하고 드러내야 합니다. 우리는 그것에 우상숭배니 원시적이니 이교도적이니 하는 딱지를 붙이고 판단해서는 안 되는데, 그러면 그것의 자연스런 지혜, 평화로움, 여성 리더십을 보지 못하게 되기 때문입니다.

자연은 신성했고 지금도 여전히 그러합니다. 여신학과 가모장제 연구는 이 깊은 경외감을 보여 주고 자연에 뿌리내렸던 가부장제 이전 사회들이 존중되고 있음을 말해 줍니다. 자연은 여성으로 경험되었고, 지구는 어머니로, 어머니 자연으로 여겨졌습니다. 이는 매트릭스(모체)에 있는 모든 가시적, 비가시적 구조들과 현상들을 다시 연결하고, 어머니 자연의 의식을 기억하는 일을 말하는 것입니다.

이 오래되고 보편적인 지혜가 전 세계 현대사회들에 재등장하기를.

그 때문에 나는 진심으로 김신명숙 씨의 이 선구적인 책을 추천하는 것입니다.

10
제주의 여신들은
지금도 살아 있다

\# 현씨일월당·송당본향당·와흘본향당
\# 현씨애기·백주또·서정승따님애기

세월이 무정하게 빨리 흘러서 가믄장아기 나이 열다섯이 되었을 때, 하루는 강이영성과 홍운소천 부부 간에 앉아서 하도 심심하니까 딸아기들하고 문답놀이를 시작했다.

"큰딸아기 이리 와라. 은장아기 너는 누구 덕에 먹고 입고 잘 사느냐?"

"하늘님도 덕이고 지하님도 덕입니다만, 아버님 덕이고 어머님 덕입니다."

(…)

"막내딸아기 이리 와라. 가믄장아기 너는 누구 덕에 먹고 입고 잘 사느냐?"

"하늘님도 덕이고 지하님도 덕입니다. 아버님도 덕이고 어머님도 덕입니다만 내 배꼽 아래 선그뭇(임신선 혹은 성기) 덕으로 먹고 입고 잘 삽니다."

"이런 불효막심한 여자아이가 어디 있겠느냐. 어서 빨리 나가라."

어머니 눈에 거슬리고 아버지 눈에 밉게 보여, 입던 옷을 검은 암소에 실어 놓고 먹을 양식 싣고서 집을 나섰다.

— 삼공본풀이 무가, 『살아 있는 한국신화』, 신동흔

2013년 6월 중순, 제주로 향하는 비행기 안은 환하게 빛났다. 드디어 제주 여신순례에 나선 길이었기 때문이다. 4년 전 홀로 크레타로 떠날 때와 달리, 설렘과 흥분의 다른 편에 불안이 슬금슬금 올라오지 않아 좋았다. 내 나라 내 땅이니까.

편안한 마음으로 창밖의 흰 구름 무리들을 바라보며 깊은 감회에 젖었다. 제주는 크레타 여신순례 이후 내가 꼭 만나야 할 연인이자 과제였다. 언젠가 맞춤한 기회가 오리라 고대하고만 있었는데, 마침내 그 기회가 다가왔다. 재미 마고연구자 황혜숙 박사가 미국에서 네 명의 참가자를 데리고 여신순례를 하러 한국에 온 것이다. 제주뿐 아니라 강화, 지리산, 원주, 부산 등 전국을 도는 마고신화 순례였다. 마고 연구에 긴 시간을 헌신해 온 황박사의 확신에 찬 설명이 아니더라도 조금만 관심을 기울이면 곳곳의 여신성소들이 보였다.

당연한 말이지만 한국 땅에서도 최초의 신은 여신이었다. 고인돌과 암각화 등 신석기 이래 유적·유물들과 구전돼 온 설화, 문헌사료 등은 이 땅의 가장 오래된 신들이 여신임을 증언한다. 선사시대 우리 여신들도 위대한 자연이 인격화된 존재였다. 커다란 팔뚝이 구름을 뚫어 하늘 끝에 닿고, 산처럼 솟은 베틀로 옷감을 짠 그녀들은 산과 강을 만들고 바다를 접시물처럼 걸어 다녔다. 마고할미나 설문대할망 등의 이름을 남긴 이 위대한 여신은 고대국가들의 등장 이후 힘을 잃어 가긴 했으나 조선시대까지, 아니 일부는 지금도 제사를 받고 있다. 자연의 왕성한 생명력인 그녀는 결코 죽을 수 없기 때문이다.

미국에서 방한한
여신순례자들

미국에서 온 네 명의 참가자들 중에는 세계 여신운동계에서 유명한 리디아 루일이라는 할머니도 있었다. 그녀는 북콜로라도대학 명예교수이자 세계의 다양한 여신 이미지들을 배너로 제작해 전시해 온 아티스트였다. 오랫동안 세계 여러 곳으로 여신순례를 이끌었으며, 여신배너들을 소개하는 책도 출간했다. 북콜로라도 대학에는 그녀의 이름을 붙인 공간도 있다고 했다.

제주로 떠나기 며칠 전 서울대학교에서 열린 여신학술회의에서 나는 그녀를 처음 만났다. 늘 미소 띤 온화한 표정이 친근감을 주는 사람이었다.

넓은 강연장 벽에는 그녀가 가져온 커다란 여신배너들이 걸려 있었다. 그중 여럿이 한국여신들이었다. 바리공주, 마고, 관음, 칠성신, 달의 여신······. 그녀들을 보면서 루일에게 고마운 한편으로 따가운 자책감도 들었다. 우리 여신들을 우리가 먼저 살리지 못하고 있는 상황이라니.

마고아카데미, 서울대 여성연구소, 오랜미래신화연구소가 공동주최한 여신학술회의는 한국에서 처음 개최된 여신 학술모임이었다. 나는 이 모임에서 크레타 여신순례 경험을 발표했다. 다른 발표자들은 각자의 위치에서 신화 속 여신들과 여신전통 등을 연구하고 표현해 온 학자, 교수, 예술가들이었다. 국내에도 그런 동지들이 여럿 존재한다는 사실이 감격스럽고 든든했다. 점심식사 후 우리는 여신배너들을 들고 서울대 교정을 순례하기도 했다.

학술회의 참가자들 중 특히 인상적이었던 사람은 민중예술가로 잘 알려진 김봉준 화백이었다. 강원도 원주시 문막에 오랜미래신화미술관을 운영하고 있는 그는 자신의 치열했던 삶을 통해 스스로 여신을 만난 듯했다. 김화백은 모든 사람들의 내면에 트라우마가 가득 찬 이 세상이 치유를 위해 여신을 부르고 있다고 말했다. 운동권 미술가로 험난한 시절을 보내면서 찔리고 베인 상처들을 치유해 준 사람들은 함께 정치투쟁을 했던 남성들이 아니라 주변의 여성들이었다고 한다. 그는 치유와 생명존중, 공생의 삶을 가치로 하는 여성적 신성의 등장이 문명의 대전환을 예고하는 것이라고 했다. 회의장 밖에는 그가 제작한 세계의 여신상들이 전시되어 있었다.

⊘
한국의 크레타, 제주

순례단은 나보다 하루 전 제주에 도착해 순례를 하는 중이었다. 공항에서 택시를 잡아타고 순례단이 있는 신당으로 향했다. 아직 이른 오전이었다.

할망당으로 불리는 제주의 신당들. 할망의 아름답고 신비로운 땅 제주.

멀리 드넓게 펼쳐진 제주의 푸른 산하는 이제 미래의 땅이었다. 설문대할망이 이끄는 1만 8000명의 신들이 다가서며 맞아주는 듯했다. 단순히 아름다운 휴양지로 제주를 방문했을 때와는 질적으로 다른 느낌이었다. 자연스럽게 제주와 크레타가 비교

제주 내왓당 홍아위

되었다. 마침 그날 저녁 나는 순례단이 참여하는 여신심포지엄에서 크레타와 제주를 비교하며 세계적 여신순례지로서 제주의 가능성에 대해 발표할 예정이었다.

제주와 크레타는 여러 공통점들이 있다. 우선 본토에서 떨어진 가장 큰 섬이면서 영혼을 씻어 주는 아름다운 자연환경을 갖고 있다. 신들의 섬이나 고향으로 불린다는 점에서도 둘은 비슷하다. 크레타가 근세까지도 그리스와 별도로 존재해 왔듯, 제주도 역시 고려 때인 12세기 초까지 탐라국이라는 독립국으로 존재했다. 숱한 외세의 침략과 지배로 눈물 젖은 역사를 갖고 있다는 사실도 둘을 동병상련의 감정으로 엮는다.

크레타에 아리아드네나 딕티나, 뱀 여신을 비롯한 많은 여신들이 존재했던 것처럼 제주에도 설문대할망이나 자청비, 가믄장아기 등 많은 여신들이 있다. 더구나 놀랍게도 크레타 뱀 여신상과 유사한 무신도도 있다. 제주시 용담동에 있던 내왓당에서 봉안했던 신상들 중 하나인 홍아위(紅兒位)다. 이 여신상의 풀린 듯한 머리는 움직이는 구렁이 형상이고, 얽혀 있는 목끈과 허리에 매단 긴 장식끈도 뱀을 연상시킨다. 팔목을 감은 끈과 오른쪽 어깨 위의 장식물도 마찬가지다. 내왓당의 나머지 9개 신상들 대부분도 꿈틀대는 듯한 뱀의 이미지가 지배적이다. 미술평론가 김유정은 이 뱀 이미지가 제주 무신도의 특징이라고 본다.

홍아위에는 뱀 이미지뿐 아니라 노출시킨 두 젖가슴이 보인다. 크레타에서 젖가슴을 노출한 뱀 여신상을 봤을 때 우리 땅에도 그런 여신상이 있으리라고 어찌 상상이라도 했을까? 새머리 비녀도 눈길을 끈다. 지워져 분명히 보이지 않지만, 손가락도 도마뱀이나 닭 혹은 독수리의 발을 닮았다. 뱀과 새는 선사시대 여신의 대표적 상징들이면서 종종 합쳐진 형태로도 등장한다.

제주의 여신은 크레타처럼 자연의 여신이었다. 『동국여지승람』은 제주에 대해 "풍속이 음사를 숭상해 산, 숲, 내와 못, 높고 낮은 언덕, 나무와 돌에 모두 신의 제사를 지낸다."고 했다. 음사란 삿된 신을 섬기고 제사 지내는 일을 말한다.

물론 크레타와 제주는 다른 점도 적지 않다. 문명의 요람으로 불리는 에게해에 위치한 크레타와 그러한 이점을 누리지 못한 제주의 차이는 인정할 수밖에 없다. 과거의 제주는 크레타처럼 발전된 기술과 경제적 풍요, 높은 문명 수준을 누리지 못했다. 척박했던 제주는 땅 크기도 크레타의 4분의 1에 못 미친다.

하지만 여신신앙이라는 측면에서는 차이보다 공통점이 훨씬 커 보인다. 제주에도 설문대문화라고 이름붙일 만한 특정 시기의 여신문화가 있었는지는 알 수 없다. 하지만 오랜 전통에 뿌리를 둔 역사와 문화가 본토와 다른 독자성을 보이며 제주에 남아 있다는 사실은 부인할 수 없다.

⊘

신목에 곱게 걸쳐진
녹의홍상

순례단과 합류한 곳은 서귀포시 성산읍 신천리에 있는 현씨 일월당이었다.

안내자 말이 처녀신을 모신 곳이라고 했다. 드디어 그렇게 오고 싶던 제주의 신당에 왔구나 하는 실감이 왔다. 신당에는 황혜숙 박사와 미국에서 온 순례 참가자 네 명, 제주순례를 돕고 있는 제주전통문화연구소 관계자들, 제주신화연구자 등이 함께 하고 있었다.

현씨일월당은 두 그루의 신목을 중심으로 자연 그대로 조성된 소박한 신당이었다. 나무가 우거진 곳에 당집도 따로 없어 외지인은 무심코 지나치기 쉬울 법했다. 나무 앞의 제단도 그저 돌들을 무더기로 모은 형태였다. 크레타에서 만난 여신의 나무를 훨씬 더 분명하게 보여 주는 자연의 신당이었다. 진심으로 반갑고 행복했다.

그런데 신당에 들어서자마자 내 시선을 확 잡아끈 게 있었다. 흑갈색 나무둥치를 배경으로 선연하게 도드라진 녹의홍상이었다. 그것을 목격한 순간, 나도 모르게 "아!" 짧은 탄성이 나왔다. 우람한 팔들을 펼쳐들고 하늘을 향해 기원하고 있는 듯한 신목 둥치에 곱게 걸쳐진 한복 한 벌. 초록 저고리와 붉은 치마의

녹의홍상이 걸려 있는 현씨일월당의 신목

색상대비가 눈부시게 강렬했다.

제주에선 신목에 치마저고리를 바친다는 사실을 글로만 접했다가 첫 번째 찾은 신당에서 댓바람에 목격하니 환희의 감정이 일었다. 뭔가 울컥하며 가슴 속에서 파장이 일어났다. 신목이 걸치고 있는 녹의홍상은 화려하고 요염하면서 처연하고 외로웠다. 뭐랄까, 한국여신의 진수가 뜸해진 발걸음에도 불구하고 꽃처럼 피어나 있는 듯했다.

화려하고 처연한 녹의홍상은 신목이 여신임을 의심의 여지없이 증언해 주고 있었다. 이 땅에 태어나 반백년을 살았으면서도 까막눈이던 내게 끈질기게 살아남은 우리의 여신이 녹의홍상으로 현현한 것이었다.

누가 바친 것일까? 간절한 심정으로 신당을 찾아들어 한복을 걸었을 알 수 없는 여성을 그려 보다가 불현듯 나는 크레타와 제주의 가장 크고도 중요한 차이 하나를 알아차렸다.

크레타 여신과 제주 여신의 분명한 차이. 그것은 바로 현재의 생명력 여부였다. 크레타의 여신들은 뚜렷하고 찬연했던 역사에도 불구하고 기독교의 하부구조로 흡수되거나 말살돼 현재 제모습을 상실한 상태다. 현대 크레타인들이 여신성소를 찾아 신앙 행위를 한다는 얘기는 들어 보지 못했다. 하지만 제주의 여신들은 원형을 크게 훼손당하지 않고 지금도 제주사람들의 일상에 엄연히 살아 있다. 과거에 비해 많이 위축됐다고는 해도 매년 정기적인 제의들이 치러지고 있고, 신들의 이야기가 굿판에서 구

송된다. 어느 때고 할망당에 간다며 신당을 찾는 발걸음도 끊어
지지 않았다.

서러운 넋을 건져 올려
재생시키는 여신

현씨일월당에서 모시는 신은 본래 이 마을에 살던 현씨 집안
의 조상신이었으나 영험이 세서 마을신으로 격상됐다고 한다. 당
의 유래를 말해 주는 본풀이(신화)도 있었다.

> 옛날 이 마을에 현씨 남매가 살았다. 동생인 현씨애기는 어려서 신병을 앓고
> 난 후 커서 심방('무당'을 뜻하는 제주어)이 되었다. 그런데 어느 날 오빠가
> 바다에 나갔다가 모진 광풍에 파선당해 죽어 버렸다. 이 소식을 들은 현씨
> 애기는 "내가 살아 무엇 하리오." 한탄하다가 바다에 떨어져 죽었다. 그래서
> 마을 사람들이 그녀를 위한 당을 세워 주었다.

안내자가 설명한 내용은 그게 다였다.
"그래서 신이 된 거예요?"
부연 설명을 기대하며 물었으나 돌아온 대답은 "네." 한 마디
였다.
좀 실망스러웠다. 어린 나이에 목숨을 끊은 불쌍한 처녀의

한을 풀어 주기 위한 신당. 여신의 섬 제주까지 와서 듣기에는 진부하고 별로 마음에 들지 않는 내력담이었다. 본토에도 흔한 한 맺힌 처녀귀신 얘기는 내가 찾는 여신과 잘 어울리지 않았다.

그런데 후일 현씨일월당 본풀이 자료들을 찾아 여신신앙 관점에서 찬찬히 살펴보니 그날의 설명으로는 잡히지 않았던 것들이 보였다. 그리고 왜 제주 사람들에게 그 신당이 숭앙되었는지도 이해가 됐다.

현씨일월본풀이에서 주목해야 할 부분은 오빠를 잃은 현씨애기의 자살이 아니라 그녀가 심방이었다는 사실이다. 현씨애기는 세 살에 죽었다가 일곱 살에 되살아나 열다섯에 심방이 되는 굿을 했다고 한다. 어린 나이에 이미 저승체험을 통해 삶과 죽음의 미스터리를 통과한 후 심방이 된 것이다. 심방, 무당이란 누구인가?

무당을 다룬 다큐영화 「영매」의 부제는 '산 자와 죽은 자의 화해'다. 이것이 말해 주듯 무당은 이 세상과 저 세상을 연결하고 소통시키는 특수한 직능을 수행한다. 그녀들의 격렬한 춤사위와 처연하되 힘 있는 노랫가락은 이승에서 저승으로 이어지고, 저승을 이승으로 이끌어 낸다. 사람들은 그녀들의 굿을 통해 뫼비우스의 띠처럼 이어지며 순환하는 삶과 죽음을 만난다.

심방인 현씨애기의 죽음은 보통 여자의 경우와 다르다. 스스로 바다에 몸을 날린 건 삶을 포기하는 행위가 아니라 죽은 오빠의 혼을 건져 위로하려는 사제적 행위가 아니었을까? 그래서 마을 사람들은 그녀를 당에 모신 것이 아닐까?

이런 의문을 가지고 제주의 다른 본풀이들을 찾다가 매우 유사한 본풀이 하나를 만났다. 남원읍 예촌 양씨 댁의 조상신본풀이인 양씨아미본풀이다. '아미'는 처녀 혹은 여신을 뜻하는 제주어라고 한다. 이 본풀이에서 양씨아미의 오라비 양씨열이는 동생이 굿을 하는 데 쓸 무구를 구하러 육지로 나섰다가 수중고혼이 된다. 굿을 하다 이 사실을 알게 된 양씨아미는 낭떠러지에서 몸을 날린다. 여기까지는 현씨일월본풀이와 거의 같은 내용이다. 그런데 양씨아미본풀이에는 이어지는 얘기가 더 있다.

바다에 떨어진 양씨아미는 예촌 양씨 댁이 모시는 신이 된다. 그리고 불쌍하게 죽은 오라비도 젯상을 받게 한다. 현씨일월본풀이에도 같은 내용이 이어져 있지 않았을까? 심방이었던 현씨애기의 그러한 능력을 믿었기에 사람들은 당을 짓고 그녀를 모셨을 것이다.

어부와 해녀의 삶에는 '저승길이 왔닥갔닥' 한다고 한다. 그런 삶을 살아야 했던 제주 사람들을 생각해 보면 현씨일월당 같은 신당들이 그들에게 가졌던 의미와 힘을 이해할 수 있을 것 같다. 사랑하는 가족을 바다에 잃고 가슴이 무너져 내린 사람들은 신당에서 자신과 같은 아픔을 겪은 현씨애기를 만나 동병상련의 위로를 느꼈을 것이다. 그리고 바다에 뛰어들어 서러운 넋을 건져 올린 그녀의 힘에 의탁했을 것이다. 불쌍한 내 가족의 넋도 건져내 젯상을 받게 하고, 다시 좋은 데 태어나게 해 달라고.

우리 무속여신들의 핵심적 역할은 죽음과 재생의 과정을 관장하는 일이다. 바리공주와 자청비 같은 여신들은 곡절 따라 저승길로 흘러들어 온갖 어려움을 이겨내고 환생꽃을 얻어 낸다. 생명을 다시 살리는 힘을 획득하는 것이다. 심방이었던 현씨애기도 죽음의 과정을 거쳐 재생의 여신으로 거듭난 것이다.[28]

제주도 당신앙의
근원적 뿌리, 백주또

두 번째로 방문한 신당은 제주시 구좌읍 송당리에 있는 본향당이었다.

본향당은 마을 수호신을 모신 당이다. 놀랍게도 제주에는 마을에 본향당이 살아 있고, 본향신이 누구인가를 설명해 주는 신화 역시 전승되고 있다. 현재 본향당을 비롯해 300개가 넘는 여러 신당들이 제주도에 산재한다. 제주신화연구자 김정숙에 의하면 제주 당신 중 7-80퍼센트가 여신이다. 할망신과 하르방신이 함께 모셔지는 경우에도 할망신이 더 중심적인 대접을 받거나 인기가 좋다.

처음 제주의 본향당에 대해 알게 되었을 때 나는 진심으로 감격했다. 마을과 함께 공동체가 붕괴돼 뿌리를 상실한 개인들만

위 | 송당본향당

아래 | 와흘본향당

각박하게 부유하는 시대. 이런 세상에 마을 사람들의 출생과 죽음을 관장하며 마을 땅과 생업을 지켜 주는 친근한 신들이 살아 있다는 건 정말 기적처럼 느껴졌다. 내 집 근처에서 내 부모, 내 조상이 비손하던 마을신을 늘 마주칠 수 있다는 건 얼마나 행복한 경험일까?

마을신을 본향, 즉 근원의 고향이라고 부르는 건 더욱 감격이었다. 여신이야말로 나의 비롯됨이자 귀의처라는 깨달음, 그것이 진실이라고 제주의 본향당은 승인해 주고 있었다.

'한집'이란 제주어도 반가웠다. 한집은 큰집이란 뜻으로 신당을 의미하기도 하고, 본향신을 가리키기도 한다. 후자의 경우 신이 곧 집이란 말이다. 서구 여신운동가들이 여신을 만나 "집에 온 것 같았다."고 하는 고백과 딱 맞는 표현이니 놀랍지 않을 수 없다.

송당본향당은 수많은 본향당들 중 하나가 아니라 모든 본향당들을 낳은 어머니당이다. 그래서 심방들은 불휘공(근원적인 뿌리)이라고 부른다. 주신이 백주또란 여신인데 금백조라고도 한다. 그녀의 내력은 송당본풀이에 담겨 있다.

> 백주또는 강남천자국에서 제주로 들어와 소천국을 만난다. 소천국은 제주 땅에서 솟아나 사냥을 하며 살던 남자다. 곡식의 씨앗과 농경법을 가지고 들어온 백주또는 소천국에게 농사를 권하고 가르친다. 그러던 어느 날 소천국은 소로 밭을 갈다 허기를 못 이겨 소를 통째로 잡아먹는다. 이에 화가 난 백주또는 바로 소천국과 살림을 분산해 버렸다.

갈라서긴 했어도 둘 사이엔 아들 열여덟, 딸 스물여덟이 있었다. 대단한 다산의 여신이다. 그 자손들은 제주 땅 여기저기로 뻗어나가 마을을 다스리는 당신으로 좌정했다고 한다. 송당본향당이 제주 당신앙의 뿌리가 되고, 백주또가 수많은 당신(堂神)들의 시조신이 된 연유다.

처음 이 신화를 접한 사람들은 소를 잡아먹었다고 바로 갈라서 버리는 백주또의 단호함에 놀란다. 어머니가 계보의 중심에 있고 아들보다 많은 딸을 두었으며, 그 자손들이 똑같이 당신이 되었다는 서사도 낯설다. 송당본풀이에는 잊혀진 모계전통과 그 문화가 담겨 있기 때문이다. 조상신인 현씨일월이나 양씨아미만 보아도 제주에서는 여성조상신이 익숙했음을 알 수 있다. 또 조상신을 모시는 일이 부계뿐 아니라 모계로 계승되기도 했다.

그런데 백주또는 왜 그깟 소 좀 잡아먹었다고 남편을 내쫓아 버렸을까? 소가 신성한 여신의 상징이기 때문이었을 것이다. 이는 가믄장아기와 동행하는 암소를 통해 알 수 있다. 소를 죽인 행위는 단순한 도축이 아니라 남성 수렵신에 의한 농경 관련 여신신앙 공격행위였던 것으로 보인다.

송당본향당은 그 위상에 걸맞게 너른 평지에 반듯한 모양새로 자리잡고 있었다. 친근한 돌담을 네모지게 둘렀고, 계단식으로 길게 마련된 제단이 크고 깔끔했다. 비슷한 형태의 제단을 크레타에서도 만났기 때문에 감회가 남달랐다.

제단 위 중간쯤에는 단칸 기와집 형태의 작은 석조물이 서

있는데, 백주또 할망 신위가 모셔진 당집이다. 당제가 열리는 날
이면 4단이나 되는 제단에 제물을 담은 구덕들이 가득 찬다고
했다. 우리 순례단은 당집을 바라보며 두 손 모아 경배의 절을
올렸다.

와흘본향당에 걸린
과달루페 성모

그날 오후 우리는 제주를 대표하는 또 다른 신당인 와흘본
향당을 찾았다.

조천읍 와흘리에 있는 이 신당에도 긴 계단식 제단이 있었으
나 더 인상적인 것은 전체적인 분위기였다. 신당에는 수백 년 세
월이 키운 팽나무 신목 두 그루가 거대한 몸을 용틀임하듯 내뻗
고 있었다. 나뭇가지에는 오색 천다발이 묶인 채 늘어져 있어 신
령스러운 기운이 더했다. 물색이라 불리는 오색 천다발을 보자
금은 장식물들이 주렁주렁 달려 있던 크레타 수녀원의 나무가
떠올랐다. 사람들의 숭앙과 감사를 받는 신성한 나무들.

와흘본향당의 신령스런 기운에 감화된 것일까, 어느 순간 루
일이 등가방에서 여신배너를 꺼냈다. 팽나무 신목에 자신도 여
신배너를 바치고 싶다는 것이었다.

한국여신 배너들은 다 선물로 줘 버렸기 때문에 그녀가 꺼내

든 건 과달루페 성모였다. 그녀는 작은 보자기만 한 성모 배너를 신목의 몸통에 묶기 시작했다. 그 모습을 보고 있자니 크레타 여신순례 때 과달루페 성모를 얘기하며 흐뭇해하던 와니타가 떠오르지 않을 수 없었다.

"남미여신과 제주여신의 최초의 만남이네요!"

누군가 그 순간의 의미를 깨닫고 큰 소리로 말했다. 세상이 변해 이제 제주여신이 먼 타국의 여신과 만날 수 있게 된 역사적 현장에 우리가 있는 셈이었다. 잠시 후 우리 일행은 성모와 한 몸이 된 신목에 함께 몸을 숙여 경배했다.

"내 아가씨들(girls)이에요."

처음 만났을 때 루일은 배너에 그려진 여신들을 아가씨라고 불렀다. 여신이 아가씨라고? 불경스럽게 느껴지기도 하고 생경하기도 해서 그 이유를 물었다.

"미국 페미니즘은 뭐랄까, 너무 전투적이어서 '걸(girl)'이라는 단어에 부정적이에요. 하지만 내게 걸은 애정이 듬뿍 담긴 용어예요. 걸, 얼마나 사랑스러워요? 걸이 담고 있는 긍정적인 의미, 저평가된 파워를 다시 찾기 위해 걸이라고 불러요."

설명을 듣고 보니 좀 이해가 됐다. 그리고 곰곰이 생각해 본후, 나 역시 부지불식간에 소녀와 아가씨란 말을 낮춰 보고 있음을 깨닫게 되었다. 아가씨 여신이 뭐가 문제란 말인가? 소녀나 아가씨들이야말로 페르세포네가 그러하듯 재생하는 새로운 생명력을 상징하는 존재였다. 현씨애기를 현대어로 옮기자면 현씨

아가씨가 될 것이었다.

와흘본향당의 주신은 백주또의 열한 번째 아들 백조도령이다. 그러나 그를 굳이 남신이라며 선을 그을 필요는 없다. 여신의 아들 역시 여신신앙의 신격이기 때문이다.

백조도령의 아내는 서정승따님애기다. 그런데 원래 마을에 좌정해 있던 신은 그녀였다. 백조도령이 접근해 부부가 되었는데 임신 후 돼지고기를 먹었다가 쫓겨났다고 한다. 그녀의 제단은 신당 동쪽 구석에 자그마하게 따로 마련되어 있다. 아마도 이 내력에는 원래 주신이었던 서정승따님애기가 후일 찾아든 백조도령에게 자리를 빼앗긴 역사가 담겨 있는 듯하다.

흥미로운 건 주신이 백조도령임에도 불구하고 마을 사람이 더 많이 찾는 신은 서정승따님애기란 사실이다. 우리가 찾았을 때도 그녀의 제단에만 치성을 드린 흔적이 남아 있었다. 부부신이 별도의 제단을 갖는 것도 제주 신당의 한 특징인 것 같았다.

할머니의 힘을
느끼다

"저 사람들도 샤먼이에요?"

신당을 나서는 길인데 옆에서 따라오던 마진 베일리가 물었다. 그녀가 가리키는 데를 보니 중년 여성 둘이 돌담을 향해 몸을 굽히고 있었다. 행색이 무속인인 듯해 그런 것 같다고 하자 그녀는 눈을 둥그렇게 떴다.

"샤먼이 많은가 봐요?"

오전에 찾았던 송당본향당에서도 서울에서 온 무당을 만났다. 겉보기에는 세련된 도시 처녀였는데 몇 마디 말을 나눠 보니 신당 순례길에 나선 무당이었다. 1-2년에 한 번 정도는 제주를 찾는다고 했다. 미국인 순례자들에게 신당에서 오가다 만나는 무당은 매우 인상적인 듯했다. 아마 살아 있는 신앙 현장을 보는 놀라움이었을 것이다.

"피곤하지 않으세요?"

지팡이를 짚은 베일리를 살짝 부축하면서 물었다. 여든을 넘긴 나이에 아침부터 나선 순례길이니 신경이 쓰이지 않을 수 없었다.

"좀 피곤하긴 해도 괜찮아요."

그녀는 커다란 푸른 눈을 반짝이며 어깨를 으쓱해 보였다. 고령에 극동의 먼 나라까지 순례길에 나선 용기는 그녀의 왕성한 호기심에서 비롯된 듯했다. 중간중간 대화를 나눌 때면 미국과 세계의 이슈들에 대한 의견 피력도 거침이 없었다. 쉽게 만나기 힘든, 지성과 식견이 뛰어난 할머니였다. 그녀에게선 가끔 암호랑이 같은 기운이 느껴졌다.

베일리는 유니온 신학교에서 공부한 성공회 사제였다. 남편과 함께 아프리카 케냐에서 선교사로 일하기도 했다. 사제 서품을 받을 때 여사제로서 자신의 역할을 고민하면서 고대 여신전통을 만나게 됐다고 한다. 그녀는 폭력과 전쟁, 환경문제의 해결을 위해서는 여성성의 가치가 재발견되고 고양돼야 한다는 굳은 믿음을 가지고 있었다.

70대 후반의 나이에도 정정한 모습으로 한국의 여신신앙을 탐구하는 루일. 지팡이를 짚고도 세상을 더 낫게 바꾸는 일에 열정을 보이는 베일리. 타국에서 온 두 고령의 여성들을 통해 난생 처음으로 '할머니의 힘'을 느낄 수 있었다. 바로 할망의 땅 제주에서.

제주 할망의 힘은 최초의 심방인 유씨부인의 이야기에 담겨 있다. 그녀가 무당서 3,000권을 읽고 첫 굿을 한 나이는 77세였다. 이후 굿법을 전수해 제주도 굿의 토대를 놓았다니 그녀의 전성기는 77세 이후가 되는 셈이다.

제주 사람들은 오래전부터 할머니의 힘을 알고 있었던 것일까? 그래서 젊든 늙든 여신을 할망이라고 불렀던 것일까? 할망이란 호칭에는 수장으로서 고대 씨족사회를 이끌었던 할머니들의 지혜와 힘이 담겨 있는 것 같다.

여신신앙을
지켜 온 무속

제주도의 여신들을 지켜 온 것은 본토보다 훨씬 강력했던 무속의 힘이었다. 제주사람들은 잇단 배척과 탄압에도 굴하지 않고 끝내 토착신과 신화들을 지켜 내 우리 문화 전통과 정체성에 풍부한 자원을 제공하고 있다. 본토에서도 무속은 다양한 민속신앙과 더불어 고대 여신신앙의 전승 경로였다. 사제와 신도의 관계였던 마을의 무당과 여성들은 굿판에서 만나 함께 친근한 신들을 불러냈다. 남신들도 있었지만 중심은 여신이었다.

팔도의 굿판에서 구연돼 온 숱한 여신신화들은 오랜 배척과 억압의 역사를 거치며 많은 부분이 사라졌다. 그러나 남아 있는 이야기들만으로도 우리 여신들의 모습과 성격을 느낄 수 있다. 바리공주나 자청비, 당금애기, 명월각시 같은 여신들이 등장하는 신화들은 그리스 신화에 뒤지지 않는다. 아니, 가부장제에 깊이 침윤당한 그 이야기들보다 여신문화의 원형을 더 많이 간직하고 있는 세계의 소중한 문화유산이다.

물론 우리 신화들도 가부장제의 영향과 그에 따른 변형을 피할 수 없었다. 그러나 그럼에도 불구하고 우리 여신들은 담대하고 지혜로우며 자주적이다. 저승을 여행하고 하늘을 오르내리며, 홀로 집을 나서 살길을 개척한다. 생기와 총기로 빛나는 그녀들은 생명의 수호자일 뿐 아니라 풍요와 지혜의 담지자이며 사랑의 옹호자들이다.

　그녀들에겐 여자이기 때문에 혹은 금기를 어겨서 모진 고난이 닥친다. 죽음의 문턱까지 가기도 한다. 그러나 그 고난을 통해 그녀들은 신이 된다. 생사를 주관하는 능력, 생명을 살리고 치유하는 힘, 난관을 뚫는 지혜를 얻게 된다. 사람들에게 이익을 주고, 사람살이의 법도를 만들어 낸다. 도전과 역경이야말로 그녀들이 신성을 키우는 수행의 과정이다.

풍요의 여신 가믄장아기,
살림정신을 구현한 만덕

흥미롭게도 제주의 문화는 여러 측면에서 미노아 문화와 꽤 닮아 있다. 우선 미노아 크레타가 여성을 존중했던 것처럼 과거의 제주 역시 그러했다. 제주 여성들은 딸이라는 이유로 크게 차별받지 않았다. 또 해녀의 삶이 말해 주듯 강인한 생활력으로 바닷일과 밭일에 뛰어들어 경제활동의 주역으로 살아 왔다. 18세기 문인 신광수는 "이곳 풍속이 혼인 때 잠녀를 귀히 여기니, 부모들 의식에 걱정 없다 자랑이네."라고 읊었다. 물론 "여자로 태어나느니 소가 낫다."는 말이 있을 정도로 고달픈 삶이긴 했으나 그 이면에는 자신들의 능력에 대한 당찬 자긍심이 있었다.

그렇지 않았다면 가믄장아기가 감히 자기 힘으로 잘 산다고 선언하지 못했을 것이다. 그녀는 집을 나가라는 부모의 호통에 "잘 사십시오." 한 마디 하고 바로 집을 나선다. 이때 그녀를 동행하는 것은 검은 암소다. 그런데 암소는 세계적으로 여신의 생산력과 풍요를 상징했다. 가믄장아기의 검은 암소는 그녀가 그토록 자부하는 선그뭇의 힘을 상징한다. 크레타와 근동의 여신문화에서 소머리가 자궁의 상징이었던 사실이 떠오른다. 그러니 둘은 함께할 수밖에 없다. 그녀는 인도의 까마데누나 이집트의 하토르 같은 세계의 암소 여신들에 속해 있다.

암소를 거느린 가믄장아기는 두려울 것이 없다. 원래 가난했던 그녀의 부모가 부유해진 것도 그녀를 낳았기 때문이었다. 집을 나온 그녀는 별 어려움 없이 결혼해 바로 거부가 된다. 남편이 마를 파던 곳에서 금덩이, 은덩이가 쏟아져 나왔기 때문이다. 풍요의 여신들 곁에는 흔히 금은보화가 함께하는데 가믄장아기 역시 마찬가지라는 것을 알 수 있다. 그녀가 떠난 뒤 친정은 폭삭 망해 버리고 만다.[29]

가믄장아기와 함께 살아온 제주 여성들은 부부관계나 가족관계, 가정대소사를 처리하는 일에서도 남자들과 상당히 평등한 관계를 형성했다. 1920년대 후반 제주를 방문했던 한 일본인은 제주에서 여성이 제사를 주관하는 경우도 적지 않다고 썼다. 본토와 달리 결혼하면 분가해 독립적으로 생활했으므로 며느리라는 이유로 시가 식구들을 봉양해야 할 의무도 부과되지 않았다. 한 울타리 안에 거주하더라도 부모 세대와 결혼한 자식 세대는 부엌을 따로 썼다.

제주도의 경작지들은 대개 조각조각 나누어진 소규모 땅들이어서 사는 형편들도 비슷했다. 특출나게 큰 부자도 없었고 거지도 없었다. 관직에 나갈 기회도 극히 제한되어 있었기 때문에 사회적 위계 역시 본토에 비해 상당히 약했다. 대신 힘든 삶을 함께 헤쳐 나가기 위한 공동체 문화가 발달했다. 제주 사람들은 농사일이나 목축, 마을일 등에서 마을 사람들이 상부상조하며 공동체의 유대감을 키웠다.

기녀 출신으로 제주의 상인이 된 만덕의 사례는 특히 의미심장하다. 조선 정조 때 제주에 큰 흉년이 들어 사람들이 굶어죽게 되자 그녀는 자신의 전 재산을 풀어 구휼활동에 나섰다. 왕을 직접 알현했을 정도로 당시 세상을 놀라게 한 행위였다. 나는 왠지 그녀의 통 큰 살림정신 뒤에 제주의 여신문화가 전통으로 자리하고 있다는 생각이 든다.

제주인들은 또 자연을 경외하고 그 흐름에 순응하는 생태적 삶을 살았다. 제한된 공간과 척박한 땅 때문에 자원을 최대한 아껴 쓰는 질박한 삶을 몸에 익힐 수밖에 없었다고 한다. 이러한 삶의 태도는 조냥정신이란 말로 표현된다. 절약정신, 적게 쓰고 적게 버리는 정신이다.

미노아 사회가 아름답게 누렸던 '팍스 미노이카'가 제주에도 존재했는지는 알 수가 없다. 하지만 제주가 "대문 없고 도둑 없고 거지 없는" 삼무(三無)의 섬이었다는 전언은 의미가 크다. 평화로운 사회를 구체적으로 풀어 쓴 말로 볼 수 있기 때문이다. 평화학에서 주장하듯 진정 평화로운 사회가 되려면 전쟁뿐 아니라 빈곤도 없어야 하고, 구성원들 간의 소통과 교류도 원활해야 한다.

더 중요한 점은 제주 사람들 스스로가 제주를 생명평화의 섬으로 만들려는 비전을 갖고 노력 중이라는 사실이다. 이미 제주는 2005년 정부에 의해 세계평화의 섬으로 지정됐다. 슬프게도 강정마을에 해군기지가 들어서는 뼈아픈 일이 있었지만 이 일을 계기로 제주인들의 생명평화 의식은 더 고취된 것 같다.

11
어머니에서 딸로 이어진
제주의 뱀 여신

황다리궤당·토산리_여드렛당
송씨할망·여드레할망

여신은 또한 죽은 자에게 생명을 주는 존재였다. 땅의 무덤-자궁(tomb-womb)을 꿈틀대며 드나드는 그녀의 마술적 뱀이 그녀를 도왔다. 뱀은 양식화된 이미지인 나선과 함께 불멸성의 담지자로, 자발적인 생명 에너지와 그것의 지속적인 흐름을 나타내는 이미지로 여겨졌다. 뱀은 껍질을 벗지만 여전히 살아 있을 수 있다. 달이 자신의 어둠으로부터 스스로를 출산하듯이, 자궁이 상처입지 않고도 주기적으로 피를 흘리듯이. 이 모든 것은 기적적으로 상호연결된 변신들로 여겨졌다. 사람들은 뱀에게서 전체 우주를 움직일 수 있는 힘을 보았다.

— 『위대한 우주의 어머니』, 모니카 수·바바라 모어

순례 이튿날 아침, 예보대로 날씨가 약간 찌푸려져 있었다. 사람들은 우산을 챙겨 들고 차에 오르며 할망의 도움을 빌었다.

첫 방문지는 애월읍 상귀리의 본향당인 황다리궤당이었다. 가는 길에 꾸물거리던 날씨는 차에서 내렸을 때 가는 빗줄기로 변해 있었다. 기도가 닿지 않았는지 바람까지 거세게 불어 우산 밑으로 비가 꽤 들이쳤다. 게다가 신당으로 가는 길도 전날과는 달랐다. 안내하는 마을 분을 따라가는데, 좁고 거친 밭길에다 우거진 키 큰 잡초들도 헤집고 나아가야 했다.

비바람 속에서 신당이 어디쯤 있는지 가늠이 되지 않았다. 다행히 곧 "다 왔다."는 소리가 들려 안도의 숨을 내쉬었으나, 이

번에는 또 거친 내리막길이었다. 사람들은 서로 손을 잡고 조심하며 앞선 이의 걸음을 따라야 했다. 비 때문에 발밑이 미끄러웠다.

그런데 내리막길이 끝나자 갑자기 널찍한 공간이 눈앞에 등장했다. 위의 평지에서는 잘 보이지 않던 숨은 공간이었다. 순간 우리 모두는 "와~" 탄성을 지르지 않을 수 없었다. 신비하고 강력한 분위기와 힘이 느껴졌기 때문이다. 마치 다른 세상으로 진입한 듯했다.

⊜
질적으로 다른
신비하고 강력한 힘

낮은 절벽으로 둘러싸인 둥그스름한 공간은 우묵한 자궁의 형상이었다. 절벽을 이룬 암석들 위로는 고목들의 뿌리가 거대한 구렁이처럼 꿈틀대며 달라붙어 있었다. 또 한껏 뻗은 큰 나뭇가지들은 하늘을 적당히 가리며 음습하고도 신령스런 기운을 품고 있었다. 흐린 날씨에 잦아들고 있는 빗발은 그 기운을 배가시키는 듯했다.

"원더풀!"

미국인 참가자들이 그 기운에 놀란 듯 감탄사를 토해 냈다. 신당 구석의 바위그늘 앞에는 작은 제단이 마련되어 있었다. 사

바위그늘을 제단으로 삼은 황다리궤당, 애월읍 상귀리

람들은 각자 제물을 올리거나 기도를 시작했다. 나는 크레타의 동굴 입구에서 느끼곤 했던 감정을 오랜만에 다시 즐기고 있었다. 바위의 틈이나 구멍을 성스럽게 여기고 있다는 점에서도 같았다. '궤당'이란 말의 '궤'는 움푹 들어간 곳이나 바위그늘을 뜻하는 제주어다. 그러니까 제단이 차려진 바위그늘이 궤당이었다.

황다리궤당의 당신은 송씨할망이다. 그녀의 영험은 인근 마을에서도 알아 줄 정도로 세다고 한다. 제단에는 누가 다녀갔는지 굵은 양초 몇 개와 약간의 제물이 놓여 있고, 나무에 지전과 붉은 천도 매달려 있었다. 끌질이라도 한 듯 절리들이 울퉁불퉁 층을 이룬 궤당의 바위에는 그 층들만큼이나 시간이 켜켜이 쌓여 있는 듯했다.

오래된 여신의 자궁.

그래서일까? 정말로 편안했다. 그리고 매혹적이었다.

마침 비도 그친 상태였다. 시간만 허락한다면 그곳에서 더 오래 머물고 싶었다. 할망에게 간절히 기도를 드리면 반드시 대답을 주실 것 같은 느낌이었다.

돌담 밖으로
쫓겨난 강씨하르방

황다리궤당에는 송씨할망 외에 신이 하나 더 있다.

그녀의 남편인 강씨하르방이다. 그런데 하르방의 좌정처는 신당의 저쪽 구석, 문간방 같은 곳이었다. 게다가 할망의 널찍한 공간과 돌담으로 분리되어 있기까지 했다. 할망에게 쫓겨났기 때문이다. 하르방이 돼지고기를 먹고 비린내를 풍긴 게 이유라고 한다. 여자가 쫓겨난 와흘본향당의 본풀이가 뒤집힌 내용이다. 제주의 여남관계는 이렇게 엎치락뒤치락이다.

강씨하르방의 좌정처는 신령스러움은 덜했지만 조촐하고 단아했다. 그런데 흥미로운 건 하르방이 좌정한 바위틈이 여성성기를 닮았다는 것이다. 전형적인 여신의 성소 형태였다. 모르긴 몰라도 하르방은 나중에 들어온 신이 아닐까 싶었다.

'원래 딸신의 좌정처였을지 몰라.'

문득 드는 생각이었다. 크레타 동굴에서 본 모녀신상이 떠올랐다.

송씨할망은 딸만 넷을 두었는데 모두 이웃마을로 가 당신으로 좌정했다고 한다. 딸들도 송씨할망으로 불린다니 이 사례에서도 제주에 남아 있는 모계사회의 흔적을 찾을 수 있다.

먼 옛날 제주에는 백주또나 송씨할망 같은 큰 시조모들이 여

강씨하르방의 좌정처,
애월읍 상귀리(좌).
순례 참가자들이
서클을 이루어
리츄얼을 하고 있다.

럿 존재했던 것일까?

이런저런 생각을 하면서 신당의 역사를 상상하고 있는데 어느 순간 나지막한 영어 노래가 들리기 시작했다. 아니, 내 안에서 시작된 것 같기도 하다.

"우리 모두는 여신에게서 나왔네⋯⋯."

크레타 순례 중 몇 번이나 함께 불렀던 노래.

노래를 아는 사람들은 함께 불렀고, 모르는 사람들은 노랫가락에 장단을 맞췄다. 그러다 보니 자연스레 서클이 만들어지며 즉흥적인 리츄얼이 시작됐다. 사람들은 모두 앞 사람의 어깨에 한 손을 얹어 돌면서 노래를 계속했다.

"자, 우리 모두 손을 앞으로 뻗어 모읍시다~"

누군가의 제안에 우리는 남은 한 손을 활짝 펴 서클의 중심으로 내뻗었다. 모두의 에너지를 모으는 것이었다. 손바닥들을 모은 채 서클댄스를 추듯 움직이니 우리의 에너지가 중심에서 일렁이는 것 같았다. 그 에너지와 신당의 기운이 어우러져 나선을 그리며 상승하는 듯했다.

처음 방문한 타국인들도 제 신명에 겨워 리츄얼을 하도록 하
는 힘.

내 눈으로 직접 확인한 황다리궤당의 영험이었다.

⊜

시집갈 때
모시고 가는 뱀신

제주 순례에서 내가 기대했던 것 중 하나는 뱀 여신을 만나
는 일이었다. 크레타를 대표하는 뱀 여신이 제주에도 있다는 사실
을 알았을 때부터 그녀를 만나는 일은 내 꿈이자 숙제가 되었다.

제주도의 뱀 신앙은 오래전부터 유명했던 것 같다. 조선 중종
때 유학자인 김정은 제주에서 귀양살이를 하며 남긴 『제주풍토
록』에 이렇게 기록했다.

> 풍속에 뱀을 보면 술을 뿌리고 주문을 외우며 거룩한 신으로 하여 감히 쫓아
> 내거나 죽이지 않는다.

『제주풍토기』를 쓴 선조의 손자 이건도 제주에 구렁이와 뱀
이 매우 많으며, 사람들이 그것을 부군신령(府君神靈)이라 부르며
빈다고 기록했다.

제주에서 뱀은 마을의 당신이었을 뿐 아니라 가신(家神) 혹은 조상신이기도 했다. 여드렛당으로 불리는 신당들은 뱀신을 모신 곳이다. 뱀신은 대체로 부(富)를 주는 신, 풍농신(豊農神), 곡신(穀神)으로 모셔졌다. 본토에서도 뱀이 집안의 재물을 지켜 주는 수호신으로 여겨지곤 했으나 제주의 뱀 신앙은 보다 특별했던 것 같다.

내가 가장 찾고 싶었던 신당은 서귀포시 표선면 토산리에 있는 여드렛당이었다. 토산리 여자들은 뱀을 신으로 모셔 어딜 가든 뱀이 따라다닌다고 여겨졌다. 이 뱀 신앙은 어머니로부터 딸에게 전승되어, 딸이 시집갈 때 고향의 뱀신도 함께 모시고 갔다. 때문에 뱀 신앙이 부정적으로 인식되면서 토산리 여자들이 결혼상대로서 기피됐다고도 한다.

모계로 전승되는 뱀 신앙!

너무도 뚜렷한 여신신앙의 사례가 아닐 수 없었다. 그러나 아쉽게도 토산리 여드렛당은 순례 일정에 포함돼 있지 않았다. 결국 동행한 제주굿 연구자 문무병 박사에게 제주의 뱀 신앙에 대한 설명을 듣는 것으로 만족해야 했다. 문박사는 늘 천진한 웃음을 잃지 않는 '할망의 아들'로, 필요할 때마다 해박한 설명으로 우리의 순례를 도왔다.

치유의 여신
여드레할망

토산리 여드렛당 역시 본풀이를 가지고 있는데 전반부는 다음과 같다.

나주 금성산에 신령스런 신이 있었다. 이 고을에 이목사가 부임했는데, 금성산 앞을 지날 때 신에 대한 얘기를 듣고 무당을 불러 굿을 하게 했다. 그러자 쉰 댓자 머리를 드리운 처녀가 나타났다. 인간이 무슨 신령이냐, 신령임을 보이라고 이목사가 말하니 웃아가리는 하늘에 붙고 아랫아가리는 땅에 붙은 뱀이 나타났다. 그러자 목사는 포수를 시켜 뱀을 쏘아 죽이고 불살라 버렸다. 이때 뱀은 바둑돌로 변해 서울 종로 네거리에 날아가 떨어졌는데 마침 제주에서 진상차 온 강씨형방 등 세 사람이 줍게 됐다. 바둑돌을 줍자 진상도 잘 되고 보답도 많이 받았다. 귀로에 올랐을 때 이들은 바둑돌을 던져 버렸다. 그러자 갑자기 태풍이 일어 항해를 방해했다. 점을 쳐 굿을 한 후에야 순풍이 일어 항해할 수 있었다.

그런데 어느 샌가 바둑돌이 뱃장 밑에 와 있는 것이었다. 배가 제주도 성산읍 온평리에 닿자 바둑돌은 곧 여인으로 변하여 땅에 올랐다.

이 여인은 먼저 온평리 본향당신 맹호부인에게 인사를 드렸다. 맹호부인은 토산리를 차지하고 있는 신이 없으니 그리로 가라고 일러 줬다. 그런데 가는 길에 하천리 당신이 나타나 손목을 잡고 수작을 걸었다. 그녀는 손목을 잘라 버리고 토산으로 내려가 좌정했다.

그러니까 토산리 뱀 여신인 여드레할망은 나주 금성산 출신이다. 무속이 핍박을 받아 여신들이 살해당하거나 추행을 겪던 시절의 상황이 반영된 본풀이다. 그러나 벌린 입이 하늘과 땅에 닿았다는 뱀신의 형상에는 여전히 원초적 신성이 남아 있다. 나주 금성산은 조선시대에도 무속신앙이 강하기로 이름 높았던 곳이다.

위 본풀이에서 뱀 여신은 사람들에게 좋은 운을 가져다준다. 진상도 잘 되고 보답도 많이 받게 했으며 순풍을 불렀다. 그런데 이어지는 얘기는 사뭇 달라진다. 그녀는 토산에 좌정했으나 사람들이 알아보지도 못하고 제물도 바치지 않는다. 화가 난 여신은 동네 처녀들에게 흉험을 줘 사람들이 굿을 하도록 만든다. 잘 모시지 않으면 재앙을 주는 두려운 신으로 바뀐 것이다. 그러나 그녀는 여전히 잘 모시기만 하면 병을 낫게 하는 신통력을 발휘한다. 토산여드렛당 굿에 등장하는 방울풂이란 의례를 통해서다.

이 의례에서 심방은 긴 무명에 매듭을 여럿 짓는데 이를 '방울'이라고 한다. 방울은 병자의 몸에 든 원혼을 상징하며 그것들을 풀어 줌으로써 병자의 치유를 도모하는 것이다.

그런데 뱀이 치유의 신이거나 상징이었던 것은 세계적인 현상이다. 의술의 상징으로 쓰이는 아스클레피오스의 지팡이에 뱀이 등장하는 것이 대표적 사례다. 치유력을 가진 에너지로 널리 알려진 쿤달리니도 뱀의 형태로 설명된다. 허물을 벗고 갱신하는 뱀의 재생적 생명력 때문일 것이다.

아메리카 인디언
정화의례

　제주도의 뱀신앙과 다시 조우하게 된 것은 2년 후인 2015년 4월이었다.

　제주도에서 진행된 '아메리카 인디언 정화의례' 행사 마지막 날 들른 돌문화공원에서였다. 흔히 인디언이라고 불리는 미국 원주민들의 스웨트 로지(일종의 한증막) 의례를 한국에서 최초로 선보인 행사였다. 생명모성 운동가인 김반아 박사의 노력으로 아리조나에서 원주민 영적지도자 두 명이 방한해 의례를 이끌었고, 수십 명의 한국인들이 참가했다.

　정화의례의 주역은 모나 폴라카라는 여성이었다. 부족의 영적 지도자인 그녀는 '13명의 토착할머니 국제협의회'의 일원이었다. 이 모임은 미국과 브라질, 네팔, 티베트, 페루, 아프리카 등 세계 각지의 할머니들이 모여 2004년에 결성했다. 이들은 자기 종족의 지혜를 전승하는 영적 원로이자 치유가들로, 가속되는 환경위기와 빈곤문제, 전쟁과 테러, 물질만능의 문화 등에 대처하기 위해 한데 뭉친 것이다.

　정화의례 기간 중 이 할머니들의 활동을 담은 동영상을 관람했는데 제목이 「다음 7세대를 위하여」였다. 폴라카의 가족과 조상, 성장담, 부족의 전통과 영성에 대한 이야기를 들으면서 나는

13명의 토착할머니들. 가운데 앞줄 오른쪽에 붉은색 상하의를 입은 사람이 모나 폴라카다.

현대를 사는 우리가 얼마나 많은 소중한 것들을 상실해 왔는지 느낄 수 있었다. 그녀는 돌아가신 할머니를 본 적이 없지만 지금도 집에 돌아가면 할머니가 자신을 반기는 것을 느낀다고 했다.

첫날 저녁식사 전 기도에서 폴라카는 먼저 제주 땅에 살았던 최초의 사람들, 그리고 조상들을 불러 자신들이 이곳에 와 하려는 일을 허락해 달라고 기도했다.

'제주 땅에 살았던 최초의 사람들.' 그 말을 듣는 순간 현재와 태고의 시간이 이어지며 깊은 감동이 일었다. 설문대할망이 문득 몸을 일으키는 것 같았다. 외지인으로서 예의와 공경을 보이는 그녀의 태도도 아름다웠다. 폴라카는 돌문화공원을 찾았을 때 설문대할망 제단 앞에서 의례를 올리고 담뱃잎을 바치기도 했다.

여드레할망은 언제쯤
길을 허락하실까?

우리가 돌문화공원을 찾았을 때 마침 그곳에서는 제주기메 특별전이 열리고 있었다. 기메는 제의에 쓰기 위해 종이를 오려 만든 신의 형상이나 깃발 등을 말한다. 인간과 신을 이어 주는 무속 도구들을 보여 주는 전시회였다. 전시장은 꽤 넓었고, 정교하고 현란한 기메뿐 아니라 제주 무속을 이해하는 데 필요한 다양한 전시물들이 있었다.

그런데 이곳저곳 들여다보던 중 불쑥 종이로 접은 뱀들이 보였다. 뜻밖이었다. 좁고 긴 스카프를 묶은 듯 제 몸을 제가 감고 있는 종이뱀들 옆에는 '칠성'이란 설명이 있었다. 그리고 이 칠성 신상이 토산리 여드레당신을 상징한다고도 했다. 제주에서는 뱀신을 칠성이라고 한다.

속으로 깜짝 놀랐다. 빠듯한 일정 때문에 이번 방문에서도 여드레할망을 못찾아 뵙고 가는구나, 아쉬워하고 있던 차였기 때문이다. 혼자만의 감회를 느끼며 뱀 신상을 보고 있는데 폴라카가 지나가는 게 보였다. 문득 그녀가 아버지 쪽으로 호피족의 피를 물려받았다는 게 생각나 그녀를 불러 세웠다. 뱀 신상을 손으로 가리키니 그녀가 다가왔다.

"제주의 뱀 여신이에요. 호피족도 뱀을 신성하게 여기는 것으

로 유명하죠?"

폴라카는 미소를 지으며 고개를 끄덕였다.

"호피족은 뱀이 대지의 혼과 소통하는 존재라고 생각하지요."

"그들의 놀라운 뱀 춤을 동영상으로 본 적이 있어요. 그런데 뱀을 신성한 존재로 여겼던 건 세계적으로 공통된 것 같아요. 신기하죠?"

"우리 모두 연결된 존재들이니까요."

그건 그녀가 함께한 일정 내내 강조했던 말이었다. 그녀는 우리가 자연의 4원소들과 해와 달, 대지의 힘으로 살아가는 생명체라고 말했다. 또한 우리 모두가 조상의 기도와 가르침으로 태어나 자라고, 가족과 공동체의 도움으로 살아가는 존재임을 거듭 상기시켰다.

"모든 나의 관계들!"은 그녀가 만트라처럼 가르쳐 준 말이었다. 구체적으로 무슨 뜻이냐고 물으니 "모든 것"이라는 답이 돌아왔다. 모든 것들이 다 나와 관련되어 있다는 뜻이었다. 그러고 보니 실제로 그랬다. 폴라카와 설문대할망, 정화의례 참가자들,

제주의 햇빛과 바람과 돌, 한국과 아메리카, 크레타의 뱀 여신과 제주의 여드레할망……. 어느 것 하나 나와 관련되지 않은 것이 없었다. 그것들은 또 나를 통해 서로에게 이어진다.

여드레할망 혹은 칠성으로 불리는 제주의 뱀 여신들.

그녀들은 아직도 만날 길을 열어 주지 않고 있다. 그렇다고 무턱대고 찾아갈 일도 아닌 것 같다. 신당의 매력에 빠져『제주도 신당 이야기』를 낸 하순애 박사는 토산리를 찾았을 때 마을 사람들의 거부감에 맞닥뜨려야 했다고 한다. 토산리 여자는 뱀신 때문에 시집가기 힘들다는 속설 탓에 마을에서 뱀신 자체를 인정하지 않으려 했다는 것이다.

뱀에 대한 부정적 인식은 본래 제주의 것이 아니다. 신화학자 캠벨은 강력한 생명력의 상징인 뱀을 원죄와 연결시킨 기독교는 '삶을 인정하길 거부하는' 종교라고 갈파했다.

여드레할망은 언제쯤 길을 허락하실까?

할망을 닮은 올레길을 떠올리며 그녀의 부름을 기다린다.

화가 천경자의
수호신, 뱀

굵은 생명줄마냥 또아리를 틀고서 꿈틀대던 비단뱀.
멸문지화의 한을 품고 뱀으로 환생한 듯한 귀족뱀.
세상 사람들이 징그럽고 흉칙하다고 고개를 돌리는
그 뱀들이 나에게는 생명수처럼 느껴졌다.

—「절망의 끝에서 뱀으로 '환생'」 경향신문(1996), 천경자

뱀이 혐오와 공포의 대상이 되고 뱀 신앙이 사라져 버린 현대 한국
사회에서도 뱀의 신성한 생명력은 예술가의 영혼을 통해 살아 있었다.
대표적인 경우가 화가 천경자다.

천경자는 여인과 꽃, 뱀과 나비를 즐겨 그린 화가로 유명하다. 여자
를 여신의 주요 상징들과 함께 그려
낸 것이다.「내 슬픈 전설의 22페이지」
는 22살의 자신을 그린 것인데, 영락없
는 여신상으로 보인다. 황토빛 긴 머리
를 늘어뜨린 채 정면을 똑바로 응시하
고 있는 여자의 머리에 뱀 네 마리가 화
관처럼 둘려져 있다. 텅 빈 듯 내쏘는
눈동자가 혀를 날름대며 꿈틀대는 뱀과
어울려, 보는 이를 강렬하게 잡아끈다.

「내 슬픈 전설의 22페이지」(1977)

다른 세상을 보는 듯한 두 눈은 크레타의 뱀 여신상을 닮아 있다. 천경자는 그 눈을 영혼이 담긴 눈이라고 표현했다.

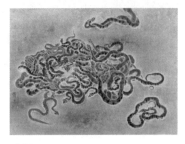

「생태」(1951)

뱀은 천경자에게 수호신 같은 존재였다.

그녀는 20대 중반 광주로 가는 삼등열차에서 찔레꽃 사이로 사라지는 실뱀 두 마리를 본다. 아름다운 환상이었다. 그로부터 2년 후 그녀는 최초의 뱀 그림인 「생태」를 완성했다. 「생태」에는 금방이라도 화폭 밖으로 기어 나올 것 같은 뱀 35마리가 우글거리며 엉켜 있다.

그 즈음 천경자는 지독한 고통과 방황 속에 있었다. 잘 살던 집이 쫄딱 망해 졸지에 가장이 되었고, 아끼던 여동생은 결핵으로 죽었다. 유부남과의 연애는 진흙탕 같았다. 지칠 대로 지쳐 있던 그때, 그녀는 광주역 앞의 뱀집 앞에서 끌리듯 발길을 멈췄다. 그리고 홀린 듯 뱀들을 바라보았다. 꿈틀대는 원초적 생명력, 그 신령한 에너지와 접속한 것이다. 그럼으로써, 비록 의식은 못했을지 몰라도, 그녀 안의 여신이 깨어났다. 그리고 깨어난 뱀 여신은 생명수처럼 그녀를 살렸다. 그녀는 훗날 《월간미술》과의 대담에서 이렇게 말했다.

"어려운 일이 참 많았는데 한 가지 특이한 것은 그때마다 뱀이 나를 살려 준 것 같아요. 내가 유명해진 것도 1952년 부산 개인전에서 발표한 「생태」였고, 그 후에도 역경에 처할 때마다 뱀 때문에 산 것 같아요. 지금도 뱀을 그리고 있습니다."

「탱고가 흐르는 황혼」은 담배 피우는 여인을 그렸는데, 담배 연기가 뱀처럼 묘사되어 있다. 특히 오른쪽 상단의 연기는 나선형이다. 천경자는 뱀에서 슬기로움을 보았고 뱀의 보호력도 믿었다. 옛 여인들이 머리에 꽂았던 용잠을 뱀과 같은 것으로 해석하기도 했다. 천경자가 태어난 고흥은 토산 여드레할망의 고향인 나주와 가깝고 제주도를 마주하고 있다.

천경자는 나비와 새도 자주 그렸다. 여동생이 죽던 날 밤 날아든 나비를 회상하며 그린 「내가 죽은 뒤」에는 나비가 백골 위를 날고 있다. 나비가 재생의 상징임을 알고 그린 것 같다. 다른 한쪽에는 크고 붉은 꽃 두 송이가 자리한다. 무속여신들의 환생꽃일까?

자연에 대한 그녀의 사랑은 1979년 이후 아프리카와 중남미, 남태평양 등을 여행하며 더 커졌다. 깊이가 다른 야생의 자연을 만난 것이다. 그러면서 화폭에는 여자와 자연이 더 원시적이고 풍요롭게 등장한다. 하반신이 표범인 여인 등 신화적 느낌을 주는 그림들도 있다.

자기 안팎의 여신을 표현하기 위해 천경자는 그토록 많은 여인상을 그렸던 것 같다. 그것을 그녀는 '영원한 여성'이라고 말했다.

"한국적인 여인상을 추구하고 있어요. 과거와 미래를 통할 수 있는 여성 말예요. 그는 영원한 여성이죠."

그 여성은 자신이 원통하고 고달플 때 도와줄 수 있는, 성녀 마리아 같은 존재라고 했다. 결국 자신의 여인상들이 구원의 능력이 있는 신성한 그림임을 토로한 셈이다. 그래서 그녀는 그토록 그림을 팔기 어려워했던 것이 아닐까? 1984년 경향신문에 기고한 「망상의 천국보다 지상의 낙원을」이라는 글에는 마침내 여신이라는 말이 등장한다.

"나는 해충만 빼고 뭇 생물을 좋아해 그리다 보니 등장한 그것들을 사랑하게 되고……. 화신(花神), 여신, 조신(鳥神), 어쩌면 나는 기원전의 사람들처럼 혼자 다신교 신자인지도 모른다."

놀랍게도 천경자는 글의 제목에서부터 고대 여신신앙의 여러 측면들을 정확히 짚어 내고 있다. 여사제 같았던 그녀의 탁월한 직관 덕분이 었을 것이다.

그림마다 화려하고 농염하게 묘사된 꽃무리들은 만개하지 못하고 억압된 그녀의 강렬한 섹슈얼리티일 것이다. 꽃무리를 이고 있는 마릴린 몬로와 마돈나를 그린 그림들이 이를 말해 준다. 그녀의 꽃들은 여성의 성기를 연상시키는 조지아 오키프의 과감하고 화려한 꽃 그림들을 떠올리게 한다. 오키프는 나선, 암소 머리뼈 등도 즐겨 그렸다.

"여자는 제각기 다 위대하다."고 말했던 천경자.

그녀는 여신의 자궁으로 돌아갔으나 그 분신들은 우리 곁에 남아 있다. 공유하고 나누는 여신문화를 실천하기라도 한 듯, 많은 작품들을 사회에 기증했기 때문이다.

12
꽃을 피우는
큰 어머니가 되어라

관덕정_굿판
삼승할망·설문대할망

할머니 여신은 생명을 중시하는 나이든 여성의 도덕적 지혜를 표상했다. (…)
여성적 삶의 경험들이 집적된 존재로서 그녀는 죽음을 가져오는 신이기도
했지만, 치유자이자 교육자로 여겨졌다. 그녀는 약함을 불쌍히 여겼고
창조성을 북돋았으며 폭력을 처벌했다. 그녀는 어머니 여신의 어머니로서
지구의 아이들에게 궁극적인 권위였다.
할머니 여신이 당연한 이미지로 인식되었을 때 늙은 여성들은 오늘날 자주
그러하듯 불필요한 대상으로 여겨지지 않았다. 성적이고 모성적인 기능은
끝났으나 그녀는 그 너머에, 아마도 더 중요한, 다른 기능들을 가지고
있었다. 할머니 여신은 존경을 받았다. 사람들은 그녀의 조언을 구했다.

—『할머니 여신』, 바바라 워커

제주 순례 일정에는 순례단을 위해 특별히 마련된 불도맞이
굿 참관이 있었다. 감사한 일이었다. 불도맞이굿은 자식의 점지
와 안전한 출산, 무탈한 양육을 기원하는 의례다. 황다리궤당에
서 나온 우리는 제주시 한복판에 있는 관덕정에 도착해 굿이 시
작되기를 기다렸다. 점심시간이 막 지난 후였다.

굿을 직접 보게 된 미국인 순례자들은 기대가 큰 모습이었
다. 큰 상을 차려놓은 굿청을 살피며 사진을 찍거나 서로 얘기를
나누면서 큰 호기심을 드러냈다.

그들 옆에서 아는 대로 설명이라도 해 주면 좋으련만 나는 멀
찍이 떨어져 쓰리고 아픈 가슴을 추스르고 있었다. 날씨는 개었

지만 내 속은 여전히 먹구름이 가득 차 답답했다. 혹시나 하고 다시 휴대전화를 살펴봤지만 역시 아무런 응답이 없었다.

사실 나는 전날 저녁부터 속이 타들어 가고 있었다. 아침 일찍 제주행 비행기를 탔을 때도 마음 한구석은 걱정에 꺼둘리는 상태였다. 그러다 저녁에 받은 엄마의 전화는 역시 예상대로의 소식이었다.

"그게 글쎄, 안 됐다더라. 아침께는 분명히 된 것 같다고 했는데……."

엄마의 목소리는 안타까움과 허탈함에 미안함까지 더해져 끊어지며 쪼그라들었다.

예기치 못한 상황이 아닌데도 가슴이 쿵 주저앉았다. 동시에 아들아이가 느끼고 있을 좌절감이 그대로 끼쳐 오는 것 같았다. 이를 어찌해야 하나. 그날은 대학생인 아들이 치른 시험의 최종 발표가 있는 날이었다. 아이의 장래에 매우 중요한 시험이었기 때문에 가족 모두가 긴장한 채 결과를 기다렸다.

엄마의 첫 전화는 오전 10시경에 왔다. 한껏 들뜬 목소리였다.

"금방 전화해 봤는데 합격한 것 같대. 근데 정식 발표는 한두 시간 후에 한다고 그때 다시 알려 준댄다. 아이고, 이제 한숨 놓았다. 얼마나 잘됐냐?"

무거운 짐이 사라진 듯 잠깐 홀가분한 기쁨이 느껴지긴 했다. 그러나 곧 찜찜하고 불안해졌다. 정식 발표를 한두 시간 후에 한다고? 그럼 아직 안심할 수 없잖아?

내 불안감은 단순히 살짝 미덥지 못한 엄마의 판단력이나 시험결과와만 연관된 게 아니었다. 그건 그동안 내가 아이에 대해 키워 왔던 오래 묵은 감정이었다.

'평소에 공부를 소홀히 했는데 합격이 되겠어?'

내 속에서 습관처럼 또 불신이 고개를 쳐들었다. 그리고 그와 연관된 여러 부정적인 감정들, 판단들이 고구마줄기처럼 따라서 튀어나왔다. 아이 역시 나를 떠올리면 그럴 것이었다. 그렇지 않다면 그렇게 벽을 칠 리가 없었다.

그 즈음 아이와 나의 관계는 최악이었다. 더 이상 서로 얘기하지도, 만나지도 않아 시험 소식도 엄마를 통해 알게 됐을 정도였다.

무엇이 잘못된 것일까? 늦은 밤, 망설이다 아이에게 전화를 걸었다. 서로 상관하지 말자는 마지막 문자 후 6개월 만이었다. 쓰리고 무너진 내 심정이 그대로 아이의 심정으로 느껴지면서 나도 모르게 전화를 들었다. 하지만 응답이 없었다. 아침까지 몇 차례 다시 걸고 문자를 보내 봐도 마찬가지였다. 아이는 내 전화를 거부하고 있었다. 그건 내가 제주에 있다는 사실만큼이나 분명했다. 아이와 나 사이에 놓인 간격도 서울과 제주만큼 멀었다.

굿을 기다리며 혼자 서성이다 다시 전화를 해 봤으나 결과는 마찬가지였다.

삼승할망을 만나다

관덕정의 널찍한 내부.

제주전통굿의 큰심방으로 유명한 서순실의 굿판에 점점 신명이 오르는 중이었다. 징을 비롯한 무악기들의 합주가 빨라지며 귀청을 흔들기 시작했다. 쏟아지는 오후의 햇살도 그에 따라 함께 요동치는 듯했다. 흰 고깔에 붉은 무의를 차려입은 심방의 몸짓도 역동적으로 변해 갔다. 그러던 한순간 그녀가 양손에 들었던 광목천 다발을 공중에 던지는가 싶더니, 곧 길고 긴 흰 천이 공중에서 요동치기 시작했다. 심방의 격렬한 몸짓에 따라 흰 광목천은 농악대의 12발 상모처럼, 혹은 거대한 흰 구렁이처럼 빙빙 돌거나 휘몰아치며 굿판에 다이내믹한 활기를 내뿜었다.

조금 전까지 호기심 가득했던 미국인 순례자들의 얼굴에 저절로 미소가 번져 나갔다. 춤이란 몸짓언어를 통해 소통이 이뤄지는 듯했다.

"출산의 여신이 올 다리를 만드는 춤이에요."

나는 옆자리에 앉은 메리앤 콜롬비아에게 말했다. 그녀는 흥미진진한 얼굴로 굿판을 주시하며 고개를 끄덕였다. 그도 그럴 것이 그녀는 매사추세츠 종합병원의 임신·출산 전문 간호사였다. 전인적 치유자이기도 했는데 영성과 정신, 육체를 통합하는 치유 방법을 쓰고 있다고 했다. 동양의 기치료와 요가, 불교에도

위 | 불도맞이 굿을 하고 있는 서순실 큰심방

아래 | 서순실 큰심방이 콜롬비아를 굿판에 끌어들이고 있다.

꽤 조예가 깊은 듯했고 간단한 리츄얼도 이끌었다.

"그럼 곧 해야 하나요?"

그녀가 약간 긴장한 얼굴로 물었다.

"글쎄요, 무당이 알려줄 테죠."

서순실 심방은 콜롬비아가 임신·출산 전문 간호사라는 사실을 알고, 굿놀이에 참여해 아이를 낳는 시늉을 해 달라고 부탁했었다. 콜롬비아는 흔쾌히 수락하고 자신의 차례를 기다리고 있는 중이었다. 그녀는 잠시 후 주어진 임무를 잘 해냈을 뿐 아니라 심방이 참여를 유도할 때 여러 번 적극적으로 대응했다. 익살스런 몸짓까지 더해서 사람들의 웃음이 터지기도 했다. 서양 여자의 능청스러운 굿판 참여에 모여든 구경꾼들이 꽤 됐다. 우리 굿판의 신명나는 즉흥성과 개방성을 느낄 수 있는 기회였다.

불도맞이 굿의 주인공은 제주의 삼신할머니인 삼승할망이다. 굿을 하는 심방은 삼승할망본풀이를 구송하며 그녀의 내력을 소개한다.

할망은 원래 명진국따님애기였다. 그녀는 옥황상제의 부름을 받고 하늘에 올라가 상제에게 임신, 출산법을 배운 후 인간 세상에 내려선다. 그런데 그때 인간 세상에는 이미 임신, 출산을 담당하는 생불왕 여신이 있었다. 그녀의 이름은 동해용왕따님애기다. 용궁에서 태어났으나 부모의 미움을 받아 석함에 담겨 버려진 후, 인간 세상에서 생불왕이 되었다. '생불'은 아이를 뜻하는 제주어다.

명진국따님애기와 동해용왕따님애기는 삼승할망 자리를 놓고 다투게 됐다. 둘은 옥황상제의 결정에 따르자고 합의한다. 상제는 서로 꽃피우기 경쟁을 해 이기는 쪽에 삼승할망 직을 부여하기로 했다. 두 따님애기는 모래밭에 꽃씨를 뿌려 꽃을 피웠는데, 명진국따님애기 것은 가지와 꽃송이가 번성했으나 동해용궁따님애기 꽃은 시들고 말았다. 옥황상제는 명진국따님애기를 삼승할망으로 들어서게 하고, 동해용왕따님애기는 저승에 가서 죽은 아이들을 맡으라고 했다.

이 판결에 동해용왕따님애기는 화를 벌컥 내며 태어난 아기들에게 백일 안에 여러 병을 주어 데려가겠다고 협박한다. 이에 명진국따님애기는 그리 말고 서로 좋은 마음을 먹자고 달랜다. 앞으로 사람들에게 제물을 받아먹을 수 있도록 배려해 주겠다는 것이다. 이에 두 여신은 화해의 잔을 서로 건넨 후 각자의 영역에 자리한다.

우리 모두가 꽃이다

삼승할망본풀이의 주인공은 명진국따님애기지만 더 흥미로운 쪽은 동해용왕따님애기다. 그녀는 명진국따님애기보다 더 오래된 원조 삼승할망이다. 더구나 명진국따님애기가 인간인데 비해 용왕의 딸인 용녀다. 그녀에게서는 생명의 수여자이자 동시에 거두는 자였던 선사시대 위대한 여신의 잔영이 보인다. 명진국따님애기의 등장은 하나로 통합되어 있던 생사의 순환이 삶과 죽음으로 분화된 상황을 말해 주는 것 같다.

그러나 그럼에도 불구하고 삶과 죽음은 이어지며 공존할 수밖에 없다. 명진국따님애기가 동해용왕따님애기와 제물을 나누며 화해할 수밖에 없는 이유다. 두 여신은 결국 같은 여신의 다른 측면일 뿐이다.

불도맞이 굿에서 특히 인상적인 것은 서천꽃밭이다. 제주무속에서 서천꽃밭은 아이를 점지하거나 죽은 사람을 살릴 수 있는 생불꽃이나 환생꽃뿐 아니라 멸망꽃이나 악심꽃도 피어 있는 곳이다. 한마디로 생사의 근원이 되는 신화적 공간이다. 삶과 죽음이 교차하는 미스터리의 영역이라는 점에서 서천꽃밭과 크노소스 성소 서쪽의 신전들은 같은 성격을 공유한다.

삼승할망은 서천꽃밭의 생불꽃을 따서 분주히 돌아다니며 아이를 점지하고, 태어난 아이들이 15세까지 잘 크도록 돕는다. 할망이 꽃밭 동쪽의 푸른 꽃으로 점지하면 아들, 서쪽의 흰 꽃으로 점지하면 딸이 잉태된다. 우리 모두가 태어나기 전 서천꽃밭의 한 송이 꽃이었던 것이다.

관덕정 너른 마루 한쪽에 차려진 굿상 위에는 동백나무 가지들이 놓여 있었다. 서천꽃밭의 생불꽃을 상징하는 것이었다. 불도맞이굿을 하는 심방은 그 생불꽃을 들고 '꽃탐'이란 의례를 한다. 서천꽃밭에서 몰래 훔쳐 왔다며 임신을 원하는 여성에게 가져가 파는 것이다. 꽃가지의 생김새를 보고 잉태 시기와 성별 등을 예언하기도 한다.

나는 좋은 엄마였을까?

내 아들은 서천꽃밭의 푸른 꽃이었다가 내게로 왔겠구나.

문득 들이치는 생각에 가슴이 쓰려 왔다. 원래 그렇게 아름다운 존재였는데, 나는 왜 아이의 부족한 점만 지적하려 했을까? 성실하지 못하고 예의도 없이 제멋대로인 아이. 내가 심판하고 있는 아들의 모습이었다. 때로는 이해 불가이기도 했다. F학점을 몇 개씩 받고도 아무런 거리낌이 없었다. 대학을 무사히 졸업할 수 있을지 한동안 불안했다. 아이는 대학에 들어가자마자 만세를 부르며 집을 뛰쳐나가더니 이후 집과는 되도록 멀리 있으려 했다. 나 역시 이제 성인이 되었으니 혼자 삶을 대면하며 배우라고 거리를 두었다.

무엇이 잘못된 것일까?

여전히 전화는 불통이었다. 굿이 시작된 이후에도 몇 번 문자를 보냈으나 아무런 응답이 없었다. 수신거부라도 해 놓은 것 같았다.

나는 좋은 엄마였을까?

그 무렵에 내가 들고 있던 화두였다. 그전까지는 모든 잘못을 우선 아이에게서 찾았다. 내 잘못과 부족함은 보이지 않았다. 아이를 누구보다 사랑했고 아이의 앞날을 위해 나름대로 노력했으며, 부끄럽지 않은 엄마가 되려고 내 인생도 열심히 살고 있다고 생각했다. 아이에게 받은 내 상처들만 아프고 화가 났다.

왜 아이의 상처는 다사롭게 신경 쓰지 못했을까? 대신 불신의 논리만 들이댔을까? 무엇이 두려워서? 만화책 좀 그만 보라고 다그치는 대신 함께 그것들을 봐야 했다. 어린 나이에 엄마와 떨어진 시간이 많았던 데 대해서도 섬세하게 신경 써야 했다. 아이와 함께 하는 시간보다 내 일을 우선하지 않았어야 했다. F학점이 몇 개라도 언성부터 높이지 말고, 이왕이면 유머도 구사하며 아이와 대화를 했어야 했다.

왜 그러지 못했을까? 내가 결코 좋은 엄마이지 못했다는 뒤늦은 깨달음은 뼈저린 후회를 불렀다. 결코 되돌릴 수 없는 지나간 시간들. 삼승할망이 그 시간을 다시 준다면 잘할 수 있을까? 자신이 없었다.

늙고 힘 없는 엄마가 떠올랐다.

같은 엄마로서.

할머니의
힘과 지혜와 아름다움

늦은 아침의 제주공항은 적당히 한산했다.

3박 4일의 제주 순례를 마치고 공항 로비에 앉아 순례를 마무리하는 한담을 나누는 중이었다. 내 옆에는 베일리가 앉아 있었다. 따져 보니 엄마보다 몇 살 위였다. 산 설고 물 선 데다 언어와 음식 모두 낯선 한국에서 2주간의 빡빡한 일정을 보냈는데도 그녀는 별로 힘든 내색이 없었다. 그 건강과 열정이 새삼 놀라웠다. 건강이 더 좋아 보이는 루일은 서서 일행과 활발하게 얘기하며 웃음꽃을 피우곤 했다.

"루일은 정말 대단한 할머니세요. 가족사진을 보고 진짜 놀랐어요."

내 말에 베일리는 크게 고개를 끄떡였다. 남편과의 사이도 부러울 정도로 좋다고 했다. 루일은 제주 순례 첫날 저녁, 여신심포지엄에서 자신의 활동과 여신배너들을 소개했다. 그런데 발표의 마지막 장면이 그녀의 놀라운 가족사진이었다. 사진에는 그녀의 세 자녀와 손자 손녀들, 그 외 가족들이 그녀를 가운데 두고 줄을 지어 모여 있었다. 어떤 집단의 단체사진으로 보일 정도로 사람들이 많았다. 루일은 여왕벌처럼 한가운데 편안하고 넉넉한 자세로 앉았는데, 얼굴엔 잔잔한 행복감과 자신감이 번져 있었다.

"완전 가모장이시네요."

누군가가 감탄어린 목소리로 그렇게 말했는데, 루일은 자신이 대가족의 중심으로서 가족 간의 화목을 잘 이끌고 있다는 식으로 대답했던 것 같다. 망설임 없는 긍정이었다.

어떻게 저렇게 성공적인 엄마 혹은 할머니가 될 수 있었을까? 진심으로 부러웠다.

베일리 역시 세 자녀의 어머니였다. 그중 하나는 입양해 키운 흑인 아들이었다. 자녀들과 사이가 좋으냐고 물으니 지금은 혼자 사는데 딸과는 매일 전화하고 아들도 자주 방문한다고 했다. 얘기를 나누다 보니 자연스레 아들과의 문제를 털어놓게 되었다. 짧은 하소연이었지만 그녀는 단박에 알아듣는 것 같았다.

"너무 걱정 말아요. 엄마 노릇은 원래 어려운 일이니까. 이 세상에 좋은 엄마의 표준이 따로 있는 게 아니니 자신을 믿으세요."

위로가 되긴 했지만 여전히 자신이 믿어지지 않았다.

"내가 너무 냉정하고 엄격하게 대했나 봐요."

"때로 엄마는 엄격할 필요도 있어요!"

단호한 반응이었다. 암호랑이 같은 그녀의 푸른 눈빛이 나를 바라보고 있었다. 그 말을 듣는 순간 어떤 해방감 같은 게 스쳤다. 이해받았다는 느낌 때문이었을 것이다. 지금까지 내 얘기를 들었을 때 그런 식으로 반응한 사람은 없었다. 거의 예외 없이 내가 엄마로서 많이 감싸 주지 못했음을 지적하곤 했다. 엄마란 그런 존재가 아니라는 것이었다. 엄마로서 내 태도를 인정해 준 그녀의 한마디가 가진 힘은 컸다. 계속 노력한다면 자신을 믿을 수 있을 것 같았다.

"갈등 상태를 넘어서려면 문제가 있는 곳에서 시작하지 말고 온전한 곳에서 시작하세요."

순례단의 일원인 김반아 박사가 여신학술회의에서 한 말이 떠올랐다.

문제를 껴안고 끙끙대지 말고 거기서 벗어나 온전한 상태로 옮겨 가기. 그렇다면 더 이상 아이와 혹은 나 자신과 지난 시절의 잘잘못을 따지며 다투거나 힘들어할 필요가 없었다. 온전한 엄마의 자리를 찾으면서 본래 아름다운 꽃인 아들과 새로운 관계를 시도하면 될 것이었다.

루일과 베일리 그리고 김반아.

강하고 현명하며 멋진 세 할머니와 함께 한 제주 순례에 진심으로 감사했다. 나이 든다는 건 단지 늙고 쇠약해지는 것이 아니라 그만큼 지혜롭고 넉넉해지는 것이기도 했다. 잘 늙은 할머니의 힘과 지혜와 아름다움, 그것이야말로 여신의 능력이 아닐까? 그래서 이 땅에서는 여신을 할망이나 할미라고 불러온 것이 아닐까?

설문대할망의
웃음소리

요즘 제주에서는 매해 설문대할망제를 개최하고 있다. 반가운 소식이다. 비행기 안에서 가방을 정리하다 제주돌문화공원에서 열린 설문대할망제를 소개하는 책자를 보았다. 단편적 전설이나 민담 속에 파편화됐거나 지워진 설문대할망, 물장오리에 빠져 죽고 말았다는 할망이 축제를 통해 제주 사람들의 삶 속에 살아나고 있는 모양이었다. 책자에는 우리가 잘 아는 설문대할 망 신화가 그림과 함께 소개되어 있었다.

먼 옛날 설문대할망은 망망대해 가운데 섬을 만들기로 마음을 먹고,
치마폭 가득 흙을 퍼 나르기 시작했다.
제주섬이 만들어지고, 산봉우리는 하늘에 닿을 듯 높아졌다. (…)
얼마나 키가 컸던지 한라산을 베개 삼고 누우면
다리는 제주시 앞바다에 있는 관탈섬에 걸쳐졌다.

익숙하게 아는 내용인데 그 의미가 새롭게 다가왔다. 성산일 출봉의 등경돌에 불을 밝히고 길쌈을 했다는 그녀의 모습도 떠 올랐다. 크레타에서 숭배됐던 석순이나 돌기둥을 연상시키는 등 경돌은 오래전 할망의 신체로 여겨졌을 것이다. 실제로 마을 주 민들은 이 돌 앞에서 마을의 안녕을 비는 제사를 지냈다고 한 다. 선사시대 이래 선돌(돌기둥, 돌탑)은 여신의 표상이었다.[30] 우리 가 잘 아는 망부석은 그러한 전통이 가부장제에 의해 변형된 것 이다.

일출봉 정상은 우묵한 자궁 모양의 분화구다. 하와이 여신전 통이 보여 주듯 이런 천혜의 여신 성소가 없다.[31] 크노소스 성소 와 상징적 의미가 같다. 나는 우리 땅의 여신상징들을 만나면서 비로소 크노소스 성소가 여성성기 형태라는 걸 깨달았다. 직사 각형 중앙마당을 중심으로 둥그스름하게 건물들이 배치된 평면

위 | 위에서 바라본 성산일출봉

아래 | 등경돌

도가 그 사실을 말해 준다. 우리 한옥의 ㅁ자형 안채도 같은 의미일 것이다.

그런데 할망은 그 엄청난 힘으로 무엇을 짰던 것일까?

여신의 길쌈은 그녀의 세계를 창조하는 행위다. 그 길쌈 덕에 제주도에 마을들이 생겨나고 살림살이가 마련됐으며, 사람 사는 법도들이 만들어졌을 것이다.

할망은 백록담을 깔고 앉아(이 표현은 백록담 분화구가 설문대할망의 성기와 관련됐음을 시사한다) 우도를 빨래판 삼아 매일 치마를 빨기도 했다. 반복되는 빨래는 규칙적인 정화의 행위다. 할망의 빨래 때문에 세상은 매일 새롭게 재생할 수 있었을 것이다.

할망의 길쌈과 빨래로 만들어지고 유지됐던 제주도.

문득 비행기 저 아래 멀어져 가는 제주 땅에서 껄껄껄 큰 웃음소리가 들리는 것 같았다.

한라산을 베개 삼아 누운 거대한 할망의 부름이었다.

큰 어머니가 되어라!

네 좁아터진 에고에서 벗어나 자꾸자꾸 커져라!

한라산 산신이기도 한 할망의 웃음소리가 말해 주고 있었다.[32]

죽음 앞에서도
'큰 어머니'였던 루일

2016년 3월말 나는 루일이 80세로 사망했다는 이메일을 받았다. 뇌종양 때문이라고 했다.

다시는 미소 띤 얼굴로 여신배너를 들고 세계를 누비는 그녀를 볼 수 없다는 생각에 가슴이 먹먹해졌다. 전후사정이 궁금해 구글에서 검색해 보았다. 신문보도와 그녀의 조카가 한 여신웹진에 쓴 글을 통해 자세한 내용을 알 수 있었다. 그 조카는 어릴 때부터 그녀를 따라 세계를 돌며 그녀와 많은 시간을 공유했고 그녀의 예술과 영혼, 지식이 사람들에게 어떤 영향을 미쳐 왔는지를 다 지켜본 여성이었다.

루일은 죽음도 자신만의 방식으로 맞이했다. 죽기 한달 전 그녀는 한 카페에서 사람들을 모아 작별의식을 치렀다. 300명이 넘는 사람들이 모였다고 한다. 붉은 천과 은색 천이 드리워진 의자에 앉은 그녀는 가족과 친구, 팬들이 노래를 부르고 리츄얼을 하는 장면을 편안하게 지켜보았다. 그리고 딸의 손을 잡고 일어나 천천히 사람들 사이를 돌며 자신의 삶이 그들에게 어떤 의미였는지를 다 들었다. 눈물과 웃음이 함께 한 순간들이었다. 죽음을 대면했을 때 사람이 어떻게 우아하고 의미 있게 떠날 수 있는지를 보여 준 기억할 만한 축제였다.

죽기 일주일 전에는 근처의 여성 샤먼을 불러 죽음을 맞는 리츄얼을 치렀다. 그녀가 부른 여신들은 하와이 화산의 여신 펠레, 힌두 여신 칼리, 그리스 여신 헤카테였다.

그녀가 죽음을 준비할 무렵 미국은 대통령 선거 열기로 뜨거웠다. 그녀는 힐러리 클린턴의 열렬한 지지자였다. 덴버에 클린턴이 왔을 때 그녀는 쇠약한 몸을 이끌고 조카와 함께 그곳에 갔다. 그리고 클린턴을 직접 만나 "여성 대통령 후보에게 투표하기 위해 참 오래 기다렸다."며 당선을 기원했다. 집에 돌아오는 길에 그녀는 조카에게 "혹시 11월 선거에서 힐러리에게 투표할 방법이 없을까?" 물었다. 조카는 "글쎄요. 죽은 사람이 투표하는 건 불법이라는데요."라고 응수했다. 두 사람은 동시에 웃음을 터뜨렸다고 한다.

루일이 만든 바리공주 배너   마고 배너를 가운데 두고 포즈를 취한 루일(좌)과 베일리

루일은 남편의 지극한 간병 속에 집에서 잠을 자다 세상을 떴다. 그
며칠 전에는 그녀의 마지막 책이 출간됐다. 북미와 중남미 그리고 주변
섬들의 여신상 배너들을 담은 책이었다. 그녀와 가까웠던 한 친구는 여
신배너에 대한 그녀의 열정을 이렇게 전했다.

"리디아는 더 많은 사람들에게 여신의 이미지들을 알리려고 분투했
어요. 그건 그녀의 인생을 바친 일이었고 가슴이 시키는 일이었지요."

현재 루일과 가까웠던 영화제작자 이사도라 라이덴프로스트 박사는
루일의 삶과 죽음을 조명하는 한 시간짜리 영화를 제작 중이다. 2019년
에 배포될 예정이라고 한다. 루일이 만들어 놓은 한국여신 배너들은 앞
으로 한국여신운동에 의미 있는 자원이 될 수 있을 것이다.

13
서해바다에 사는
여덟 딸의 어머니

부안_수성당
개양할미

고대 밀레투스 학파에 따르면 물은 모든 원소들의 첫 번째로서 만물의
어머니다. (…) 대부분의 신화들은 창조의 원초적인 충동이 물로 된
혼돈의 자궁이나, 위대한 어머니를 표상하는 무형성(formlessness)에서
비롯됐다고 말한다. 이는 태아가 자궁 안에서 경험하고, 일생에 걸쳐
잠재의식적으로 기억되는 원형적 이미지로, 자기와 타인 혹은 자기와
엄마의 구분이 없는 이미지다. (…) '물'과 '엄마'의 상관성은 중세까지도
보편적이었다. (…) 여신사원들은 거의 항상 우물, 샘물, 호수 혹은
바다와 관련되었다.

— 『신화와 비밀에 대한 여성 백과사전』, 바바라 워커

변산반도 서쪽 끝 해안가 절벽 위에 오롯이 서 있는 수성당.

서해의 대표적 어장 중 하나인 칠산바다를 관장하는 개양할
미를 모신 신당이다. 오래전부터 마을 사람들은 그녀에게 풍어
와 안전, 마을의 안녕을 빌어 왔다. 뿐만 아니라 칠산바다를 오
가며 다양한 해상활동을 했던 내외국인들에게도 숭앙의 대상이
었다. 서해의 가장 우뚝한 신이라고 할 수 있다.

수성당은 바다 쪽에서 볼 때 해발 22미터 절벽 위에 있어 마
치 등대 같은 인상을 준다. 그러한 지리적 조건도 성소의 형성에
영향을 미쳤을 것이다.

제주도에서 여신을 할망이라고 부르듯, 본토에서는 여신이 할

미라고 불리는 경우가 많다. 그래서 할미를 여신에 해당하는 우리말 정도로 이해하는데, 그렇다고 할머니와 관계가 없다고도 할 수 없다. 여신의 역사를 보면 한 부족이나 가문, 나라의 추앙받던 할머니들(여성조상)이 죽어서 여신이 되는 과정이 보이기 때문이다.

개양할미는
내 그리움이었다

홀로 순례길에 나서 시원한 해안도로를 따라 수성당에 도착한 것은 정오 무렵이었다.

입구에 들어서니 사진으로 봤던 작은 기와집이 바로 눈에 들어왔다. 평일이라 그런지 아무도 없이 고요했다. 쏟아지는 햇볕은 한여름이 목전인데도 부드럽게 빛났다.

한 바퀴 둘러본 후 마당 한쪽의 정자에 앉아 있으려니 솔향을 담은 맑은 공기가 가벼운 날갯짓처럼 내려앉았다. 꿈결인 듯 들려오는 나지막한 파도소리, 나뭇잎을 슬쩍 스쳐가는 바람소리. 예상했던 것보다 훨씬 한가롭고 평화로운 신당이어서 행복했다.

신당 관리인은 점심식사 중이니 곧 올라오겠다고 했다. 막대기를 얽어 놓은 바다 쪽 담에는 시누대가 우거져 있었다. 그 앞

위 | 수성당

아래 | 개양할미와 여덟 딸을 그린 당신도

에 서서 바다를 바라보고 있자니 크레타의 한 순례지가 떠올랐다. 해안가 언덕에 위치한 미노아시대 주거지 푸르누 코리피였다. 거기서도 눈 아래 탁 트인 바다가 펼쳐져 있었다. 거북 형상의 미르토스 여신상이 발굴된 곳이었다.

그런데 그 여신상을 떠올린 순간 문득 그것이 바다의 여신일 거라는 생각이 뇌리를 스쳤다. 그녀의 몸에 그려진 그물무늬를 보고서도 트이지 않았던 인식이 개양할미를 통해 드러난 것이다. 동시에 개양할미가 그 거북 여신만큼 오래된 신일 것이라는 생각도 들었다.

마침내 관리인이 모습을 드러냈다. 마을의 할머니인 듯한 그녀는 아는 체도 없이 곧장 당집으로 향했다. 그리고 자물쇠가 걸린 문 앞에서 꽃바지 주머니를 뒤져 열쇠를 꺼내 들었다. 그 순간, 마침내 그녀를 볼 수 있다는 생각에 가슴이 뛰기 시작했다.

그녀를 처음 본 것은 인터넷을 통해서였다. 크레타에서 돌아온 후 틈나는 대로 우리 여신들을 찾는 여정에서 어느 날 그녀가 내 앞에 불쑥 나타난 것이었다. 마치 기적처럼.

풍만한 몸집에 복스러운 이목구비, 단아한 트레머리의 그녀는 여덟 딸을 거느리고 우아하게 앉아 있었다. 크고 둥근 눈으로 내려다보며 "왜, 무슨 일 있어?" 하고 묻는 듯한 표정이었다. 크레타의 성모들보다 부드러웠지만 꿰뚫는 듯한 눈빛이었다. 그녀의 딸들 역시 강렬한 눈빛에다 표정까지 당찼다. 무엇보다 시선을 끈 건 그녀가 품고 있는 막내딸이었다. 어린 딸은 편안하고 호기심 가득한 얼굴로 엄마의 너른 품속에 자리하고 있었다.

그 모녀를 본 순간 바로 안나와 마리아 성모녀상이 떠올랐다. 우리 땅에 이런 성모녀상이 있었다니! 놀라고 감격하지 않을 수 없었다. 그리고 그날 이후 수성당 개양할미와 여덟 딸은 내 그리움이 되었다. 언젠가 기회를 잡아 꼭 만나야 했다.

드디어 문이 열리고 소박한 신당 내부가 드러났다. 제단 위 정면에 여러 장의 무신도들이 있었는데, 할미와 딸들은 한가운데 가장 크게 자리하고 있었다.[33] 숨을 크게 들이쉰 후 향을 바치고 절을 올렸다. 그리고 그녀의 시선이 향하는 쪽으로 가 앉았다. 드디어 그녀와 독대하게 된 것이다. 시선을 올려 바라보니 그녀가 묻는 것 같았다.

"왜 이제 왔니?"

울컥 눈물이 솟으려 했다. 후손들에게 잊혀졌거나 오해받는 어머니. 그 어머니를 몰랐기 때문에 나도 성모녀와의 첫 조우라는 감격의 순간을 저 먼 타국에서 경험해야 했다. 만약 첫 경험을 수성당에서 했다면 얼마나 행복했을까? 내 뼈와 살이 기뻐 날뛰었을 것이다. 안타까움을 달래며 내 땅, 내 어머니에겐 무지한 채 밖에 나가 찾으려 했던 어리석은 딸의 잘못을 빌었다. 그리고 찬찬히 당신도를 살펴보았다.

그러자 막내딸을 끌어안은 할미의 양팔이 부드러운 V자를 그리고 있는 게 보였다. 신성한 삼각형과 같은 상징이니 막내딸은 엄마의 자궁에 있는 셈이었다. 두 손을 모아 쥔 양쪽의 네 딸들도 연두색 쾌자가 역삼각형 형태로 배치돼 있었다. 놀라웠다.

화가가 알고 그린 것일까, 아니면 무의식의 발로였던 것일까?

구낭사와 당굴

수성당은 원래 구낭사(九娘祠)였다고 한다. 아홉 여신들의 사당이라는 뜻이다. 개양할미와 막내딸, 그리고 할미가 칠산바다 주변의 당집들에 보낸 일곱 딸을 구낭이라고 부르며 함께 모신 것이다.

구낭사란 이름은 추상적인 수성당(水聖堂)보다 구체적이고 매력적이다. 사전지식이 없어도 당에 모신 신의 정체와 이미지가 상상된다. 이 이름에는 어머니와 여덟 딸들이 함께 칠산바다를 관장하는 모계문화가 담겨 있다. 그 문화는 숫자 9와도 관련될 것이다. 항공대 우실하 교수에 의하면 한국 전통문화에서 9는 '완전함' 혹은 '최고'를 의미한다. 그런데 이렇게 좋은 이름이 무슨 이유에선가 바뀌어 버린 것이다.

수성당에 가면 절대 놓치지 말아야 할 곳이 하나 있다. 당집 아래쪽 깎아지른 절벽 아래에 숨듯이 자리한 해식동굴이다. 인근 숙막동 사람들이 당굴 혹은 여울굴(여우굴)이라고 부르는 이 동굴은 개양할미가 거주한다고 알려진 오래된 성소다. 절벽 위에

개양할미의 오래된 성소인 당굴

서 내려다보면 컴컴한 동굴 속으로 바닷물이 드나드는 게 보인다. 소용돌이치며 밀려들었다 빠져나가는 바닷물을 보고 있으면 으스스한 두려움이 등골을 스칠 정도로 에너지가 강하다.

당굴의 역사는 선사시대까지 올라가는 것으로 추정된다. 당굴이야말로 수성당이 지닌 신성의 원천인 것이다. 지금도 수성당에서 가장 중요한 성소라고 할 수 있다. 오랜 기간 해식동굴 자체를 신당으로 여겼던 사람들이 이후 사회문화적 변동에 따라 건물을 따로 짓고, 의례도 정교화시켰던 것으로 보인다.

전설에 의하면 개양할미는 거구의 여신이다. 그녀는 굽나막신을 신고 서해바다를 걸어 다니며 깊은 곳을 메우고 위험한 곳엔 표시를 해서 어부들의 생명을 보호했다. 곰소 앞바다의 계란여라는 곳은 어찌나 깊은지 할미의 치맛자락이 조금 물에 젖을 정도였다. 이에 화가 난 할미는 육지의 흙과 돌을 치마에 담아와 계란여를 메웠다고 한다.

설문대할망을 떠올리게 하는 개양할미의 전설은 둘을 하나로 엮는 더 원초적이고 거대한 존재를 상상하게 한다.[34] 그녀의 이름은 무엇이었을까? 그녀와 사람들의 관계는 어땠을까? 지금은 알 수 없는 그 존재로부터 우리가 아는 여러 여신들이 생겨났다.

마고할미, 설문대할망, 개양할미, 노고할미, 서구할미, 안가닥할미. 다자구할미.

개양할미가 관장하는 칠산바다는 예로부터 서해 해상교통의 요충지여서 중국, 일본과의 교류도 활발했다. 또 조기를 비롯한 해산물들이 넘쳐나던 황금어장이었다. 우리가 잘 아는 영광굴비의 산지다. 하지만 칠산바다는 조류가 빠르고 거센 데다 파도가 심해 험한 항로이기도 했다. 따라서 강력한 신의 보호를 요청해야 했던 환경이 수성당 당굴을 성소로 만들었을 것이다. 또 위험을 감수한 대가로 풍요로운 수확을 보장했던 바다의 은혜가 최고의 생산력을 상징하는 아홉 여신을 탄생시켰을 것이다.

개양할미의 상징, 철마

현재 수성당은 국내 최대의 해양제사터로 인정받는다.

1992년 발굴 결과, 3세기 후반 마한시대부터 조선시대 후기에 이르기까지 수많은 유물들이 출토되었다. 대가야, 일본, 중국의 유물들도 나와 오래전부터 국제적 해상교류의 중심지였음을 알렸다. 특히 5-6세기 유물들이 많아 백제 때 개양할미에 대한 신앙이 드높았음을 알 수 있다. 당시는 당집이 없이 노천제사를 지냈을 것이라고 한다. 그렇다면 당굴이 신당이었을 것이다.

수성당을 나오면서 다시 당굴을 찾았다. 당굴은 개양할미를 인물상으로 모셔 놓은 수성당과 서로 다른 신성을 발산한다. 인물상이 친밀한 심리적 효과를 낸다면, 바닷물이 넘나들며 섬뜩한 에너지를 내뿜는 당굴은 몸을 통한 외경심을 자아낸다. 전설에 의하면 당굴에는 철마가 살았다는데 그 내용이 매우 흥미롭다.

옛날 죽막동에 마음씨 착한 형제가 앞 못 보는 늙은 어머니를 모시고 살고 있었다. 하루는 형이 고기를 잡으러 나갔는데 소식이 없었다. 아우가 찾아 나섰으나 그 역시 돌아오지 않았다. 기다리다 지친 어머니는 당굴까지 가서 아들들을 소리쳐 부르다가 그만 굴 속으로 떨어져 죽고 말았다.

세월이 흐른 후 아들들이 돌아왔다. 그때 당굴 밑 바다에서 한 노인이 나타났다. 그리고 황금부채 두 개를 주면서 "이것으로 나라와 고장을 구하라. 그리고 너희 어머니는 내가 잘 모시고 있으니 걱정 말라."고 한 뒤 홀연 사라졌다. 두 형제는 도인에 대한 감사의 표시로 수성당을 지었다. 그런데 얼마 지나지 않아 당굴에서 철마가 나타났다. 형제들은 왜구가 나타나거나 풍랑이 거세게 덮칠 때, 철마를 타고 나가 황금부채로 왜구를 물리치고 풍랑을 잠재웠다.

형제가 죽은 뒤 철마만 당굴에 남아 있었다. 어느 날 마음씨 나쁜 사람이 철마를 훔쳐다가 감췄으나 철마는 도로 당굴 속으로 돌아왔다. 그런데도 여러 차례 훔치니, 철마는 굴 속 깊이 들어간 후 다시는 나오지 않았다.

이 전설에는 개양할미가 겪어야 했던 역사적 변전이 잘 담겨 있다. 여덟 딸을 거느리며 칠산바다를 주물렀던 개양할미는 어느새 두 아들을 둔 노파로 변해 버렸다. 게다가 앞을 보지 못하는 신세다. 그리고 자신의 처소인 당굴에 떨어져 죽어 버린다. 이 이야기는 설문대할망의 죽음에 대한 다른 전설 하나를 상기시킨다.

설문대할망이 오백 아들을 낳아 한라산에서 살고 있었다. 그런데 가난한 데다 흉년까지 겹쳐 끼니를 이을 수 없게 되자 아들들은 양식을 구하러 밖으로 나갔다. 할망은 아들들을 기다리며 죽을 끓이기 시작했다. 백록담에 큰 가마

솥을 걸고 죽을 끓였는데 그러다가 그만 죽솥에 빠져 죽어 버렸다.

철마전설에서 개양할미는 무력한 노파로 전락해 어처구니없이 죽어 버린 설문대할망과 같은 처지가 되어 있다. 그와 함께 수성당도 뜬금없이 나타난 노인의 성소로 바뀌었다. 여신의 수난과 몰락 과정이다. 그러면서 구낭사란 이름도 지워진 듯하다.

그러나 개양할미는 다시 부활한다. 당굴에서 철마로 출현한 것이다. 서사의 맥락상 철마는 그녀를 상징한다. 중국 바다의 여신 마조도 철마를 타고 다닌다. 수성당에서는 흙으로 만든 말들과 쇠로 된 말안장, 말띠드리개 등의 마구류가 출토됐다. 말은 개양할미와 성격이 비슷한 영등할미와도 관련돼 있다. 『동국여지승람』에 의하면 제주 애월리 사람들이 영등굿을 할 때 떼배(나무나 대를 뗏목처럼 엮은 배)에 말머리 모양을 만들고 채색비단으로 꾸민 후 경조놀이를 했다고 한다.

철마는 도난당해 다른 곳으로 옮겨졌어도 끝내 돌아와 당굴을 지키고 있다. 여신들이 자신을 성소와 분리시키려는 박해 세력에 대항해 끈질기게 원래 자리로 돌아오곤 했다는 전설은 크레타에도 여럿 있다. 끝내 나무를 떠나지 않았던 팔리아니 수녀원의 성화 이야기도 그중 하나다. 아마도 세계의 많은 여신들이 공유하는 역사일 것이다.

끝까지 당굴을 지킨 덕에 개양할미는 노인을 위해 지었다는 수성당에서 지금도 주신 노릇을 하고 있다. 그녀는 매년 정초에 마을 주민들의 제사를 받는다.

고통받고 있는
할미의 몸

"부안에 가면 꼭 대합을 먹어 봐."

순례를 떠나기 전 지인에게 들었던 말이었다. 수성당을 나서기 전 관리인 할머니에게 좋은 대합 식당을 물었다. 그런데 뜻밖에도 그녀는 고개를 가로저었다.

"없어. 요즘엔 갯벌이 다 망가져서……."

알고 보니 새만금방조제 탓이었다. 방조제가 건설돼 갯벌이 사라지면서 대합도 함께 없어진 것이었다. 가슴이 쓰려왔다. 칠산바다의 주인공인 조기도 마찬가지 신세다. 황금조기 떼 넘쳐나던 시절엔 '사흘칠산'이라는 말이 있었다. 칠산바다에서 사흘 벌어 1년을 먹고살 수 있었다는 뜻이다. 하지만 지금은 옛말이 돼 버렸다. 어획량이 급감하고 있기 때문이다. 무분별한 남획과 새만금사업으로 인한 조류의 변화, 영광핵발전소의 열폐수 방류 등이 이유라고 한다. 수천 년, 아니 수만 년간 인간을 먹여 살리며 보살펴 온 개양할미를 지금 우리는 멋대로 거덜 내며 목을 조르고 있는 것이다.

설문대할망 역시 강정사태로 알려진 해군기지 건설로 고난의 세월을 보냈다. 2007년 이후 지속된 끈질긴 투쟁에도 불구하고 해군기지 건설은 완료됐고, 평화롭고 아름답던 강정마을엔 찢긴 상처와 트라우마가 남았다. 군사주의와 개발주의가 낳은 환경 파괴와 마을 파괴, 이는 곧 할망의 파괴다.

여신이 죽으면 우리도 죽는다. 반대로 우리의 영혼이 죽을 때 여신도 죽는다. 우리와 여신은 하나이기 때문이다. 여신은 기독교 신처럼 전능하지 않다. 물론 그녀는 인간보다 훨씬 위대한 존재지만 그 힘은 자연인 자신의 법칙 안에 제한되어 있다. 그 때문에 여신은 현재 지구의 지배자인 인간에게 책임과 지혜 그리고 노력을 요구한다. 여신과 인간은 세상을 공동으로 창조해 나가는 파트너인 것이다.

냉정하게 말하자면 자연은 인간을 필요로 하지 않는다. 신이 인간의 형상을 하고 있지도 않다. 인격신은 인간의 창조물일 뿐이다. 물론 인간 종인 우리는 신에 좀 더 쉽게 다가가 친밀한 관계를 맺기 위해 인격신을 필요로 한다. 하지만 그것을 빌미로 인간 중심주의에 빠져서는 안 될 것이다. 그런 점에서 동식물은 물론 해와 달과도 한몸처럼 어우러졌던 선사시대와 고대의 여신상들이 대안적 미래와 더 가까이 있다.

수성당을 방문하면 당집만이 아니라 당굴을 반드시 느껴 볼 일이다. 개양할미의 원래 성소는 당굴이었고, 전설이 말해 주듯 지금도 굴 속 깊은 곳에 자리하고 있다.

재생과 치유의 여신,
심청

수성당에 가면 심청과 관련된 전설 하나를 들을 수 있다. 수성당에서 멀리 내려다보이는 임수도의 물이 심청이 뛰어든 임당수라는 것이다. 수성당에는 그 전설을 알리는 안내판도 있다.

그런데 우리 여신전통을 알고 나서 『심청전』을 다시 보면 심청이 더이상 효녀로만 보이지 않는다. 심청이 용궁을 거쳐 연꽃을 타고 돌아오는 이야기는 그대로 무속의 죽음과 재생의 과정을 담고 있다. 제주 현씨애기가 바다에 투신한 후 신당에 좌정하는 것과 같은 모티브다.

연꽃은 무속의 환생꽃이 불교적으로 변형된 것이다. 환생꽃을 통해 재생한 심청이는 더 이상 과거의 그녀가 아니라 여사제나 여신 같은 존재다. 그러니 심봉사가 눈을 뜨는 기적이 일어난다. 효성이 아니라 그녀의 신통력이 치유의 힘을 발휘한 것이다.

심청이의 신성은 『심청전』을 만들어 낸 근원설화로 알려진 전남 곡성의 관음사 창건설화를 통해서도 알 수 있다. 이 설화에는 원랑이라는 맹인과 딸 홍장이 등장한다.

> 원량은 어느 날 길에서 만난 스님의 시주 부탁을 받는다. 줄 것이 없었던 그
> 는 딸이라도 데려가라고 답한다. 홍장의 나이 16세 때였다. 그녀는 비통한
> 마음을 달래기 위해 바닷가로 나갔다가 중국사신들이 탄 배를 만난다. 그들
> 은 홍장이 그들이 찾는 황후라며 함께 갈 것을 청했다. 홍장은 이를 승낙하고
> 그들이 배에 싣고 온 보화로 시주를 한 후, 중국으로 가 황후가 되었다. 이후
> 홍장은 관음상을 만들어 돌배에 실어 고향으로 보냈다.
> 그때 성덕이란 처녀가 바닷가에 서 있다가 그것을 발견했다. 그녀는 관음상
> 을 등에 업고 옮기다 한 곳에서 멈췄는데 그곳에 관음사가 창건되었다. 원량
> 은 딸을 보낸 후 슬피 울다 눈을 떴고, 95세까지 복락을 누렸다.

이 설화에서 홍장과 성덕은 관음의 화신이다. 곡성 지역의 토착여신
들이 불교에 흡수되면서 관음으로 바뀌었을 것이다. 관음사는 백제에
불교가 전래되던 초기에 지어졌다. 백제 최초의 사찰이라고도 하니, 불
교 토착화 과정에서 관음사 설화가 만들어진 것으로 보인다.『심청전』
의 뿌리가 고대 토착여신들에 닿아 있는 것이다.

『심청전』에서도 심청은 신성한 존재로 묘사되어 있다. 수많은 이본들
이 있지만 공통적으로 심청이의 탄생을 신이하게 풀어낸다. 서왕모의
딸이거나 천상의 선녀거나, 전생이 동해용녀였거나 하는 식이다. 이러
한 심청이의 본색을 알고 나면, 동해안 별신굿에서 심청굿이 행해지고
심청이 무가가 불리는 현실이 전혀 놀라울 것이 없다. 심청이는 본래
재생과 치유의 여신이기 때문이다.

14
지리산에는
하늘의 여왕이 산다

\# 천왕봉
\# 지리산_성모천왕

조선 고대의 산신은 고산명(古山名) 및 고전설(古傳說) 상으로 보아
일반으로 여성신이었던 모양이며 (…) 이러한 여신 존중의 종교사상은
이것을 사회학적으로 보더라도 모권 유풍의 아직 유존(遺存)하였던 당시의
사회사상과도 모순되는 바 없고, 극히 당연성을 가졌다고 볼 수 있을
것 같다. 당초의 산신은 홀로 여신만이 산신이었고 부부신임을 필요하지
아니하였을 터이나 후세에 이르러 부권사상이 발달됨을 따라 여산신에
부신(夫神)이 없지 못할 것을 요청하게 되고, 필경은 남신이 주신이 되어
여신은 단지 산신의 처란 지위에까지 하락된 것이 금일 우리가 민속상에서
보는 현상이 아닌가 한다.

— 「조선 고대 산신의 성(性)에 취(就)하여」 (1934), 손진태

지리산을 찾아들어 가는 길은 굽이굽이 초록이 넘쳐흘렀다.
가히 초록의 홍수였다.

초여름의 청명한 햇살 속에서 스쳐 가는 산기운은 그대로 생
명의 숨결이었다. 지리산에 가까이 다가갈수록 왜 세계적으로 사
람들이 산을 숭배해 왔는지 알 것 같았다. 특히 국토의 70퍼센
트 가까이가 산악 지역인 이 땅에서 산은 여신들의 대표적 거주
처였다. 모악산, 대모산, 노고산, 자모산, 왕모산, 모후산, 할미산
등의 산 이름들이 이를 말해 준다.

산 어머니, 당신이 부르는 소리가 들려요.

산 어머니, 당신의 울음소리가 들려요.
산 어머니, 우리는 당신에게 돌아왔어요.
산 어머니, 당신의 한숨이 들려요.

크레타 순례 중 불렀던 노래가 저절로 흥얼거려졌다. 생각해 보니 딱 지리산과 맞는 노래였다. 수난의 과정에서 머리가 잘리고 몸이 부서지는 고통을 당했던 어머니. 임진왜란, 동학농민운동, 한국전쟁 등을 겪으며 숱한 생명들이 죽어 가는 것을 목격해야 했던 비탄의 어머니. 지금도 편안하게 제자리를 찾지 못하고 포박돼 있는 그녀.

바로 그 지리산 성모천왕을 만나러 가는 길이었다.

천왕이라니!

처음 그 이름을 들었을 때의 충격을 잊지 못한다. 하늘은 남성이라고 철석같이 믿어 왔는데 하늘의 왕이 여신이라니. 낯설었던 이집트의 하늘여신 누트가 갑자기 친근해졌었다. 그런데 알고 보니 누트만이 아니었다. 수메르의 이난나와 가나안의 아스타르테, 그리스의 헤라도 하늘의 여왕으로 불렸다. 근동과 중동의 거의 모든 여신들은 하늘의 여왕이란 칭호를 갖고 있었다. 우리와 가까운 만주족도 여성 천신 아부카허허를 숭배했고, 일본 해의 신도 아마테라스 여신이다.

고대 한반도에서 산신의 대부분은 여신이었는데, 산신은 천신이기도 했다. 하늘을 향해 솟구친 산이야말로 하늘과 소통하는 성소로 여겨졌기 때문이다. 결국 지난 시절 이 땅에는 수많은

하늘의 여신들이 있었던 셈이다. 가야산 산신인 정견모주도 정견
천왕이라 불렸다.

고려의 개국을 이끈
지리산 천왕

지리산 성모의 좌정처는 천왕봉 정상이었다. 사람들은 오래
전부터 그곳에 작은 신사를 세우고 성모상을 봉안했다. 크레타
산들의 정상에 산어머니의 신전이 있었던 것과 마찬가지다.

알다시피 천왕봉은 남한 내륙의 최고봉(1,915m)으로 한라산
(1,950m) 다음으로 높다. 남한에서 제일 높은 두 산이 여신의 산
인 것이다.

고려시대까지도 지리산 성모는 국가적으로 숭배되는 신이었
다. 한번은 신상의 머리가 없어졌는데 왕이 직접 관리를 보내 찾
게 할 정도였다. 몇 달 후 찾았으나 그것으로 끝이 아니었다. 뒷
날 권경중이란 문신은 이 사건이 변괴라면서 "신령은 백성의 주
인인 데다, 지리산은 남방의 큰 진산이라 그 신령은 더욱 영묘하
고 특이"하니 분명 신령의 경고라는 글을 올렸다. 신상에 일어난
일이 그처럼 무겁게 받아들여진 것이다. 더불어 성모가 나라에
경고를 내릴 정도로 높은 위상에 있었음을 알 수 있다.

이는 성모가 고려의 개국과도 관련됐기 때문일 것이다. 『고려사』는 왕건의 4대조 보육이 지리산에 들어가 도를 닦았다고 전한다. 또 『제왕운기』에 의하면, 지리산 천왕인 성모가 도선을 시켜 왕건의 할아버지 작제건이 제왕의 땅에 터를 잡도록 했다. 성모가 도선에게 전쟁을 끝내고 나라를 하나로 통합할 비법을 은밀히 전했다는 설화도 있다. 고려왕실이 왕권의 정당성을 성모의 인도와 조력에서 구하고자 했음을 말해 주는 얘기들이다.

도선은 승려로서 한국 풍수의 종조로 일컬어지는 인물이다. 그런 그를 성모가 사제처럼 부리고 있는 점이 흥미롭다. 도선은 지리산 암자에 기거하다가 이인(異人)을 만나 풍수의 원리를 배웠다고 한다.

지리산 성모는 무엇보다 호국신으로 여겨졌다. 고려 우왕 때의 장군인 정지는 왜구들을 물리치기 위해 바다에 나갔는데, 비가 내려 전투가 어려워졌다. 정지는 지리산 신사에 사람을 보내 비를 멈추게 해 달라고 빌었다. 과연 비가 멈춰 그는 싸움에서 크게 이길 수 있었다.

성모는 병을 낫게 해 주는 신통력으로도 유명했다. 고려 충렬왕은 몸이 편치 않자 사람을 시켜 지리산에 제사 지내도록 명했다. 고려 신종 때 김척후가 민란 진압을 위해 경주에 출정했다 병들었을 때도 부하들은 지리산 대왕에게 옷 한 벌을 올리고 병이 낫기를 기도했다. 성모는 대왕으로도 불렸다.

지리산은 조선시대까지도 국가의 제사 대상이었다. 그러나 조선왕조가 제사한 신은 성모가 아니라 위패에 표기된 '지리산 신'이었다. 유교식 제사였기 때문이다. 구낭사가 수성당으로 바뀐 것과 비슷한 맥락이다. 성모의 위상은 조선시대를 거치며 급격히 추락하게 된다.

◎

팔도 무당의 어머니

잘 알려져 있듯 지리산은 한국 무속신앙의 최고 성지다. 팔도 무당의 어머니이자 시조로 숭앙된 성모 때문이다. 『조선무속고』에 실린 설화에 의하면 성모는 절에서 도 닦던 법우화상을 끌어들여 여덟 딸을 낳았으며, 모두 무업을 가르쳐 조선 팔도에 보냈다. 개양할미처럼 아홉 여신의 중심에 있는 어머니 신이다.[35] 지리산 아홉 여신엔 조선 팔도가 성모의 보호와 능력으로 평안하기를 바랐던 민초들의 염원이 담겨 있을 것이다.

천왕봉 일대에는 예전부터 성모에 의지해 살아가는 무당들이 넘쳐났다. 타지의 무당들도 지리산을 큰 산으로 섬기면서 자주 찾았다고 한다. 조선시대에는 지리산 아래쪽에 백무당(百巫堂)이란 신당이 있었고, 그 안에 돌로 만든 부인상도 봉안돼 있었다. 지금도 백무동이란 지명이 남아 있다. 성모의 신당 앞을 지날 때는 누구든 말에서 내려 절을 해야 했다. 그러지 않으면 말과 사람이 같이 쓰러져 죽는다는 속설이 있었다. 또 성모에게 올리는 제물로 육류는 금지되었다고 한다.

조선시대 기록에 의하면, 지리산 여러 절에서도 신당을 세워 성모에게 제사를 올렸다. 성모에 대한 신앙이 워낙 강하고 컸기 때문에 불교 측에서도 그녀를 받들지 않을 수 없었던 것 같다. 뿐만 아니라 그녀를 불교로 포섭하기 위한 시도도 많았던 것으로 보인다. 고려 말에 만들어진 송광사의 한 비문에 그러한 불교의 전략이 보인다.

승려 충지가 지리산 삼장사에 있는데 한 부인이 나타났다. 법문을 청하므로 응했더니 감사히 여기고 물러났는데 알고 보니 지리산 여산신이었다고 한다. 조선 성종 때 학자 남효온이 남긴 『지리산일과』에도 비슷한 설화가 담겨 있다. 한 승려가 말하기를, 지리산 천왕이 수리새로 변해 의신조사를 최고의 절터로 인도했다는 것이다. 그런가 하면 지리산신을 대대천왕 천정신보살(大大天王 天淨神菩薩)이라 부르기도 했다.

가장 대표적인 사례는 성모를 부처의 어머니 마야부인과 동일시한 것이다. 조선시대의 여러 지리산 유람록들은 승려들이 성모를 마야부인이라 한다고 쓰고 있다. 포용성이 강한 무속의 입장에서도 싫어할 이유는 없었을 것이다.

성모의 섹스 파트너가
된 부처

　조선왕조의 통치이념인 유교의 관점에서 볼 때 성모가 이끌어 온 무속은 음사였다.

　이 때문에 성모는 전국의 산천과 마을에서 존숭되던 토착신들과 함께 숱한 시련을 겪어야 했다. 조선시대 기록들은 성모상의 이마나 정수리, 목 등에 칼자국이 나 있었다고 전한다. 왜구의 짓이라는 설명이 있지만 진짜 이유가 무엇인지는 알 수 없다.

　세조 때 조정에서는 사사로이 간직하지 말라는 금서목록을 발표했는데 그중에는 『지리성모하사량훈』(智異聖母河沙良訓)이라는 책이 있었다. 예종 때도 유사한 하명이 반복됐다. 이번에는 숨긴 자는 참형에 처한다는 무시무시한 협박이 따랐다. 책의 내용은 전하지 않는다. 그런데 '하사(河沙)'라는 말이 도선의 설화를 떠올리게 한다. 그에게 풍수를 가르쳐 준 이인(異人)이 물가에서 모래를 쌓아 산천의 형세를 설명했기 때문이다. 『지리성모하사량훈』은 성모가 가르쳐 준 풍수의 지혜를 담고 있었을 것이다.[36]

　재미있는 건 세조가 내관을 보내 지리산 성모에게 분향토록 했다는 기록도 있다는 점이다. 표면적으로는 금하면서도 실질적인 필요에 의해서라면 왕 역시 무속을 이용했던 것이다.

　그러니 성모에 대한 민중의 신앙이야 말할 것이 없었다. 천왕봉을 비롯한 여러 곳에는 관의 배척에도 불구하고 여전히 신사들이 있었고, 사람들의 발길은 무리지어 끊이지 않았다. 특히 임진왜란 후에는 영호남 사람들이 밤낮으로 찾아들어 사통팔달의 큰 길이 생겨날 정도였다. 성모의 신령한 힘에 기대지 않고는 살 수 없는, 곤고하고 한 맺힌 민중이 그만큼 많았기 때문일 것이다. 지리산 성모 신앙의 역사를 연구해 온 김아네스는 그 신앙심이 오랜 종교적 심성에 뿌리내린 것이었다고 말한다.

조선 전기의 성리학자 김종직도 지리산을 찾아 천왕봉에서 성모에게 제사한 적이 있다. 비를 개게 해 달라고 빌기 위해서였다. 그 내용이 『유두류록』에 전한다.

> 그래서 나는 손발을 씻고 관대(冠帶)를 정제한 다음 석등을 잡고 올라가 사당에 들어가서 주과(酒果)를 올리고 성모에게 다음과 같이 고하였다.
> "비, 구름의 귀신이 빌미가 되어 운물(雲物)이 뭉게뭉게 일어나므로, 삼가 성모께 비나니, 이 술잔을 흠향하시고 신통한 공효로써 보답하여 주소서. 그래서 오늘 저녁에는 하늘이 말끔해져서 달빛이 낮과 같이 밝고, 명일 아침에는 만 리 경내가 환히 트이어 산해가 절로 구분되게 해 주신다면 저희들은 장관을 이루게 되리니, 감히 그 큰 은혜를 잊겠습니까."

김종직은 편협한 인물은 아니었던 것 같다. 동행한 승려들과 제사 지낸 술도 나눠 마셨으며, 성모사에 대한 기록도 꽤 자세히 남겼다. 당시 성모사는 판자지붕을 한 세 칸짜리 집이었다. 성모 상은 석상이었고 눈과 눈썹, 쪽진 머리가 분칠되어 있었다.

그런데 흥미로운 것은 사당 동편의 오목한 돌무더기에 자리했다는 작은 불상이다. 김종직은 세속에서 그것을 성모의 음부(淫夫)라고 한다고 썼다. 음부, 쉽게 말해 성모의 섹스 파트너라는 의미다. 그녀를 숭앙하던 민초들은 부처에게 그 성스런 임무를 맡겼던 것이다. 이 부처는 후일 법우화상으로 응신하여 나타난다. 부처를 파트너로 거느린 성모상은 아마도 섹스어필의 분위기를 갖고 있지 않았을까 싶다.

그렇게 잘 지내던 성모는 그러나 16세기에 이르러 사상 최악의 재앙을 겪는다. 천연이라는 승려가 성모상을 끌어내 파괴한후 굴 속에 버린 것이다. 불을 질렀다고도 한다. 남녀의 외설이 많고 난잡하며, 무당들이 탐욕스럽기 때문이라는 이유였다.

그의 신당 파괴 행위에 유학자들은 환호를 보냈다. 이율곡은 천연의 장한 기상을 예찬하고, 그의 영웅적 행위로 지리산에서 요사한 기운이 사라졌다고 기뻐했다. 기대승도 천연을 칭송하는 장문의 시를 지었다. 서로 기꺼운 사이가 아닌 승려와 유학자들이 성모신앙 파괴에는 한통속이었던 것이다.

20세기에도 계속된
성모의 수난

경남 산청군 시천면 중산리 지리산 자락에 위치한 천왕사.

성모상이 자리한 그곳으로 올라가는 길은 예상보다 훨씬 쉬웠다. 중산리에 있는 숙소에서 도보로 20분 정도 거리였다. 하지만 천왕사를 찾는 데는 약간의 혼란이 있었다. 일반적인 절의 외양이 아니었기 때문이다. 절의 입구에는 커다란 입석 두 개가 있었고, 절터 한 구석에 자리한 대웅전은 작은 조립식 건물이었다. 여기저기 도열한 돌탑들이나 큰 연못 등도 절의 분위기와는 거리가 있었다. 불탑이나 불보살상도 보이지 않았다. 불보살보다는 성모천왕을 위한 공간인 듯했다.

성모상은 대웅전 옆 좌대에 높이 자리하고 있었다. 윗부분을 오목하게 깎은 커다랗고 둥근 암석 위에 자리한 석상은 예상보다 더 작았다.(높이 74cm) 그 앞에는 대웅전의 몇 배나 되는 건물이 천막 형태로 설치되어 있었다. 제단도 널찍했다. 건물 한쪽으로 계곡물이 흘렀는데 근처에 물을 두는 배치는 여신성소의 핵심적인 특징이다.

성모상 근처에는 안내판이 서 있었다. 지리산 성모가 박혁거세의 어머니인 선도성모거나 왕건의 어머니 위숙왕후, 석가의 어머니 마야부인이거나 천신의 딸 마고로 알려져 있다는 설명이었

산청군 천왕사에 모셔진 지리산 성모천왕

다. 이렇게 설이 다양한 것은 그만큼 성모에 대한 숭배가 넓고도 다층적이었다는 증거다. 또 그만큼 오래된 역사가 있었음을 말해 준다. 허균의 형 허성은 천연의 파괴행위를 찬양한 시에서 '천년 묵은 돌덩이'를 깨부수었다고 했다. 이때 천년은 숫자 그대로의 의미가 아니라 장구한 세월을 의미할 것이다. 16세기에 이미 그렇게 인식됐으니 성모의 묵은 나이를 짐작할 수 있다.

두 손 모아 성모상 앞에 서니 수천 년 전 시조모를 마주한 것 같았다. 늦은 아침의 햇살이 비친 얼굴은 눈이 옴팍 파이고 입이 작아 자애롭기보다는 결기 있어 보였다. 가슴께에 모아 쥔 양손이 민중의 간절한 염원을 말해 주는 듯했다.

누가 만든 것일까?

과도하게 큰 머리와 질박한 솜씨. 분명 이름 없는 어느 민초의 작품일 것이었다. 당연한 얘기지만 천연이 성모상을 파괴한 후에도 성모에 대한 민중의 신앙은 지속되었다. 성모상 역시 다시 제작돼 천왕봉에 모셔졌다.

그런데 조선왕조가 끝나고 20세기가 시작된 후에도 성모상의 수난은 이어졌다. 우선 일제에 의한 파괴 작업이 있었다는 말이 전한다. 또 주변 절의 주지승이 성모상을 탐내 두 동강을 내서 끌고 간 일도 있다고 한다. 다행히 주민들의 신고로 천왕봉에 되돌아왔으나 1973년 이후 어느 날인가 성모상은 다시 사라졌다. 마애석불과 함께 천왕봉에 나란히 봉안되어 있었는데 둘 다 감쪽같이 없어지고 만 것이다.

산청군 중산리에 새로 봉안된 지리산 성모상

종적이 없던 성모상은 1987년 기적처럼 모습을 드러냈다. 천왕사 주지인 혜법스님이 진주 비봉산과 과수원에 머리와 몸체가 따로 유기되어 있던 성모상을 찾았다는 것이다. 스님이 꿈에 계시를 받았다고도 한다. 어쨌거나 이때부터 성모상은 천왕봉이 아니라 천왕사에 자리하게 됐다.

성모상의 제자리는
천왕봉이다

성모상은 원래 좌정처인 천왕봉으로 돌아가야 하지 않을까?

지리산 성모의 역사에 대해 아는 사람이라면 당연히 갖게 되는 질문이다. 마을주민들과 천왕사 간의 불편한 관계를 설명해주는 질문이기도 하다. 주민들은 성모상을 천왕봉에 다시 모시려 했지만 혜법스님의 반대로 뜻을 이루지 못했다.

결국 2000년에 천왕사 아래쪽 중산리 관광단지 내에 새로운 성모상이 들어섰다. 마을 주민들이 마지못해 선택한 대안이었다. 새 성모상은 좁은 산길 옆 영험하다는 바위 앞에 봉안됐는데 원래의 성모상과 좀 다른 느낌이다. 크기도 커졌고 더 후덕한 인상이다. 현대에 대어난 성모의 딸이라고 해도 될 듯싶다. 그 옆에는 조선일보 논설고문이었던 이규태 선생의 글을 새긴 사적비가 서 있었다.

삼국시대의 조상들은 크고 높은 명산의 정상마다 천심과 인심을 잇는 여신
을 좌정시키고 이를 섬겼었다. 삼신산(三神山)의 하나인 지리산의 여신은
성모 또는 보다 높여 천왕(天王) 할머니로 불려 내리면서 많은 조화를 부렸
다. 그 신체인 성모상을 후대까지 보존시켜 내린 우리나라의 유일한 여신이
기도 한 성모는 시대의 흐름에 따라 여러 측면으로 영합되어 우러름을 받아
왔다.

새 성모상이 생기고 나서 무속인들은 그쪽으로만 몰린다. 반
면 천왕사에는 들어선 순간부터 나갈 때까지 사람 그림자 하
나 없었다. 스님도 출타 중인 듯 사방이 적요했다. 버림받은 느낌
까지 줄 정도였다. 신상이야 돌덩어리일 뿐이라고 할 수도 있지
만 꼭 그렇지만도 않은 것이 신성의 미스터리다. 오래된 신상이
나 성소에는 그 시간만큼 쌓인 사람들의 염원과 기도가 있다. 그
역사가 보이지는 않지만 예민한 사람들은 어떤 특별한 에너지를
느끼기도 한다.

성모상 앞에서 다시 천왕봉으로 돌아가시길 간절히 빌었다.
민족의 오랜 신앙을 담고 있는 성모상이 좌정한 천왕봉과 건조
한 표지석만 달랑 서 있는 천왕봉은 질적으로 다르다. 더군다나
성모상이 지금까지 보존돼 온 단 하나의 토착여신상이라면 현재
의 상황은 정말 안타까운 일이 아닐 수 없다.

산기슭과 정상의 신사에서 후손들의 존숭과 사랑을 받고 있

는 후지산 여신을 떠올리면 더 가슴이 아프다.[37] 조선시대 지리산에는 사당들이 많았다. 위치에 따라 하당, 중당, 상당이라 부르기도 했는데, 상당이 천왕봉의 사당이었다.

지리산의 절에 모셔진 여산신들

지리산에는 성모천왕의 위력 때문인지 고대부터의 여신전통이 매우 뚜렷하게 남아 있다. 여신신앙과 관련된 장소나 신당, 유적들이 그 일대에서 어렵지 않게 발견된다.

여산신을 모시고 있는 절의 숫자도 다섯 손가락을 넘는다. 대표적인 절이 쌍계사다. 삼성각에 여산신도가 봉안되어 있을 뿐 아니라 부속암자인 국사암의 산신각에도 여산신을 모시고 있다. 삼성각 여산신은 위엄 있는 할머니 모습인데 서왕모 풍의 분위기를 풍긴다. 하동군에는 그녀가 법우스님과 천왕할매 사이에서 난 셋째 딸이라는 설화가 전한다. 법계사 여산신은 흰 한복을 입은 중년 부인, 대원사 여산신은 머리에 낮은 금관을 두른 풍만한 중년 부인이다.

여산신들은 모두 호랑이를 거느리고 있으며, 부처님 귀를 갖고 있다. 이 산신도들은 20세기 후반에 새로 제작된 것으로 여겨진다. 그렇다고 가벼이 볼 것은 아니다. 여전히 여신의 정체성을 지키고 있다는 사실만으로도 의미가 크기 때문이다.

그런데 요즘 법계사에서는 흥미로운 일이 진행 중이다. 산신도에 그치는 게 아니라 신상도 만들겠다며 '지리산 산신할매상 조성 불사'를 벌이고 있는 것이다. 안내판의 그림을 보면 신상은 산신도와 같은 형상인데 법계사 측에서는 그 신상이 성모천왕이라고 밝히고 있다. 지리산 성모의 분신이 절에 또 하나 생기게 된 셈이다. 법계사는 산신기도처로 유명하다고 한다. 성모와 불교의 오래되고 질긴 인연, 포섭하거나 모시기도 하고 부수기도 한 양면적 인연은 천왕사와 법계사에서 지금도 진행 중이다.

이은상을 구제한 지리산 성모,
김소월이 노래한 엄마와 누나

지리산을 흔히 민족의 영산이라고 한다. 그렇다면 지리산 성모는 민족의 어머니라고 할 수 있다. 실제로 이 땅에서 몸을 받은 숱한 민초들이 그녀의 거대한 품에 의지해 살아왔다. 일제강점기 암울한 현실에서 방황하던 지식인들도 마찬가지였다. 시조작가이자 사학자였던 노산 이은상은 1938년 천왕봉에 오른 감회를 이렇게 글로 남겼다.

> 지금 나는 천왕봉 머리에 섰노라
> 세상에서 가장 높은 자 되어 천왕봉 머리에 섰노라
>   (…)
> 인생은 결코 슬픈 것도 아니요 무상한 것도 아니로다
> 이제 저 하늘 밖으로 꺼져가는 저녁 해
> 붉고 누르고 푸른 오색영롱한 장엄한 빛이
> 위대한 즐거움과 영광스런 찬송가를
> 내게 전하여 가로되

인생은 싸움이라 인생은 슬픔이라
인생은 잠깐이라 모두 다 틀린 말이
인생도 천지와 더불어 영원히 여기 복된 자니라

세간의 모든 어리석은 해석과 그릇된 설법에서 만족을 얻지 못한 사람들이 이 산상으로 올라와 비로소 자기를 구제받고 진정한 자기를 인식하게 된 것이니, 여기 이 봉정에 세워놓은 성모사의 유존(遺存)이야말로 그것을 증거하는 것이 아닐 수 없다. 이 성모사는 밖에 석원(石垣)을 두르고, 그 속에 목조로 조그마한 집을 짓고 다시 그 속에 청석으로 성모의 상을 만들어 주벽(主壁)에 모시었다.

이것은 조선의 여신숭배에 대한 유일한 유존으로서 저 신라역사상의 선도성모와 그 의의를 같이 하는 민신민속상의 중대한 참고가 됨은 물론이어니와, 이 지리산에서 천왕봉 반야봉 노고봉(길상봉) 하는 모든 명칭이 결국은 '성모'라는 이름의 이칭, 역칭(譯稱)에 불과하는 것임과, 또 그것이 죄다 여성으로 표현되어 있음에 깊은 주의를 가지게 되는 것이다. (…) 이는 물론 조선 고유 신앙상의 천모(天母), 천왕, 성모일 것이자, 성내 무격(巫覡)의 근본영장(根本靈場)이자 총본영임을 잊어서는 안 될 것이다. (…) 천왕성모가 그대로 곧 호국여신이었던 것임도 분명히 설명해 주는 것이라 할 것이다.

우리 선민(先民)이 여기 이 천왕봉상의 성지에 사우를 짓고, 개인과 국가의 행복을 기원하던 그것도, 실상은 인생으로 하여금 천지 대자연과 같이 영원하고 광명하고 즐거운 자가 되게 해달라는 열망으로 인하여 출발된 것이었다. 모든 종교와 신앙이란 것을 해부한다면 필경은 '자연 즉 인생, 인생 즉 자연'이라는 일점(一點)에 그 최고 최종의 목표가 있고, 거기까지 이르려는 노력인 것에 불과한 것이다. (…) 그 희원(希願)이 성모라는 한 여신에게 귀의하는 형식으로 나타났을 따름이다.

놀랍게도 이은상은 여신신앙의 본질을 정확히 꿰뚫어 보았다. 그리고 인생이 곧 자연이라고 선언했다. 성모천왕에 접신이라도 했던 것일까? 그의 글은 마치 성모의 사제가 가르침을 주는 것처럼 들린다. '천왕성모가 호국여신'이라는 구절에서는 식민지 상황에서 그가 느꼈을 복잡한 심정이 전해지는 듯하다.

한편 김소월의 시편들은 이은상과는 다른 기운과 향취로 여성적 영성을 환기시킨다. 그것은 그의 절절한 그리움에 이끌려 독자의 가슴 속에 피어난다. 소월은 왜 "엄마야 누나야, 강변 살자."고 노래했을까? 왜 다른 곳이 아닌 강변에 살고 싶었으며, 다른 이 아닌 엄마와 누나를 부른 것일까? 그 강변은 아마도 고대의 제장이었을 것이다. 엄마와 누나를 애타게 부르는 그의 절창에서 그녀들은 여신으로 성화된다. 어머니 여신과 딸 여신이다.

소월의 시 「금잔디」는 무덤가에 새로 돋는 잔디를 통해 봄의 재생력을 노래하고, "어머님하고 둘이 앉아 옛 이야기 듣는"「부모」는 모계적 분위기에서 자신의 근원을 묻는다. "나는 어쩌면 생겨 나와 이 이야기 듣는" 것인지, 그 존재론적 질문을 소월은 어머니를 통해 탐구한다.

15
고인돌에 사는
태초의 어머니

지리산_마고성
마고할미와_한반도_신석기_여신문화

단군이 거느리는 박달족이 마고할미가 족장인 인근 마고성을 공격했다. 싸움에서 진 마고할미는 도망친 후 박달족과 단군의 동태를 살폈는데 단군이 자신의 부족에게 너무도 잘해 주는 것을 보게 된다. (…) 단군은 투항한 마고할미와 그 아래 아홉 장수를 귀한 손님으로 맞아 극진히 대접했다.(평양시 강동군 구빈마을의 전설)

— 『우리 신화의 수수께끼』, 조현설

지리산 성모천왕은 마고할미로 여겨지기도 한다.

실제 지리산 일대에는 마고와 관련된 유적이 여럿이다. 우선 산청군 방곡리 산자락에 있는 공개바위가 유명하다. 공깃돌 5개를 쌓아 올린 듯한 13미터 높이의 돌탑형 바위다. 마고할미가 가지고 놀던 공깃돌이라고 한다. 비스듬히 기울어져 신묘한 느낌을 주는 이 바위는 본래 마고할미의 신체로 여겨졌을 것이다. 설문대할망의 등경돌과 성격이 같다.

다음으로 노고단이 있다. 노고(老姑)는 할머니라는 뜻이니, 노고단은 여신에게 제사 지내는 단이라는 뜻이다. 천왕봉뿐 아니라 노고단도 여신의 성소인 것이다. 그런데 노고할미는 마고할미와 같은 여신으로 여겨진다.[38] 따라서 노고단은 마고할미의 제단이 된다. 이런 관점에서 천왕봉의 여신은 신라의 선도성모고, 노고단의 여신은 마고라는 견해도 있다. 그런데 잘 알려진 전설에서는 마고할미가 천왕봉과도 직접적으로 관련된다.

비도 없는데
넘치는 하천

천왕봉의 천왕이 마고할미라는 전설은 2009년 함양군이 지리산조망공원에 마고할미상을 세움으로써 형상화됐다. 마고할미상은 성모상을 본떠 만들었으나 현대적인 터치가 가미됐다. 전설의 내용은 아래와 같다.

> 천왕봉 마고할미는 천신의 딸이다. 지리산에서 불도를 닦고 있던 도사 반야를 만나 천왕봉에서 살면서 딸만 여덟을 낳았다. 그러던 중 반야는 더 많은 깨달음을 얻기 위해 반야봉으로 떠난다. 마고는 반야를 그리워하며 나무껍질을 벗겨 남편의 옷을 만든다. 그리고 딸들을 전국 팔도에 하나씩 내려 보낸 후 남편을 기다린다. 그러나 반야는 마고가 백발이 되도록 돌아오지 않았다. 기다림에 지친 마고할미는 남편의 옷을 갈기갈기 찢어 버린 후 숨지고 말았다.

이 전설에서 할미는 천왕이 아니라 천신의 딸로 격하돼 있고, 도 닦으러 떠난 남편을 기다리며 옷을 짓는 신세로 전락해 있다. '도'가 이미 할미의 집 밖으로 나가 버린 시대의 이야기다. 부처를 섹스 파트너로 거느렸던 예전의 위엄은 간 곳이 없다. 그러니 반야 도사가 돌아올 리가 없고, 할미는 쓸쓸히 죽음을 맞는다. 여신신앙이 죽어 가는 과정에서 생긴 전설로 보인다. 마고할미라는 이름에 맞는 성모천왕의 성격은 오히려 『조선무속고』에 실린 설화에 담겨 있다.

> 세상에 전하기를, 지리산의 옛날 엄천사에 법우화상이 있었는데 불법의 수행이 대단하였다. 하루는 한가로이 있는데, 갑자기 산의 개울이 비가 오지 않았는데도 물이 불어난 것을 보고, 물이 흘러온 곳을 찾아 천왕봉 꼭대기에 올랐다가 키가 크고 힘이 센 여인을 보았다. 그 여인은 스스로를 성모천왕이라 하면서 인간세계에 유배되어 내려왔는데 그대와 인연이 있어 물의 술법을 사용하여 스스로를 중매하고자 한다고 말했다.

이 설화 속 성모천왕은 큰 키에 센 힘, 그리고 개울물을 불릴 정도로 엄청난 오줌발을 자랑한다. 거대하고 왕성한 생산력의 상징으로서 마고할미 계열의 설화에 흔히 등장하는 화소다. 스스로를 중매하는 데서 이난나 같은 고대 여신들의 성애적 성격도 보인다.

사실 마고할미는 지리산 성모에 국한시킬 수 없는 원초적이고 거대한 여신이다. 그녀는 설문대할망이나 개양할미 같은 지역의 거대 여신들을 한반도 전체로 확장시켜 상상해야 하는 위대한 존재였다. 어디라고 할 것 없이 전국의 산과 강, 바위와 산성,

섬과 동굴 등에는 그녀와 관련된 전설들이 내려온다. 그 숱한 전설들에서 그녀는 거대한 몸집과 힘으로 산천을 만들거나 휘젓고, 큰 바위를 옮기거나 뚝딱 성을 쌓는다.

마고할미와 고인돌

마고할미는 한국 신화의 근원이자 첫머리다. 그녀는 태초의 시간에 뿌리를 둔 창조여신으로, 그리스 가이아 여신에 비견할 수 있다.

할미의 오래된 집은 고인돌이다. 한반도는 세계 최대의 고인돌 밀집 지역인데, 마고할미가 고인돌을 만들었거나 그곳에 산다는 전설이 많이 존재한다.

전남 화순 고인돌 유적지에는 국내 최대 규모의 고인돌인 핑매바위가 있다. 근처에 있는 운주골에서 천불천탑을 모은다는 소문에 마고할미가 치마에 돌을 싸 가지고 가다가 닭이 울어 일을 그르치게 되자 발로 차 버린 것이라고 한다. 옛사람들이 상상했던 할미의 힘이 어느 정도인지 알 수 있다.

그런데 여신의 섬인 지중해 몰타에도 비슷한 전설이 전해진다. 몰타는 거석들로 지어진 신석기 여신사원들과 풍만한 여신상들로 유명한 곳이다. 그런데 그 여신사원을 지은 이는 한 거인

위 ┃ 화순 고인돌 유적

아래 ┃ 핑매바위

여성이라고 한다. 그녀가 혼자서 50톤이나 되는 돌들을 옮겨 하룻밤 사이에 거석사원을 지었다는 것이다. 몰타에서 가장 크고 오래된 지간티자 사원(Ggantija, 기원전 3600년)은 여신상의 형태를 하고 있는데, 지간티자는 거인이란 뜻을 담고 있다.

고인돌과 관련된 마고할미의 전설들 중 특히 주목되는 게 하나 있다. 자비로운 마고할미가 가난한 사람들에게 옷을 다 벗어 줘 나체가 되는 바람에 나다닐 수가 없어 고인돌에 들어가 살게 되었다는 얘기다. 그런데 이 전설의 키워드는 할미의 자비가 아니라 나체다. 1부에서 약간 소개했듯 세계의 선사시대 여신상들은 대체로 나체다. 역사시대 초기의 여신상들도 그런 경우가 많다. 옷을 걸쳤더라도 오히려 가슴이나 성기를 강조해서 보여 준다.

왜 여신들은 나체였을까? 이에 대해 연구한 마리나토스는 근동에서 여성의 나체가 다산성과 섹슈얼리티뿐 아니라 위협과 공격성을 나타내는 기호였다고 분석했다. 예를 들어 여성의 나체는 괴물이나 적군을 무력화시키는 힘을 가진 것으로 여겨졌다는 것이다. 그런데 어느 경우든 나체는 권력의 메시지를 갖고 있었다. 따라서 여신상이 나체로 만들어졌다는 것이다. 뜬금없어 보이는 마고할미의 나체는 이런 여신의 역사와 관련되어 등장했을 것이다. 그리고 그 나체는 마고할미의 원초적 성격을 재차 방증해 준다.

한반도 고인돌의 역사는 신석기시대까지 소급된다. 서울대 조현설 교수는 마고할미를 신석기 거석문화가 낳은 여신이라고 본다.[39] 그만큼 오래된 여신이라는 말이다. 그렇다면 신석기 여신문화의 세계적 보편성이라는 맥락에서 그녀가 신석기 이후 한반도에서 창조해 온 문화를 상상해 볼 수 있다. 이를테면 마고문화라고 할 만한 것이다. 이는 지금까지 자연창조 여신으로만 인식해 온 마고할미를 문화의 창조자로 새롭게 상상해 보는 일이기도 하다.

산성의 여신,
마고할미

　문화창조자로서 마고할미의 흔적은 여러 전설들에 남아 있다. 우선 눈길이 가는 것은 물렛돌이나 길쌈, 옷과 관련된 내용이 담긴 전설들이다. 직조와 봉제 기술의 창안자로서 할미의 모습이 보인다. 할미가 기가 막히게 농사를 잘 지었다는 단양 석문 전설에는 농업 여신으로서의 측면이 담겨 있다. 신석기를 대표하는 빗살무늬토기도 할미와 관련돼 있을 것이다. 앞서 언급했듯 이 토기들에는 여러 여신상징들이 새겨져 있다.

　할미는 또 여러 곳에 마고성 혹은 할미성으로 불리는 산성을 만들었다고도 한다. 허튼 전설이 아니라 저 옛날의 첫 산성이 할미의 지혜에 의해 생겼을 수도 있다. 옛사람들은 산성 축조 전후에 할미의 보호를 기원하는 제의도 올렸을 것이다. 산성 축조 전설은 지역 수호신으로서 마고할미의 성격도 말해 준다.

성벽 형상의 관을 쓰고 있는 키벨레 여신, 그리스, 기원전 160-150년

그런데 지역 수호는 세계적으로 여신의 중요한 역할이었다. 그리스-로마에서도 여신들은 도시나 마을의 수호신들이었는데 그 상징으로 성벽과 성루 형상의 관을 머리에 쓰고 있었다. 산성의 여신인 마고할미는 그녀들과 다를 바 없는 여신이었던 셈이다.

마고할미 치세에는 공동체를 평화롭게 유지하기 위한 정신문화도 있었을 것이다. 그 유산을 우리 무속신화에서 찾아볼 수 있다. 무속신화에는 그리스 신화처럼 갈등과 투쟁이 두드러지지 않는다. 삼승할망과 동해용왕따님애기처럼 경쟁적 관계에 있다가도 결국 화해로 마무리한다. 또 한쪽이 무언가를 제안하면 상대편은 거의 예외 없이 그것을 받아들인다. 이 태도는 무속신화의 문법이라고 할 정도로 뚜렷하게 나타난다.

진한 6촌의 촌장들이 박혁거세를 사로국의 첫 왕으로 합의하여 추대한 것이나 만장일치 원칙으로 운영됐던 신라 화백제도 등도 오래된 여신문화에 뿌리가 있을 것이다.

자신을 버린 부모를 살리기 위해 기꺼이 고난의 길을 감수하는 바리공주는 무속의 생명 살림 정신을 대표한다. 생명 탄생과 치유, 편안한 일상과 저승길 닦아 주기는 우리 무속여신들의 존재 이유였다.

마고할미로 전해진 위대한 여신을 모셨던 신석기 한반도인들의 삶을 그려 보는 일은 흥미롭다. 하지만 쉬운 일은 아니다. 상상력을 자극하는 증거들이 필요하기 때문이다. 그런데 다행히 큰 도움이 되는 고고학자가 있다. 사라 넬슨이란 미국 여성인데, 한국 신석기시대 연구로 박사학위를 받은 후 한국과 중국의 선사시대를 연구해 온 저명한 고고학자다. 세계동아시아고고학회 회장을 지냈다.

넬슨은 60대 후반이던 1999년, 강원도 양양의 오산리 신석기 유적지를 배경으로 한 소설 『영혼의 새』를 발표했다. 오산리 유적을 찾았을 때 신석기인들이 나타나 말을 건네는 듯한 느낌을 받아 소설을 썼다고 한다. 소설이라 등장인물들은 허구지만 장소나 생활상은 최대한 고고학적 사실들을 반영했다. 소설의 집필 목적이 신석기 한국인들의 생활상을 최대한 정확히 알리는 것이었기 때문이다.

넬슨은 여신신앙도 구체적으로 그려냈다. 오랜 연구를 통해 당시의 신앙대상을 여신으로 판단한 것이다. 한국은 유물과 관련자료가 빈약하기 때문에 유사한 생활문화권인 홋카이도와 사할린의 아이누족 풍습을 빌려 왔다고 한다. 어찌됐든 그녀가 묘사한 출산 의례, 마을 공동체 의례, 성년 의례, 접신 과정과 샤먼 수업 등은 매우 흥미롭다.

한반도 신석기 여신문화를
보여 주는 소설 『영혼의 새』

『영혼의 새』에서 서사를 이끌어 가는 주인공은 한국계 미국인 고고학도 클라라다. 어릴 때 미국에 입양돼 미국인으로 자란 그녀는 한국에 도착한 후 정체성의 혼란을 겪기 시작한다. 그리고 우연히 끌려간 굿판에 참여하는 과정에서 놀라운 체험을 한다. 몸이 새로 변해 신석기시대 한국의 한 마을로 시간여행을 하게 된 것이다. 이 여행은 이후 계속 반복되며 이야기 속의 이야기를 짜 나간다.

클라라가 날아간 마을은 오산리 신석기 유적지(기원전 6000년)에 자리한 새뫼마을이다. 그외 동삼동, 서포항, 암사동 유적지와 중국의 하우와 유적지도 소설의 배경으로 등장한다. 새뫼마을은 소규모의 평화로운 모계씨족마을이다. 이 마을의 시조이자 최초의 족장은 해새라는 여성조상이다. 족장은 모계로 계승되며, 영혼의 세계에 접신하는 샤먼의 역할도 맡는다. 여족장의 인도 아래 마을 사람들은 바다의 여신, 달할미, 조왕신[40], 바람할미 등 여신들을 숭배하며 살아간다. 별도의 출산 움막도 있고, 여자들만의 성인식 의례도 거행된다.

남자들은 때가 되면 다른 마을로 짝을 찾아 나가고, 여자들은 다른 마을의 남자들을 짝으로 맞는다. 새뫼마을에서 남자들은 "물고기를 잡고 경작하는 것을 돕도록 조왕신이 보내주신 선물"이며, 여자들에게 "기쁨을 주도록 창조"된 존재다. 딸을 많이 낳는 일은 하늘의 축복이다.

새뫼마을 이야기의 주인공은 족장이 될 운명을 타고 난 비조(飛鳥), 나는 새다. 영특하고 모험을 두려워하지 않는 그녀는 배를 타고 두만강 입구를 찾는가 하면 부산을 지나 쓰시마 섬까지 방문한다. 또 태백산맥을 가로질러 한강 유역에 이르고, 백두산 천지에까지 오른다. 그녀는 여행에서 두 명의 남편을 얻을 뿐만 아니라 함께 먼 여행을 하기도 한다.

새가 되어 신석기시대 여성조상 비조를 만난 클라라는 비로소 그녀를 통해 자신의 정체성을 찾는다. 가부장제에 찌든 한국인도 혈통이 다른 미국인도 아닌, "자유의 바람에 머리칼을 흩날리는 비조"에게서 자신을 본 것이다. 『영혼의 새』는 2002년에 한국어로 번역되었다.

마고의 새로운 성소,
청학동 마고성

지리산에는 최근 마고여신의 성소가 생겨나 탐방객들을 맞고 있다. 청학동에 있는 마고성이다. 환인, 환웅, 단군을 모신 삼성 궁과 함께 있다. 이곳에서 받드는 마고는 우주의 창조자이자 대지의 여신이다. 구전설화로 전해져 온 마고할미와 성격이 다르다. 신라 박제상이 우리 상고사를 저술한 『부도지』에 근거하기 때문이다.[41] 『부도지』가 전하는 마고여신은 신비로운 우주의 어머니로서 장엄하기 그지없다.

마고는 짐세에 태어나 희노의 감정이 없으므로 선천을 남자로, 후천을 여자로 하여 배우자 없이 궁희와 소희를 낳았다. 궁희와 소희 역시 선천과 후천의 정(精)을 받아 결혼하지 아니하고 두 천인과 두 천녀를 낳았다. (…) 선천시대에 마고대성은 실달성(實達城) 위에 허달성(虛達城)과 나란히 있었다. 처음에는 햇볕만이 따뜻하게 내려 쪼일 뿐 눈에 보이는 물체라고는 없었다. 오직 8려(呂)의 음만이 하늘에서 들려오니 실달성과 허달성이 모두 이 음에서 나왔으며, 마고대성과 마고 또한 이 음에서 나왔다. 이것이 짐세다.
후천의 운이 열렸다. 율려가 다시 부활하여 곧 향상(響象)을 이루니 성(聲)과 음(音)이 섞인 것이었다. 마고가 실달대성을 끌어당겨 천수(天水)의 지역에 떨어뜨리니 실달대성의 기운이 상승하여 수운(水雲)의 위를 덮고, 실달의 몸체가 평평하게 열려 물 가운데에 땅이 생겼다. 땅과 바다가 나란히 늘어서고 산천이 넓게 뻗었다. 이에 천수의 지역이 변하여 육지가 되고, 또 여러 차례 변하여 수역(水域)과 지계(地界)가 다함께 상하를 바꾸며 돌므로 비로

소 역수(曆數)가 시작되었다. 그러므로 기(氣) 화(火) 수(水) 토(土)가 서로
섞여 빛이 낮과 밤, 그리고 사계절을 구분하고 풀과 짐승을 살지게 길러내니,
모든 땅에 일이 많아졌다.
　성 안의 모든 사람은 품성이 순정하여 능히 조화를 알고, 지유(地乳)를 마시
므로 혈기가 맑았다. 귀에는 오금이 있어 천음(天音)을 모두 듣고, 길을 갈
때는 능히 뛰고 걸을 수 있으므로 오고감이 자유로웠다. (…) 영혼의 의식(魂
識)이 일어나 소리를 내지 않고도 능히 말하고, 때에 따라 백체(魄体)가 움
직여 형상을 감추고도 능히 행동하여, 땅 기운 중에 퍼져 살면서 그 수명이
한이 없었다.

　『부도지』의 마고성은 기독교의 에덴동산 같은 곳이라고 할
수 있다. 청학동 마고성은 그 세상을 상징적으로 구현한 곳이다.
그런데 원래 청학동 자체가 실제 지명이 아니라 예로부터 전해져
온 이상향의 이름이었다. 사람들은 청학동이 전쟁이 없고 질병
도 없으며, 먹을 것이 풍부할 뿐 아니라 장수하는 곳이라고 전해
왔다.
　청학동은 특별히 지리산과 연관돼 전승돼 왔는데, 지리산신
이 여신이라는 사실과 깊은 연관이 있을 것이다. 이상향은 종교
적 심성과 뗄 수 없는 관계이기 때문이다. 또 청학동에 관한 기
록들을 살펴봐도 그렇다. 남아 있는 최초의 기록은 고려시대 문
인 이인로가 쓴 『파한집』에 담겨 있다.

　옛 노인이 서로 전하는 말이 다음과 같았다. "이 산에 청학동이 있는데, 길이
매우 좁아서 사람이 겨우 통행할 만하다. 구부리고 엎드려 몇 리를 가야 넓
게 트인 땅이 나타난다. 사방이 모두 좋은 밭과 기름진 땅으로 씨를 뿌리고

지리산 청학동 마고성

나무를 심을 만하다. 청학이 그곳에 살기 때문에 청학동이라 부르게 되었다.

　사람 하나가 겨우 지날 수 있는 좁고 긴 길과 그에 이어진 넓고 기름진 땅. 이 묘사가 여성의 질과 자궁에 대한 은유임을 읽어 내기는 어렵지 않다. 조선시대 문헌들도 유사한 내용을 전한다. 청학동의 입구가 겨우 한 사람이 다닐 수 있는 석문이며, 그리로 들어가 조금씩 나아가면 큰 평원이 열린다는 것이다. 단양의 석문이 마고할미의 성소라는 사실이 상기된다. 청학동이 제비집 모양이라고도 하는데, 그릇 형상의 제비집도 자궁의 은유다. 그런가 하면 천년학이라는 청학은 오래된 새 여신 혹은 서왕모의 청조를 연상시킨다. 아마도 사람들은 청학동이란 이상향을 통해 모두가 살고 싶은 여신문화적 세상을 꿈꾸었던 것 같다.

　청학동 마고성에 들어서면 한순간 고대로 들어선 듯한 느낌을 받는다. 게다가 입이 벌어질 정도로 아름다운 장관이 펼쳐져 있다. 선사시대를 느끼게 하는 움집과 돌탑들, 감실들을 품은 유려한 돌담에 신성한 그림과 상징들, 늘어선 거석들과 신상들은 다른 데서는 느낄 수 없는 신성함을 발산한다. 특히 한가운데 자리한 연둣빛 연못은 달밤이면 선녀라도 내려올 듯 신비롭고 아름답다.

　이 둥근 연못과 음문을 닮은 입구, 그리고 알봉으로 불리는 작은 봉우리는 미고성 역시 여근을 형상화하고 있음을 알려 준다. 연못 위쪽에는 신령스런 당산목이 솟아 있다.

마고성과 삼성궁을 품은 전체 성전을 만든 사람은 한풀선사라는 선도 수행자. 배달민족의 홀대받는 역사와 전통, 고유한 선도문화를 선창하기 위해 제자들과 함께 수십 년간 무수한 돌들을 날라 현재의 웅장한 성전을 건축했다고 한다. 정말 믿기 힘든 집념이고 수행이 아닐 수 없다. 그의 간절한 염원은 어디서 비롯된 것일까?

한풀선사는 매년 10월 마고복본제와 개천대제를 봉행하고 있다. 마고성에서 거행되는 마고복본제는 마고여신에게 올리는 굿이자 제사다. 마고의 천성을 잃어버린 우리 인간이 그것을 되찾고자 하늘에 올리는 의식이라고 한다.

마고와 가이아가
만나다

마고성은 황혜숙 박사가 이끄는 마고 순례의 중심적 순례지이기도 하다. 2014년에는 순례 참가자들의 주도로 국제학술회의도 열렸다. 황박사는 마고문화의 창조론에 대해서, 호주에서 온 글래니스 리빙스턴 박사는 가이아 여신에 대해서 발표했다. 두 사람의 발표와 토론을 통해 마고는 가이아와 만났다. 두 닮은 여신이 서로를 비추며 대화를 계속한다면 앞으로 많은 성과들이

나올 수 있을 것이다.[42]

나는 리빙스턴 박사와 경기도 강화 순례 때 만나 인사를 나눴다. 늘 따뜻한 미소를 띤 초로의 아름다운 여성이었다. 호주 여신운동의 선봉에 있는 그녀는 미국 여신운동계에서도 이름이 높다. 가이아 영성을 주창하며 40년 가까이 여신의 길을 걸어왔다. 지구를 살아 있는 가이아라고 여기며 과학적 연구성과들과 영적 실천을 통합하는 작업을 한다. 2005년에는 그러한 작업의 결실인 『파가이아 우주론』이라는 책을 출간했다.

리빙스턴은 학자이자 작가일 뿐 아니라 능숙한 리츄얼리스트이기도 하다. 순례 중 그녀는 필요할 때마다 간단한 제단도 만들고 그룹의 리츄얼도 이끌었다. 자신의 집 옆에 달집이라는 여신의 신전을 지어 놓고, 사계절 절기의 변화에 맞춰 정기적인 리츄얼을 올린다고 했다. 그녀의 웹사이트에 들어가 달집을 찾아보니 흙과 나무로 둥글게 지어진 아름다운 신전이었다. 그녀의 영적 동지로서 마고 순례에도 동참한 남자친구와 함께 만든 것이다.

리빙스턴은 순례가 끝난 후 영국의 여신웹진 《살아 있는 여신!》에 마고 순례 참가기를 올렸다. 순례를 통해 깊은 변환을 체험했다는 고백이었다. 순례는 마고와 관계를 맺는 여정이었고, 그 여정을 통해 마고의 땅과 사람들을 사랑하게 됐다고 한다. 특히 직접 참여한 마고복본제와 개천대제는 그녀에게 말로 형언하기 힘든 깊은 인상을 남겼다고 했다. 리빙스턴은 참가기의 끝을 이렇게 마무리했다.

리빙스턴의 여신신전, 달집

순례를 통해서 나는 동아시아에서 마고에게 일어난 일이 우리 서양 전통에서 태초의 어머니에게 일어난 일과 유사하다는 사실을 알았다. 비록 문화의 복잡한 특징들은 다르지만. 그녀들의 이야기는 감춰져 왔고 국가와 남성 영웅들의 변화하는 입맛에 따라 은폐돼 왔다. (…) 그녀는 남성 신과 현자의 이미지로 대체되었고, 마치 그들이 '태초에' 있었던 것으로 되었다.[43] 그러나 변화는 시작됐다. 이 순례는 그녀를 불러내는 일의 매우 중요한 한 부분이었다.

안타깝게도 단군에게 복속되고 반야도사를 기다리다 죽은 마고할미는 가이아처럼 화려한 부활을 하지 못하고 있다. 그녀를 다시 불러내고 만나려면 무엇보다 할미의 본모습에 대한 이해가 선행되어야 할 것이다.

마고할미에서 마귀할미로

여신시대의 몰락은 여신의 괴물화, 악마화를 초래했다. 미노타우로스로 바뀐 미노아 여신이나 아담의 첫 아내인 릴리트뿐 아니라 꿈틀거리는 뱀의 머리를 한 메두사도 대표적 경우로 꼽힌다.[44] 그런데 이러한 사례는 우리 여신에게도 보인다. 마고할미가 마귀할멈으로 바뀐 것이다. 몇몇 전설에서 이러한 경우가 보이는데 특히 강원도 삼척 서구암 전설이 대표적이다. 이 전설에 등장하는 서구할미는 지역민들에게 마고할미로도 불렸다. 전설의 내용을 간단히 살펴보자.

> 백월산 중턱 바위굴 앞에 큰 바위가 있다. 수천 년 묵은 서구라는 노파가 이 바위 위에 앉아 '나는 귀신의 영혼'이라며 사람들의 정신을 어지럽혔다. 노파는 미래를 예언하고 수십 리 밖에서 일어나는 일까지 알곤 했다. 희롱을 당하면 해를 끼치는 일이 허다하고, 인근의 어린애들이 병에 걸려 죽게 했다. 길을 지나는 상인들에게도 재물을 많이 바치지 않으면 해를 입혔다.

노파는 여우나 고양이로 둔갑도 했다. 어떤 때는 요염한 여인이 되어 사람을 홀리고, 숫처녀에게 약을 먹여 아이를 배게 하거나 밴 아이를 감쪽같이 떼기도 했다. 생김새는 산발에 낚시코에, 길고 앙상한 손톱을 지녔다. 서구는 자기 뱃속에 든 담력을 준다는 명분 아래 교간을 일삼았고, 교간하고 싶은 남자가 처와 성교하면 손톱으로 바위를 긁으며 질투했다.

이즈음 이 마을을 요녀로부터 구제할 영웅이 탄생했다. 하늘이 낸 효자인 최진후와 덕망이 높은 김면이다. 그들은 장정들을 동원하여 마녀를 끌어내어 꾸짖고 태형을 가하고는 머리에 300군데나 쑥뜸을 떴다. 마녀 서구는 "출천의 효자분이 벌을 주니 달게 죽겠다."며 정신을 잃고 며칠 후에 죽었다.

첫눈에도 서구할미에게는 고대 여신의 속성들이 보인다. 수천 년이라는 시간이나 큰 바위 뒤 석굴에 거주하는 것부터 그렇다. 석굴의 여신이니 아이를 주기도 하고 떼기도 하는 능력은 당연하다. 그 상반되는 능력은 그녀를 요염한 젊은 여인이면서 동시에 할머니일 수 있게 한다. 교간을 일삼았다는 할미의 왕성한 성욕은 그녀의 강한 생식력을 뜻한다. 할미가 '상서로운 할머니'라는 뜻의 서구(瑞嫗)로 불린 이유다.

서구할미는 또 미래를 예언하고 보이지 않는 상황도 읽어 내며, 병을 다루는 능력도 있다. 여우로 둔갑한다는 것은 동물들도 그녀의 관장 아래 있다는 의미로 볼 수 있다. '동물의 여주인(lady of the animals)'이었던 유럽과 근동의 고대여신들과 같은 성격이다. 한마디로 그녀는 마을 주민들의 생사화복을 주관하는 능력을 가진 여신이다.

그런데 그런 할미가 그 능력으로 악행만 저지르는 요괴로 전락해 있다. 그리고 끝내 효자 최진후에 의해 살해당한다. 남성 영웅인 최진후는 '효'로 상징되는 가부장제 유교 이념의 화신으로서 테세우스가 담당했던 문명화의 전사 역할을 맡고 있다. 유교 가부장제에 의해 여신신앙의 계승처였던 무속이 짓밟히게 된 것이다. 전설은 서구할미를 모셨던 무당이 잔혹하게 살해된 사건을 전하는 것인지도 모른다. 최진후가 17세기에 살았던 실존인물이기 때문이다.

　살해당한 서구할미는 서구 역사의 마녀사냥을 떠올리게 한다. 할미의 흉칙한 외모는 서구의 마녀들과 놀라울 정도로 유사하다. 기독교 이전의 여신 중심 토착신앙 전통을 악마화하면서 시작된 마녀사냥은 수십만 명의 여성들과 남성들을 무고하게 고문하고 불태웠다. 마술을 행하고 악마와 계약해 성관계를 맺으며 아이들을 죽이는 마녀라는 이유였다.

16
왕권을 보증했던
여신들

지리산_여원치
도고·서술성모·지리산_성모

옛적 홍무 12년 기미년(1379)에 우리 성조(이성계)께서 동쪽을 정복하라는 명령을 받고 이 언덕에 올랐는데 도고(道姑)가 나타나 대첩 일시를 알려 주고 홀연히 사라졌다. 이는 곧 산신이 나타나신 것이 분명하다. 그러므로 그 모습을 새기고 각(閣)을 만들어 받들어 모시니 참으로 우러르고 사모해야 할 사적이다.

— 여원치마애불 암각서

고대의 위대한 여신들은 역사의 변전 속에서 왕권과 관련되기도 했다. 새로운 권력자로 등장한 남성 왕들이 자신의 권위와 정통성을 위대한 여신들에게 의탁하고자 했기 때문이다. 종교적 전통과 심성 그리고 실천은 쉽게 바뀌는 게 아니어서 여신들은 여전히 강력한 민중적 기반을 갖고 있었다.[45]

고대 근동과 이집트에서 왕은 여신의 연인이거나 아들로서 신성한 권위를 인정받았다. 대표적인 경우가 이난나와 이시스다. 이시스는 왕좌를 머리장식으로 사용함으로써 왕권의 수여자임을 확실하게 주장한다. 파라오는 그 왕좌에 앉을 수 있는 그녀의 자식이었다. 또 그녀의 젖은 왕자를 왕으로 만드는 힘을 가지고

왕좌를 머리에 이고 있는 이시스

있었다. 이난나도 수메르 왕들의 왕권을 승인해 주는 여신이었다. 이난나의 후신인 이슈타르가 아카드 왕국을 세운 사르곤을 연인으로 선언하고 왕이 되도록 허락했다는 기록도 있다.

일본의 아마테라스 여신도 손자인 니니기의 자손들이 대대로 일본 국토를 통치하도록 명한다. 서왕모는 전설적 왕인 순임금에게 지도와 백옥피리와 역법을 전했다고 하는데 이는 당시 통치권의 정당성을 보증하는 증표들이었다. 또 청나라 태조 누르하치도 나라를 세우는 데 버드나무 여신 푸터 할머니의 도움을 받았다. 그녀가 무예와 대포 만드는 법을 가르쳐 주고 3부(部)의 천서(天書)를 건넸다는 것이다.

그런데 여신과 왕권의 상관성은 우리 역사에서도 찾을 수 있다. 이미 지리산 성모와 고려 왕권의 관계를 소개했다. 그런데 지리산에 조용히 숨어 있는 한 여신 또한 같은 성격을 보여 준다. 여원치마애불로 불리는 도고다.

그녀는 남원시 이백면 양가리 여원치 정상 부근의 길가 숲 속에 숨듯이 자리하고 있다. 안내판도 잘 눈에 띄지 않아 차로

도고상

가면 그냥 스치기 십상이다. 도로 옆으로 난 오솔길을 따라 조금 내려가면 곧 쉼터 같은 공간이 나타나는데 그 한편에 그녀가 서 있다. 옆으로 누운 큰 바위의 한가운데 자리한다.

부처 형상을
한 여신

여원치는 여원(女院)이 있는 고개라는 뜻인데, 여원은 여신의 사원쯤으로 해석하면 될 듯하다. 그러니까 여원치는 여신의 사원이 있는 고개다. 이곳에 모신 도고는 이름만 보면 도교의 여신일 것 같다. 하지만 형상은 전형적인 불상이다.

크고 살진 얼굴에 큰 귀는 어깨까지 닿고 두광이 둘려져 있다. 목의 세 겹 주름이나 늘어진 옷자락도 불상의 특징이다. 오른손은 가슴에 댔는데 왼팔은 절단되어 있다. 크고 뚜렷한 이목구비에 근엄한 표정은 여성으로 보기 어려운 인상이다. 그래서인지 이 신상의 공식적 이름은 여원치마애불이다. 마애불과 도고 여신. 서로 어울리지 않는 두 이름이 한 신상을 공유하고 있는 것이다. 한 이름은 부처라 하고 다른 이름은 여신이라 한다.

도고는 어떤 여신일까?

그녀의 왼쪽에 사각형으로 파인 암면에는 신상의 내력에 대한 설명이 새겨져 있다.

고려 말 이성계가 왜구 정벌대장의 직책을 맡고 여원치에 왔을 때 도고라는 여산신이 나타나 승리할 일시를 알려 주고 사라졌다는 내용이다. 이성계가 왜구들을 크게 격파한 황산대첩에 대한 얘기다. 이성계를 도와준 데 대한 보은으로 도고상을 세운 것이다.

그렇다면 왜 도고는 이성계를 도왔을까? 질문을 정확히 하자면, 왜 이성계 세력은 왜구들을 격파하는 데 도고의 도움을 받았다고 신상까지 만들어 널리 알릴 필요가 있었을까?

황산대첩이 이성계가 백성들의 신망을 얻은 결정적 계기로서 후일 역성혁명을 이루는 데 중요한 발판이 되었다는 사실을 고려하면 유사한 사례가 떠오른다. 고려왕조를 개창하는 데 지리산 성모의 도움이 있었다는 『제왕운기』의 프로파간다다. 조선 개국세력 역시 새 왕조의 정당성을 지리산 여산신의 승인을 통해 강화하고자 했음을 알 수 있다. 이러한 의도는 『태조실록』을 통해서도 확인된다. 이성계가 왕위에 오르기 전 어떤 사람이 지리산 바위 속에서 얻었다며 이상한 글을 바치고 사라졌는데, 이성계가 장차 왕이 될 것이라는 예언이 담겨 있었다는 것이다.

그런데 왕권의 조력자 혹은 보증자로서의 역할은 지리산 여신에게만 국한된 게 아니었다.[46]

신라의 왕권과
서술성모

왕권과 관련된 여신의 뿌리는 신라 선도성모에 있다. 지리산 성모와 동일시되기도 하는 그녀는 경주 서쪽에 있는 선도산(서술산)의 산신으로서 서술성모라고도 한다. 도교적인 이름인 선도성모보다 서술성모가 더 오래되고 토착적인 이름일 것이다.

서술성모는 신라를 세운 박혁거세와 알영 부부의 신화적 어머니다. 알다시피 혁거세는 나정이란 우물 옆에 출현한 알에서 태어났다. 그 옆에는 하늘에서 내려 온 백마가 있었다고 한다. 하지만 『삼국유사』는 그의 어머니를 따로 전한다. 스치듯 간단한 언급이지만, 혁거세를 서술성모가 낳았다는 것이다.

그런데 사실 두 버전은 다른 얘기가 아니다. 백마는 서술성모의 호칭 중 하나이기 때문이다.(자세한 내용은 18장 참조)[47] 또 알은 신석기시대부터 중요한 여신의 상징이었다. 알은 여신의 자궁을 의미하며, 특히 죽음 이후 재탄생과 관련되어 있다.[48] 서구에서 알 상징은 고대 유럽과 아나톨리아의 신석기 유물들은 물론 미케네 문화까지 다채로운 변형을 보이며 무수하게 나타난다.

몰타 섬의 여신사원은 알 형태로 지어졌고, 여신상의 풍만한 하반부도 알의 형상이다. 지중해 지역에는 알 형태로 만들어진 신석기 돌무덤들도 많다. 경주도 마찬가지였음은 봉황대 고분을

지간티자 사원에서 출토된 엉덩이가 알 모양의 여신상, 몰타, 기원전 3000년경

통해 알 수 있다. 봉황대가 봉황의 알이라는 전설이 전하기 때문이다. 경주 고분들은 임신한 여성의 둥근 배(알, 자궁)를 닮았다.

신라에서도 알은 자궁을 상징하면서 죽음 이후 재생을 함의했다. 이는 천마총에서 출토된 달걀들이 말해 준다. 달걀들은 큰 쇠솥 안에 담긴 알 형태의 작은 토기 속에 자리하고 있었다. 망자의 재생에 대한 기원이 담겨 있는 것이다.

결국 혁거세를 탄생시킨 알은 백마로 출현한 성모의 자궁이다. 같은 이야기가 표현법만 달리해 전승된 것이다. 서술성모는 계룡, 계림으로도 불렸는데, 알영을 낳을 때는 계룡으로 등장한다. 계룡, 계림, 백마 등의 호칭들은 서술성모가 용이자 말, 숲, 특히 닭으로 상징되었음을 말해 준다.

신라 건국의 여명기에 건국의 두 주역이 그녀를 어머니로 모셨다는 기록은 당시 그녀의 위세를 짐작케 한다. 새로 등장한 왕권이 정당성을 의탁할 만한 우뚝한 신이었을 것이다. 닭과 용이 합쳐진 계룡이라는 상징은 그녀의 오래된 신성을 말해 준다. 크레타의 신석기 뱀 여신상, 내왓당 홍아위에 뱀과 새가 합쳐진 것과 같은 경우다. 닭과 새, 용과 뱀은 교환가능한 상징이다.

혁거세 신화에서 알 수 있듯 신라의 왕들은 신성한 권위를 서술성모를 통해 인정받으려 했다. 이는 김씨 왕실의 시조인 알지 신화에도 나타난다. 『삼국유사』의 기록 일부를 보자.

호공(瓠公)이 월성 서쪽 마을로 가다가, 시림(始林) 속에서 매우 커다란 빛을 보았다. 자주색 구름이 하늘에서 땅으로 뻗쳤는데, 구름 속에는 황금상자가 나뭇가지에 걸려 있었고 그 빛은 바로 그 상자 속에서 나오고 있었다. 그리고 흰 닭이 나무 아래에서 울고 있었다.

흰 닭은 성모의 상징이고, 황금상자가 발견된 곳은 월성의 서쪽, 즉 서술산 방면이다. 게다가 이어지는 글에서는 알지가 상자에서 나온 장면이 "혁거세의 옛일과 같았다."면서 알지라는 이름도 혁거세에서 비롯됐다고 한다. 후일 등장한 김씨왕실도 혁거세처럼 서술성모의 후손이고자 했음을 분명히 알 수 있다.

문희의 매몽설화에
숨은 의미

처음 문희의 언니인 보희가 꿈에 서악(西岳)에 올라 오줌을 누었는데 그 오줌이 수도인 경주에 가득 찼다. 다음 날 동생에게 꿈 얘기를 했더니 문희가 말하였다.
"내가 그 꿈을 사겠어요."
(…)
동생은 그 값으로 비단 치마를 주었다.

위는 김유신의 누이인 문희와 보희 자매의 유명한 이야기 첫 부분이다.

그런데 『삼국유사』가 전하는 이 이야기 역시 서술성모와 왕권이라는 코드를 담고 있다. 우선 눈에 띄는 건 보희의 오줌이 경주에 가득 찼다는 것이다. 그녀가 신적인 존재가 되었음을 시사하는 표현이다. 홍수 같은 오줌은 마고할미 전설에서 볼 수 있듯 우리 여신들의 속성이기 때문이다. 그런데 그녀가 오줌을 눈 곳은 서악, 즉 서술산이다.[49] 결국 이 꿈은 보희가 서술성모를 대리하는 사제가 된다는 것으로 이해할 수 있다.

그런데 당시 신라에서 성모의 사제가 된다는 것은 왕실 여성이 된다는 의미였다. 건국왕 부부의 어머니인 성모는 왕실의 조상신일 수밖에 없는데, 당시 왕실의 사제는 왕비나 공주 같은 왕실 여성들이 맡았기 때문이다.[50] 결국 보희의 꿈은 그녀가 왕비가 된다는 예시였다. 문희가 비단치마 한 벌을 주고 얼른 그 꿈을 산 이유다.

그런데 이야기는 여기서 끝이 아니다. 진짜 본론은 그 후에 벌어지는 사건에 있다. 즉 문희와 김춘추 사이에서 문무왕이 탄생하는 것이다. 문무왕이 누구인가? 삼국을 통일해 신라의 새 역사를 연 인물이다. 두 번째 건국영웅이라고 할 수 있다. 그런 특별한 영웅이 서술성모의 여사제인 문희, 즉 문명왕후를 통해 탄생한 것이다. 결국 문희의 매몽설화는 문무왕의 신화적 어머니가 서술성모임을 주장하기 위해 만들어진 것으로 보인다.

문명왕후가 가야계였기 때문에 더욱 서술성모의 인증이 필요했을 것이다. 신라의 옛 국호인 계림이 성모의 호칭이라는 것은 그녀가 신라인 정체성의 근원임을 말해 준다.

왕의 신화적 어머니로서 여신의 역할은 『고려사』에도 등장한다. 왕건의 할머니 저민의는 서해용왕의 딸인 용녀로서 우물을 통해 용궁을 드나들었다. 용신이기도 했던 서술성모의 고려 버전이다. 그녀의 남편인 작제건의 탄생설화는 아예 문희 자매의 매몽설화를 그대로 표절하고 있다. 왕건 가문의 첫 시조 호경도 평나산 여산신과 혼인했다. 또 왕건의 어머니 위숙왕후는 지리산 성모와 동일시되었다. 고려 왕실도 창건주가 신성한 여신의 후손이라는 점을 여러 버전을 통해 적극 홍보해야 했던 것이다.

서술성모와 박혁거세·김알지·문무왕, 정견모주와 김수로, 지리산 성모·평나산 여산신과 왕건, 도고와 이성계.

도고상 앞에 서 있으려니 왕권과 여신의 기나긴 역사가 떠올랐다. 그녀의 닳고 훼손된 몸에 무상한 세월의 변전이 압축돼 담겨 있는 것 같았다.

불교 속으로
들어간 여신들

도고는 얼마나 오랜 세월을 그 자리에 서 있었던 것일까?

암각서는 도고상이 만들어진 지 500여 년이 흘렀다는 동네 노인들의 말을 전한다. 운봉현감 박귀진이 글을 새긴 해가 1901년이니 500여 년 전이면 이성계의 황산대첩이 있던 고려 말 시기와 겹친다. 하지만 전문가들은 고려 초 작품으로 추정하기도 한다. 더 오래된 여신상일 수도 있는 것이다.

그런데 도고는 왜 불상인 척하고 있는 것일까?

그 배경에는 여신 중심의 우리 토착종교와 외래종교인 불교의 역학관계가 자리한다. 삼국시대에 왕실 주도로 불교가 진흥되고, 고려 왕조에서도 국교로 숭상됨으로써 토착신앙은 뒤로 물러나 지워지거나 불교에 포섭되는 과정을 거쳐야 했다. 토착신앙의 성소에 절들이 들어서고, 여신들은 추방되거나 불교의 옷을 걸치기 시작했다. 서구에서 성모마리아가 토착여신들과 만났듯이 한국불교에서는 관음이나 미륵이 여신들의 후신이 됐다. 『삼국유사』에 여성으로 나타나는 관음이나 지금도 전국 도처에서 발견되는 여성관음상 그리고 미륵할미들이 그 증거다. 도고상은 여신들이 자의든 타의든 불교 속으로 들어갈 수밖에 없었던 시절에 출현했을 것이다.

여신이 불교에 습합되는 과정은 『삼국유사』의 선도성모 관련 기사에 잘 담겨 있다. 진평왕 때 일로, 선도성모가 불사를 좋아해서 지혜라는 비구니를 도와 불전을 수리했다는 얘기다. 그러면서 성모는 지혜에게 절에 불상뿐 아니라 "모든 천신과 오악(伍岳)의 신군(神君)을 그리라."고 명했다. 토착신앙의 천신들과 산신들도 절에서 함께 모시라는 것이었다. 그 결과 오늘날 우리는 절에서 산신을 비롯한 토착신들을 만나고 있다. 그런데 여신이 갈수록 밀려난 결과 현재 대부분의 산신은 흰 수염을 길게 늘어뜨린 할아버지로 변했다.

흥미롭게도 도고상은 강진 무위사에 있는 할매미륵과 유사하다. 양팔의 포즈도 같다. 고려시대 초기였든 말기였든 여원치 일대의 민초들은 어떤 이유에선가 숭앙하는 여산신을 불상 형식으로 만들어 모신 듯하다. 만약 이성계측이 도고상을 제작한 것이라면 그들에 의해 불상이 채택됐을 가능성도 배제할 수 없다.

그런데 과거에 여신이 마애불로 표상됐다면 다른 경우는 또 없을까?

도고상을 보며 자연스럽게 드는 의문이다. 제도화된 불교 밖에서 민중신앙의 대상으로 존재해 온 전국 곳곳의 숱한 마애불보살, 석조불보살들의 정체가 궁금해지는 것이다. 분명 여신임에도 시치미를 떼고 있는 경우들이 있을 것이다. 제작 시기가 과거로 올라갈수록 가능성은 더 커진다. 불교 토착화 초기에 그런 경우들이 더 자주 발생했을 것이기 때문이다. 앞서 말했듯 고대 여신신앙에서는 큰 입석이나 바위가 여신의 신체로 여겨지거나 그 신성을 표상했다. 우리 조상들은 그런 곳에 신성한 암각화를 그리며 신앙심을 표출했다.

삼화령석조미륵불과 서산마애본존불이
품은 여신상징들

경주박물관에 있는 삼화령석조미륵삼존불과 서산시 운산면 용현리에 있는 서산마애삼존불은 각각 신라와 백제를 대표하는 불상들 중 하나로 이름이 높다. 그런데 이 유명한 불상들에도 여신상징이 숨어 있다. 두 삼존불은 통일신라 이전인 7세기 전반에 제작된 것으로 추정된다. 아직 토착 여신신앙의 세력이 상당했던 시기다.

부드러운 용모의 삼화령석조미륵불은 양쪽에 자그마한 협시보살들을 거느리고 있다. 꼭 엄마 곁에 붙어 있는 아이들 같아서 애기부처라는 애칭으로 불린다. 삼존불의 한 양식이라고는 하지만 이 보살들처럼 아기 같은 경우는 찾기 힘들다고 한다.

이 삼존불을 보고 있으면 혹시 알영과 혁거세를 거느린 서술성모가 불상 속으로 들어간 것은 아닐까 하는 생각이 슬쩍 든다. 혁거세는 스스로를 알지 거서간이라고 했는데, 일연에 의하면 알지는 어린아이라는 의미다. 이집트 파라오들이 이시스의 자식으로 여겨졌던 것처럼 신

경주 남산 삼화령석조미륵삼존불

라의 왕들도 서술성모의 아이들로 여겨졌던 것 같다.[51] 삼화령석조미륵
불은 남산 장창골 고개 위에서 발굴됐는데 장창골 어귀에 바로 나정이
자리한다.

　미륵본존불은 전형적 불상과 달리 의자에 앉아있는 형상인데 더 유
별난 것은 양쪽 무릎에 뚜렷이 양각된 나선무늬다. 일반 불상에서는
보이지 않는 경우다. 그런데 한국에서도 나선은 토착적 상징이었다. 선
사시대 암각화와 유물뿐 아니라 신라와 가야의 유물들에서도 나선문
양은 자주 발견된다. 우리 조상들도 또아리 튼 뱀이나 자연의 생명력을
나선으로 표현한 것 같다.

　그런데 그것이 여신상징임은 널리 알려진 우렁각시 설화를 통해 알
수 있다. 껍질에 나선이 뚜렷한 우렁에서 각시가 나왔기 때문이다. 우렁
의 둥근 주둥이도 여성성기를 상징하므로 우렁각시가 알아서 밥상을
척척 차리는 능력을 가진 건 당연한 일이다. 일본의 경우 몸에 나선무
늬가 장식된 조몬 여신상을 흔히 볼 수 있다.[52]

　가장 놀라운 것은 미륵불의 배 부분에 뚜렷이 조각된 역삼각형이다.

불상의 띠 매듭이라고 하지만 매듭이라기엔 매우 부자연스럽고 일부러 역삼각형을 강조해 놓은 것 같다. 어떤 고의가 느껴지는 것이다._(한국의 역삼각형 상징은 17장 이하 참조) 나선과 삼각형, 성모자상의 분위기 외에도 미륵불을 여신으로 추정할 수 있는 근거는 더 있다. 발굴 당시 미륵불은 장창골 고개 위 석실에 안치돼 있었다. 석실은 인공적인 석굴이니 전통적인 여신의 성소에 자리했던 것이다. 이 미륵불은 『삼국유사』의 삼화령 돌미륵에 근거해 현재 이름을 갖게 됐는데, 돌미륵은 선덕여왕 때 출현했다.

넉넉하고 유쾌한 미소로 유명한 서산마애불은 아무리 봐도 충청도 아줌마 같은 인상이다. 그 기막힌 미소는 불상보다 토우와 가깝다. 미술사학자들은 이 삼존불의 해학적이고 풍부한 표정을 중국은 물론 한국의 다른 불상들에서도 찾기 힘들다고 말한다. 또 본존불 왼쪽에 반가사유상이 있는 등 정통 불교도상과 어긋나는 독특한 구성이다.

1959년 발견 당시 일화를 보면 동네 사람들은 본존불을 산신령으로 여기고 있었다. 분명히 부처상인데 산신인 도고라고 여겼던 남원 사람들과 같은 인식이다.[53] 삼존불이

서산마애본존불

몸에 나선이 장식된 조몬 여신상,
미야기현, 기원전 1000-400년

어깨에 신성한 띠 매듭을 장식한 여인, 크노소스, 기원전 1400년경

이시스 여신의 상징물 테트, 이집트, 기원전 1550-1275년

위치한 가야산은 통일신라시대에 중요한 제사처였다. 발견 당시 삼존불은 앞에 계곡물이 흐르는 바위절벽에 있어서 계곡 건너편에서 올려다봐야 했다고 한다. 그런데 물을 끼고 수직으로 서 있는 평평한 바위는 토착적 성소의 전형이다.(구체적 내용은 17장 이하 참조) 최근 조사 결과에 의하면 원래 입술이 붉은 색으로 칠해져 있었다고 한다.

서산마애불의 띠 매듭도 여성성기 형상이다. 가슴 아래 부분에 크게 강조돼 있다. 삼화령석조미륵불과 달리 도톰한 여성성기를 사실적으로 닮았다. 물론 좀 크긴 해도 굵은 띠 매듭을 사실적으로 묘사한 것이라고 반박할 것이다. 그것이 띠 매듭인 건 분명해 보인다.

그런데 옷을 묶거나 장식하는 띠 매듭 자체가 자궁을 표상하는 여신의 상징이었다. 크노소스 성소의 벽화에는 어깨에 신성한 띠 매듭을 장식한 여자가 있다. 이시스 여신의 상징물인 테트도 띠 매듭이다. 이난나 역시 갈대다발로 만든 매듭으로 상징됐다.

제주 내왓당 본궁위. 자궁의 위치에 둥글게 띠 매듭이 장식돼 있다.

멀리 갈 것 없이 우리 무신도에도 띠 매듭이 있다. 제주도 내왓당 무신도들 중 하나인 본궁위(本宮位) 그림에 큼직한 띠 매듭이 장식돼 있다. 정확히 자궁의 위치다. 둥근 부채로 강조한 반라의 젖가슴과 큰 띠 매듭은 이 여신상의 중심에서 강력한 신성을 주장한다.

씻김굿에서 고풀이를 할 때 사용하는 무구인 '고'도 같은 성격일 것이다. 긴 천이나 줄로 매듭을 여럿 지어서 쓰는데 이 매듭이 고다. 고에 산신(山神)고, 조왕고 등 신의 이름이 붙어 있어 그 본래 성격을 추정케 한다. 고가 여근이라는 사실은 민속놀이인 고싸움이나 줄다리기에서 확연히 드러난다. 새끼줄로 커다란 고리를 지어 서로 겨루는데 이것

민속놀이 고싸움에 등장하는 고　　중국 석종사에 봉안돼 있는
여성성기를 묘사한 검은돌, 운남성

이 기본적으로 여성성기를 상징하기 때문이다. 우리 한복의 옷고름에
도 같은 뜻이 담겨 있을 것이다.

　종합해 볼 때, 서산마애불의 띠 매듭에서 고를 연상하는 것은 무리
한 유추가 아니다. 그래도 역시 불상과 여성성기의 결합이 불편한 사람
들에겐 중국 운남성 석보산에 있는 석종사란 절을 소개한다. 이 절의
한 석굴에는 여성성기를 사실적으로 묘사한 검은 돌이 봉안돼 있는데
좌우로 불교의 신들이 호위하듯 지켜 서 있다. 절에서 여성성기가 숭배
되고 있는 것이다.

　초기 불상을 제작했던 우리 조상들은 의도적으로 여신신앙을 담은
것일까? 아니면 오래된 신앙심의 자연스런 발현이었을까? 흥미로운 상
상을 자극하는 질문이다.

17
신성한 여근:
하늘과 땅의 뿌리

포항·울주
선사시대_암각화가_품은_여신_상징들

계곡의 신은 죽지 않으니 이것을 일컬어 검은 암컷(玄牝, 상징적 여성성기)
이라 한다. 검은 암컷의 문을 하늘과 땅의 뿌리라 한다. 이어지고 또 이어져
영원히 존재하니 아무리 써도 마르지 않는다.

—『도덕경』

"어디에 있는 거야? 잘 안 보이네."

친구가 말했다.

"글쎄⋯⋯."

나도 마찬가지였다. 한두 개 있는 것 같기도 했으나 미심쩍어
옆에 있던 다른 바위로 걸음을 옮겼다. 그러나 역시 확 눈에 들
어오는 게 없었다. 현미경을 들여다보듯 하고 있는데 갑자기 친
구가 소리를 질렀다.

"여기다. 여기 있네!"

그는 약간 굽어져 길게 누운 바위를 바라보며 흥분하고 있었
다. 달려가서 보니 내 눈에도 비로소 그것들이 보였다. 그것들은

너무나 분명한 형상으로 여기저기 모습을 드러내고 있었다. 순간 너무 감격해 목이 메이는 것 같았다.

산기슭 바위에 꽃무리처럼 조각되어 있는 그것들은 바로 여성의 성기였다. 둥글고 도톰하게 사실적으로 묘사된 것들이 많았고, 가운데 줄을 그은 역삼각형도 뚜렷이 눈에 들어왔다. 크레타 순례에서 처음 만났던 신성한 삼각형, 김부타스의 책에서나 보았던 여근 암각화를 내 나라에서 만나게 된 것이다. 여신 전통과 상징들이 세계적 보편성을 갖고 있다는 사실은 알고 있었지만 정말 예상치 못했던 일이었다.

"와, 보지바위 보니 좋다."

친구가 웃으며 카메라를 들이댔다. 나도 흥분을 가라앉히며 카메라를 꺼냈다. 그리고 금방 없어지기라도 할 것처럼 하나라도 놓칠세라 셔터를 눌러 댔다.

포항 칠포리의
여근 암각화

우리는 포항시 흥해읍 칠포리 곤륜산 자락의 암각화 유적지에 있었다. 여성성기가 가장 집중적으로 암각되어 있는 선사시대 유적지다. 총 23개나 된다고 한다.

포항 칠포리 여근 암각화.
가운데 세로선을 새긴 역삼각형이 또렷이 새겨져 있다.

여성의 성기와 자궁은 선사시대 이래 가장 중심적인 여신상징이었다. 그 암각화는 세계 곳곳에서 발견되며 구석기 시대까지 연원이 올라간다. 김부타스에 따르면 여성성기는 가장 오래된 파르스 프로 토토(Pars Pro Toto, 전체를 대변하는 부분) 상징으로서 생명 출산의 신성성을 나타낸다. 성기가 여신의 신성성 전체를 표상하는 것이다. 한국에서도 마찬가지였음을 칠포리 암각화는 말해 주고 있었다.[54]

왜 아니겠는가?

살만큼 살아 보니 이제 알겠다. 세상에 새 생명이 탄생하는 것만큼 신비하고 기적적이며 위대한 일은 없다는 것을. 드높은 권세나 명예도, 하늘에 닿을 듯 치솟은 마천루도, 그 어떤 예술적 창조나 놀라운 AI의 출현도 새 생명의 탄생이 주는 근원적 경외감에 미치지 못한다. 그래서 나는 생명 현상의 순환 밖 저 초월적인 곳에 천국이나 극락이 있다면서 현세의 삶을 비하하고 부정하는 주요 종교의 성직자들을 믿지 않는다.

생명이 신이다. 신이란 결국 생명을 창조하고 뭇 생명들을 사랑으로 양육하는 존재다.

생명이 신이라면 새 생명을 품고 내놓는 여근만큼 신의 상징으로 적합한 것이 있을까? 선사인들의 사고와 믿음은 자연스럽고 진솔하다. 권력에 물들지 않았기 때문일 것이다.

『도덕경』에도 신성한 상징으로 여근이 등장한다. 잘 알려진 현빈, 즉 검은 암컷이다. 검은 암컷인 여근이 하늘과 땅의 뿌리이며 영원히 존재하는 도의 근원이라고『도덕경』은 가르치고 있다. 노장사상 전문가인 서강대 최진석 교수는 노자가 하나라의 모계문화를 이어받아 물을 중시하고 검은색을 숭상했다고 말한다. 하나라는 자애로움과 검소함도 숭상한 나라였다.

여근은 여신신앙의 핵심이다. 여근이 생명의 근원이자 창조력이며 모든 생명체들의 궁극적 귀의처라는 인식은 고대 여신신앙의 문을 열어 주는 열쇠다. 그 인식 하나만으로도 여신신앙의 내용이 이해되고 성소들이 보이며, 수수께끼 같던 민담이나 전설들이 의미를 드러낸다.

신성한 여근은 현대사회에도 중요한 통찰을 던진다. 생명을 창조하는 여근이 신성하다면, 앞서도 누차 언급됐듯, 성행위 역시 신성한 것이다. 서구 여신운동에서 섹슈얼리티는 여신의 축복으로 여겨진다. 신라의 성행위 토우들도 그러한 인식을 보여 준다. 성과 섹슈얼리티가 신성한 축복이라는 인식과 감각을 우리가 회복할 수 있다면, 뒤틀리고 망가져 버린 현대사회의 성문화가 회복의 길로 들어설 수 있을 것이다. 그리고 훼손된 생명 탄생과 양육의 가치도 되찾을 수 있을 것이다.

섹슈얼리티의 축복, 아이를 낳고 키우는 일의 진정한 가치와 신성성을 모른 채 허튼 곳만 쳐다보며 삶의 허기를 채우려 했던 내 젊은 날에 위로를![55]

한국의 주요 여근 상징,
알과 성혈

한국의 여근 숭배 전통을 가장 분명히 보여 주는 유적은 전
국 곳곳의 여근석들이다. 서울 지역에서도 여근석은 어렵지 않게
발견된다. 북한산 독박골 천녀바위, 불암산의 밑바위가 유명하

서술성모의 산인 경주 선도산에 자리한 성혈바위

다. 자식을 바라는 여자들의 치성이 지금도 보이는 곳이다.

위대한 여신이 수천 개의 이름을 갖고 있었듯 여신신앙의 핵심인 여근도 수많은 상징들로 표상돼 왔다. 삼각형, 알, 동굴, 샘, 연못, 구멍, 계곡, 거북……[56]

한반도에서도 동굴이 여신의 성소였다는 사실은 고구려의 수혈, 단양의 마고할미 동굴, 여근바위라 불리는 영암 월출산 베틀굴, 여러 지역의 할미굴 등의 사례를 통해 알 수 있다.[57] 서왕모도 오래전 표범의 꼬리와 호랑이 이빨을 지니고 있던 때 동굴에서 살았다.

샘이나 연못이 여근 상징이라는 것은 선덕여왕이 말해 준다. 영묘사에 옥문지(玉門池)가 있는데 "옥문이란 여근을 의미한다."는 것이다. 여근이 연못으로 표상되고 있다. 여왕은 여근곡(女根谷)이란 지명도 언급해 계곡 또한 여신의 성소였음을 알 수 있다.

한반도에서 특히 두드러지는 여근 상징은 알과 구멍이다. 알은 신라와 가야, 고구려의 건국신화에 등장할 정도로 중요했다. 제주도에는 최초의 세 시조가 솟아났다는 삼성혈이 있다. 삼성혈의 다른 이름은 모흥혈(毛興穴)이니 털이 많은 구멍이라는 뜻이다. 대지 여신의 성기다.

전국 도처의 바위들에서는 사람들이 파놓은 크고 작은 구멍들이 쉽게 발견된다. 바위 전체에 구멍들이 밀집되어 있는 경우도 있다. 이 구멍들을 성혈(性穴), 즉 성적인 구멍이라고 한다. 여근의 상징이다. 우리 조상들은 바위에 성혈을 파면서 아이도 많

위 | 한국 고유의 선사시대 여신상인 검파형 암각화, 포항 칠포리, 청동기시대

아래 | 선사시대 여신상들 중에는 몸에 구멍들이 뚫렸거나 파인 경우가 종종 보인다.
온몸에 성혈이 있는 여신상(좌), 요크셔, 신석기시대
가슴이 붙어 있는 원통형 몸에 성혈들이 있는 조몬 여신상(우), 요코하마, 기원전 2000-1000

이 낳고 삶이 풍요로워지기를 빌었다. 주로 고인돌 덮개돌이나 자연암반, 선돌 등이 대상이었다. 그들은 성혈을 알구멍이라고 불러 왔다. 또한 성혈이 많은 바위는 알바위, 알터 등으로 불렸다. 구멍과 알, 즉 자궁과 알이 동일시되었음을 여기서도 확인할 수 있다.

고대의 여신상, 검파형 암각화

성혈은 우리가 찾았던 칠포리 암각화 유적지에도 많았다.

여근 암각화들이 밀집된 바위 건너편에 서 있는, 길이 3.5미터 높이 1.7미터의 큰 바위가 대표적이었다. 그런데 이 바위의 성혈들은 다른 경우와 달리 독특한 형상 안에 자리했다. 허리가 들어간 장방형 도형 안에 공간이 나뉘어 배치되어 있는 것이다. 도형의 맨 윗부분은 V자 혹은 U자로 크게 파여 있다. 여근 상징인데 맨 위에 크게 강조해 놓은 것을 보면 주변의 성혈들보다 더 중요한 의미를 부여했음을 알 수 있다.

이 수수께끼 같은 도형 암각화를 학계에서는 검파형 암각화라고 한다. 석검의 손잡이를 닮았다는 의미에서다. 경상도 지역에 몰려 있는 이 암각화는 신상으로 여겨지는데 대체로 지모신이라고 본다. 전주대 송화섭 교수, 울산대 반구대암각화보존연구소 이하우 교수 등 암각화 전문가들의 해석인데, 검파형의 형태나 상징들이 여성의 신체를 표현하고 있다는 것이다.

양옆의 곡선은 확실히 여성의 허리선을 닮았다. 그러니까 몸통으로 표현한 여신상이 되는 셈이다. 칠포리 바위에는 검파형 암각화가 일곱 개 정도 모여 있는데, 성혈을 열 개 이상 품은 것도 있었다. 이 암각화는 자신의 형상 안에 여근을 집중적으로 품음으로써 더 증폭되고 강력한 신성을 주장하는 것 같다. 검파형 암각화는 한국 이외의 지역에서는 찾아보기 힘들다고 한다. 그러니까 한국의 선사시대를 대표하는 오래된 여신상이라고 할 수 있다.

이 수수께끼 같은 도형이 여신상이라니!

직접 눈으로 보아도 역시 낯설었다. 하지만 세계적으로 볼 때 몸통을 강조한 기이한 형태의 선사 여신상들이 흔하고, 검파형처럼 몸에 많은 구멍들이 있는 경우가 종종 보인다.

검파형 여신상은 미노아인들의 양날도끼도 연상시킨다. 검파형이 양날도끼를 세워놓은 형상처럼 보이기도 하기 때문이다. 김부타스는 양날도끼가 모래시계 모양의 여신상에서 변형된 것이라고 했다. 그런데 모래시계 여신상은 검파형과 닮아 있다. 검파형, 양날도끼, 모래시계 사이에 어떤 연관성이 있을지도 모른다.

복잡한 생각을 털고 뒤로 물러나 다시 보니 암각화들이 두 팔을 뻗어 춤추는 것처럼 보이기도 했다. 수천 년전 이곳에서 제

사를 지냈던 조상들도 땅을 밟으며 그런 춤을 추었을지 모른다.

포항시 곤륜산 일원은 고대의 성지였던 것 같다. 주변에 고인
돌도 있고 제단이었던 것으로 보이는 바위도 있으며 여러 곳에
암각화들이 남아 있다. 산 이름이 서왕모가 살았다는 곤륜산이
라는 점도 암각화들과 관련돼 있을 것이다. 신화 속 곤륜산은 위
쪽은 넓고 아래쪽은 좁은 역삼각형 형태라고 한다.

제 몸에 성혈들을 촘촘히 품고 있는 검파형 여신상은 서울
인왕산 선바위와 성격이 유사하다. 세로로 길게 파인 기묘하고
큰 구멍들, 즉 자연적 성혈들이 신령스런 에너지를 발산하는 선
바위는 여성적 생식력이 응집된 거대한 여근바위다. 중이 장삼
을 입고 서 있는 것 같아 선(禪)바위라고 한다지만 불교측의 견강
부회일 뿐, 말 그대로 서 있는 바위 즉 선돌이다.

서울 지역에서 이름 높은 기도처였던 선바위는 아이를 낳게
해 주는 선돌할미였다. 선바위 옆에는 용궁이라는 샘이 있고, 바
로 뒤 바위에는 용알터로 불리는 큰 바위구멍이 있다. 부정할 수
없는 여신의 성소다. 칠포리 암각화 유적지 역시 개울을 끼고 있다.

선바위, 서울 인왕산

놀이로 남은 여신신앙,
윷놀이와 자치기 놀이

포항시 청하면 신흥리 오줌바위에는 성혈을 둥
근 윷판처럼 뚫어 놓은 암각화들이 있다. 이 윷
판형 암각화는 전북 임실을 비롯해 전국 곳곳에
서 발견되는데 윷놀이가 성혈 신앙에서 비롯됐
음을 알려 준다. 우리 여신신앙이 놀이로 남은
것이다. 그런데 윷판형 암각화는 크레타의 케르
노스를 닮아 있다. 케르노스는 작은 구멍들이
원형으로 배열된 의례 도구로, 구멍에 곡식이나
올리브기름, 양털 등을 담아 감사의 의례를 올리
는 데 쓰였다. 그런데 학자들은 케르노스를 게임
판으로도 해석한다. 이 놀라운 유사성은 어디서
비롯된 것일까?

크레타 파이스토스 성소 돌마당에 만들어진
케르노스

우리 선사시대 조상들도 윷판형 암각화 구멍들
에 곡물이나 술 등을 담고 제사를 지냈는지 모른
다. 윷판형 암각화는 주로 수평 바위면에 새겨져

임실군 상가마을에 있는 윷판형 암각화

있고, 지금도 성혈에 우유나 쌀을 뿌리며 치성을 드리는 사람들이 있다.

자치기도 여근숭배와 관련돼 있다. 땅을 길쭉하게 파서 그 위에 걸쳐 놓는 짧은 막대를 알이
라고 했다. 구멍 자치기 놀이에서는 자를 치며 아예 "보지 맛대"라고 외쳤다.

아마도 두 놀이는 풍요를 기원하면서 앞날을 점쳤던 의례들의 흔적일 것이다. 축제 같던 의
례가 신앙적 측면은 사라지고 놀이로만 남은 것으로 보인다.

수로왕을
탄생시킨 성혈

성혈이 고대에 얼마나 중요한 여신 상징이었는가는 수로왕 신화를 통해서 알 수 있다.

『삼국유사』를 보면 수로왕이 출현하기 전 가야인들은 구지봉에서 신비한 목소리를 듣는다.

> "너희들은 모름지기 산봉우리 위에서 흙을 파면서 노래하기를, '거북아, 거북아, 머리를 내어라. 만일 내밀지 않으면 구워서 먹겠다.'라고 하면서 춤을 추어라. 그렇게 하면 곧 대왕을 맞이하게 되어 기뻐 춤을 추게 될 것이다."

사람들이 이 말대로 하니 하늘에서 붉은 줄이 내려왔는데 그 줄 끝에 붉은 보자기에 싸인 금상자가 있었고 그 안에 황금 알 여섯 개가 있었다. 거기서 나온 아이 중의 하나가 김수로다.

이 신화에서 거북이 머리를 내미는 건 무슨 의미일까? 우리는 흔히 이를 남근과 관련시켜 이해해 왔다. 하지만 출산행위로 이해해야 정확하다. 그래야 탯줄을 상징하는 붉은 줄이나 산란과도 통한다. 거북의 둥근 등은 임신한 여성의 배를 닮아 있다. 거북이 머리를 내미는 일이 출산의 은유임은 일본 조몬시대에 만들어진 토기를 통해 알 수 있다. 조몬토기들 중에는 출산토기라고 불리는 유형이 있는데, 출생시 태아를 연상시키는 작은 얼

출산토기, 야마나시현, 조몬 중기

굴이 곧 나올 것처럼 돌출돼 있다. 그런데 그 얼굴이 거북이 얼굴을 닮았다.

수로왕 신화에 등장하는 거북은 여신이다. 김부타스는 거북이 여신의 자궁을 상징한다고 말한다. 그 때문에 미노아 크레타에도 거북 여신이 있었을 것이다. 도교에서는 서왕모가 구산(龜山)에 있다고 하고, 일본에도 배에 큰 구멍이 뚫린 조몬시대 거북 토우가 있다. 일본에는 등에 해초가 자라는 거북상도 있는데 거북 등을 자궁으로 여겼기 때문일 것이다. 고구려 고분벽화 사신도에 등장하는 현무는 거북과 뱀이 합쳐진 모습으로, 거북이 암컷이다. 미국 원주민 샤이엔 족의 창조신화에도 거북은 할머니로 나타난다.

가야인들이 부른 거북 여신은 수로왕의 신화적 어머니인 정견모주였을 것이다. 서술성모가 닭이나 용 혹은 말이었듯이 정견모주는 거북으로 표상됐던 것 같다. 경북 상주의 두 마을에서는 최근까지도 거북을 마을의 여신으로 모셔 왔다. 울주 반구대 암각화에도 거북이 묘사되어 있다. 뿐만 아니라 반구대(盤龜臺)란 이름은 거북신앙을 시사한다. 반구대 암각화에는 샤먼으로 해석되는 인물이 있는데 학자들은 여성으로 본다. 또 인면상 하나는 얼굴이 역삼각형이어서 여성으로 추정된다. 반구대 암각화는 여성 샤먼이 모셨을 거북 여신을 상상하게 한다.[58]

그런데 왜 사람들은 구지봉 위에서 흙을 파야 했을까?

신성한 왕이 탄생하기 위해서는 거북 여신의 자궁, 즉 성혈이 필요했기 때문이다. 이름으로 보아 구지봉(龜旨峰)은 거북 여신의 성소였을 것이다. 사람들은 그곳에서 노래하고 춤추며 성혈을 파면서 성스런 출산을 기원했다. 거북 여신의 자궁을 만들면서 하늘의 응답을 기다린 것이다. 그리고 그 결과 하늘로부터 알이 내려온다. 거북이 알을 낳듯이 첫 왕을 내놓을 신성한 알이 성혈로 내려온 것이다. 그리고 12일의 시간이 지난 후 수로왕이 탄생했다.

본연의 제장,
천전리 각석

포항의 여근 상징들은 남쪽의 경주를 거쳐 울주군으로 이어진다. 경주에는 석장동 암각화가 있는데 여기에도 역삼각형과 검파형 문양들, 성혈들이 있다. 고령, 안동, 영주, 남원, 함안, 영천 등지에도 이름난 암각화들이 있다. 하지만 그중에서도 정점은 단연 울주군 두동면에 있는 천전리 암각화다. 반구대 암각화에서 대곡천을 끼고 2킬로미터 정도 떨어진 산속에 숨듯이 자리하고 있다.

암각화가 새겨진 천전리 각석은 차에서 내려 조금 걸어 내려간 곳에서 쉽게 모습을 드러냈다. 감돌아 흐르는 계곡물을 마주하고 대형 스크린처럼 펼쳐진 바위였다. 누가 그림을 그리기 위해 일부러 만들어 놓기라도 한 것 같은 생김새였다. 마주한 순간 절로 탄성이 터졌다.

한마디로 본연의 제장이었다. 내 땅에서 찾은 나의 성소였다. 저절로 두 손이 모아지며 절이 나왔다. 제주 황다리궤당이 그러했듯 본연의 성소들은 스스로 경배를 이끌어 낸다. 앞서 말했지만 앞이나 옆에 물을 끼고 있는 앞면이 평평한 큰 바위는 토착적 성소의 한 전형이다.

천전리 각석은 너비 9.5미터, 높이 2.7미터 크기로 앞으로 약간 경사져 있다. 널찍한 중앙 부분뿐 아니라 그 위쪽, 좌우 양쪽 모두에 여근을 비롯한 여러 여신상징들이 파노라마처럼 새겨져 있다. 신기하게도 스페인의 화가 호안 미로의 추상화를 닮았다. 그래서 여신을 알기 전에도 미로의 작품들이 그렇게 좋았던 것일까?

신석기시대 이래 여신숭배의 역사를 담고 있는 천전리 암각화

여신상징들은 굵고 깊게 새겨져 선명하게 드러나는 데다 시선이 바로 닿는 위치를 차지하고 있어 암각화 전체의 주제처럼 보인다. 실제 성기 형상에 가까운 것도 있지만 마름모가 가장 많다. 마름모는 삼각형처럼 여성성기에서 유래한 상징으로, 차탈회위크에서부터 고대 유럽, 에게해 지역에 걸쳐 널리 사용됐다. 가운데 점이 있으면 임신한 여신의 표상이라고 한다.

국내 학계에서도 마름모를 여성성기로 해석한다. 천전리 암각화의 마름모는 대개 연속해 있으며 이중, 삼중의 겹으로 새겨져 있다. 연속되는 마름모는 우리 빗살무늬토기에서 보이는 문양이기도 하다.

마름모들과 조화를 이루며 새겨진 동심원, 원, 물결무늬, 나선 등도 여신의 상징들이다. 김부타스에 따르면 동심원의 가운데 점은 성혈 혹은 우물이고, 확장되는 원들은 그곳에 응축된 여신의 에너지가 발산되는 것을 의미한다. 그 외 뱀이나 용처럼 보이는 그림도 있다. 용은 후대에 새겨진 바위 하단의 세선암각화들에도 몇 개나 나타난다.

천전리 각석에는 여신 상징들보다 먼저 새겨진 사슴상도 많이 보인다. 여러 동물상 중 압도적 다수여서 사슴이 매우 신성한 동물로 여겨졌음을 알 수 있다. 사슴은 곰과 함께 태초의 어머니를 상징한다. 각석에는 새끼를 거느린 암사슴들이 여럿 새겨져 있다. 김부타스에 의하면 사슴 숭배의 시초는 구석기 시대까지 거슬러 올라간다. 시베리아와 만주, 몽골 일대의 여러 종족들은 사슴을 시조모로 여겼다.

한반도의 사슴 숭배는 암각화 외에도 사슴 관련 유물들 그리고 한라산 백록담을 통해서 알 수 있다.(20장 참조) 특히 자취가 두드러진 곳은 북한 지역으로, 평양과 안주군에서 전승돼 온 녹족부인(鹿足夫人) 전설이 유명하다. 그녀는 을지문덕을 도와 수나라 군사들을 물리친 호국영웅인데 아들을 열두 명이나 낳았다. 젖을 열두 줄로 쏘아 먹여서 그들을 길렀다고 한다. 태초의 사슴 어머니가 역사의 흐름 속에서 전설의 주인공으로 남은 듯하다.

천전리 각석의 수많은 여신상징들은 그곳이 다산과 풍요를 기원했던 여신의 성소임을 알려 준다. 통일신라시대까지도 왕족과 귀족, 화랑과 승려들이 천전리 각석을 찾은 것으로 보아 그 일대에서 가장 중요한 성소였을 것이다. 그들의 자취는 바위 하단부에 새겨진 명문들과 선각화에 남아 있다. 그들 역시 이곳에서 제사를 올렸다.

⊗

천전리 각석을 찾은
왕실여사제들

천전리 각석에 자취를 남긴 많은 방문객들 중 특히 주목할 인물은 지소부인이다. 진흥왕의 어머니이자 법흥왕의 딸인 그녀는 원화제도의 창시자로 여겨지는 강력한 여성이었다. 진흥왕이 왕위에 오른 것이 겨우 7세였으므로 한동안 아들을 대리해 섭정을 했다.

신라사의 수수께끼 중 하나인 원화는 대체로 여사제 집단으로 여겨진다. 그들의 종교는 풍월도였는데 당시의 토착신앙이 중심에 있었을 것이다. 원화(源花 혹은 原花)라는 이름에 담긴 꽃은 우리 무속의 가장 근원적인 상징이다. 삼승할망의 서천꽃밭에 있는 그 꽃이다. 역사서들은 나라의 인재를 키우기 위해 원화를 선발했다고 하는데 당시의 인재에겐 종교적 능력이나 역할이 중요했을 것이다. 성과 속이 유기적으로 얽혀 있던 시대였기 때문이다.

신라 토착신앙에서 사제는 주로 여성이었다. 제2대 남해왕은 누이인 아로에게 시조묘 제사를 맡겼고, 이후 왕실 여성을 통해 왕실여사제 전통이 이어졌다. 이들 중에는 운제성모와 치술신모처럼 여산신으로 좌정한 경우도 있다.[59] 우리가 잘 아는 가배축제를 이끌었던 유리왕의 두 딸도 여사제로 여겨진다. 여신이 중심에 있던 신라에서는 신성함이 우선 여성들과 관련됐던 것이다.[60] 원화로 이름을 남긴 남모와 준정은 왕실여사제였던 지소부인을 보좌하는 역할을 담당했을 것으로 추정된다.

지소부인이 천전리 각석을 찾은 것은 진흥왕이 즉위하기 1년 전이다. 그녀는 6살인 아들을 데리고 어머니인 법흥왕비와 함께 이곳을 찾았다. 과거에 이곳을 찾았던 죽은 남편을 추억하기 위

울주 신암리 출토 신석기시대 여신상

해서였다. 그러나 단순히 그에 그치는 것은 아니었다. 곧 왕위에 오를 아들과 섭정을 맡게 될 자신의 앞날을 위해 제사를 올리려는 목적도 있었을 것이다.

지소부인의 남편 사부지갈문왕이 천전리 각석을 찾은 것은 법흥왕 12년이었다. 누이인 어사추여랑과 함께였다. 그들은 수행원들과 함께 동물을 제물로 삼아 제사를 올렸다.

당시의 제사는 정치적 의미가 큰 중요한 행사였다. 그런 중요한 일에 왜 사부지갈문왕은 여동생을 대동했을까? 그녀가 여사제였기 때문일 것이다. 이는 그녀에게 쓰인 왕이란 호칭이 시사해 준다. 바위에는 어사추여랑왕, 매왕(妹王) 등의 글씨가 있다. 그런데 일본에서는 황실의 조상신을 모신 이세신궁의 제관을 맡은 황실여성을 재왕(齋王)이라고 불렀다. 이로 미루어 어사추여랑이 여사제였음을 추정할 수 있다.

바위에 새겨진 명문은 그녀를 성덕광묘(聖德光妙)하다고 표현한다. 성스런 덕이 오묘하게 빛난다는 찬양이다. 사부지갈문왕은 그런 그녀를 데리고 와 제사를 주재하도록 한 것이다. 지소부인은 여사제로서 스스로 제사를 주관한 것으로 보인다.

천전리 각석에는 귀족여성들의 자취도 남아 있다. 중앙관리의 부인 둘이 일행을 이끌고 차례로 와서 제사를 올린 후 이름을 새겨 놓았다. 조덕도와 아도랑녀다. 진골 신분인 아도랑녀는 하급관리를 비롯해 여러 명을 이끌고 큰 행차를 했다.

신라시대에 수천 년이나
되었던 여신신앙

천전리 각석의 앞쪽은 나무데크가 깔려 깔끔하게 정리되어 있었다.

그곳에 앉아 각석 전체를 훑으니 신석기시대부터 통일신라에 이르기까지 수천 년 여신의 역사가 담긴 커다란 성화처럼 보였다. 암각화 역사서라고 해도 좋을 것이다. 천전리 각석이 있는 울주군 지역의 오래된 여신숭배는 신암리 신석기 유적에서 출토된 여신상에서도 확인된다. 이 작은 여신상(높이 3.6cm)은 검파형 여신상을 닮은 날렵한 허리라인을 갖고 있다. 아랫부분에 역삼각형이 보이는 것도 같다. 울주군 삼남면 방기리의 작은 동산에는 성혈이 파인 알바위들이 집중적으로 모여 있기도 하다.

경주·포항·울산·울진 일원의 유구한 여신의 역사는 『삼국유사』에도 스쳐가듯 기록되어 있다. 우선 진평왕 때 고승 원광법사를 도왔다는 삼기산 산신이 있다. 이 신은 자신의 나이가 3000살에 가깝고 신술도 가장 뛰어나다고 과시한다. 커다란 팔뚝이 구름을 뚫고 하늘 끝에 닿을 정도의 거구로서 하룻밤 사이에 산을 무너뜨리는 괴력도 보인다. 마고할미 계열의 여신임을 알 수 있다. 그녀는 산을 무너뜨려 말을 듣지 않는 승려를 죽여버리기도 했다. 진평왕 때까지만 해도 우리 여신들의 힘은 그토록 막강했다.

그러나 그로부터 200년쯤 후인 성덕왕 때는 사정이 달라진다. 울진국의 장천굴에 좌정했던 신은 2000년이나 된 토착신이었다.[6] 그런데 그녀는 불법을 닦던 보천태자에게 보살계 받기를 청한다. 게다가 계를 받고 나서는 굴이 없어져 버렸다. 이 설화에서 보천태자는 굴에서 수도를 한다. 여신의 성소인 동굴이 불교 수행의 공간으로 탈바꿈된 것이다. 삼기산신 역시 잘나가는 것 같다가 느닷없이 새까만 늙은 여우로 변해 죽어 버린다. 불교가 신앙의 헤게모니를 잡게 됐기 때문이다.

신라시대에 이미 수천 년이나 되었던 여신신앙. 불교가 왕실의 종교가 되면서 역사의 전면에서 사라져 간 그 토착적 신앙은 지금 우리에게 거의 잊혀졌다. 천전리 각석의 여신상징들이 수수께끼일 수밖에 없는 이유다.

각석에 새겨진 용들은 무엇을 상징하는 것일까? 계룡으로 불렸던 서술성모일까? 이곳에서 제사를 지낸 지소부인은 서술성모를 알고 있었을 것이다. 혁거세와 알영을 낳은 성모는 왕실여사제였을 지소부인이 모셨던 주신일 수도 있기 때문이다.

신라사에는 유난히 수수께끼가 많다. 우리 역사의 다른 나라들에서는 찾아볼 수 없는 여왕이 존재했다는 사실부터가 그렇다. 그것도 세 명이나 된다. 마지막 진성여왕은 이미 남성 권력이 확고해진 통일신라 말기에도 왕위에 오를 수 있었다.

신라는 어떤 나라였을까? 남성 중심적 사고가 뼛속 깊이 박힌 우리들은 다가서기 힘든 수수께끼의 나라. 그 나라 신앙의 한 가운데는 신성한 여근이 있었다.

설문대할망
죽음의 비밀

설문대할망 신앙의 중심에도 신성한 여근이 있다. 그녀와 관련된 한라산 백록담 분화구와 물장오리, 성산일출봉도 산봉우리에 형성된 거대한 성혈들이기 때문이다.[62] 등경돌에 파여진 큰 구멍들 역시 마찬가지다. 분화구 한가운데 연못이 있는 백록담 전경은 그대로 여성성기의 형상이다. 설문대할망이 홍수 같은 오줌줄기를 내뿜어 우도를 만들 때 일출봉을 디디고 앉은 것은 우연이 아니다. 할망의 자궁인 일출봉에서 우도가 탄생한 것이기 때문이다.

대접 모양의 백록담 분화구와 성산일출봉, 물장오리는 할망의 죽솥이기도 하다. 한라산의 여러 이름 중 하나가 부악(釜岳)인데 부(釜)는 가마솥이라는 의미다. 백록담 분화구가 솥으로 비유된 것이다.[63] 그

한라산 백록담 분화구

러니 할망이 빠져 죽었다는 물장오리와 죽솥은 결국 같은 것이다.

솥은 동서양을 막론하고 자궁의 상징으로서 여신과 관련돼 있다. 케리드웬의 솥 뿐 아니라 그리스 여신 헤스티아의 솥도 유명하고, 우리의 조왕솥도 있다. 서구에서 솥은 성배와 교환 가능한 상징이다.

『삼국사기』에도 신비한 솥의 여인이 등장한다. 고구려 대무신왕(1세기)이 비류수가에서 솥을 들고 노는 여인을 만났는데, 저절로 뜨거워지는 마술 솥이어서 모든 군사들을 배불리 먹일 수 있었다고 한다. 설문대할망의 죽솥도 원래는 수많은 자식들을 먹여 살릴 수 있는 신비의 솥이었을 것이다. 케리드웬의 솥과 매우 유사한 성격이다. 제주도에는 솥을 재물신으로 모시는 솥할망 신앙이 있었다.

그런데 왜 할망은 그 솥에 떨어지거나 물장오리로 걸어 들어가 죽고 말았을까? 전설은 할망의 실수나 교만함을 원인으로 든다.

> 설문대할망은 자신의 키를 늘 자랑하고 다녔다. 사람들이 깊다고 하는 물에 들어가 봐도 모두 할망의 키를 넘지 못했다. 우쭐한 할망에게 누군가 물장오리보다 크냐고 물었는데 할망은 물장오리 밑이 터진 줄을 모르고 들어갔다가 빠져 죽었다.

하지만 이러한 전설은 불가피했던 할망의 몰락에 대한 어색하고 구차한 둘러대기일 것이다. 한라산을 만든 위대한 할망이 자신의 창조물에 빠져 죽을 수는 없기 때문이다.

여기서 생각해 볼 것이 제주의 당 오백, 절 오백을 부쉈다는 이형상 목사다. 1702년 제주목사로 부임한 그는 음사를 타파하고 제주도를 유교적 질서로 교화하겠다며 무차별적인 신당 파괴에 나섰다. 실제로 신당 129곳, 사찰 두어 곳이 불태워졌다고 한다.

파괴된 것은 신당만이 아니었을 것이다. 할망을 모시는 제의들도 함께 큰 타격을 입었을 것이 뻔하다. 할망에게 죽음과도 같은 상황이 닥친 것이다. 낳아서 키워 주고 살려 준 은공을 모르고, 어미의 몸에 불이나 질러 대는 사람들을 견디다 못해 할망은 스스로 죽음의 길로 걸어간 것 같다. 힘없이 핍박받는 제주 민중이 곧 할망이었으니 다른 방도가 없었을 것이다.

그런데 할망이 죽은 자리가 의미심장하다. 물장오리든 죽솥이든 다 그녀의 자궁이다. 그러니 그 다음단계는 단 하나밖에 없다.

재생!

할망이 최근에 다시 살아나고 있는 이유일 것이다. 본래 자신의 처소이자 자궁인 당굴에 빠져 죽었던 개양할미가 철마로 부활한 것처럼.

18
첨성대는
반추상 여신상이다

첨성대
선덕여왕과_서술성모

이날 사량리 알영정 주변에 계룡이 나타났는데 왼쪽 옆구리에서
여자아이가 태어났다. 얼굴과 모습이 매우 고왔지만 입술이 닭의 부리와
비슷하였다. 월성의 북쪽 시내에서 목욕을 시켰는데, 그 부리가 떨어졌다.

계룡이 상서로움을 나타내서 알영을 낳았다는 것도
어찌 서술성모가 나타났음을 뜻하는 것이 아니겠는가?

'혁거세'는 아마도 우리말일 것이다. 혹은 불구내왕이라고도 하는데
밝은 빛으로 세상을 다스린다는 뜻이다.
해설하는 자는 "이것은 서술성모가 낳은 것"이라고 한다.

이 왕(선덕여왕) 대에 돌을 다듬어서 첨성대를 쌓았다고 한다.
— 『삼국유사』

첨성대는 초여름의 환한 햇살 아래 푸른 잔디를 딛고 단아하
게 서 있었다.

그녀는 내가 부탁한 대로 첨성대를 한 바퀴 돌아보는 중이었
다. 둥글게 둘러친 목책을 따라 천천히 걷다가 멈춰 서 잠시 쳐
다보기도 했다. 무언가 생각되는 게 있는 듯했다. 잠시 후 그녀는
옅은 미소를 띠고 내 앞으로 다가왔다. 조급한 마음에 내가 먼
저 물었다.

"뭐 같아요?"

"음……. 여자 형상이네요."

나는 뛸 듯이 기뻤지만 내색을 하지 않으려 애쓰며 다시 물

었다.

"가운데 네모난 창구는 뭘까요?"

"자궁이죠."

망설임 없는 대답에 나는 환호성을 지르지 않을 수 없었다. 그녀가 마치 무당처럼 내 안의 생각을 그대로 말해 주었기 때문이다. 첨성대에 대한 내 견해가 그녀를 통해 인정된 순간이었다. 기대는 있었지만 그렇게 분명히 실현될 줄은 몰랐다. 그녀는 기뻐하는 나에게 첨성대에 대한 자신의 견해를 계속 풀어냈다.

"이 건축물은 신앙과 관련돼 있을 거예요. 하늘을 살피는 일은 태고 때부터 있어서 거석문화도 이와 관련되어 있죠. 첨성대 같은 병 모양 여성상은 다른 곳에서도 볼 수 있어요. 키클라데스 섬들이나 아나톨리아 등지에서 발굴된 아주 작은 여신상들이죠. 허리가 잘록한 몸을 간략히 표현한 작은 여신상들도 많은데 고전적 형상의 반추상적 여신상들이죠."

그녀는 첨성대를 거석문화와 연결시킴으로써 돌탑인 첨성대를 선돌로도 볼 수 있다는 내 견해도 승인해 주고 있었다. 게다가 이어지는 말은 더 놀라웠다. 내 기대를 뛰어넘는 수준이었기 때문이다.

"저 네모난 자궁은 재생의 자궁이죠. 여왕은 자신의 여성 조상을 기리기 위해 저 건물을 세웠을 거예요."

잠시 나는 그녀가 선덕여왕에 대해 자세한 내용을 알고 있나 의심했다. 하지만 그녀는 신라에 여왕이 있었다는 정도만 알고

있었다. 한국에서도 소수의 전문가나 관심 갖는 내용을 그녀가
알고 있을 리는 없었다. 만약 알고 있다면 그 얘기를 안 할 리도
없었다. 게다가 그녀가 관심을 갖는 여왕은 따로 있었다.

보반여왕.

그녀는 경주행 기차 안에서부터 보반여왕에 대해 알고 싶다
며 안달이었다.

⊘
네덜란드에서 온
여신연구자

그녀는 네덜란드에서 온 여신연구자 아니네 반데메르였다. 이
화여대 초청으로 방한한 그녀와 인연이 닿아 함께 경주를 방문
하게 된 것이다. 2016년 7월 초로, 내가 여성학회 학술대회에서
첨성대가 여신상이자 신전이라는 요지의 논문을 발표한 후 20일
쯤 지난 때였다.

그녀는 첨성대를 알지 못하고 있었다. 나는 일부러 첨성대에
대한 내 견해를 밝히지 않고 '경주에 고대의 천문대로 알려진 건
축물이 있는데 한번 살펴보고 느낌을 말해 달라.'는 부탁만 했다.
내 나름대로 첨성대의 정체에 대한 확신이 있었지만 여신상과
여신 상징 전문가인 그녀의 견해를 꼭 듣고 싶었다. 우리는 첨성

대에 도착해 먼저 안내소부터 들렀다. 그런데 그녀는 첨성대의 형상과 함께 천문을 살피던 돌탑이라는 데서 바로 감을 잡았던 것 같다. 여왕이 세웠다는 사실도 중요한 정보였을 것이다.

반데메르는 역사와 신학을 전공해 박사학위를 취득한 학자다. 기독교 역사를 공부하다가 감춰진 여신전통을 만나게 됐고, 이후 여신연구에 매진해 전 세계 여신 유물들과 유적들을 탐구해 왔다. 특히 여신상에 해박한 전문가로서 여러 권의 책도 저술했다. 그중에서도 2013년에 출간한 『태초 어머니의 언어: 4만 년에 걸친 세계 여신예술에 나타난 여성 이미지의 진화』에는 전 세계 여신상과 상징들에 대한 자료들이 놀랄 만큼 방대하게 담겨 있다. 그녀는 동아시아 여신의 역사에도 일가견이 있었다.

반데메르는 여신의 전통과 지혜를 연구하고 가르치는 판소피아 아카데미의 설립자로서 여신순례에도 관심이 많았다. 여러 차례 순례를 했을 뿐 아니라 판소피아 아카데미에서도 곧 여신순례 프로그램을 시작할 예정이라고 했다. 우리의 경주 방문 역시 그녀에겐 낯선 땅에서의 새로운 순례였다. 차로 이동하면서도 경주의 경관을 주의 깊게 살피던 그녀는 이런 말도 했다.

"낮은 산으로 빙 둘러 싸인 게 자궁의 형상이네요."

우물은 여신의 성소

첨성대가 여신상이자 신전이라는 내 견해는 아주 단순한 전제와 가설로부터 비롯됐다.

우선 눈길이 간 것은 첨성대가 우물이라는 인식이었다. 학계뿐 아니라 대중적으로도 가장 인정받는 견해다. 첨성대 맨 위에는 우물 정(井)자 돌이 2단으로 얹혀 있다. 중간 몸체에도 두 곳에 정자형 장대석이 걸쳐져 있다. 첨성대는 온몸으로 자신이 우물임을 알리고 있는 것이다. 그런데 우물은 샘이나 연못과 함께 세계적으로 여신의 성소였고 임신·출산과 긴밀히 관련되어 있었다. 때문에 혁거세는 나정, 알영은 알영정에서 태어난 것이다. 게다가 첨성대는 최초의 여왕인 선덕여왕 때 지어졌다. 이 두 정보는 첨성대의 정체가 '여성'을 키워드로 할 가능성을 강력히 시사한다.

우물은 한반도 다른 지역에서도 생명을 잉태하는 공간으로 여겨졌다. 『후한서』 등 중국 사서들이 전하는 동옥저의 한 신성한 우물이 대표적이다. 바다 가운데에 남자가 없는 여인국이 있는데, 그곳에는 신성한 우물이 있어 보기만 해도 아이를 낳는다는 것이다.

고대 유럽에서도 우물은 생명의 근원이자 응축된 생명력을 상징했다. 그리고 우물의 신은 거의 예외 없이 여신이었다. 프랑스의 다이아나, 아일랜드의 브리지드는 대표적인 우물의 여신이 었으며, 임신하고 싶은 여성들의 신앙 대상이었다.

신라에도 우물의 여신이 있었을까? 우선 알영정의 알영을 떠올릴 수 있다. 알영이란 이름이 알영정에서 유래했으니 그 우물은 여신의 성소였을 것이다. 그렇다면 혁거세가 태어난 나정도 여신의 우물이었을까? 그렇다. 『삼국유사』는 "왕이 계정(雞井)에서 태어났다."고 해 나정에 계정이란 이칭이 있었음을 알려 준다. 그런데 알다시피 닭은 서술성모의 대표적 상징이다. 성모는 자신의 성소인 닭우물에서 하늘과 감응해 혁거세를 품은 알을 낳은 것이다. 그런데 알영 역시 성모의 딸이므로 알영도 성모의 여러 이칭들 중 하나였을 수 있다. 어쨌거나 첨성대가 본뜬 우물은 신라에서도 여신의 성소였던 것이다.

다음으로 선덕여왕을 통해 첨성대를 살피기 위해서는 그녀의 즉위 배경부터 살펴볼 필요가 있다.

최초의 여왕 옹립이라는 역사적 사건은 쉽게 이뤄지지 않았던 것 같다. 즉위 직전에 반란이 있었고, 신라에 큰 영향력을 행사했던 당나라 황제는 여왕이란 존재를 못마땅하게 여겼다. 당나라에는 이미 가부장제가 깊이 뿌리내린 상태였기 때문이다.

국내의 종교적·문화적 변동도 여왕에게 적대적이었다. 이미 유교가 통치이념으로 자리잡은 데다 신흥종교인 불교도 남성 중심적이었다. 당시 선덕여왕에게 가장 큰 치명타는 여자는 전륜성왕이 될 수 없다는 여인오장설이었을 것이다. 전륜성왕은 불교

위 | 정자석이 얹힌 첨성대 꼭대기

아래 | 반데메르와 함께

에서 말하는 이상적인 군주로서 진흥왕이 적극적으로 추구했던 왕권의 모델이었다.

이런 상황에서 선덕여왕이 권위와 정통성을 주장하려 할 때 가장 힘이 될 정치·문화적, 상징적 자원은 무엇이었을까? 당시까지도 현실적 세력 면에서는 불교 못지않았을 여신 중심의 토착 종교였을 것이다. 신라의 여신신앙은 여사제 제도와 함께 '신성한 여성'의 전통을 이어 왔고, 이는 여남관계를 평등하게 밀어주던 핵심적인 지렛대였다.

혁거세와
공동통치했던 알영

신라의 '신성한 여성' 전통과 평등한 여남관계는 혁거세와 알영 부부에게서 분명히 나타난다. 알영은 혁거세의 배필에 그치는 존재가 아니라 자기의 신화를 가진 신성한 여성이었다. 계룡의 몸에서 닭의 부리 같은 입술을 달고 나온 그녀는 동물과 인간이 합쳐진 형상이라는 점에서 혁거세보다 더 원초적인 신성에 닿아 있다. 그녀도 성모처럼 닭의 신인데, 오래된 새 여신 전통에서 탄생했을 것이다.

또 하나 주목할 것은 알영이 계룡의 옆구리에서 태어났다는 기록이다. 마야부인의 옆구리에서 출생한 석가모니의 탄생담이 덧입혀진 것으로 해석되는데, 그렇다면 석가모니의 신성함이 혁거세가 아니라 알영에게 투사되어 있는 셈이다. 즉 신라인들은 새로 유입된 신성한 모자관계(마야부인-석가모니)를 원래 그들의 인식틀인 신성한 모녀관계(서술성모-알영)에 적용시켰던 것이다. 서술성모를 새로 등장한 성모인 마야부인과 중첩시켰음은 서술성모의 후신이라는 지리산 성모가 마야부인으로 여겨졌다는 훗날의 기록에서도 알 수 있다.

혁거세의 신성은 서술성모의 아들이라는 점에서 시작되지만 알영과의 결합에서 더욱 분명하게 확증됐던 것으로 보인다. 둘의 신성한 결혼을 통해서다. 성모의 딸이자 사제인 알영과 결합함으로써 혁거세는 성모와 하나가 된 것이다. 알영의 신성성은 김부식조차도 알영을 혁거세와 함께 이성(二聖), 두 성인이라고 칭한 데서 알 수 있다. 김부식은 여자는 비천하며 여왕은 어지러운 세상에서나 있는 존재라고 한탄했던 유학자다.

당시 제정일치 사회에서 이성은 이왕(二王)과 등치될 수 있다. 실제로 알영은 혁거세와 나라를 공동통치했던 것으로 보인다. 그녀는 왕과 함께 신라 6부를 돌며 백성들을 위로하고, 농사와 누에치기를 독려해 땅의 이로움을 모두 얻도록 했다. '땅의 이로움을 얻는 일'에서 상징적으로 더 중요한 인물은 혁거세가 아니라 알영이다. 알영은 무녀였던 일본 여왕 히미코나 김부타스가 말한 여왕-사제(queen-priestess) 같은 존재였던 것 같다. 그렇다면 선덕여왕은 건국시기에 여왕 조상을 가지고 있었던 셈이다.

　이러한 추정은 현대 한국인들의 역사관으로는 받아들이기 힘들지도 모른다. 뒷받침되는 역사 기록도 거의 없다. 삼국시대의 역사가 훗날 유학자와 승려에 의해 기록됨으로써 여신전통을 지워 버렸기 때문이다. 그러나 편파와 왜곡의 역사 기록이 아니라 당시의 상황을 그대로 보여 주는 고고학 분야에서는 상황이 매우 다르다. 역사 기록과 배치되거나 기록에서 누락된 자료들이 한둘이 아니기 때문이다. 그중 대표적인 사례가 황남대총이다.

왕의 금동관과
왕비의 금관

　신라 최대의 무덤인 황남대총은 무덤 두 개가 남북으로 표주박처럼 붙어 있다.

　남쪽 묘가 왕의 묘이고 북쪽 묘가 왕비의 묘다. 그런데 왕비 묘에서는 정교하고 화려한 금관이 나온 반면, 왕의 묘에서는 그보다 격이 떨어지는 금동관이 출토되었다. 목에 거는 장식이나 띠꾸미개, 각종 장신구 등도 왕비묘의 것이 더 화려하고 풍성하다. 당시 사회에서는 장신구가 단순한 치장용이 아니라 위엄을 직접적으로 나타내는 표식이었다. 왕의 묘에서는 수많은 무기류

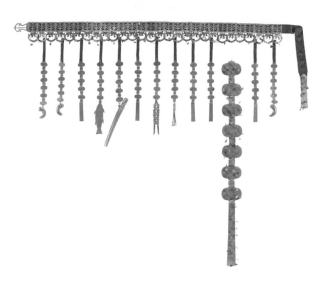

위 | 황남대총 북분 금관

아래 | 황남대총 북분 금허리띠

가 출토됐다.

그렇다면 이 발굴 결과를 어떻게 이해해야 할까? 원화나 첨성대의 정체 등과 함께 신라사의 중요한 수수께끼다. 왕비묘에서 출토된 은제허리띠에는 부인대(夫人帶)라는 글씨가 새겨져 있다. 신라에서는 왕의 어머니나 왕비를 부인이라고 표기했다. 그녀는 누구일까?

황남대총에 묻힌 왕이 누구인가에 대해서는 아직 정설이 없지만 내물왕으로 추정하는 사람들이 많다. 그런데 이 내물왕의 비가 미추왕의 딸인 보반부인이다. 반데메르가 보반여왕이라고 부르며 가장 큰 관심을 보였던 바로 그 여성이다. 반데메르는 그녀를 사라 넬슨의 글을 통해 알았다고 했다.

황남대총 금관의 미스터리는 넬슨이 지금도 매료돼 있는 연구 주제다. 그녀는 2017년 출간한 『경주: 황금 신라의 수도』의 서문에서도 이 금관 얘기부터 꺼내고 있다. 넬슨은 출토 유물들의 성격으로 볼 때 왕비가 통치자이자 무당이었다고 단언한다. 선덕여왕 이전의 여왕으로 보인다는 것이다. 그녀는 신라 초기에는 부부가 함께 왕권을 행사했다고 본다. 남성 왕의 역할은 주로 전쟁과 관련됐고, 평상시의 정치적·종교적 통치권은 여성 왕이 가지고 있었다는 추정이다. 그렇다면 혁거세-알영의 이성 혹은 이왕 체제가 최소한 황남대총의 두 주인공에 이르기까지 지속됐다고 할 수 있다.

그런데 여성 통치자는 알영 이전에도 존재했다. 공동통치가 아니라 단독통치였던 것 같다. 강원대 중앙박물관은 2018년 2월 사상 최초로 부족을 이끈 여성 수장 혹은 제사장의 존재를 말해 주는 인골분석 결과를 발표했다. 평창군 하리 청동기시대(기원전 6-5세기) 석관묘에서 나온 인골이었다. 이 인골은 발견된 아홉 개의 무덤 중 가장 큰 곳에서 비파형 동검과 함께 출토됐는데 분석 결과 20대 여성으로 밝혀진 것이다. 비파형 동검은 지도적 인물의 무덤에서 나오는 유물이다. 고고학계와 고대사학계의 남성 중심적 시각을 흔들어 놓은 발굴결과였다.

선덕여왕의 즉위는 알영 이래 지속돼 온 왕실 여성의 종교적·정치적 힘의 연장선상에서 이뤄진 것으로 보인다. 여왕은 국내외적 도전에 맞서 그 전통에 기대 권위와 정당성을 내세웠을 것이다. 그런데 그 전통은 여신 중심의 토착종교에 뿌리를 두고 있었고, 그래서 우물 형태의 첨성대가 건립됐을 것이다.

물론 선덕여왕이 토착종교에만 기댄 것은 아니었다. 그녀는 불교도 적극 받아들여 많은 사찰들과 불탑을 세웠고, 자장 등 승려들과도 가까웠다. 불교는 왕권 강화를 위해 왕실에서 앞장서 받아들이고 후원한 종교였기 때문이다. 또 불교는 당시 한반도 전체의 종교 지형을 바꿔 나가던 시대적 조류이기도 했다. 하지만 당시 불교는 도입 초기여서 토착신앙과 섞일 수밖에 없었다. 외피만 불교였던 것처럼 보이기도 한다. 선덕여왕대 신라 사회는 토착종교와 불교가 섞이면서 무불회통, 무불혼합의 다이내믹한 진통을 겪는 중이었다.

금관과 금허리띠,
관꾸미개를 장식한 여신상징들

신라를 대표하는 유물인 금관과 금허리띠들은
불교 유입 이전에 제작되고 사용됐다. 때문에
토착 여신신앙의 여러 상징들이 장식돼 있다.
나뭇가지 혹은 소뿔과 사슴뿔, 꽃봉오리, 고리,
태아 모양 곡옥, 물고기, 호리병 등 대부분이 여
신의 재생력과 생산력 혹은 신성한 여근을 표
상한다.[64] 여성묘인 서봉총에서 나온 금관에는
새 세 마리가 앉아 있다.

특히 금허리띠는 여근을 상징하는 고리들 아래
로 타원형 알들을 엮은 줄들이 주렁주렁 걸린
모습이다.

천마총 금허리띠의 큰 타원형 장식과 역시
천마총에서 알을 담고 출토된 장군형 토기.
똑같은 알 형상이다.

이 타원형은 달걀을 담고 천마총에서 출토된
알 모양 토기와 정확히 같은 형상이다. 천마총
금허리띠의 큰 타원형 같은 경우는 둥근 곡면
을 하고 있어 알임을 더 확실히 알 수 있다. 고
리들 안에 돋아난 작은 싹 두 개는 고리가 자궁
임을 말해 준다. 그리고 일부 줄 끝에 태아 모양
곡옥이 달려 있다. 여근-알-태아가 논리적 상관
성을 보이며 배치돼 있는 것이다.

나무 혹은 소뿔에다 사슴뿔이 장식된 금관
을 쓰고, 알들을 주렁주렁 매단 금허리띠를
두르고 있는 황남대총 북분의 주인공은 유
명한 에페소스의 아르테미스와 기본적으
로 다른 존재가 아니다. 아르테미스의 상반
신에 열매처럼 주르륵 달려 있는 것들은 알
이나 젖가슴으로 해석된다. 그녀의 하반신
과 어깨, 머리 부위에는 뿔 달린 짐승들과 벌,
사자 등이 장식돼 있다. 두 경우 다 알과 뿔

에페소스의 아르테미스, 터키, 1세기

푸아비 여왕의 머리장식과
상체 구슬장식

푸아비 여왕의 유해에 놓여
있던 물고기장식

을 중심 상징으로 쓰고 있는 것이다. 금관의 사슴뿔 두 개
는 아르테미스가 양쪽에 거느린 사슴 두 마리와도 통한다.
시간을 훨씬 더 거슬러 올라가면 수메르의 푸아비 여왕(기원전
2600년경) 또한 황남대총 북분의 주인공과 강한 연관성을 보인
다. 머리를 온통 금으로 장식한 여왕은 구슬줄을 주렁주렁 매
단 장식물을 상의처럼 걸쳤다. 구슬 허리띠 아래로는 신라 금
허리띠처럼 고리들이 달려 있다. 그런데 황남대총 북분에서도
앞가슴 전체에 드리웠던 커다란 구슬줄 장식이 출토됐다. 구슬
은 알과 같은 상징이다. 도선국사는 어머니가 구슬을 삼킨 후
잉태됐다고 한다.

푸아비 여왕의 유해 위에는 금물고기 장식이 있었고, 황소 사
슴 양 등 뿔 달린 짐승들이 대추야자 가지와 함께 장식된 머리
띠도 나왔다. 대추야자는 이난나의 나무다.

두 사람이 모든 장식들을 다 착장한 모습을 그려보면, 외면상
으로도 비슷하지만 풍요와 다산이란 상징의 사용에서 매우 큰
동질성을 보인다. 푸아비 여왕은 그 무렵 여성들이 통상 '남편
누구의 아내'로 기록된 것과 달리 독자적 이름을 가졌을 뿐 아
니라 수메르 무덤들 중 가장 화려하고 풍성한 부장품을 갖춰
매우 유력한 통치자였을 것으로 여겨진다.

그런데 정말 놀라운 것은 신라의 관꾸미개다. 미노아 크레타의

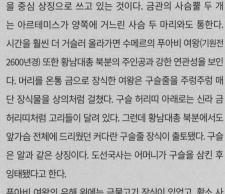

황소 머리가 연상되기 때문이다. 천
마총에서 출토된 두 개의 관꾸미개
중 하나는 나비 모양이라고 하지만
황소 머리를 연상시킨다. 새날개 모
양이라는 다른 하나도 황소 뿔을 크
게 강조한 것일 수 있다. 신라에서 소
는 신성한 동물이었다. 최고위 관등
을 각간(角干)이라 하고, 춘천을 우두
주(牛頭州)로 불렀던 것만 보아도 그
들에게 소머리와 소뿔이 가졌던 의

황남대총 북분 출토
구슬가슴꾸미개

황소와 사슴이 대추야자
가지와 함께 장식된 머리띠

미를 짐작할 수 있다. 김유신은 태대각간(太大角干)이란 특권적 지위를 누렸다. 이 이름으로 보아 뿔이 클수록 더 고귀한 장식으로 여겨졌을 것이다.[65] 천마총에서는 실제 소뿔 20개도 출토됐다.[66]

강릉 초당동에서 출토된 나비 모양 관꾸미개는 놀라움을 더한다. 미노아 여신의 대표적 상징인 양날도끼를 매우 닮았기 때문이다. 나비 모양 관꾸미개는 의성 탑리, 창령 교동, 대구 달서에서도 나왔다. 김부타스는 양날도끼가 나비일 것이라고 했는데 만약 그렇다면 이 상동성을 어떻게 해석해야 할까? 매우 흥미로운 상황이 아닐 수 없다.

황소머리를 닮은 관꾸미개.   황소뿔을 강조한 듯한   나비모양 관꾸미개, 강릉 초당동
천마총 출토   관꾸미개. 천마총 출토   출토. 5-6세기

선덕여왕의 성스런 조상,
서술성모

선덕여왕과 첨성대의 관계를 풀려면 성조황고(聖祖皇姑)라는 심상찮은 호칭을 통과해야 한다. 성조황고는 즉위와 함께 여왕에게 올려진 존호다. 왕에게 이 같은 존호가 따로 올려진 것은 신라에서 선덕여왕이 유일하다. 그만큼 여왕의 독특한 정체성을 드러내는 호칭이다.

성조황고란 '성스런 조상을 둔 여황제' 정도로 해석되고 있다. 그런데 '황고'라는 말은 여황제라기보다 신성을 담은 조어로 보인다. '고(姑)'는 마고, 도고, 노고 등 여신의 이름에 있다. 이렇게 볼 때 '황(皇)'은 하늘이니 황고는 하늘 여신이다.[6] 결국 성조황고는 '성스런 조상인 하늘 여신 같은 존재' 혹은 '성스런 조상을 둔 하늘 여신'으로 해석할 수 있다. 어느 경우든 선덕여왕을 하늘 여신으로 존숭하는 점은 같다.

이러한 해석은 최치원이 선덕여왕을 길상천녀(吉祥天女) 같은 존재라고 찬양한 사실과도 통한다. 길상천녀는 힌두교의 풍요와 아름다움의 여신 락슈미가 불교화한 하늘 여신이다. 여왕이 죽기 전 자신을 도리천에 묻어 달라고 했다는 기록도 황고가 하늘 여신임을 재차 방증한다.

그렇다면 성조황고가 가리키는 성스런 조상은 누구일까? 왜 최초의 여왕에게 조상이 강조됐을까? 부계조상에 길들여진 우리는 그녀의 성스런 조상으로 박혁거세나 김알지부터 떠올리기 쉽다. 혁거세는 신라 왕실 전체를 아우르는 시조왕이고, 김알지는 선덕여왕이 속한 김씨왕실의 시조다. 그러나 '여왕의 부계조상'이란 일종의 모순어법이다. 부계전통에선 여왕이 존재할 수 없기 때문이다.

여기서 신라가 부계(남계)사회라기보다 모계(여계)도 같이 존중되는 양계사회였다는 사실에 주목할 필요가 있다. 『삼국사기』는 역대 신라 왕들의 배우자와 어머니뿐 아니라 그들의 계보도 밝힌다. 여성의 계보 역시 중시된 것으로, 백제나 고구려의 경우와 확실히 구별되는 특징이다. 또 왕의 사위거나 외손으로서 왕위를 물려받은 경우가 드물지 않았다.

『삼국유사』에는 "경주 호장 거천의 어머니는 아지녀이고 아지녀의 어머니는 명주녀이며 명주녀의 어머니는 적리녀"라고 모계계보가 소개되어 있기도 하다. 그렇다면 선덕여왕의 성스런 조상을 모계(여계)조상으로 상정해 볼 필요가 있다. 우선 떠올릴 수 있는 인물은 알영이다. 그러나 알영은 궁극의 성스런 조상이 아니다. 그녀를 낳은 서술성모가 그녀 뒤에 거대한 신성을 드리우고 있기 때문이다.

여기서 가야의 역사가 도움이 된다. 신라와 가야는 지역도 붙어 있고 문화도 흡사했다. 그런데 최치원은 "대가야국 월광태자가 정견모주의 십세손"이라고 전한다. 가야왕실의 시조가 정견모주임을 밝히고 있는 것이다. 정견모주는 가야의 서술성모 같은 여신이다.

고구려에서도 하백녀, 즉 유화를 부여신이라 부르며 시조로 제사 지냈다는 내용이 『주서』에 담겨 있다.[68] 전남 지역의 여성들은 부계조상 관념이 공고했던 최근까지도 조상단지를 집에 모시고 조상할매라며 위했다. 조상 신체를 자궁을 상징하는 단지로 표상한 것이다. 안동 지역 문중들에서도 여성 조상을 산신으로 섬겨 온 경우가 있다.

성스런 여성 조상은 고대 여신신앙의 중요한 요소였다. 수메르, 바빌로니아, 아나톨리아, 그리스, 키프로스 심지어 가나안에도 거룩한 여성 조상 숭배의 전통이 있었다. 가까운 일본만 해도 황실의 조상신이 아마테라스고 만주족의 조상신도 포도마마라는 여신이다.

신라 왕실의 성스런 조상은 시조묘에서 제사를 받은 주인공일 것이다. 『삼국사기』는 시조묘를 혁거세묘라고 표현하지만 제사 대상은 혁거세 하나가 아니었을 것이다. 어머니만 알려진 혁거세는 모계사회에 속한 인물이다. 고구려에서 유화-주몽 모자가 최고의 나라 제사를 받았던 것처럼, 서술성모 역시 혁거세와 함께 제사 대상이었을 것이다. 이는 시조묘의 사제가 여성이었다는 사실로도 방증된다. 서술성모가 비구니를 택해 꿈에 나타났듯이 여사제는 통상적으로 여신의 영매이기 때문이다. 문명왕후 문희가 꿈을 통해 서술성모의 여사제가 된 것도 왕실여사제가 모셨던 신이 서술성모임을 말해 준다.

서울여대 정연식 교수에 의하면 시조묘는 나정에 위치해 있었다. 중국의 사당제도가 도입되기 이전, 시조묘는 탄생과 연관되어 있었다는 것이다.[69] 시조묘가 나정에 설치됐다면 주된 제사 대상은 나정의 여신 서술성모였을 것이다. 그곳에서 성모는 삼화령석조미륵불 같은 주신으로서 혁거세와 알영을 거느리고 있었을 가능성이 높다.

여기서 계림국이라는 신라의 초기 국호도 다시 의미심장해진다. 계림은 성모의 호칭이니 계림국은 성모의 나라가 된다.[70] 때문에 그녀는 신라의 왕권을 수여하거나 인증하는 역할을 해 왔을 것이다. 신라의 역대 왕들은 즉위 후 반드시 시조묘나 그 후신인 신궁에서 제사를 올려야 했다.

> **환인의 외손,**
> **단군**
>
> 『삼국유사』는 단군이 천신인 환인의 친손자라고 전한다. 그는 부계 자손이고 어머니인 웅녀는 그를 낳는 자궁 역할만 하고 사라져 버린다. 그러나 『삼국유사』보다 몇 년 늦게 간행된 『제왕운기』는 다른 이야기를 전한다. 단군이 환인의 아들인 환웅의 손녀딸 소생이라는 것이다. 이 신화에서 그는 어머니를 통해 천신의 혈통을 받는다. 왕으로서의 정통성이 모계로 전해진 것이다. 간단히 말해 단군은 환인의 외손이다. 왕권의 수여자가 여신에서 남신으로 넘어가는 과도기적 형태가 아닌가 싶다.

자연의 대여신이자
문화의 신, 호국신

신모는 오랫동안 선도산에 머무르며 나라를 지켰는데, 신령스럽고 기이한 일들이 매우 많았으므로 나라가 세워진 이래 항상 삼사(三祀)의 하나로 삼았고, 그 서열도 여러 망제(望祭)의 위에 있게 하였다.
제54대 경명왕은 매사냥을 즐겼다. 일찍이 이 산에 올라가서 매를 놓았다가 잃어버리고는, 신모에게 기도를 하였다.
"만일 매를 찾게 된다면 마땅히 성모께 작위를 봉해드리겠습니다."
금세 매가 날아와 책상 위에 앉았으므로 성모를 대왕으로 봉했다.

신모가 처음 진한에 와서 성자를 낳아 동국의 첫 번째 임금이 되었으니, 아마도 혁거세와 알영의 두 성인을 낳았을 것이다. 그러므로 계룡·계림·백마 등으로 일컬으니, 이것은 닭이 서쪽에 속해 있기 때문이다. 일찍이 하늘나라의 여러 선녀들에게 비단을 짜게 하고 붉은 빛으로 물들인 관복을 지어 남편에게 주었으니, 나라 사람들은 비로소 그의 신비한 영험을 알게 되었다.

위는 『삼국유사』가 전하는 서술성모의 면모 중 일부다. 13세기 승려 일연이 썼기 때문에 위 글의 앞부분에는 중국 황제의 딸로 신선의 술법을 배워 지선(地仙)이 되었다는 등 당시의 문화적 경향이 반영된 내용도 있다. 전체적으로 본래 성모의 모습과는 현격히 다른 성격과 위상을 보인다. 이름도 선도성모로 바뀌었다. 그러나 다행히 일연은 그녀의 본래 모습을 유추할 수 있는 여러 정보를 전해 준다. 오래된 신성을 나타내는 호칭들뿐 아니라 호국신으로서 나라의 최고 제사를 받았다는 사실 등이 그것이다.

여기서 특히 주목할 것은 그녀가 선녀들을 부릴 수 있는 하늘의 신이라는 사실이다. 혁거세 탄생설화에 등장하는 백마는 하늘로 올라간다. 일연은 성모를 찬양하는 시에서 그녀가 옥황상제라고 했다. 그는 성모가 하늘의 여신임을 분명히 알고 있던 것이다.

지증왕의 큰 음경과 영제부인

서술성모가 하늘의 상제라는 사실은 한 신라 왕비와도 관련된다. 연제부인 혹은 영제부인이라고 불린 지증왕비다. 영제(迎帝)의 제(帝)가 천신인 상제로 해석되기 때문이다. 때문에 한국사 전문가인 연합뉴스 김태식 기자는 영제부인이 천신을 맞이하는 일, 즉 강신제를 주관한 제관이라고 해석했다. 이는 지증왕 때까지도 왕비가 사제 역할을 했다는 중요한 방증이다. 영제부인이 모신 상제는 일연이 시사하듯 서술성모였을 것이다.[71] 이는 왕실 여성들이 여사제로서 서술성모를 모셨다는 다른 방증들과도 합치된다. 김태식 기자는 신라 신궁에서 모신 주신이 서술성모였다고 확신한다.

그런데 흥미로운 것은 지증왕이 큰 음경으로 유명하다는 사실이다. 때문에 영제부인은 신장이 7자 5치나 되었다고 한다. 이 부부의 큰 몸과 생식기는 신성함의 표상이다. 『삼국유사』는 지증왕의 큰 음경을 중심에 놓고 있지만, 영제부인의 큰 여근이 큰 음경을 만들었을 것이다. 그녀는 아마도 특출난 신통력을 보인 사제였던 듯싶다.

비단을 짜게 하고 붉은 빛으로 물들여 옷을 지은 성모는 직조의 신이자 기술과 공예의 신이기도 하다. 관복을 지어 남편에게 주었다는 것은 국가권력과 성모와의 관계를 시사한다. 선녀들이 짠 비단으로 만든 관복은, 진평왕이 받은 옥대처럼, 하늘이 준 통치권을 상징하기 때문이다. 성모는 그 통치권을 주는 천신이니 왕권의 수여자가 되는 것이다. 아마도 성모는 신라 건국기에 나라의 조직과 문화를 세워 나가는 중심적 존재였을 것이다. 그리고 이후 왕실의 시조신으로 최고의 존숭을 받게 된 것이다.

서술성모의 산인 선도산 일대에는 오래된 여신신앙 유적이 여럿이다. 수많은 구멍들이 밀집된 유명한 성혈바위, 석장동 암각화가 있으며 주변에 고인돌 유적지도 있다.

첨성대는
성조황고의 표상물

첨성대는 선덕여왕에게 올려진 존호 성조황고의 표상물로 보인다.

여왕은 신성한 권위와 왕권의 정통성을 주장하기 위해 서술성모의 신전인 첨성대를 세웠을 것이다. 자신이야말로 왕실의 성조이자 왕권의 수여자인 하늘 여신과 같은 존재로서 어떤 남성왕보다도 강력한 적통성을 갖고 있다는 선언이다. 비유하자면 황남대총 남분의 금동관에 대비되는, 북분의 찬란한 금관 같은 존재라는 선포였을 것이다.

흥미로운 점은 지리산 여신의 호칭인 성모천왕과 성조황고가 표기만 다를 뿐 사실상 같은 의미라는 사실이다. 성조는 성모이고 황고는 천왕과 같다. 서술성모와 지리산 성모는 호국신으로서의 성격도 공유한다.

여왕은 즉위 후 자신이 여성이라는 사실을 지우려 하지 않고 오히려 내세웠다. 선덕여왕 4년에 지어진 영묘사의 옥문지부터 그렇다. 여성의 성기가 연못 이름으로 전면에 등장한 것인데, 『삼국사기』도 이 이름을 기록하고 있다. 여왕은 또 후계자로 진덕여왕을 세워 여왕의 계보를 살리려 했다. 상대등 비담과 염종이 '여왕은 나라를 잘 다스릴 수 없다.'며 반란을 일으켰으나 여왕은 끝내 진덕여왕을 즉위시킨 후 세상을 떴다. 그리고 어머니의 품으로 돌아갔다.

선덕여왕이 돌아간 도리천은 마야부인이 죽어 올라간 곳이다. 여왕의 어머니 이름도 마야부인이었다. 그런데 알다시피 마야부인은 역사적으로 서술성모와 중첩됐다. 그렇다면 여왕은 죽어서 친모뿐 아니라 서술성모가 있는 곳으로 올라간 것이다. 도리천은 지거천(地居天)으로 땅에 속해 있는데 서술성모도 지선(地仙)이었다. 게다가 여왕이 도리천이 있는 곳으로 지목한 낭산 남쪽은 신유림이라는 토착신앙의 성소였다.『삼국유사』는 여왕이 "신령하고 성스러웠다.(靈聖)"고 전한다. 전해지는 설화들로 보아 그녀가 무녀왕적 성격을 갖고 있었다고 보는 학자도 여럿이다.

첨성대는 현재 경주시 계림 밖에 위치한다. 그런데 계림이 지금보다 더 북쪽까지 확장되어 있어서 첨성대가 원래 계림 숲 속에 건립됐을 가능성도 있다고 한다. 서술성모의 숲인 계림에 첨성대가 건립됐다면 첨성대는 의심할 나위 없이 성모를 상징했을 것이다.

우물과 별 관측의
상관성

선덕여왕이 첨성대를 지으면서 우물 형태를 취한 이유는 짐작하기 어렵지 않다. 서술성모가 혁거세와 알영을 낳은 성소일 뿐 아니라 우물은 왕권의 상징이었기 때문이다. 농사의 풍요나 가뭄의 예방과 극복이라는 국가적 대사에서도 우물은 가장 적합한 선택이었다.

첨성대 기단의 동쪽 면은 용궁을 향하고 있는데 이를 통해서도 첨성대가 토착신앙의 성소임을 알 수 있다. 황룡사 북쪽, 분황사 남쪽에 있었다는 용궁은 연못 혹은 저습지였던 것으로 여겨진다. 앞에서 여러 번 언급했듯 물은 여신 성소의 필수적 구성요소다.

그런데 왜 우물인 첨성대가 '별을 관측하는 대'라는 뜻의 이름을 갖게 된 것일까?

신라 토착신앙의 신성 인식과 기능, 세계관으로부터 격절되어 있는 오늘날의 한국인들에겐 우물과 별의 상관관계를 찾는 일이 당혹스럽게 느껴질 것이다. 그러나 당시 신라인들의 인식체계에서 둘의 조합은 매우 당연한 것이었다. 우물과 첨성은 같은 의미체계 내에 연관되어 있어 하나로 합쳐지기도 했기 때문이다.

우물과 첨성의 관계를 이해하려면 성혈이라는 매개요소가

필요하다. 성혈은 별과 우물, 양자와 다 관련된다. 성혈과 별의 관계는 별자리 모양으로 성혈을 파 놓은 바위들이 잘 말해 준다. 별자리 성혈바위는 한반도 전역에 존재하며 특히 경상도 지역에 많이 몰려 있다. 포항 칠포리와 신흥리에는 북극성, 카시오페이아 별자리, 황소자리 등으로 보이는 성혈들이, 함안 지역에는 북두칠성과 남두육성 별자리로 판단되는 성혈들이 바위에 파여 있다. 별자리 성혈을 연구해 온 한국학중앙연구원 김일권 교수와 한국천문연구원 양홍진 박사 등에 따르면 성혈을 팔 때 천문학적 방향성도 고려했다고 한다. 별자리 성혈이 있는 암석유적들은 한반도뿐 아니라 유럽, 인도를 비롯해 전 세계적으로 존재한다.

고대인들이 별자리 성혈을 판 것은 농사 때문이었다. 별자리의 변동을 보며 농사짓는 시기도 정하고, 날씨나 농사의 풍흉을 점쳤기 때문이다. 『삼국지』 「위서」 '동이전'에는 동예인들이 새벽에 별자리의 움직임을 관찰하여 그해 농사의 풍흉을 점쳤다는 기록이 있다. 동예와 접해 있던 신라인들 역시 같은 풍속을 가지고 있었던 것이다. 성혈이 여신의 생산력을 상징했으므로 중요한 별자리를 성혈로 표시하는 일은 풍작을 기원하는 의례이기도 했을 것이다. 때문에 다른 신성한 문양들이 별자리 성혈과 함께 자리한다.

그런데 성혈은 우물과 같은 상징이다. 김부타스는 성혈이 미니어처 우물이라고 해석했다. 한국에서도 바위에 파인 큰 성혈을 돌우물이라고 부른다. 우물과 성혈을 같은 것으로 인식하는 것이다.[72] 우물은 곧 성혈이고 성혈은 별자리와 밀접한 관련이 있으니 우물 형태인 첨성대만큼 별 관측에 적합한 공간은 없었을 것이다. 신라에서 우물과 천문은 농사의 풍흉 예측이나 풍작 기원, 더 나아가 왕권이나 국가의 길흉과 관련된 신탁의 기능을 공유했다.

호국신인 서술성모를 모신 첨성대는 호국탑이기도 했을 것이다. 선덕여왕은 불교식 호국탑인 황룡사구층탑뿐 아니라 토착신앙의 호국탑인 첨성대도 지은 셈이다.[73] 여하간 서술성모의 신전으로서 천문관측 기능을 담당했던 첨성대는 시간이 흐르면서 성모의 존재는 지워지고 기능만 전해져 첨성대란 이름으로 기록된 것 같다.

첨성대와 여신상, 그릇받침

첨성대는 우물이지만 아래가 병처럼 퍼진 형태를 하고 있다. 또 입구가 엉뚱하게도 몸 가운데 뚫려 있다. 왜일까?

이 의문들은 첨성대를 여신상으로 보면 다 풀린다. 첨성대는 여체의 몸통 부분을 닮았다. 여성의 몸을 단아하게 형상화한 것이다. 가운데 네모난 창구는 성혈로서 신성한 여근에 해당한다.[74] 그리고 이것은 첨성대 서쪽 영묘사에 있던 옥문지와 그대로 조응한다. 흥미롭게도 '영묘(靈廟)'는 조상의 영혼을 모시는 사당이란 의미이고, 영묘사 역시 오성(五星)에게 제사했던 별 신앙의 장소였다.

첨성대의 창구가 옥문임을 방증해 주는 토우 하나가 있다. 긴 통치마를 입고 서서 두 손을 배에 모아 쥔 여성상인데 한가운데 커다란 구멍이 뚫려 있다. 여근을 표상하는 성혈로, 보는 순간 바로 첨성대를 떠올리게 한다. 신성한 여근을 품은 이 토우는 여신상이다. 몸의 옆쪽 아래와 뒷부분에도 구멍들이 뚫려 있다.

그런데 신라에는 토우 여신상에 앞서는 여신상이 있다. 바로 포항 칠포리에서 만났던 검파형 여신상인데 이 역시 첨성대와 유사한 형태다. 검파형을 입체적으로 세운다면 건축공학상 첨성대 같은 형상이 될 것이다.

첨성대는 또 신라와 가야의 그릇받침들과도 매우 닮아 있다. 문화유산답사로 유명한 유홍준 교수는 오래전에 첨성대가 그릇받침을 닮았다는 견해를 제시했다. 그릇받침들은 주로 무덤에서 출토돼 제사용으로 여겨진다. 원통형이나 바리형 몸에 삼각형이나 사각형 혹은 원형의 구멍들이 뚫려 있다. 첨성대와 검파형 여신상, 그릇받침은 유사한 형태를 하고 있을 뿐 아니라 모두 신성한 여근들을 품고 있는 것이다. 윗부분이 뚫려 있거나 비어 있는 것도 공통점이다.

첨성대를 마주하고 있으면 그 놀라운 상징 사용에 경탄하게 된다. 특히 첨성대 미스터리의 핵심이 돼 온 가운데 창구의 배치

첨성대를 연상시키는 토우여신상, 5세기경

가 그렇다. 우물인 첨성대는 스스로가 큰 자궁이다. 맨 위의 정자석은 성산일출봉처럼 하늘을 향해 열려 있다. 하늘로 뚫린 구멍, 즉 하늘 자궁이다. 가운데 창구는 여체의 자궁이니 지상의 자궁이다. 결국 창구 안의 어두운 공간은 자궁 속의 자궁이자 하늘 자궁과 지상의 자궁이 만나 감응하는 곳이다. 그러니 그 힘으로 탄생시키지 못할 것은 없다. 하지 못할 일도 없다. 그곳은 신성성이 최고로 증폭된, 하늘과 땅을 아우르는 지고의 성소다.

신라와 가야인들은 그 지고의 성소에서 건국왕들을 탄생시켰다. 하늘에서 번갯빛처럼 이상한 기운이 드리워졌던 나정, 하늘의 명에 따라 만들어진 구지봉의 성혈은 첨성대 옥문과 정확히 성격이 같다. 셋 다 하늘 자궁과 감응해 생명을 출산하는 땅의 자궁인 것이다.[75]

첨성대는 검파형 여신상 윗부분에 크게 파놓은 V자 혹은 U자형의 의미도 알려 준다. 바로 하늘 자궁이다. 첨성대 맨 위 정자석과 같다. 수로왕을 보낼 때 붉은 탯줄이 나온 바로 그 하늘 자궁인 것이다. 하늘 자궁에 땅 자궁, 물 자궁, 인간과 뭇 생명체의 자궁 등 천지의 자궁들을 품고 있는 검파형은 한마디로 우주의 대여신을 표상한다. 단순한 지모신이 아닌 것이다. 검파형 여신상 내부에 구획된 공간들은 당시 사람들의 우주관과 세계관을 담고 있을 것이다.

검파형 여신상의 상징적 의미를 알고 나면 문득 깨닫게 된다. 마고할미, 설문대할망, 개양할미 같은 우리 여신들이 왜 그렇게

위 | 첨성대를 닮은 그릇받침, 의성, 3세기경

아래 | 검파형 여신상을 닮은 그릇받침, 김해, 삼국시대

거대한 몸집을 가질 수밖에 없었는지,[76] 서술성모가 왜 하늘의 백마이자 우물의 계룡이면서 동시에 계림 숲이었는지 한눈에 다 이해가 되는 것이다.

첨성대와 검파형 여신상 그리고 그릇받침은 서로가 서로를 비추면서 우리의 궁금증을 풀어 준다. 그중 주목해야 하는 것이 그릇받침이다. 그릇받침은 밑이 둥근 항아리형 그릇을 받치기 위한 것인데, 그냥 바닥을 평평하게 하면 될걸 왜 굳이 둥글게 만든 것일까?

밑이 둥근 항아리로 '알' 즉 자궁을 상징하려 했기 때문이다. 그들은 그릇받침 위 성스런 구멍에 알 모양의 항아리를 놓음으로써 죽은 이가 하늘 자궁으로 돌아간 후 다시 이 땅에 태어나기를 빌었던 것이다. 삼한 사람들이 사후에 하늘로 날아간다고 믿었던 것도 하늘을 재생의 자궁으로 여겼기 때문일 것이다. 결국 그릇받침들은 재생의 알을 하늘 자궁에 받치고 무덤 속으로 들어간 여신들이었다. 첨성대 같은 여신상인 것이다.

첨성대는 결코 어느 날 불쑥 돌출한 미스터리가 아니다. 검파형 여신상과 토우 여신상, 그릇받침 여신상의 뒤를 잇는 7세기 버전의 신라 여신상이다. 다만 시대의 변화에 따라 불탑 형식을 차용한 결과 거대해지고 단순해졌을 뿐이다. 당시 신라인들은 첫눈에 그것이 여신상임을 알았을 것이다.

그런데 첨성대를 지을 때 왜 나무나 벽돌로 하지 않고 돌을 다듬어 쌓아올렸을까? 다른 실제적인 이유도 있었겠지만 선돌을 표상하려는 의도도 있었던 것 같다. 첨성대는 돌탑인데 돌탑의 기원은 선돌이다. 첨성대는 가운데 큰 성혈을 품은 선돌할미이기도 한 것이다.

금허리띠 수수께끼 마저 풀기, 전설의 황금자와 해척지모

앞서 소개한 신라 왕족의 금허리띠에는 아직 풀지 못한 수수께끼들이 남아 있다. 우선 알들을 엮은 십여 개의 드리개들 중 하나가 유난히 크고 길게 강조됐는데 그 의미가 무엇인가 하는 것이다. 그것은 검파형 여신상의 윗부분에 특별히 크게 파놓은 V자 혹은 U자와 같은 성격으로 보인다. 바로 알로 상징된 하늘 자궁이다.(하늘과 알의 관계에 대한 자세한 내용은 481쪽 참조) 가장 중요한 하늘을 특별히 구분해 놓은 것 같다. 그렇다면 그 드리개 끝에 매달린 긴 직사각형 금판은 무엇일까?

이성산성에서 출토된 목제 자

아마도 전설의 황금자(金尺)일 것이다. 박혁거세가 하늘로부터 받은 왕권의 증표다. 사람이 죽거나 병들었을 때 이 자를 가지고 몸을 재면 죽은 자는 살아나고, 아픈 자는 일어났다고 한다. 재생과 치유의 기능이 여근과 같다. 그러니 알에 매달려 있을 것이다. 또 하늘 자궁을 상징하는 큰 드리개 끝에 있으니 하늘에서 내려온 황금자가 맞을 것이다. 알에서 나온 혁거세와도 통한다. 이 직사각형 금판은 다른 드리개들에도 가장 많이 달려 있어 제일 중요한 상징임을 알 수 있다. 천마총 금허리띠에는 막대자로 보이는 장식도 있다.[77] 자

천마총 금허리띠 드리개에 달려 있는 막대자 모양 장식

로 보이는 장식들은 신라의 산성으로 판단되는 하남 이성산성에서 출토된 목제 자와 매우 유사하다.

여기서 물고기도 다시 한번 볼 필요가 있다. 『삼국유사』에 스치듯 언급된 '혁거세왕의

468

해척지모(海尺之母)'가 떠오르기 때문이다. 해척은 고기잡이를 업으로 하는 사람이니 해척지모는 '고기잡이 어머니'라는 뜻이다. 혁거세의 또 다른 어머니로 등장한 이 여성은 분명히 허리띠의 물고기와 관련돼 있을 것이다. 이 물고기 장식도 허리띠마다 달려 있어 역시 왕권과 관련해 비중이 높은 상징임을 말해 준다. 그런데 해척지모는 4대왕인 석탈해가 출생 후 바다에 버려져 신라 아진포에 도착했을 때 그를 거둬 키운 할미이기도 하다. 신라 건국기 가장 중요한 두 왕과 관련돼 있는 것이다. 그녀는 예외적으로 아진의선이란 이름도 남겼다. 그만큼 중요한 인물이었음을 말해 준다.

이 신비의 여인은 누구였을까? 아마도 아진포에서 물고기 여신 혹은 바다의 여신을 모시던 고위 여사제였을 것이다. 그리고 그 여신 역시 신라의 왕권을 수여하는 힘을 가지고 있었을 것이다. 건국의 시조신 자리를 놓고 서술성모와 벌인 경쟁에서 패했으나 응분의 영향력은 계속 유지했던 강력한 여신이었던 듯하다.

결론적으로 금허리띠는 하늘과 바다와 땅의 여신들이 보증하는 왕권의 상징물이었던 셈이다. 이중 하늘여신은 왕실의 조상으로서 특별히 존숭되었고, 성조황고란 존호는 이러한 인식체계에서 출현한 것으로 보인다.

첨성대 내부는 동굴

지금까지 첨성대의 정체와 관련해 사람들을 괴롭힌 문제 중의 하나는 내부의 상태였다.

천문관측의 편의성 면에서 보면 입구의 위치 못지 않게 내부의 거칠고 불편한 환경도 문제가 있다고 느껴졌기 때문이다. 입구의 안쪽은 문지방 가까이까지 굵은 자갈이 섞인 흙으로 채워져 있다. 바닥엔 잡석들이 깔려 있으며, 내부의 석재들은 잘 다듬어지지 않아 울퉁불퉁하다. 도대체 왜 그렇게 만든 것일까?

기술이 조야해서가 아니라 동굴을 형상화하고자 했기 때문이다. 첨성대 내부는 가장 오래된 여신의 성소인 동굴인 것이다. 자궁을 상징하는 내부가 동굴인 것은 사실 너무나 당연한 일이다. 첨성대의 좁아지는 상부는 여체를 표현하면서 동시에 동굴을 만드는 이중의 효과를 발휘한다. 내부에 걸쳐진 정(井) 자형 장대석(長大石)들도 공간을 더욱 좁혀 주면서 동굴 효과를 강화해 준다. 첨성대의 핵심적 공간은 천문관측을 위한 정상부가 아니라 동굴 같은 옥문의 내부다.

오늘날의 우리는 첨성대의 출입구가 옥문이라는 사실을 받아들이기 힘들 것이다. 고대의 신성성을 잃어버렸을 뿐만 아니라 여성의 몸과 섹슈얼리티를 죄악이나 타락, 더러움으로 여기는 주요 종교들의 영향이 워낙 강력하기 때문이다. 자기 성기를 저토록 노골적이고 당당하게 내놓은 신상이라니, 어이가 없을지도 모른다.

그러나 성기를 강조해서 과시하거나 아예 활짝 벌려 전시하는 여신상들은 유럽과 근동, 인도, 티베트, 동아시아 등 세계 도처에 무수히 존재한다. 크레타 카토 시미 신전에서 발굴된 초기의 아프로디테 여신상도 그중 하나다. 그녀들의 성기는 생식력의 표상일 뿐 아니라 악과 액운을 쫓거나 치유와 행운을 부르는 힘을 가진 것으로 여겨졌다. 아일랜드의 교회와 성들에서 많이 발견되는 그러한 여신상들은 '실라 나 긱(Sheela na gig)'이라고 불리는데 최근 큰 관심을 받고 있다.

첨성대의 입구

헌두교에서는 우주의 여성적 생식력과 창조력을 샥티로 신격화하고, 여성의 성기를 상징하는 요니를 남성 성기 상징인 링감과 함께 신성시한다. 탄트라 불교에도 여성성기로 상징되거나 성기를 활짝 드러내놓은 여신들이 있다.

신라 토우 역시 같은 맥락에서 존재한다. 성기를 과장해서 표현한 토우들은 성기를 묘사한 암각화들이 후대에 인물상으로 변형된 것이다.[78] 주로 무덤의 부장품으로 5-6세기에 집중적으로 제작됐다. 다리를 벌리고 누워 출산 자세를 취한 한 토우는 크고 둥글게 파인 옥문을 강조하고 있어, 여성성기에 대한 당시의 인식을 알려 준다. 그리고 성행위를 묘사하는 토우들에서 여성은 남성보다 크게 형상화되어 있다. 여성이 주인공인 것이다.

과거 경주에서는 기우제를 올릴 때 속옷을 벗고 치마만 입은 무당들이 나섰다. 그녀들은 치마와 함께 다리를 번쩍번쩍 들어 올리며 미친 듯이 춤을 추었는데 여근에 비를 부르는 신령스런 힘이 있다고 믿었기 때문이었다.

첨성대, 위대한 우주적
어머니의 표상

여성성기가 갖는 신령스런 힘은 일본 신화에도 나타난다. 해의 여신 아마테라스는 남동생인 스사노오가 난폭하게 굴자 바위동굴에 숨어 버린다. 그러자 세상이 깜깜해졌고 곤란해진 신들은 동굴 앞에 모여 대책을 논의했다. 그리고 아메노우즈메 여신이 그 앞에서 신들린 춤을 추게 됐다. 그러다 그녀의 가슴과 성기가 드러났는데 이에 수많은 신들이 크게 웃어 댔다. 동굴 안에 있던 아마테라스는 밖이 소란스러워지자 호기심에 밖을 내다봤다가 그만 동굴 밖으로 끌려나오게 된다. 결국 아메노우즈메의 가슴과 성기가 사라진 해를 소생시키는 힘을 발휘한 것이다. 일본의 많은 여신상들에도 구멍이나 역삼각형 등의 상징으로 여근이 강조돼 있다.

앞서 소개한 석종사 사례가 보여 주듯 중국에도 강력한 여근숭배 전통이 있었다. 신석기 마가요 문화의 청해성 유적에서 나온 한 항아리에는 큰 성기를 활짝 펼쳐 보이는 여성이 조형돼 있다. 여근숭배 전통은 ㅋ한자에도 담겨 있다. 한 예로 군주나 천신을 뜻하는 '제(帝)'자는 역삼각형이 선반 위에 있는 모양에서 유래한 글자라고 한다. 역삼각형은 홍산문화의 그릇문양에도 나타난다.

우리 반구대 암각화의 여성 샤먼은 두 다리를 일자로 쫙 펴고 펄쩍 뛰어 오른 자세인데 이 역시 성기를 최대한 노출시킨 것으로 볼 수 있다.[79] 세계의 성기 노출 여신상에 대해 연구한 미리암 덱스터와 빅터 메어에 의하면, 비를 부르거나 사라진 해를 되찾기 위해 여성들이 성기를 노출하고 춤추는 행위는 세계 여러 문화권에서 보인다. 심지어 침략해 온 적을 물리치는 주술력도 있는 것으로 믿어졌다.[80]

선덕여왕은 이러한 여근의 힘을 잘 알고 있었다. 『삼국유사』가 전하는 설화에서 그녀는 "남근이 여근 속으로 들어오면 반드시 죽는 법"이라고 말한다. 남성성보다 근원적이고 강력한 여성성에 대한 거리낌 없는 긍정이다. 여왕의 이 선언은 여성적 힘에 대한 절대신뢰, 가부장제 이전 여성성에 대한 인식에 바탕한다.[81] 그리고 『도덕경』이 말하는 현빈, 검은 암컷의 의미로도 확장되고 심화된다. 첨성대의 검은 옥문은 이 같은 여왕의 인식을 형상화한 것이다.

첨성대의 내부는 제사를 드리는 장소이기도 했을 것이다. 석굴은 신라에서 하늘에 대한 기도처였기 때문이다. 한 예로 김유신은 17세 때 혼자 중악(中嶽)의 석굴에 들어가 외적의 침입을 막을 수 있는 힘을 달라고 하늘에 기도했다. 그 굴은 아마도 하늘로 구멍이 뚫려 있었을 것이다. 첨성대의 석굴에서는 하늘뿐 아니라 동쪽에 있던 용궁과의 소통도 이뤄졌을 것으로 보인다. 첨성대는 우물인데 신라에서 우물은 용궁의 통로였기 때문이다.

위 ｜ 교회에 장식된 실라 나 긱, 영국, 12세기

중간 ｜ 여성이 더 크게 제작된 성행위 토우, 경주, 5-6세기

아래 ｜ 성기를 내보이는 여인상이 양각된 신석기시대 항아리, 중국, 기원전 2300년경

산신에 천신, 용신이기도 한 서술성모는 하늘의 뜻을 고지하고 가뭄 때 비를 불러오는 강력한 여신으로서 첨성대 석굴에 거처했을 것이다. 이를 통해 동굴신으로서 그녀의 면모도 읽을 수 있다. 첨성대는 간단히 말해 하늘과 땅과 물이 서로 만나며 감응하는 우주적 신성체, 위대한 우주적 어머니의 표상이었다.[82]

가야와 신라의
그릇받침 여신상

그릇받침이 여신상이라는 추정은 김해에서 출토된 한 그릇받침을 통해 더 힘을 얻는다. 가슴 부분이 둥글게 나오고 아래가 풍만하게 퍼져 완연한 여성 형상이기 때문이다. 이와 비슷한 미케네 새 여신상도 있다. 가야 그릇받침들 중에 그런 형태가 많은데, 몸통에 뱀들이 수직으로 장식된 경우도 있다. 반추상 형식으로 몸통의 형태만 본떴지만, 몸에 뱀을 휘감고 서 있는 크노소스 여신상과 같은 것이다. 그릇받침들은 고대 한국의 토르소 여신상이라고 할 수 있다.

그 시대에 토르소 여신상이 있었을까 싶지만 울주 신암리 여신상이 원래 토르소라고 한다. 함경북도 서포항 유적에서 출토된 청동기시대 여신상도 큰 머리와 몸통에 젖가슴만 달려 있

가슴이 표현된 그릇받침 여신상, 김해, 삼국시대.　미케네 새 여신상, 그리스, 기원전 13세기　뱀이 장식된 그릇받침, 합천, 5세기

다. 내몽골 적봉시 서수천 유적에
서 발굴된 홍산문화 시기 토르소
여신상도 있다. 서수천 여신상은
신암리 여신상과 거의 같은 형태
다. 머리나 사지를 간략히 표현하
거나 없앤 선사시대 토르소 여신
상은 일본을 비롯해 세계적으로
많이 존재한다.

서포항 출토
토르소 여신상

서수천 출토 토르소 여신상

그릇받침처럼 하단부가 부풀려진
원통형 여신상은 일본과 크레타에도 있다. 일본 고분시대(3-7세기)에 만들어진 하니와라고
불리는 토우들을 보면 여성토우들의 몸이 원통형이다. 커다란 구멍이 몸에 뚫려 있는 경우
가 많다. 그런데 이 원통형 여성토우들 중에 머리에 항아리를 이고 있는 경우가 있다. 여신상
이 그릇받침 역할을 하고 있는 것이다. 하니와도 그릇받침처럼 무덤의 부장품이다.[83]
이집트의 누트 여신 역시 밑이 둥근 항아리를 머리에 이고 있다. 물이 담긴 항아리는 자궁을
표상한다. 그녀가 하늘여신이니 하늘 자궁이다. 당시 이집트인들도 바닥이 둥근 그릇을 많
이 만들었다. 누트도 죽음 이후 재생을 담당하는 여신이었다. 파라오의 관뚜껑에는 누트 여
신상이나 그녀의 상징들이 흔히 그려졌다.
크레타의 원통형 여신상들은 미케네 지배 후인 기원전 1200년경 만들어졌다. 이중 구르니
아 유적지에서 발굴된 원통형 여신상은 하니와와 매우 유사한데, 우리 것과 비슷한 그릇받
침과 함께 출토됐다. 이 그릇받침의 몸에는 뱀과 성화의 뿔이 장식되어 있다. 그런데 여신상

둥근 항아리를 이고
있는 누트, 이집트,
기원전 13세기

둥근 항아리를 이고
있는 하니와 여성상,
일본, 고분시대

세트로 출토된 원통형 여신상과 그릇받침,
구르니아, 기원전 1400-1200

역시 몸에 뱀을 두르고 양팔로 뿔 모양을 만들고 있다. 둘은 색깔도 같고 크기도 조화를 이뤄 학자들은 하나의 세트로 제작된 것으로 본다. 크레타의 다른 유적지들에서도 같은 사례들이 발굴됐다.

그릇받침 역할을 하고 있는 여신상들이나 여신상과 세트로 존재한 크레타의 그릇받침은 우리 그릇받침의 숨겨진 의미나 기능을 찾는 데 아주 좋은 참조점이 될 것이다.

첨성대의 여사제,
천관녀

선덕여왕 당시 첨성대는 어떻게 사용됐을까?

무엇보다 서술성모의 신상이자 신전으로서 제의를 위한 공간이었을 것이다. 즉위 초 여왕에게 성조황고 존호를 올리는 의식도 첨성대에서 치러졌을 것이다. 물론 별자리의 운행을 비롯한 천문관측도 제의와 함께 시행됐을 것이고, 가뭄 때 기우의 제장 역할도 했을 것이다. 첨성대뿐 아니라 고대의 천문대들은 대개 제의적 성소이기도 했다.

천문관측을 하기에 불편하다는 이유로 첨성대를 천문대가 아니라고 보는 것은 자연을 물질로, 천문대를 기능편의적으로만 인식하는 현대인들의 오해다. 당시 사람들에게 천문현상은 하늘의 예시였다. 그 신성한 정보를 얻는 일이 어찌 편의적으로 이뤄질 수 있었을까? 천문관측은 마땅한 제의와 수고, 치성과 보은

이 함께 얽힌 종교적 행위였다.

『삼국유사』가 첨성대를 점성대(占星臺)라고도 했기 때문에, 점성적 차원의 관측에 불과했을 것이라는 견해가 강하다. 그러나 천문학도 점성술로부터 발달한 것이다. 농사의 성공을 위해서는 역법 등 실용지식이 필요하므로 과학적 지식은 점성적 외피를 입었더라도 절실하게 추구되지 않을 수 없었을 것이다. 그리고 그 지식들은 신성한 지혜로 상찬되었다.

당시의 합리적인 지식 추구는 선덕여왕 스스로가 설화를 통해 말해 준다. 우선 여왕이 모란꽃 그림을 보고 향기가 없다고 한 것은 나비가 없음을 보고 합리적 추론을 한 결과였다. 옥문지 설화에서도 여왕은 백제군의 잠입 사실과 신라군의 승리를 신통력으로 안 게 아니다. 신하들과의 대화에서 그녀는 당시 수준에서의 현상을 보는 직관과 논리적 추리력을 보여 준다. 『삼국유사』는 그녀의 성스런 지혜를 칭송하고 있는데, 지혜는 여신의 중요한 자질 중 하나다. 신라인들 역시 여왕과 서술성모에게서 지혜를 보았던 것 같다.

그런데 첨성대의 제의를 담당한 주제자는 누구였을까?

아마도 여사제였을 것이다. 여왕이 세운 여신의 신전에는 여사제가 적격이다. 그리고 다행스럽게도 우리는 그 여사제를 그려 볼 수 있는 실마리 하나를 희미하게나마 갖고 있다.

바로 천관(天官)이다. 김유신과 가슴 아픈 사랑을 했다고 전해지는, 선덕여왕과 동시대를 산 신비스런 여성으로 흔히 천관녀로 불린다. 고려시대 문집 『파한집』과 『신증동국여지승람』이 전하는 관련 설화를 간단히 정리하면 아래와 같다.

> 유신이 어느 날 우연히 기생집에서 하룻밤을 자고 오니 모친이 꾸짖었다. 이에 유신은 다시는 그 집에 출입하지 않을 것을 다짐했다. 하루는 술에 취해 집으로 오는데 말이 길을 잘못 들어 그 기생집에 가게 됐다. 기생은 기뻐하며 맞았으나 술에서 깬 유신은 말의 목을 베고 집으로 돌아왔다. 이에 기생은 원망하는 노래 한 곡조를 짓고 자기 집을 절로 만들어 중이 되었다. 이 절이 경주 천관사인데 기생 이름이 천관이었다.

이 이야기는 천관을 기생이라고 못박고 있다. 하지만 범상치 않은 이름이나 그 이름을 딴 절이 존재했다는 사실 등은 그녀가 한낱 기생이 아니었음을 강력히 반증한다. 때문에 학계에서는 그녀를 여사제로 본다. 그런데 천관녀가 여사제였음은 역설적으로 기생으로 전해졌다는 사실을 통해서도 알 수 있다. 여신신앙이 쇠퇴하면서 여사제들이 창녀로 비하된 현상은 세계의 다른 지역에서도 나타났기 때문이다.

『삼국사기』에는 천관이란 이름을 가진 신이 등장한다. 김유신이 18세 때 홀로 산에 들어가 하늘에 기도했더니 천관신이 빛을 비추어 그의 보검에 영기를 내려 주었다고 한다. 허수와 각수 두 별자리의 빛이 환하게 내려 비췄다는 것으로 보아 천관신은 별의 신인 것 같다. 그렇다면 천관이라는 이름이 첨성대의 사제를 가리키는 직책이었을 가능성이 높다. 천관신과 천관녀가 다 김유신 설화에 등장하는 것도 둘의 긴밀한 관련성을 시사한다.

『삼국유사』에는 천관의 정체를 시사해 주는 중요한 이야기 하나가 더 있다. 원성왕과 관련된 설화로, 그가 왕위에 오를 것을 알리는 꿈에 천관사의 우물이 등장한다. 천관사 우물이 왕권과 관련된 의미를 가지고 있었던 것이다. 아마도 그것은 천관녀가 우물인 첨성대에 올라 하늘의 뜻을 읽었기 때문일 것이다. 천관사 우물이 첨성대의 은유로 등장한 듯하다.

달빛 아래 전해져 온 천관녀 이야기는 첨성대가 여신의 신전일 가능성을 더욱 높이는 또 하나의 방증이다.[84]

하늘 자궁의 자취들과
제주의 해 여신들

앞서 설명했듯 하늘로 뚫려 있는 첨성대의 윗부분은 하늘 자궁을 상징한다. 하늘은 남성이라고 배운 우리에겐 낯선 개념이지만, 우리 역사와 문화 곳곳에서 그러한 인식을 어렵지 않게 찾아볼 수 있다. 이은상이 조선 고유의 천모(天母)신앙에 대해 얘기했듯이 우리 민족에겐 하늘이 본래 어머니였던 것이다.

오래전 국문학자 김무조 교수는 고대인들이 하늘을 생산신이자 창조신으로 여겼다고 보고 하늘의 뜻을 흥미롭게 풀이했다. 크다는 뜻의 우리말 '한'과 '알'이 합쳐진 '큰 알'이라고 본 것이다. 이는 신라 금허리띠에 매달린 가장 큰 드리개나 검파형 여신상에 크게 표시한 하늘 자궁과 정확히 일치하는 해석이다. 하늘의 고어는 '하늘'이고 방언으로 '하날'이 널리 쓰였다. 고대 동아시아의 우주론인 천원지방(天圓地方)도 둥근 하늘이란 인식을 담고 있는데 둥글다는 것은 알이나 여근과 통하는 이미지다.[85]

윗부분에 빗 모양 선들이 달린 보성리 검파형
암각화

하늘을 구체화하면 해와 달, 별이 된다. 그런데 해와 달 역시 알 모양이 다. 산 능선이나 수평선을 붉게 물들이며 해가 떠오르는 모습은 그대로 하늘이 빛나는 알을 출산하는 형상이다. 밤하늘에 무수히 피어난 별들은 성혈이나 꽃으로 여겨졌을 것이다.

하늘 자궁이 해와 달이라는 사실은 경북 영천 보성리의 검파형 여신상을 통해서 알 수 있다. 암각화의 윗부분에 빗 모양의 선들이 그려져 있기 때문이다. 김부타스는 빗 모양을 에너지 기호로 해석하는데, 햇빛과 달빛을 표시한 것으로 보인다.

해를 알로 여기는 인식은 여러 전설들에 담겨 있다.[86] 강릉단오제의 주신인 범일국사는 한 처녀가 우물에 갔다가 바가지 물에 담긴 해를 마신 후 낳았다고 한다. 흔히 이 해를 천부(天父)라고 해석한다. 그러나 용알뜨기 민속이 말해 주듯 우물에서 뜬 해는 알로 보는 게 합당하다. 부여를 세운 동명왕에 대한 1세기 말 중국 측 기록에는 그 어머니가 하늘로부터 내려온 '달걀만한' 기운을 받고 임신했다고 한다. 분명히 하늘 자궁에 대한 인식이 담긴 표현이다. 고구려 주몽설화는 부여 동명왕 설화를 모방한 것이므로, 방에 유폐된 유화를 임신시킨 햇빛도 하늘 자궁과 관련된 것으로 보는 편이 옳을 것이다.

여신의 영역이었던 하늘은 불교와 도교의 유입으로 큰 변화를 겪게 된다. 하늘 어머니의 자리를 불교의 남성 천신인 제석이나 도교의 옥황상제가 차지하기 시작한 것이다. 그에 따라 여신들은 옥황상제의 딸이나 제석신의 어머니 등으로 격하되고 밀려났다.

그러나 그들을 여신으로 성전환하는 반대의 움직임도 만만치 않았다. 일연이 선도성모를 옥황상제라 하고, 무속에서 옥황상제와 제석신에게 출산신의 성격을 부여한 것은 그 결과일 것이다. 조선시대 지리산에 있던 제석당에는 얼굴에 분칠을 하고 몸에 채색을 한 부인석상이 모셔졌다. 또 사람들은 집안에서 제석할미를 모시고 풍농과 자손번창을 빌었다. 호남 지역에서는 조상신을 제석오가리(항아리)라고 했는데, 제석은 하늘신이고 항아리는 자궁의 상징이니 그대로 하늘 자궁이란 뜻을 담고 있다. 그들의 조상 역시 하늘여신이었던 것이다.

*   *   *

우리 역사에서 지워지고 은폐된 하늘 여신은 제주도에 흥미로운 자취들을 남겼다. 우선 제주무속에서 옥황상제는 삼승할망에게 임신, 출산법을 가르쳐 주는 존재다.[87] 또 사람들이 하늘을 오르내릴 때 쓰는 노각성자부줄은 수로왕 설화에 나오는 하늘 탯줄과 같은 성격으로 보인다. 자청비가 하늘에서 오곡의 종자를 가지고 내려온 것도 하늘의 생산성을 말해 준다. 하늘은 아기도 점지하고 곡식도 주는 여신이었던 것이다. 그런 점에서 자청비를 제석할망이라고 한 무가를 주목할 필요가 있다. 제주 사람들은 또 조상을 일월이라고 하는데 조상들이 하늘 자궁으로 돌아갔다고 믿었기 때문일 것이다.

제주 신화에는 해 여신의 흔적도 보인다. 자청비는 태어났을 때 "앞이마에는 해님, 뒷이마엔 달님, 양어깨에는 샛별이 오송송 박힌 듯했다."고 한다. 그녀의 본향이 하늘이고 무엇보다 해로 상징되는 존재임을 알 수 있다. 앞이마에서 해가 빛나는 그녀는 암소뿔 사이에 원반모양의 해가 있는 머리장식을 쓴 이시스 등 이집트 여신들을 연상시킨다. 멀리 갈 것 없이 일본과 중국에도 해 여신이 있었다. 그렇다면 같은 문화권인 한국에도 해 여신이 있지 않았을까?

이와 관련해 자청비와 함께 주목할 존재가 설문대할망이다. 그녀와 관련된 전설 하나가 의미심장하기 때문이다. 할망이 한라산을 만들었는데 너무 높아 봉우리를 꺾어 던지니 산방산이 만들어졌다는 전설이다. 이 전설은 두 개의 다른 버전이 있다. 하나는 산방산을 만든 신이 옥황상제라고 하고, 다른 하나는 해님이라고 한다. 그런데 겉으로는 신이 바뀐 것 같지만 사실 같은 얘기다. 할망이 옥황상제고 해님이라고 볼 수 있기 때문이다. 할망을 옥황상제의 딸이라고 전하는 이야기가 한 방증이 된다.

또 할망이 해의 신이었기 때문에 매일 새로운 해가 떠오르도록 치마를 빨아야 했던 것으로 보인다. 중국의 해 여신 희화는 열 개의 해를 낳았는데, 매일 운행을 마친 해를 감연이란 연못에서 목욕시켜 새롭게 떠오를 수 있도록 했다.[88] 할망이 저고리가 아니라 치마를 빤 것은 치마가 여근, 곧 알(해)을 감싸는 옷이기 때문일 것이다. 할망의 치마는 그녀의 거대한 창조력을 상징하는 신물(神物)이기도 하다. 치마로 흙을 날라 제주도와 한라산을 창조했고 치마에 뚫린 '구멍'이나 '틈새'로 오름을 만들었기 때문이다.

어쩌면 할망의 자궁 성산봉이 매일 해를 탄생시킨다는 인식이 있었는지도 모르겠다. 이집트인들은 해가 저녁이면 하늘 여신 누트의 입속으로 들어가 새벽에 자궁에서 재탄생하는 것으로 믿었다.

조선시대 사람들은 해가 천하의 동쪽에 있는 부상(扶桑)이란 신목에서 떠오른다고 상상했다. 그런데 부상은 희화가 낳은 해들이 거처하는 곳이다. 제주도 동쪽의 성산이 일출의 명소가 된 것은 설문대할망을 희화와 연결시킨 인식의 작용 때문이 아니었을까?

전남 화순에는 해를 뜻대로 다뤘던 마고할미 이야기가 전한다. 운주

사 천불천탑을 해지기 전 다 짓도록 해를 일봉암(日封巖)에 묶어 두었다가 일이 끝난 후 하늘로 보냈다는 것이다. 설문대할망과 마고할미는 같은 성격의 여신이다.

현대 한국인들은 하늘을 당연히 남성이라고 여긴다. 유교 가부장제의 오랜 지배 탓이다. 유교철학에서 하늘은 남성적·초월적 존재로서 의지를 가진 최고의 주재자이자 천자의 절대권력의 근거로 숭앙되었다. 한국 같은 제후국들은 감히 제사를 지내지도 못했다.

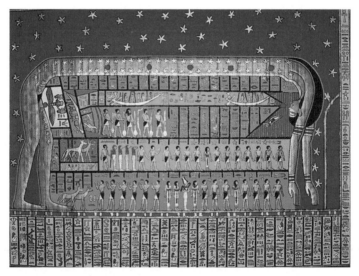

저녁에 해를 삼키고 아침에 다시 출산하는 누트 여신을 그린 무덤 천장화, 이집트, 기원전 12세기

19
남산의 춤추는 여신:
상서로운 나선

경주_남산·포석정
할매부처의_정체

경주 남산의 남쪽 기슭에 있는 감실부처님을 보면 (…) 신라시대 어느 여인을
모델로 했음직한 그 친숙한 이미지는 (…) 고신라 불상의 한 백미라 할
것이다. 경주에 있는 수백, 수천가지 신라유물 중에서 나의 마음을 언제나
평온의 감정으로 인도하는 유물은 이 감실부처님이다. (…) 어느 일본인
학생이 이 감실부처님을 달밤에 찾아왔다가 너무도 감복하여 그 앞에
텐트를 치고 하룻밤을 자고 갔단다.

— 『나의 문화유산답사기』, 유홍준

지리산의 도고는 여신이라는 설명이 없다면 불상으로 보인
다. 그런데 불상이라는 설명이 없다면 여신으로 보이는 반대의
경우도 있다. 경주 남산에 있는 불곡마애여래좌상이다. 누가 봐
도 완연한 여성상이고, 인근에서는 할매부처라고 불러 왔다.

할매부처는 3.2미터 높이의 바위에 감실을 만들어 부조로 새
긴 여성좌상이다. 고개를 살짝 숙이고 시선을 아래로 둔 채 웃
는 듯 마는 듯한 미소는 모나리자보다 신묘하다. 깊은 상념에 잠
긴 듯하지만 거리감을 주기보다 따뜻한 인상이다.

그녀는 얼핏 불상처럼 보이기도 한다. 하지만 전문가가 아니
라도 금방 이상하다고 느낄 정도로 불상의 전형에서 벗어나 있

다. 그녀는 통 넓은 소매 속에 양팔을 겹쳐 잡았으며, 머리에 두
건을 쓴 듯 귀가 가려져 있다. 빠져나온 머리카락이 어깨를 지나
아래로 늘어져 있는데 뱀처럼 보인다. 게다가 버선을 신은 듯한
발 모양새다. 국내에 할매부처와 같은 양식의 다른 불상은 없다
고 한다.

할매부처는 경주 용강동 고분에서 출토된 여성 토용과 매우
흡사하다. 머리와 옷 모양, 팔 자세가 그렇다. 할매부처는 슬쩍
불상의 형식을 취하긴 했으나 실제로는 여신상인 것이다. 할매부
처라는 속칭도 이를 말해 준다. 남산에 산재한 불교 유적들 중
가장 빠른 시기인 7세기 전반에 만들어졌다. 첨성대 건립시기와
같으니 선덕여왕 때 만들어졌을 가능성이 높다. 그렇다면 여왕
대에 반추상적 여신상인 첨성대와 구상적 여신상인 할매부처가
동시에 경주 땅에 모습을 드러낸 것이다.

⊘

할매부처와
첨성대의 공통점

할매부처가 좌정한 감실은 석굴과 성격이 같다. 그녀는 여신
의 성소인 굴 속에 앉아 있는 셈이다. 자연적이든 인공적이든 신
상을 석굴이나 감실에 봉안하는 관습은 선사시대의 동굴신앙에

위 | 경주 남산 불곡에 있는 할매부처, 7세기 전반

아래 | 용강동 고분에서 출토된 여성토용, 경주, 8세기

뿌리가 있다. 기독교의 경우 흔히 성모 마리아가 감실에 모셔졌다. 신성한 감실들은 주변에 샘이나 바다 등 물을 두고 있다. 할매부처 역시 오른쪽 아래 작은 계곡에 용왕당이 자리한다.

"매우 매우 신성한 장소예요. 그리스에서도 이런 곳이 신성한 장소로 여겨졌어요."

반데메르는 용왕당에 대해 얘기하자 연신 고개를 끄떡이며 말했다. 그리고 방위를 따져보다가 문득 할매부처 앞으로 출렁이듯 펼쳐진 넓은 바위를 유심히 바라보았다.

"보세요. 철이 많아 돌이 붉네요. 이 바위가 붉기 때문에 이곳이 선택됐을 거예요. 월경혈을 상징하는 붉은 색은 여신의 색이거든요."

세심한 관찰과 지식에 놀라고 있는데 할매부처를 유심히 살피던 그녀가 한 곳을 가리켰다.

"저기 사각형이 있네요."

그러고 보니 할매부처의 맞잡은 손 아래 사각형이 또렷하게 파여져 있었다. 사실적 표현이겠으나 꼭 그에 국한되리란 법도 없었다. 위치가 정확히 자궁이 있는 곳이다.

"같은 상징이라고 생각해요?"

"아마도……. 누가 알겠어요?"

그녀는 의미심장하게 웃었다. 다시 쳐다보니 정말 그 사각형이 첨성대 입구를 연상시켰다.[89] 사실 첨성대와 할매부처는 같은 시기에 등장한 여신상으로서 여러 공통점을 보인다. 둘 다 용궁/

용왕당을 옆에 두었고 동굴이란 상징을 공유하며 선돌신앙의 성격을 지녔다. 할매부처 주변에는 여남 성기를 표상해 놓은 바위들이 여럿 있고, 성혈이 파인 바위들도 있다. 감실을 삼각형 형태로 판 것도 결코 우연이 아닐 것이다. 할매부처 바위는 원래 신성한 선돌로서 신앙의 대상이었을 것이다.

첨성대 입구를 가만히 보고 있으면 현묘한 미소를 띠고 들어앉은 할매부처가 떠오른다. 반대로 감실 속 할매부처를 멀리서 바라보면 첨성대 옥문의 신성성이 분명히 확인된다.

⊗

일본 여신상과도
닮은 할매부처

국내에서는 할매부처를 토속적 특징이 강한 마애불로 보고 있다. 그러나 2005년 일본 무사시노 미술대학 박형국 교수는 《불교예술》에 발표한 논문에서 할매부처를 낭산 마애삼존불 본존과 함께 신라의 여신상이라고 주장했다.[90] 할매부처가 교토 마쯔오타이샤(松尾大社)의 목조여신좌상과 같은 도상이라는 것이다. 불교문화재연구소 임석규 실장도 할매부처를 여신상으로 보는 것이 더 타당하다는 견해를 보였다.

할매부처는 불교가 헤게모니를 잡기 시작하던 시기의 여신상

마쯔오타이샤 목조여신상, 일본, 9세기

으로 보인다. 불상을 흉내 냈으나 여신의 정체성은 유지하고 있
다. 경주에는 할매부처와 같은 시기나 그 전후에 그녀와 같은 성
격의 불보살상들이 더 만들어졌을 것이다. 남산 삼릉골의 마애
관음보살상만 해도 옛 신라 여인의 향취를 담고 있어 사람들이
'미스 신라'라고 부른다.

신라 불교 초기에 승려들이 중국에서 들여온 불경 중에는 이
상하게 여성 관련 불경이 두드러진다. 「승만경」이나 「전단향화성
광묘녀경(栴檀香火星光妙女經)」 같은 것들이다. 「승만경」의 주인공은
승만부인이고, 「전단향화성광묘녀경」은 내용은 전해지지 않으나
이름으로 보아 여성과 관련되어 있다. 여신 중심의 토착신앙에
불교가 뿌리를 내리려니 그 같은 경전이 먼저 들어왔던 것은 아
닐까?

지금 우리에겐 낯설지만 신라인들은 불교 여신들도 숭배했다.
최치원이 선덕여왕과 동일시한 길상천녀, 힌두교의 사라스와띠가
불교화한 변재천녀 등이다. 변재천녀는 영축산의 산신으로까지
숭배되었다. 영축산은 천전리 암각화가 있는 울주와 양산에 걸

쳐 있는 산이다.

남산 신이
나타난 포석정

할매부처가 여신상이라면 그녀는 도대체 누구일까?

아마도 경주 남산의 신일 가능성이 크다.『삼국유사』에는 상심이라는 이름의 남산의 신이 등장한다. 헌강왕 때 왕이 포석정에 행차했을 때 남산의 신이 왕 앞에 나타나 춤을 추었다. 왕만이 그것을 볼 수 있었으므로 몸소 그 춤을 따라 추어 신하들에게 보여 주었다고 한다. 그 춤은 꽤 유명해서 고려 말 일연 당시까지 전해졌다. 헌강왕 때는 또 북악신, 지신(地神) 등도 나타나 춤을 추었는데, 나라가 망할지도 모른다는 경고였다고 한다. 9세기 말인 그때까지도 산신이나 지신이 호국신으로 여겨졌음을 알수 있다.

할매부처가 남산의 신 상심인지는 확언할 수 없다. 하지만 상심이 여신이었음을 방증해 주는 자료들은 여럿이다. 우선 남산의 옛 이름이 금오산(金鼇山), 즉 금거북산이다. 또 포석정이 있는계곡의 정상에는 상사바위라는 거대한 바위가 있는데 상심의 거주처라고 한다. 이 바위에는 산아당(産兒堂)이란 성소가 있다. 우뚝한 여근석으로 신라시대부터 사람들이 출산과 복을 빌었다고 한다. 조선시대에 간행된 경주 지리지 『동경잡기』는 산아당이 출산하는 형상으로 돌을 깎았으며 가위질한 흔적이 있다고 전한다. 거북이 자궁을 상징하니 거북산의 신이 좌정한 곳에 영험한 산아당이 마련된 것은 당연하다.

할매부처를 보며 춤추는 남산 신을 상상해 보는 것은 흥미롭다. 그녀의 넓은 통소매와 흐르는 듯한 옷주름들이 훌쩍 떨쳐 일어날 것 같다. 『삼국유사』는 선도성모의 이름을 사소(娑蘇)라고 전하는데 '사(娑)'는 '옷자락을 너풀거리며 춤춘다.'는 뜻이다. 선도성모나 남산 신이나 우리 여신들은 춤꾼이었던 것 같다. '소(蘇)'는 소생한다는 뜻이니 재생과 관련돼 있을 것이다.

학계에서는 포석정을 유희 장소가 아니라 제사 장소로 보는 견해가 강하다. 1998년 발굴조사 결과 제사터였음을 말해 주는 유물들도 출토됐다. 제사 지내던 큰 건물은 사라지고 현재의 돌도랑만 남은 것이라고 한다. 돌도랑의 둥근 석조에는 큰 돌거북이 입에서 물을 내뿜고 있었다.

포석정은 포석계곡의 물가에 위치한다. 또 포석(鮑石)의 '포(鮑)'는 전복이다. 그런데 전복은 여성의 성기를 그대로 닮아 흔히 그에 비유된다. 계곡물, 거북, 전복 다 여신의 상징들이다. 더 눈길이 가는 것은 포석정 돌도랑의 형상이다. 확실히 여근을 표상한 것처럼 보이기 때문이다. 둥근 석조는 음문, 그를 이은 긴 돌도랑은 질, 전복 같은 타원형의 돌도랑은 자궁이 된다. 돌도랑

위 │ 여근을 표상한 것으로 보이는 포석정 돌도랑

아래 │ 인도에서 링감과 함께 숭배되는 요니

에 흐르는 물은 그 개연성을 한층 강화시킨다. 좁은 석문으로 들어가 조금씩 나아가면 큰 평원이 열리고 그곳에 돌우물이 있었다는 청학동에 대한 묘사와도 같다.[9] 포석정은 힌두교의 여근 상징인 요니와도 비슷하다. 포석계곡 정상에 산아당이 위치한 것도 돌도랑이 여근의 표상임을 방증한다.

포석정 옆 동쪽 계곡에는 넓은 암반에 큰 구멍이 인위적으로 파여 있다. 지름이 1미터가 넘고 깊이가 60센티미터 정도인데 제사를 올리기 전 몸을 씻는 계욕장이었다고 한다. 포석정과 관련된 돌우물 유적이다. 계욕이란 삼월상사일(三月上巳日), 즉 삼월 첫 뱀날에 함께 물가에서 몸을 씻고 술을 마시는 행사를 말한다. 뱀이 허물을 벗고 새로 태어나듯 새 봄을 맞아 묵은 때와 액운을 씻어 내는 정화의례다. 매우 오래된 의례로, 가야인들이 수로왕을 맞은 날이 이 의례를 하는 날이었다. 그들은 계욕을 한 후 구지봉에서 거북 여신을 불렀다. 계욕장을 갖춘 포석정에도 돌거북이 있었으니 둘의 유사성이 흥미롭다.

상서로운 나선과 삼화령석조미륵불, 그리고 태극

포석정의 돌도랑에 술잔을 띄워 보면 술잔이 흘러가는 경로가 시작점에 따라 다양하게 나타나고, 수로의 굴곡진 곳에서는 맴돌거나 잠시 멈춘다고 한다. 이 때문에 과학저술가인 이종호 박사는 포석정에서 술잔을 띄워 신의 뜻을 읽었을 것이라고 추정한다.

그런데 그보다 더 주목되는 점은 포석의 구조가 특정 지점에서 잔이 맴돌도록 설계되었다는 사실이다. 유체역학적으로 일부러 소용돌이 현상이 생기도록 했다는 것인데 왜 그랬을까?

포석을 신탁과 관련시켜 생각하면 한 가지 답이 떠오른다. 바로 소용돌이를 표상하는 나선이다. 천전리 각석 등 암각화나 가야와 신라의 여러 유물들에서 보이는 나선과 포석의 소용돌이가 겹쳐지는 것이다.

여기서 의미심장해지는 것이 남산 신 이름인 상심(祥審)이다. '심(審)'은 '반'으로도 읽히는데 '물이 소용돌이쳐 빙빙 돈다.'는 의미일 때 그렇다. 그러니 상심, 아니 상반은 상서로운 소용돌이라는 뜻이다. 여신 상징으로서의 나선을 그대로 가리킨다.[92] 이 상서로운 나선은 분황사 모전석탑 사리장엄구에서 나온 공양품에도 있다. 나선이 뚜렷하게 새겨진 바다고둥 껍질들이다.[93] 강강술래가 만드는 나선이나 사발돌리기, 농악대의 상모돌리기는 성스런 나선을 표현하는 놀이로 보인다.[94]

남산 신 상반은 남산에서 발굴된 삼화령석조미륵불의 나선도 연상시킨다. 이 부처 무릎의 나선무늬가 아무런 맥락 없이 새겨진 게 아닌 것이다. 『삼국유사』는 충담사란 승려가 삼화령 돌

미륵에게 해마다 3월 3일과 9월 9일에 차를 달여서 바쳤다고 전한다. 그런데 두 날은 불교기념일이 아니며 특히 3월 3일은 계욕을 하는 삼월상사일과 같은 날이다. 삼화령 돌미륵이 계욕을 통해서도 포석정과 연결돼 있는 것이다.

나선문양은 물이 맴도는 모양을 닮았다고 해서 와문(渦文), 혹은 한자 '파(巴)'를 닮았다고 해서 파문이라고 한다. '파(巴)'는 뱀이 또아리 튼 모양을 본뜬 글자로서 소용돌이를 의미하기도 한다. 나선의 함의가 동서양에서 다를 게 없었던 것이다.

그런데 우실하 교수는 파문 3개가 모인 삼파문이 삼태극의 기원이며, 고대 동양에서 태극은 삼태극을 의미했다고 말한다. 우리가 아는 음양태극은 삼태극 이후에 출현했다는 것이다. 삼태극이든 이태극이든 중요한 것은 여신 상징인 나선이 태극의 기원이라는 사실이다.

분황사 석탑에서 나온 바다고둥 껍질. 나선이 뚜렷하다.
바늘과 바늘통, 가위도 나왔다.

분황사와 영묘사 다시 보기

나선이 새겨진 바다고둥 껍질과 바늘통, 가위 등이 공양된 분황사에는 나라를 지키는 호국룡이 사는 우물도 있었다. 분황사는 어떤 성격의 절이었던 것일까?

'분황(芬皇)'을 흔히 향기로운 황제로 해석한다. 그런데 '芬'자는 '많다', '기운이 왕성하다'의 뜻도 있다. 생명력 왕성한 하늘신, 즉 하늘 자궁을 의미하는 것은 아닐까? 그렇다면 분황사는 성조황고의 황고에 해당하고, '조상의 영혼을 모시는 사당'이란 뜻의 영묘사는 성조와 조응한다. 분황사는 선덕여왕 재위 3년, 영묘사는 재위 4년에 지어졌다. 『삼국사기』에 의하면 여왕이 즉위할 때 성조황고라는 존호를 올렸으므로 첨성대도 재위 초기에 지어졌을 것이다. 어쩌면 여왕은 성조황고의 표상물로서 첨성대와 함께 분황사와 영묘사도 건립했는지 모른다.

안타깝게도 사라져 버렸지만 영묘사는 여러 가지로 흥미를 끄는 독특한 절이다. 옥문지가 있었던 사실부터 그렇고 절의 형태도 남달랐다. 『신증동국여지승람』에 의하면 영묘사 절터는 원래 큰 연못이었다. 그런데 두두리(豆豆里) 무리가 하룻밤 사이에 못을 메우고 절을 지었다고 한다. 절 건물은 3층으로 '수이(殊異)한 체제'를 갖고 있었다. 선덕여왕은 토착신앙의 성소에 특이한 형식의 절을 지은 것이다. 그래서 옥문지도 있었을 것이다.

하룻밤새 뚝딱 절을 지었다는 두두리는 도깨비의 원형으로 간주되는 경주의 토착신이다. 영묘사는 또 유명한 지귀설화의 현장이기도 하다. 비천한 출신인 지귀라는 남자가 선덕여왕을 흠모하다가 심화(心火)가 일어나 불귀신으로 변해 버린 곳이다. 이 설화가 실려 있는 『태평통재』는 주문을 지어 불귀신을 쫓는 무당 같은 존재로 선덕여왕을 그리고 있다.

영묘사가 선덕여왕의 성스런 조상을 모신 절이었다면 그곳에서 서술성모도 부처와 함께 모셔졌을 것이다. 성모는 이미 비구니 지혜에게 절에 천신과 산신들을 모시라는 명령을 내린 적이 있다. 지혜는 안흥사 불전을 수리하면서 성모의 상도 받들어 모셨을 것이다. 절에 성모를 모신 선례가 있는 셈이다. 이와 관련해 주목을 끄는 기록이 영묘사에 봉안했다는 천왕상(天王像)이다. 신라의 뛰어난 예술가로 알려진 양지스님이 만든 것이다.

천왕상은 불교의 천왕일 수도 있지만 옥문지만 보아도 서술성모의 신상이었을 가능성이 높다. 따지자면 지리산 성모상도 천왕상이다. 양지스님이 영묘사에 모실 장륙삼존상을 만들 때 온 성안의 남녀들이 다투어 흙을 운반했다고 하는데 이는 영묘사 건립이 성모와 관련됐기 때문일 것이다. 당시는 불교가 대중화되기 이전이었다. 영묘사는 경주 서쪽 서술산 가까이에 지어졌다.

조선초기 유학자 성현(成俔)은 '영묘사'라는 제목의 흥미로운 시를 남겼다. 이 시에는 '백옥교자여주신'(白玉嬌姿女主身), '백옥의 아리따운 자태는 여왕의 몸이로다'라는 구절이 담겨 있다. 성현이 영묘사를 방문했을 때 그곳에는 황금을 입힌 비로자나불과 함께 교태를 드러내는 여성의 형상이 있었다. 그 여성상을 성현은 선덕여왕이라고 한 것이다. 그런데 왕의 형상이 교태스럽게 만들어졌다는 건 어딘가 어색하다. 그 여성상은 혹시 서술성모가 아니었을까? 『삼국유사』는 지혜 비구니의 꿈에 나타난 성모의 모습을 "구슬로 쪽머리를 장식한 아름다운 선녀"라고 표현하고 있다.

이와 관련해 주목되는 것이 영묘사터에서 출토된, 웃는 여인의 얼굴을 담은 수막새기와다. 사람들에게 '신라의 미소'로 널리 알려져 있다. 교태 섞인 미소를 띠고 있는 이 신묘한 얼굴이 서술성모의 얼굴은 아닐까? 이 얼굴은 삼화령석조미륵불의 얼굴과 매우 유사한 느낌을 주기도 한다. 반데메르는 이 얼굴 이미지를 본 순간 보름달을 연상했다. 영묘사 지붕 처마에는 이 얼굴이 죽 돌아가며 장식돼 있었을 것이다.

'신라의 미소'로 알려진
영묘사터 출토 수막새기와

포석정은 남산의 여신 상반을 모셨던 성소였을 것이다. 발굴 조사단은 포석정 건물과 담장의 축조시기 상한을 6세기 후반에서 7세기 초반으로 잡았다. 그렇다면 선덕여왕 때 만들어졌을 가능성도 있다. 할매부처도 상반의 신상이라면 7세기 남산에는 최소 두 곳의 남산신 성소가 있었던 셈이다.

잘 알려져 있듯 포석정은 신라 천년 역사의 종말을 담고 있는 비극의 현장이기도 하다. 경애왕은 이곳에 있다가 후백제군의 공격을 받아 비빈들, 신하들과 함께 비참한 최후를 맞았다. 견훤의 침입으로 나라의 운명이 풍전등화였던 그때 왕은 왜 포석정을 찾았을까?

역사서들은 그들이 포석정에서 잔치를 즐겼다고 하지만 학자들은 그렇게 보지 않는다. 절박한 순간에 신에 의지하려 그곳을 찾았을 것으로 추정한다. 결국 왕은 불보살들이 아니라 남산의 여신에게 최후를 의탁한 것이다. 어쩌면 서술성모 때문이었는지도 모르겠다. 신궁이 있던 나정이 포석정에서 1킬로미터도 안 되는 거리에 있기 때문이다. 나정과 포석정은 남산의 서쪽에 자리한다.

✥

달빛 아래
현묘한 아름다움

남산 할매부처는 참 이쁘다. 단아하고 따뜻한 아름다움이 보는 이를 묘하게 자석처럼 잡아끈다. 사진으로는 느낄 수 없는 신령한 바위의 에너지 때문인지도 모른다. 그녀 앞 너른 바위에 앉아 하염없이 쳐다보고만 있어도 뭔가 위로를 받는 느낌이다.

달밤에 찾아왔다 감복해서 하룻밤을 자고 갔다는 일본인 학생은 무엇을 본 것일까? 달밤이라야 제 모습을 드러내는 그녀의 현묘한 아름다움이었을 것이다. 언제고 그녀가 부르고 내 삶이 응답할 때 보름달 아래 그녀를 찾으리라 다짐을 했다.

아쉬운 발걸음으로 할매부처를 떠나려는데 한 젊은 부부가 돗자리를 갖고 도착했다. 기도를 하려는 모양이었다. 궁금해서 불교신자냐고 물었더니 아니란다. 그냥 좋아서 종종 기도하러 온다는 것이었다. 할매부처를 찾는 무속인들의 발걸음도 잦은 듯했다. 지나가는 사람에게 용왕당의 위치를 물었을 때 그는 "아, 거기 가끔 모여서 두드리고 하는 데?"라며 길을 알려 주었다.

"정말 놀라워요. 한국은 지금도 여신신앙이 살아 있는 흔치 않은 곳이네요."

반데메르의 말이었다. 그녀는 인왕산 선바위에 갔을 때도 절하는 사람들을 열심히 카메라에 담았다. 그리고 근처의 용궁을 지키는 할머니와도 사진을 찍었다. 그 할머니는 큰 바위틈에 물이 고여 있는 용궁을 할머니 우물이라고 했다. 그 이유를 물었더니 은근슬쩍 웃으며 이렇게 대답하는 것이었다.

"에이, 가까이 가서 봐. 똑같이 생겼잖아."

그러고 보니 우묵하게 파인 동굴 형상이었다. 입구를 직사각형으로 만들어 놓아 첨성대 옥문처럼 보이기도 했다. 할머니는 알고 있는 사실을 왜 우리는 모르고 살았을까? 우물이 여근이고 용궁이며 생명의 알을 품고 있다는 오래되고 소중한 인식을 다시 회복하려면 어디서부터 시작해야 할까? 용궁에서 내려오며 우리 일행이 나눈 대화의 주제였다.

동학의 베 짜는 한울님

『동경잡기』에 의하면 경주 남산에는 포비암(布飛巖)이란 바위가 있었다. 돌이 마치 씨줄과 날줄로 베를 짜는 모양과 같았다고 한다. 신라시대에 선인(仙人)이 그곳에서 베를 짰다는 전설도 있었다. 베 짜는 선인이라는 말은 서술성모가 부렸던 비단 짜는 선녀들을 상기시킨다. 남산은 여러 모로 여성적 신성이 강했던 산인 것 같다.

그런데 베 짜는 선녀는 구한말에 뜻밖의 맥락에서 다시 모습을 드러낸다. 바로 동학의 베 짜는 한울님이다. 2대 교주인 해월 최시형이 어느제자의 며느리가 베 짜는 소리를 듣고 "한울님이 베를 짠다."고 한 것이다. 이후 베 짜는 한울님은 동학의 신관념을 나타내는 중요한 표상이되었다.

그런데 어떻게 남성인 동학 교주에게서 우리의 오래된 여신을 환기시키는 인식과 표현이 나왔을까? 동학의 역사를 보면 그것이 결코 우연이나 특수한 사건이 아님을 알 수 있다.

동학의 교조 수운 최제우는 신라 토착신앙의 다른 이름인 풍류도의 주체적 계승자였다. 그의 강렬한 접신체험부터 그 같은 사실을 말해 준다. 최제우는 1860년 음력 4월 5일 봄의 생명력이 절정에 달해 있던 때 상제의 신비한 목소리를 듣고 문답까지 나눴다. 상제는 자신이 가진 영부(靈符)의 형상이 태극이라고 했다.

　　최제우의 접신 장소도 상징적이다. 경주 현곡면(見谷面) 마룡동(馬龍洞)의 용담정(龍潭亭)이었는데 용담정을 보듬고 있는 산은 구미산(龜尾山)이다. 경주, 계곡과 말과 용, 용이 사는 연못과 거북, 하늘에서 들리는 소리.

　　서술성모와 정견모주, 김수로의 탄생 장면이 자연스레 떠오른다. 공교롭게도 용담정은 경주의 서쪽, 서술산의 서북쪽에 위치한다. 서술산과 구미산은 산맥이 이어져 있다. 최제우는 최치원의 후손이기도 하다. 여러 측면에서 신라와 가야의 역사를 느끼지 않을 수 없다.

　　수운은 동학을 창시하고 사람들에게 시천주(侍天主), 즉 한울님을 모시라고 가르쳤다. 한울님은 천지에 가득한 '지극한 기운(至氣)'인데, 이는 편만한 자연의 에너지와 다르지 않아 보인다. 그는 주요 교지로 보국안민(輔國安民)도 내세웠다. 나라가 튼튼하고 사람들이 골고루 편안하게 사는 것이 한울님의 뜻이라고 선언한 것이다. 이 교지에는 현세 중시 사상과 오래된 호국여신 전통이 담겨 있다.

　　해월 최시형은 시천주에서 더 나아가 사람을 하늘처럼 섬기라고 했다. 그는 사람뿐 아니라 천지만물과 세상의 일들에서도 편재한 한울님을 보았다. 따라서 풀 하나, 나무 하나라도 무고히 해하지 말라고 가르쳤고, 스스로 땅을 어머니 살같이 아꼈다. 도저한 생명사상이자 평등사상이었다.

　　흥미롭게도 '수운'이나 '해월'은 물과 달 등 여성성을 담고 있다. 동학의 성격이 교주들의 이름에서도 보이는 것이다. 해월은 부인들의 도 닦기가 동학의 근본이라고 보아 이를 일남구녀(一男九女)의 운으로 설명하기도 했다. 앞으로 도통한 부인들이 많이 나올 것이라는 예언이었다.

"지난 때에는 부인을 압박하였으나, 지금 이 운을 당하여서는 부인 도통으로 사람 살리는 이가 많으리니, 이것은 사람이 다 어머니의 포태 속에서 나서 자라는 것과 같으니라."

해월이 남긴 이 말은 그가 여근의 힘을 분명히 인식하고 그것을 동학의 근본으로 여겼음을 추정케 한다. 여러 측면에

처형 직전 해월의 모습

서 동학의 한울님은 선사시대 이래 이 땅에서 숭앙돼 온 하늘 자궁을 계승한 것으로 보인다.

험악한 세상에서는 아름다움이 핍박을 받는다. 최제우와 최시형은 세상을 살리려다 세상을 어지럽힌 죄로 처형되고 말았다. 그 죽음이 얼마나 참혹했는가는 처형 직전에 찍혔다는 해월의 사진이 말해 준다. 간신히 지탱하고 있는 일흔 넘은 앙상한 노구와 현실 너머를 응시하는 듯한 퀭한 눈을 보고 있자면 가슴이 먹먹해지면서 눈가가 젖어든다.

모욕과 고통으로 신성해진 우리의 조상, 그들도 죽어 산신이 되었을 것이다.

20
가야왕실의 시조신:
거북과 암소

정견모주와_허황옥, 수로부인

가야산신 정견모주는 곧 천신 이비가지에 감응한 바 되어 대가야의
왕 뇌질주일과 금관국의 왕 뇌질청예 두 사람을 낳았는데, 뇌질주일은
이진아시왕의 별칭이고 청예는 수로왕의 별칭이다.[95]

—『석이정전』, 최치원

신라에 대여신 서술성모가 있었다면 가야에는 정견모주가
있었다. 그러나 정견모주에 대해 전하는 역사 기록은 서술성모
에 비해 빈약하기 그지없다. 정견천왕이라는 호칭과 대가야 월광
태자가 그녀의 십세손이라는 기록, 그리고 『석이정전』을 짧게 인
용해 놓은 것이 거의 전부다. 관련 설화나 지역의 전설 등을 종
합해 최대한 그녀의 본모습을 추정해 보는 수밖에 없다.

이비가지는 후대에 등장한 남성 하늘신으로 보이나 실체를
잘 느낄 수 없는 형식적 존재다. 음부(淫夫)로서의 역할에 그친다.
대가야 마지막까지 시조신으로 추앙되며 나라를 대표했던 신은
정견모주였다. 금관가야 수로왕 탄생설화는 그녀가 거북신이자

정견모주 표준영정

하늘의 신이었음을 말해 준다. 이는 정견천왕이라는 호칭을 통해서도 알 수 있다. 한편 대가야 땅이었던 고령에는 다음과 같은 이야기가 전승돼 왔다.

> 가야산신과 하늘신이 감응해 두 개의 알을 낳았는데 그것들이 가야산 계곡을 따라 하천으로 내려왔다. 그중 하나는 고령의 알터에서 껍질을 벗고 나와 대가야의 시조 이진아시왕이 되고, 다른 하나는 낙동강을 타고 김해까지 흘러들어 금관가야의 수로왕이 됐다.

이 전설에 등장하는 고령의 알터는 장기리 회천 냇가에 있는 알터마을이다. 그런데 이 마을 입구에는 유명한 암각화가 있다. 높이 약 3미터, 너비 6미터쯤 되는 바위면에 30개 가까운 검파형 여신상과 동심원 4개가 자리한다. 가운데 금이 있는 역삼각형도 있다. 다수의 검파형에는 에너지를 표시하는 줄들이 윗부분만이 아니라 아래를 제외한 삼면에 다 달려 있다. 해와 달뿐 아니라 천지에 가득 찬 생명 에너지를 표현하는 것 같다.

고령 장기리 암각화

암각화에
뿌리를 둔 여신

알터마을 전설은 가야산신 정견모주가 알을 낳았다고 직접 밝힘으로써 거북이 정견모주의 상징이라는 추정에 힘을 더한다. 또 그곳의 암각화 제단이 그녀와 관련돼 있음도 말해 준다. 그곳에서 숭배되던 선사시대 여신에서 정견모주가 탄생했을 것이다. 그리고 우리가 알지 못하는 어떤 과정을 거쳐 거북이 그녀의 상징으로 등장한 것 같다.

한반도의 거북신앙은 충남 공주 석장리 후기 구석기 유적에서 돌거북이 출토된 것으로 보아 아주 먼 옛날부터 있어 왔던 것으로 보인다. 현재까지도 여러 지역에서 전승되는 거북놀이는 유구한 거북신앙의 자취일 것이다. 거북이 한반도에서도 자궁을 상징했음은 앞서 수로왕 탄생설화에서 보았다. 그런데 이 자궁 코드는 『삼국유사』의 수로부인 설화에서 다시 한번 나타난다.

이 설화에서 사람들은 바다의 용에게 납치된 수로부인을 되찾기 위해 막대기로 언덕을 치며 노래를 부른다.

거북아 거북아, 수로부인을 내놓아라.
남의 부인 빼앗아 간 죄 그 얼마나 큰가?
네가 만약 거역하고 바치지 않는다면
그물을 넣어 사로잡아 구워 먹으리라.

이 노래에서 언덕은 거북 등의 은유이자 자궁의 상징이다. 수로부인을 납치한 것은 용인데 뜬금없이 거북을 위협한 것은 수로부인의 환생이 거북과 관련되기 때문이다. 자궁을 통해야 환생(재생)이 가능하기 때문이다.[97]

어쨌거나 정견모주는 100개가 넘는 알을 낳는 거북의 다산성과 재생의 힘을 구현하는 신으로서 가야인들의 사랑을 받았던 것 같다. 대구대 정호완 교수는 가야의 옛 이름인 가락(駕洛)이 '거북신의 나라'라는 뜻이라고 풀이했다. 그렇다면 신라가 서술성모의 나라였듯이 가야는 정견모주의 나라였던 셈이다.

그러나 가야인들에게 그토록 추앙됐던 정견모주의 위상을 오늘날 그려 보기란 쉽지 않다. 신당터 하나 남아 있지 않기 때문이다. 가야산에 있던 그녀의 제사터에는 신라 애장왕 때 해인사가 들어섰다. 그녀가 정견(正見)이라는 불교적 이름을 갖게 된 연유일 것이다. 모주(母主)라는 호칭에선 신성을 박탈당하고 '존경스런 어머니' 정도로 격하된 그녀의 위상이 보인다. 서술성모의 예를 참고하면 그녀는 가락성모 혹은 가야성모로 불렸을 것 같다.

조선시대까지도 해인사 경내에는 그녀를 모신 정견천왕사가 있었으나 현재는 그마저도 사라졌다. 국사단이란 작은 건물에서 그녀를 보조적인 신으로 모시고 있을 뿐이다.

거북신앙과 고인돌

한국은 '고인돌의 나라'라고 할 정도로 다른 나라들에 비해 고인돌이 넘쳐난다. 그런데 흥미롭게도 고인돌은 거북을 닮았다. 특히 기반식(碁盤式)으로 불리는 고인돌이 그러한데 주로 전라도, 경상도 지역에 분포해 남방식 고인돌로 분류된다. 기반식 고인돌은 지하에 묘실을 만들고 덮개돌과 묘실 사이에 서너 개의 고임돌을 설치했다.

거북등이 음각된 구례 봉서리 고인돌

임부 형상의 옥천 석탄리 선돌

부안 구암리 고인돌

실제로 남부 지역뿐 아니라 다른 곳에서도 고인돌은 거북바위로 불려 왔다.[98] 전라남도 구례 봉서리의 큰 고인돌 덮개석에는 거북이 커다랗게 음각돼 있기도 하다. 수로왕이 탄생한 구지봉 정상부에도 유명한 고인돌이 있다. 산 정상부에 고인돌이 있는 특이한 사례로서 고인돌과 거북의 관련성을 증언한다.

충청북도 옥천 석탄리에 있는 후기 신석기시대 고인돌은 탁자식으로 분류되는데 덮개돌이 거북 모양이다. 실 잣는 데 쓰이는 가락바퀴와 여성을 나타낸 얼굴 조각이 나와 피장자가 여성으로 추정된다. 부족의 존경받는 여사제였는지 모른다.[99]

마고할미가 고인돌을 만들었다거나 집으로 삼았다는 전설은 고인돌이 여신신앙의 산물로서 거북여신과 관련됐을 가능성을 높여 준다.

고인돌은 고대인들의 무덤이다. 그들은 돌무덤을 거북 형상으로 만들어 거북 여신의 재생력을 빌어 다시 태어나고자 한 것 같다. 고인돌을 연상시키는 거북등 모양의 큰 돌이 여근석 형상의 문무왕릉 가운데 설치된 사실은 이 같은 추정에 힘을 보탠다. 고인돌 둘레에서 흔히 발견되는 붉은 흙은 죽은 이를 재생시키는 피의 상징이다. 구체적으로 월경피일 것이다. 임신 중에는 월경이 그치므로 고대인들은 그 피가 생명을 만드는 것으로 이해했다고 한다. 구석기 여신상인 빌렌도르프의 비너스와 로셀의 비너스는 원래 온몸에 붉은 칠을 하고 있었다. 바리공주 무가나 제주무가에는 임신 중 피를 모아 아기를 만든다는 내용이 등장한다. 경주 나정에서 출토된 '생(生)'자가 쓰인 기와들 중 일부는 붉은 물감이 칠해져 있었다. 붉은 색이 탄생의 색임을 말해 준다.

기반식 고인돌 아래 자리한 묘실은 거북이 알을 낳은 후 덮어 놓은 모래구덩이를 연상시킨다. 거북알이 부화해 새끼를 내놓듯 죽은 이가 새로 태어나기를 바랐던 것이다. 고인돌 분포권과 난생신화권이 겹치는 것도 이러한 추정을 뒷받침한다. 고인돌에는 크고 작은 성혈들이 많은데, 아이를 바랐던 치성의 결과로 여겨진다. 죽은 이의 재생을 상징하는 거석인 고인돌이야말로 그러한 치성에 가장 적합한 곳이었을 것이다.

화순 핑매바위 위에는 큰 구멍이 뚫려 있는데 그 구멍과 수로왕을 탄생시킨 구지봉의 성혈은 같은 것이다. 즉 하늘과 감응하는 거북 여신의 자궁이다.

허황옥과 알영

서술성모와 정견모주는 쌍둥이라고 할 만큼 여러 측면에서 닮았다. 건국왕을 낳은 시조신으로서 국가 정체성을 대표하고, 같은 상징인 우물과 성혈을 통해 알을 출산했다. 검파형 여신상과 관련돼 있으면서 하늘·산·물 모두를 다 아우르는 우주적 대여신의 면모를 갖춘 점도 같다. 또 서술성모의 닭과 용, 정견모주의 거북은 다 알을 낳는다. 후일 불교와 습합되는 측면도 같다. 이러한 상동성은 서술성모-알영의 성스런 모녀관계를 정견모주-허황옥의 관계에 투사해 보도록 유도한다.

『삼국유사』에 의하면 허황옥과 수로왕의 중매자는 천신이다. 천신은 허황옥의 부모에게 딸을 수로왕에게 보내라고 명한다. 수로왕도 천신의 명에 따라 그녀를 맞을 채비를 하는데, 이 신은 정견모주로 보는 게 합리적이다. 서술성모가 혁거세와 알영을 낳아 혼인을 성사시켰듯 정견모주 역시 같은 역할을 한 것이다.

알영과 허황옥도 허황옥이 아유타국 출신이라는 점만 빼면 쌍둥이처럼 보인다. 허황옥과 수로는 알영과 혁거세처럼 이성(二聖) 혹은 이왕(二王)의 대등한 관계에 있었다. "하늘에 땅이 있고 해에 달이 있고 양에 음이 있는 것과 같았다."는 후대의 상투적 표현은 사실상 두 사람 역시 나라를 공동통치했음을 말해 준다. 허황옥이 보인 독자적인 태도는 그에 대한 방증이다.

"경솔히 따라갈 수 없다."

배를 타고 망산도에 도착한 허황옥을 수로의 신하들이 궁궐로 모시려 하자 그녀가 던진 말이다. 그녀는 수로가 합당한 의전을 갖춰 정중히 마중을 나오고서야 움직인다. 수로를 궁궐 서남쪽 산기슭의 임시 궁궐에서 기다리게 해 놓고 높은 산 위에 올라가 일단 휴식부터 취했다. 그리고 입고 있던 비단 바지를 벗어 산신령에게 제사를 올렸다. 여자 바지를 예물로 받은 이 산신은 정견모주거나 그녀와 동일시할 수 있는 여신이었을 것이다. 허황옥은 사제로서의 역할을 한 후 수로를 만나는 것이다.

그런데 왜 그녀는 '입고 있던' 비단 바지를 바쳤을까? 그것에 여근의 힘이 담겨 있기 때문이었을 것이다. 비단의 의미 또한 크다. 비단을 만드는 데 쓰이는 누에고치가 알 모양이기 때문이다. 뿐만 아니라 고치에서 나오는 나방은 재생의 상징이다.[100]

허황옥의 비단바지는 설문대할망의 속옷 전설과도 연관된다. 설문대할망이 명주 속옷을 만들어 주면 연륙교를 놓아 주겠다고 했으나 명주가 한 통 모자라 결국 성사되지 못했다는 이야기다.

그런데 왜 연륙교를 놓는 거대한 공사의 조건으로 굳이 명주 속옷이 필요했을까? 할망의 명주 속옷이 그만한 일을 이룰 정도의 신통력이 있는 것으로 여겨졌기 때문일 것이다. 명주가 100통이나 필요한 거대한 여근의 힘이니 그럴 만하지 않았을까? '마고 할미 고쟁이 말린 바위' 같은 전설들도 다 같은 맥락에서 생산된 이야기들이다.

⊜
정견모주의 여사제,
허황옥

허황옥은 아들 중 일부에게 자신의 성을 물려줬다고 한다. 분명한 모계사회 역사의 흔적이다. 이를 양천 허씨 가문의 족보 조작으로 보기도 하지만 유교 문화에서 족보가 갖는 중요성에다 타국에서 왔다는 여성을 굳이 시조로 세울 이유가 없다는 점에서 조작으로만 보이지 않는다. 아마도 가야 사회의 뚜렷했던 모계전통이 그 기저에 있는 게 아닐까 싶다. 정견모주가 대가야 멸망 때까지 왕실의 시조신으로 여겨진 사실이 이를 방증한다.

그런데 사실 허황옥은 인도에 있었다는 아유타국 출신이기 어렵다. 이역만리 타국에 도착하자마자 제집에 온 듯 알아서 제사를 올릴 수 있는 외국인은 없다. 특히 당시의 제사가 가졌던 중요한 정치적 기능을 생각하면 더 말이 되지 않는다. 수로왕과 허황옥 설화는 왕비를 바다로부터 맞는 성혼의례의 변형이 아닌가 싶다. 그 의례는 매년 치러졌을 가능성이 높은데 『삼국유사』가 전하는 민속놀이를 볼 때 그렇다. 가야인들이 고려시대까지도 7월 29일이면 허황옥을 맞이하던 순간을 재현하며 놀았다는 것이다.

이는 금관가야에 매년 바다에서 올라오는 허황옥을 맞이하던 의례가 있었음을 추정케 한다. 본래 그녀는 계룡인 서술성모가 우물가에서 낳은 알영처럼 거북인 정견모주가 바닷가에서 낳은 딸이었을 것이다. 정견모주의 여사제였던 그녀는 거북이 알을 낳으려 땅으로 올라오는 과정을 의례로 재현했던 것으로 보인다. 허황옥의 첫 도착지인 망산도에는 거북등을 닮은 독특한 바위들이 있다. 그 옆에는 허황옥이 타고 왔다가 뒤집힌 돌배라는 바위가 있는데, 이 또한 거북 모양으로 여겨진다. 1970년대까지 이 근방에는 해신을 섬기던 부인당(夫人堂)이 있었다고 한다.

허황옥은 5월에 아유타국을 출발해 7월 29일에 도착하는데, 바다거북의 산란기와 관련이 있는 듯하다. 그녀가 타고 온 배는 붉은 돛을 달고 붉은 깃발을 휘날렸다. 수로왕 탄생 때 하늘에서 내려온 붉은 줄과 붉은 보자기, 고인돌 둘레의 붉은 흙과 같은 것이다. 생명의 탄생을 상징하는 신성한 핏빛이다.

여사제 허황옥은 망산도에 도착해 높은 산에 오르는 과정에서 성대한 제의를 이끌었을 것이다. 그녀가 첫발을 디딘 마을, 비단 바지를 벗었던 산언덕, 붉은 기를 달고 들어온 바닷가에 그에 따른 이름이 붙은 것이 한 방증이다. 산에서 내려온 그녀는 매년 왕과의 신성한 결혼 의례를 통해 풍요를 기원하고 왕권을 갱신해 주었는지 모른다.

가야인들이 김수로 탄생 의례가 아니라 허황옥 맞이 의례를 전승했다는 것은 그들의 삶과 신앙에서 그녀가 더 중심에 있었음을 말해 준다. 후자가 더 오래되고 원형적인 의례였을 것이다. 이 또한 그녀가 외국 여성일 수 없는 방증이다. 허황옥은 수로왕보다 더 토착적이다. 부산외대 이광수 교수에 의하면, 허황옥이 인도인이라는 증거로 흔히 얘기되는 수로왕릉의 쌍어문은 정조 때인 18세기 말에 처음으로 그려 넣은 것이라고 한다.

허황옥이란 이름은 알영에 비하면 매우 후대적이다. 『삼국유사』가 인용한 「가락국기」의 표현도 전반적으로 중국적 윤색이 뚜렷하다. 「가락국기」는 11세기에 쓰여졌다. 불교를 숭상했던 당시의 분위기가 허황옥의 이름과 출신지를 바꿨을 가능성이 농후하다. 시대의 변화에 따라 서술성모가 중국 황제의 딸로 변신하면서 도교풍의 선도성모로 개명된 사례도 좋은 참고가 된다. 아마도 여사제가 바다에서 출현했던 의례가 아유타국을 끌어들이는 좋은 빌미가 됐을 것이다.

덕흥리 고분벽화에 보이는 암소. 자궁 부위에 나선이 그려져 있다, 남포, 5세기 초

아유타국은 『승만경』의 주인공인 승만부인이 왕비로 있었던 곳이다. 그녀는 석가에게 장차 부처가 되리라는 보증을 받은 뛰어난 여성으로, 허황옥을 그녀와 관련시키려 한 세력에 의해 아유타국이 등장한 것으로 보인다. 『승만경』은 진덕여왕의 이름 승만이 그에서 유래했다고 할 정도로 신라에 큰 영향을 끼쳤다.

우두산과 암소 여신

정견모주의 실체를 밝히기 위한 마지막 실마리는 가야산의 역사에 있다. 가야산의 옛이름이 우두산(牛頭山)이기 때문이다. 가야산의 주봉은 지금도 우두봉이란 이칭으로 불린다. 이 봉우리에는 우비정(牛鼻井)이라는 돌우물도 있다.

소머리와 돌우물. 여신전통에 대해 안다면 긴장하게 되는 상징들이다. 당장 미노아 크레타와 차탈회위크의 황소 머리와 뿔이 연상된다. 황소 상징들은 신석기시대부터 유럽과 근동에 걸쳐 여신의 재생력을 표상했다. 앞서 보았듯 신라에서도 소가 신성시되어 소머리 형상의 관꾸미개도 제작됐다. 또 산꼭대기의 우비정은 하늘과 감응하는 신성한 성혈, 즉 소의 자궁이다.

정견모주가 소로 상징됐다면 암소였을 가능성이 크다. 무엇

위 ㅣ 크레타 '성화의 뿔'을 닮은 받침대에 뿔잔틀이 꽂혀 있다, 삼국시대 5세기

아래 왼쪽 ㅣ 성화의 뿔, 크노소스

아래 오른쪽 ㅣ 소뿔 모양 손잡이 달린 항아리, 원삼국시대

보다 가믄장아기의 검은 암소가 연상된다. 평안남도 남포시 덕흥리 고분벽화에 그려진 견우는 소를 한 마리 끌고 있는데 자궁 부위에 크게 그려진 나선이나 생김새로 보아 암소인 듯하다. 그리스의 헤라는 암소의 눈을 가졌고, 이집트의 하토르와 이시스는 암소 머리를 가진 형상으로 묘사되기도 했다. 하늘여신 누트도 암소로 표상됐는데 정견모주도 천신이란 점에서 둘의 성격이 통한다.

가야산이 우두산이었다면 가야에도 소 숭배가 있지 않았을까? 앞서 소개한 신라의 소 숭배 전통을 보면 매우 가능성 높은 질문이다.[101] 금관가야도 신라를 따라 각간이란 관등을 두었다.

우선 떠오르는 것은 가야의 뿔잔이다. 소뿔 모양 뿔잔은 대개 가야와 신라의 고분에서 나오는데 특히 낙동강 유역이 주요 출토지라고 한다. 수도 많고 형태도 다양하다. 부산 동삼동 신석기 유적에서도 토기로 만든 뿔잔이 출토됐다. 그런데 뿔잔들은 그릇받침 위에 자리한 경우가 많다. 원통형 여신상과 세트를 이루는, 성화의 뿔이 장식된 크레타의 그릇받침과 같은 성격이라고 할 수 있다.

그릇받침 위에 뿔꽂이용 사각장식을 붙이고 세 개의 뿔을 꽂아 놓은 한 유물은 특히 인상적이다. 뿔잔이 꽂힌 삼각형 구멍 옆에는 역삼각형 문양이 있고, 사각장식의 상부는 소뿔 형태다. 크노소스 성소의 성화의 뿔을 매우 닮았다. 가야와 신라에서는 소 모양 토기나 토용, 소뿔 모양 손잡이가 있는 항아리도 제작했다. 항아리에 소뿔을 단 것으로 보아 그들도 소뿔을 자궁과 연관 시킨 것 같다. 소뿔 달린 항아리는 소머리와 유사하다. 형태도 그렇거니와 뿔을 자라게 하는 머리도 자궁 같은 측면이 있기 때문이다.

그런데 이상의 유물들은 주로 무덤에서 발굴된다. 재생의 기원을 담은 장례용품인 것이다. 뿔잔 유물에는 다른 여신 상징들이 장식된 경우가 많은데 특히 나선이 자주 보인다.

소머리 형상의 금동관

가야의 소 신앙을 말해 주는 다른 중요한 유물은 고령 지산 동 32호 무덤에서 출토된 금동관이다. 이 관은 첫눈에 바로 소머리를 연상시킨다. 양 옆으로 큰 뿔이 거의 직각으로 붙었고 넓은 앞면의 윗부분에도 작은 뿔 두 개가 돌출되어 있다. 직각 뿔들과 앞면 중앙 꼭대기에는 둥근 꽃봉오리 형태의 장식이 솟아 있다. 새로운 생명의 탄생을 표상하는 것으로 보인다.

소머리와 뿔에서 꽃봉오리가 솟는 조합은 우리에게 낯설다. 그러나 서구에서는 선사시대부터 중세에 이르기까지 소의 몸이나 머리 혹은 뿔 사이에서 꽃이나 식물이 솟아나는 이미지가 존재했다. 채소와 과일 등이 넘쳐나는 풍요의 뿔 코르누코피아는 이와 관련된 것이다.

그런데 5세기에 제작된 우리의 소 모양 토기 역시 같은 인식을 보여 준다. 소등에 식물줄기 같은 것이 네 개나 솟아나 있다. 끝은 둥근 고리 형태인데 귀 아래 양쪽에도 고리를 만들어 놓았다. 고리들에는 물고기를 닮은 장식이 달렸다. 가야에서 만들어진 도기 뿔잔도 끝이 나선형으로 말려 새 생명의 에너지를 상징한다. 뿔에서 꽃봉오리가 솟는 것과 다를 것이 없다. 김부타스에 의하면 소머리를 표현한 신석기 유물들 중 뿔 끝을 장미꽃이나 별 모양으로 덮은 게 있다. 실제 나팔관 끝부분과 유사하게 표현한 것이다. 가야와 신라인들도 같은 인식에서 뿔 끝에 꽃봉오리를 장식한 것 같다.

금동관에서 더욱 흥미로운 것은 넓은 앞면에 장식된 문양이다. 역삼각형과 삼각형이 가로줄을 가운데 두고 꼭지점을 마주하는 형태다. 모든 줄에는 뱀처럼 구불대며 이어진 선이 있고 그 양쪽에 작은 구멍들이 찍혔다. 다 여신의 상징들로 볼 수 있다. 그런데 삼각형 둘이 상하로 꼭지점을 마주한 문양은 남원 대곡리의 검파형 여신상에서도 발견된다. 재질과 용도의 차이, 시대적 격차 때문에 똑같지는 않아도 둘의 기본구조는 동일하다. 결국 지산동 32호분 금동관은 소가 여신신앙과 관련돼 있었음을 말해 주는 셈이다. 남원은 전라북도지만 한때 가야의 땅이었다.

뿔잔과 소뿔 항아리, 소머리 형상 금동관 등의 유물들은 가야의 소 숭배 풍속을 증언한다. 우두산으로 불렸던 가야산의 신

위 | 소머리를 연상시키는 가야 금동관, 고령, 5세기

아래 왼쪽 | 몸에서 식물줄기가 솟아난 소 토우, 삼국시대 5세기

아래 오른쪽 | 끝이 나선형으로 말려 있는 뿔잔, 동래 복천동, 가야

고령 지산동 금동관의 문양과 유사한
남원 대곡리 검파형 암각화

정견모주는 분명히 그와 관련돼 있었을 것이다.

대가야 멸망 후 가야산은 가량악(加良岳)이란 이름으로 신라의 국가제사를 받았다. 우두봉 발굴결과 조선시대까지 계속 제사가 이어진 흔적들이 나왔다고 한다. 20세기 초까지도 주민들이 정초에 소머리를 날것으로 바쳤다는 얘기도 전한다.

이마에 뿔 달린 가야왕자

『일본서기』에는 스진천황 때(기원전 1세기) 일본에 왔다는 '이마에 뿔 달린 가야왕자' 아라사등의 이야기가 실려 있다. 아라사등은 가야에 있을 때 누런 소를 끌고 시골에 갔다가 그 마을에서 제사 지내는 여신을 얻었다고 한다. 마을 사람들이 그의 소를 잡아먹어 소값으로 그녀를 받은 것이다. 정황이나 문맥상 그 여신은 소로 표상된 신이다. 정견모주와 관련된 신일 것이다.

가야산에는 정견모주의 전설을 담은 상아덤이라는 바위봉우리가 있다. 그녀를 천신 이비가지와 짝지우는 내용이나 원래 그녀의 성소였을 것이다. 상아덤이란 말이 여신바위를 뜻한다고도 한다. 상아덤은 가야산성 터에 자리하고 있어 그녀의 수호신적 성격도 말해 준다.

수로부인과
정견모주

정견모주가 거북 여신이자 암소 여신이었음을 직접 확인해 주는 역사기록은 없다. 그러나 수로부인 설화에는 그러한 추정을 암시적으로 뒷받침해 주는 내용이 더 담겨 있다.

8세기 성덕왕 때 인물인 수로부인은 강릉태수였던 순정공의 아내다. 그녀는 "자태와 용모가 뛰어나 매번 깊은 산이나 큰 연못을 지날 때마다 여러 차례 신물(神物)에게 납치되곤 했"다고 한다. 평범한 여성이 아닌 것이다. 학계에는 그녀가 무녀였다는 견해가 많이 나와 있다.

수로부인은 남편을 따라 강릉으로 가던 중 점심을 먹기 위해 바닷가에서 머문다. 천길이나 되는 바위 봉우리가 병풍처럼 둘러쳐져 바다를 굽어보고 있는 곳이었다. 이 묘사는 강변에 병풍처럼 서 있는 암각화 바위나 서산마애불이 위치한 곳의 원래 지형을 연상시킨다. 신성한 장소인 것이다. 천길이나 되는 높이니 신성성은 더 증폭된다.

그런데 수로부인은 그 높은 곳에 핀 철쭉꽃을 원한다. 그 꽃은 무속의 생명꽃일 것이다. 그러니 이 세상에 속해 있지 않다. 시종이 "사람의 발자취가 이를 수 있는 곳이 아니"라고 한 이유다. 그런데 수로부인은 바리공주나 자청비처럼 꽃을 스스로 얻을 능력이 없다. 아직 사제가 되지 못한 상태임을 알 수 있다. 이 때 한 노인이 불쑥 나타나 꽃을 꺾고 「헌화가」까지 지어 바친다. 그는 암소를 끌고 있었다.

이어지는 이야기는 사제가 되기 위한 전형적인 통과의례다. 그녀는 용에게 바닷속으로 납치되어 다른 세상을 경험한 후 돌아온다. 죽음과 환생의 과정을 거쳐 새로운 존재로 거듭난 것이다. 바다에 몸을 던졌다 다시 돌아온 심청과 같은 경우다. 그녀의 옷에서 이 세상에서 맡아 보지 못한 향내가 날 수밖에 없다.

그런데 이때 그녀를 살린 이 또한 홀연히 나타난 한 노인이다. 그는 수로부인을 되찾을 수 있는 거북의례를 알려 줬고 사람들은 그에 따라 언덕을 치며 노래를 불렀다. 그런데 앞에 소개한 이 노래는 「구지가」와 쌍둥이처럼 닮았다. 구조나 내용이 거의 같다. 수로부인과 수로왕도 한자는 다르지만 발음상 같은 이름이다. 분명 둘 사이에 긴밀한 연관성이 있는 것이다.

수로부인 설화에 나오는 두 노인은 맥락상 동일인이다. 그런데 그는 암소를 끌고, 거북의 힘을 사용할 줄 안다. 암소와 거북, 바로 정견모주의 상징이니 그는 사라진 가야의 사제 전통을 잇고 있는 사람이다.[102] 노인은 「헌화가」에서 암소를 어머니 소(母牛)라고 지칭한다.

자줏빛 바윗가에
잡고 있는 어머니소 놓게 하시니,

나를 아니 부끄러워하시면
꽃을 꺾어 바치오리다.

　노인이 소를 놓은 바위의 자줏빛은 혁거세의 자주색 알, 김
알지 탄생 시의 자주색 구름 그리고 할매부처 바위의 붉은 기운
과 상통한다. 붉은 색과 마찬가지로 신성한 핏빛을 표상하는 것
이다.

　패망한 나라의 신을 모시는 사제이니 노인의 처지는 한미했
을 것이다. 그는 자기를 부끄러워 하지 않으면 꽃을 꺾어 바치겠
다고 제안한다. 수로부인은 그 제안을 받아들여 그를 통해 정견
모주의 여사제로 거듭난 것이다. 아마도 수로부인에게 가야의 피
가 흐르고 있었을지도 모른다. 남편인 순정공이 일본에까지 알
려질 정도로 막강한 가문을 형성했고, 둘 사이에서 출생한 딸이
경덕왕비가 된 것으로 보아 그녀는 매우 고귀한 혈통에 속했던
것으로 보인다. 그런데 당시 신라는 김춘추와 김유신 가문의 결
합으로 탄생한 문무왕 이후 가야혈통이 섞인 왕족과 귀족들에
게 권력이 집중돼 있었다.[103]

　가야토기 중에 수로부인 설화를 그대로 상기시키는 게 하나
있다. 삼각형 구멍이 뚫린 그릇받침 위에 머리를 내민 거북이 올
라앉았고, 그 등에 소뿔 두 개가 V자를 그리고 있는 토기다. 여
신과 거북, 암소가 그대로 가야의 신앙을 보여 준다.

　수로부인은 여사제로서 동해안 해신신앙에 큰 영향을 미친

듯하다. 동해안 일대는 삼척과 강릉 등지의 해신당을 통해 지금
도 여신신앙을 유지하고 있다.[104] 거북은 해신이기도 하다. 아마도
수로부인은 죽은 후 어느 해신당에 여신으로 좌정했을 것이다.

정견모주의 암소, 설문대할망의 흰 사슴,
서술성모의 흰 말

한반도 소 신앙의 흔적은 소머리가 등장하는 민속놀이에도 남아 있다. 경상남도 창녕군 영산면에서는 정월 대보름에 소머리대기 놀이를 해 왔다. 양측이 나무로 소를 만들어 머리를 맞대며 겨루는 놀이다. 그런데 노는 시기나 겨루는 방법, 놀이의 의미 등이 고싸움과 거의 같다. 고가 소머리로 바뀐 것뿐이라고 봐도 좋을 정도다. 소머리대기에서도 여성을 상징하는 서부(西部)가 이겨야 풍년이 든다고 한다.

정견모주와 가믄장아기가 암소 여신이라면 설문대할망은 사슴 여신이었을 것이다. 그녀가 만든 한라산의 백록담에 노닐던 흰 사슴을 그녀의 상징으로 추정하는 일은 결코 무리가 아니다. 제주에는 아득히 오래전부터 사슴들이 뛰놀아 여러 지명에 자취가 남아 있다. 조선 선조때 흰 사슴을 사냥했다는 기록도 있다.

18세기에 쓰여진 『표해록』을 보면 배가 표류하던 중 멀리 한라산이 보이자 뱃사람들이 백록선자(白鹿仙子)와 선마선파(詵麻仙婆)에게 살려 달라고 절하며 기도한다. 한라산이 삼신산의 하나인 영주산으로 인식된 후 산신들이 도교화했음을 알 수 있다. 그러나 명칭만 그러할 뿐 선마선파는 설문대할망인 것으로 해석된다. 백록선자는 그녀의 상징인 흰 사슴일 것이다. 『표해록』 저자인 장한철은 유생이어선지 백록선자를 선옹(仙翁)이라고 했지만 '선자'는 여자의 호칭이기도 하다. 서왕모는 흰 사슴을 탄 사자(使者)를 보내 한무제에게 도착 소식을 전했다. 또 선덕여왕에 따르면 흰색은 여자의 색이다.

설문대할망과 사슴이 관련된 설화도 있다. 할망이 한라산 위에서 오줌을 누려고 할 때 포수에게 쫓기던 사슴들이 할망의 큰 성기를 굴로 착각하고 들어왔다는 것이다. 할망의 성기에 들어온 사슴은 그녀의 자식 혹은 분신이라고 할 수 있다.

여기서 『동명왕편』에 나오는 주몽과 흰 사슴 이야기를 살펴볼 필요가 있다. 홍수 같은 비가 필요했던 주몽은 서쪽으로 사냥을 가 흰 사슴을 잡아서 거꾸로 매단다. 그리고 비를 내려 달라고 하늘에 호소하라며 사슴을 겁박한다. 이에 사슴이 슬피 울어 소리가 하늘에 사무치니 장맛비가 7일이나 내렸다는 것이다.

왜 주몽은 흰 사슴에게 하늘에 비를 호소하라고 시켰을까? 그리고 어째서 하늘은 그에 응답했을까? 흰 사슴이 하늘신의 자식이나 분신 같은 존재였기 때문이 아닐까 하는 생각이 든다. 주몽이 사냥을 나간 방위인 서쪽, 그리고 녹족부인 전설은 그 사슴이 여성임을 시사한다. 그렇다면 그 사슴이 호소한 하늘신도 설문대할망 같은 위대한 여신이었을지 모른다.[105]

우리가 가장 쉽게 떠올릴 수 있는 사슴 여신은 중국의 마고와 그리스의 아르테미스다. 아르테미스는 사슴과 동행할 뿐 아니라 스스로 사슴으로 변신하기도 한다. 마고도 사슴을 데리고 다닌다. 장한철은 선마선파를 설명하면서 "아득한 옛날 선마고(詵麻姑)가 걸어서 서해를 건너와 한라산에서 노닐었다."고 했다. 선마선파, 즉 설문대할망과 마고의 관련성을 추정해 볼 수 있는 기록이다. 설문대할망이 마고와 동일시되었다면 사슴 상징도 공유되었을 것이다.

사슴을 태초적 어머니로 신성시하던 풍습은 북아시아와 시베리아 에벤키족 등에서 찾을 수 있다. 순록과 함께 살아온 에벤키족은 우리와 친연성이 있는 민족인데 순록을 '부가디 할머니'라고 부르며 섬겼다. 시베리아에서는 순록 여신이 생명의 창조자이자 탄생의 수호신, 순록 떼의 보호자로서 해를 운행시키는 강력한 힘의 소유자로 존숭됐다고 한다. 일출봉과 백록담의 여신 설문대할망의 성격과 관련해 참고해 볼 만한 사례들이다.

한때 한반도 남부에는 신성한 동물들로 상징된 우리 여신들이 있었다. 신라 서술성모의 흰 말[106], 가야 정견모주의 암소, 제주 설문대할망의 흰 사슴. 잊혀진 그것들을 상상해 보는 것만으로도 말라 버린 우리 국토의 신성성에 한 방울 샘물이 솟아나는 것 같다.

21
그 시절엔
인간세상이 태평했다

잃어버린_미륵할미의_낙원을_찾아서

여신의 부활은 옛 종교로 돌아가는 걸 의미하지 않는다. (…)
여신은 우리의 생존을 위한 치유와 우리 문화의 갱생을 가져올
의식 전환의 상징으로서 20세기 후반에 우리 가운데 재등장했다. (…)
우리는 어떤 황금의 선사시대로 돌아가려 할 수도 없고,
그러려 하지도 않을 것이다.
그러나 잃어버린 유산을 되찾는 가운데 우리는
선사시대 삶을 만들었던 가치들을 쌓아올릴 수 있다.

—『과거와 미래의 여신』, 엘리노어 게이든

아름다웠던 시절에 대한 기억은 결코 죽지 않는다. 세상이 살기 힘들어질수록 사람들은 사라진 여신의 시대를 그리워하며 그에 대해 이야기하고 싶어 했다. 제주인들이 "설문대 시절에~"라며 이야기의 운을 떼듯이. 그렇게 달빛 아래 만들어진 이야기들은 세계 곳곳에서 유사한 내용으로 전해지면서 하나의 독특한 장르를 형성하게 된다. 바로 잃어버린 낙원에 대한 전설이다.

가장 유명한 이야기는 에덴동산일 것이다. 아이슬러는 에덴동산이 처음으로 땅을 경작해 첫 낙원을 만들어 낸 신석기시대를 우화적으로 표현한 것이라고 본다. 반면 낙원에서의 추방은 평화로운 공동협력 시대에서 지배와 분쟁의 시대로 바뀐 역사적

상황을 의미한다는 것이다. 그런데 성서는 실낙원의 원인을 거꾸로 여성과 여신신앙에 전가하고 있다.

실락원 이야기는 황금종족이나 황금시대라는 말을 통해서도 전해졌다. 그리스 시인 헤시오도스는 땅을 가꾸며 풍요와 평화를 누렸던 황금종족에 대해 기록했다. 그들 이후에는 은의 종족이 나타났고 이어 청동종족이 출현했는데, 이들이 전쟁을 들여왔다는 것이다. 아이슬러는 이 황금종족이 전설로만 기억하게 된 신석기 농경민족이었다고 해석한다.

중국의 미노타우로스, 신농씨

우리와 가까운 중국의 기록에도 잃어버린 낙원은 존재한다. 『장자』「도척」편에는 천하의 큰 도적이라는 도척이 자신을 찾아온 공자를 꾸짖으며 이렇게 말한다.

> 또한 나는 이런 말을 들었다. (···) 신농씨(神農氏)의 세상이 되어서는 사람들은 누워 잠잘 때는 편안했고, 일어나 깨어 있을 때는 무심한 모양으로 한가로이 지내면서, 자기의 어머니는 알아도 아버지는 알지 못하며, 크고 작은 사슴 무리들과 함께 살면서, 스스로 밭 갈아 농사지어 먹고 베틀에 베 짜서 옷을 입고서 서로 남을 해치려는 마음을 갖지 않고 지냈으니, 그때가 지덕(至

德)이 잘 시행된 최융성기(最隆盛期)였다. 그런데 시대가 내려와 황제(黃帝)의 세상이 되어서는 지덕을 시행하지 못하여 치우(蚩尤)와 탁록(涿鹿)의 들판에서 싸워 사상자가 흘린 피가 사방 백 리에 미쳤다. 요와 순이 임금이 되자 여러 신하의 지위를 만들어 상하차별을 확립했고, 은(殷)의 탕왕은 그 주군인 하(夏)의 걸왕을 추방했고, 주(周)의 무왕은 은의 폭군인 주왕을 죽였으니 이 이후부터는 그저 강한 자가 약한 자를 능멸하고, 다수자가 소수자를 난폭하게 대하는 세상이 되었다.

지덕이란 지극히 높은 덕을 말한다. 신농씨의 시대가 그만큼 이상적인 세상이었다는 뜻이다. 신농씨는 중국 고대 3황 중 하나로 염제(炎帝)라고도 하는 전설적 존재다. 그는 사람들에게 농기구 제작과 농사짓는 방법을 가르쳐 주었다고 하니, 농업의 신이라고 할 수 있다. 또 약초에 통달해 의학의 기원을 세웠고, 거문고를 만들어 음악을 가르쳤으며 점술을 고안한 문명의 창시자이기도 하다. 신농씨는 남성이라고 하지만 농업의 창시나 치유, 점술, 예술 등 여신문화적 성격을 드러낸다. "어머니는 알아도 아버지는 알지 못"한 모계사회에 속한 존재이기 때문일 것이다.[107]

신농씨의 성은 강(姜)씨다. 어머니가 강수(姜水)에서 살아 그로부터 성을 받은 것이다. 중국 최초의 성들은 모두 어머니에게서 나왔다. '성(姓)'이라는 글자 자체가 그 사실을 말해 준다.[108] 신농씨는 우두머리임에도 직접 농사를 지었고 그의 부인도 길쌈을 했다. 또 이들은 크고 작은 사슴 무리들과 함께 살았다. 바위에 사슴을 새긴 우리 조상들도 신농씨 시대처럼 살았던 것일까?

흥미로운 것은 신농씨가 사람의 몸에 소의 머리를 하고 있다는 사실이다. 크레타의 미노타우로스가 떠오른다. 신농씨가 추앙되던 시절, 중국에서도 황소 숭배가 강력했던 것 같다. 미노타우로스는 괴물화된 모습이지만 신농씨는 그런 과정을 거친 것 같지는 않다. 하지만 후세의 사가에게 외면당한 사실은 있다. 사마천은 『사기』의 첫머리인 「본기」를 황제로부터 시작하면서 이전 시기를 배제하고 황제를 중국의 시조로 떠받들었다.

도척이 "사상자가 흘린 피가 사방 백 리에 미쳤다."고 한탄한 황제는 신농씨 세력도 몰아내고 세상의 지배자가 되었다.

중국 학자들이 아이슬러의 『성배와 칼』에 자극받아 1995년 출간한 『중국문화의 성배와 칼』이란 책이 있다. 이 책에 의하면 기원전 7000년에서 2600년까지 중국에도 비교적 성평등한 모계 사회들이 존재했다고 한다.

❂

미륵님의 세월을
빼앗은 석가님

우리에게는 잃어버린 이상향을 연상시키는 기록이나 전승이 없을까?

다행히 있다. 수천 년 된 여신들이 숭배됐던 이 땅에 자취가 없을 리는 없다. 1923년에 채록된 「창세가」라는 무가는 그 소중한 자취를 분명히 보여 준다. 우선 그 내용부터 소개한다.

하늘과 땅이 생길 적에 미륵님이 탄생했다. 미륵님은 하늘과 땅이 서로 붙어 떨어지지 않자 땅의 네 귀퉁이에 구리 기둥을 세워 갈라 놓았다. 그때는 해도 둘, 달도 둘이었는데 달 하나 떼어서 북두칠성 남두칠성을 만들고, 해 하나 떼어서 큰 별과 잔 별을 만들었다.

미륵님은 구름까지 닿는 거대한 베틀로 손수 옷감을 짜 옷을 지어 입고, 섬들이 말들이로 엄청난 식사를 했다. 그리고 물과 불의 근본을 찾아 화식(火食)을 시작한 후 인간도 만들었다. 미륵님이 양손에 금쟁반, 은쟁반을 들고 축사하니 하늘에서 벌레가 금쟁반에 다섯 마리, 은쟁반에 다섯 마리 떨어졌다. 금벌레는 남자가 되고 은벌레는 여자가 되었다. 이들은 장성하여 부부가 되어 세상 사람들이 생겨났다.

미륵님의 세월에는 배불리 밥을 먹고 인간 세상이 태평했다. 그런데 갑자기 석가님이 나타나 미륵님 세월을 뺏으려 했다. 석가님의 도전에 미륵님은 내기를 하자며 응수했고 둘은 세 번에 걸쳐 내기를 했다. 첫째는 동해바다 가운데서 병에 줄을 달아 더 오래 버티는 내기. 둘째는 성천강 물을 여름에 누가 얼릴 수 있는가를 겨루는 것이다. 셋째는 둘이 한 방에 누워서 모란꽃이 누구의 무릎에 피어나느냐를 겨루는 내기다.

첫 번째와 두 번째 내기는 미륵님의 승리였다. 세 번째 내기에서도 모란꽃은 미륵님의 무릎에서 피어났다. 그러나 도둑의 마음을 품고 옅은 잠을 잔 석가님이 깊이 잠든 미륵님 몰래 모란꽃을 꺾어다가 자기 무릎에 꽂아 버렸다.

잠에서 깬 미륵님은 "축축하고 더러운 석가야!" 일갈하며 앞으로의 세월을 예언한다. 원래 자기 무릎에 핀 꽃을 꺾어다 꽂았으니 꽃이 열흘도 못 갈 것이며, 세상이 말세가 되리라는 것이다. 그리고 미륵님은 석가의 성화를 받기 싫어 석가에게 세월을 주기로 한다.

이 창세신화는 미륵님, 석가님이라는 이름 때문에 불교를 떠올리게 하지만 무당이 굿판에서 부른 노래다. 구전되는 신화에서 이름은 중요하지 않다. 하늘 어머니가 제석이 되듯이 세월의 변동에 따라 계속 변하기 때문이다. 중요한 것은 신화의 구조와 신화를 구성하는 요소들이다. 기독교의 안나-마리아 모녀관계에서 데메테르-페르세포네를 읽어 내듯, 세월의 변동이 입힌 더께들을 벗겨 내며 본연의 고갱이를 밝혀야 한다.

미륵님과
미륵할미

미륵님은 이름과 달리 여신이다. 하늘에 닿을 듯한 거대한 몸집은 우리 고대 여신들이 공유했던 특성이다. 미륵님이 베틀로 옷감을 짜고, 불의 근본을 찾아 음식을 익혀 먹는 데서도 영락없는 여신의 모습이 보인다. 그런데 미륵님은 해와 달을 주무르며 우주의 질서를 창조하고 인간도 만든 창세신이다. 세상을 배부르고 태평하게 관리하기도 했다. 배 부르고 태평한 세상은 낙원을 소박하게 풀어 쓴 것에 다름 아니다. 간단한 서술이지만 신석기 마고문화를 떠올리게 하는 중요한 증언이다.

미륵님의 이름을 이해하는 데는 창세신의 지위를 뺏긴 설문대할망이 좋은 참고가 된다. 현재 제주신화에서 창세신은 천지

왕이란 남신이다. 그런데 제주에서 채록된 한 설화는 창세신 설문대할망의 모습을 전한다. 할망이 붙어 있던 하늘과 땅을 분리시켰고, 흙을 퍼 올려 제주도를 만들었다는 것이다. 미륵님은 훼손된 마고할미의 원형, 즉 창세여신 마고를 담고 있는 것 같다. 그래서 이 땅에 미륵할미들이 생겨났을 것이다. 미륵할미는 시골 마을이나 바닷가에 투박한 석상으로 서 있는 경우가 많다. 이름 때문인지 슬쩍 불상 티를 내기도 하는데 노적봉 전설과도 관련된다.[109]

태평한 세상에 갑자기 나타나 날도적질을 하려는 석가에게 미륵님이 제안한 내기는 참으로 여신문화적이다. 미륵님의 세상에는 우리에게 익숙한 칼싸움 승부가 없었던 것이다.

여름에 강물을 얼리는 두 번째 내기에서 미륵님은 동지채를 드리나 석가님은 입춘채를 올린다. 사계절의 이치에 통달하고 기후 변화를 조종할 수 있는 미륵님은 자연의 여신이다. 반면 석가는 자연의 섭리에 무지하다. 그는 자연에서 땀 흘려 얻기보다 약탈과 전쟁을 통해 부를 쌓기 시작한 역사를 대표하는 신이다.

미륵님과
삼화령석조미륵불

마지막 모란꽃 피우기는 내기 중의 으뜸이다. 삼승할망본풀이에서도 보았듯 우리 무속신화에서의 대결은 주로 꽃 피우기다. 그리스 신화에서처럼 폭력이 등장하지 않는다. 신화에 등장하는 꽃 피우기 화소는 생명 탄생의 아름다움이라는 여신문화의 미학을 웅변하는 한편, 권력의 정당성을 생명살림의 능력에 두는 사상적 특성도 보여 준다. 모성적 권력에 대한 인식이다.

꽃 피우기 내기의 승자는 미륵님일 수밖에 없었다. 그러나 석가는 뻔뻔한 속임수로 미륵에게 패배를 안긴다. 미륵님의 일갈대로 정말 축축하고 더러운 석가가 아닐 수 없다. 「창세가」는 우리가 왜 '열흘도 못 가는 꽃'의 세상에서 고통받고 있는지를 말해 준다.

그런데 왜 모란꽃은 미륵님의 무릎에서 피어났을까?

소뿔에서 솟아오르는 꽃봉오리처럼 우리에겐 낯선 이미지다. 그런데 문득 삼화령석조미륵불의 무릎이 떠오른다. 나선이 양각되어 있는 무릎! 나선은 여신의 생명 에너지를 상징하니 그곳에서 꽃이 필 수 있었던 것이다. 이 교묘한 연결이 참으로 흥미롭다. 그리고 이는 미륵할미의 존재와 함께 삼화령석조미륵불이 서술성모일 가능성을 더욱 높여 준다.

꽃을 피울 때 잠을 잤다는 것도 의미심장하다. 잠은 죽음을 은유하므로 잠을 자며 피운 꽃은 죽음 이후 생명의 재생 과정을 의미한다. 정확히 서천꽃밭에 피는 꽃이다. 결국 미륵님과 석가님은 죽음 이후 재생 능력을 겨뤘던 것이다. 그러니 몸과 성을 더럽게 여기고 윤회의 사슬에서 벗어났다는 석가님이 어떻게 꽃을 피울 수 있었겠는가?

「창세가」는 미륵님의 세월을 통해 잃어버린 낙원을 얘기하고 있다. 무속인들의 간절한 속마음은 상징의 선택에서도 나타난다. 미륵님이 동해바다에서 석가님과 겨룰 때 사용한 물건은 금병과 금줄이다. 석가는 은병과 은줄을 가졌다. 미륵의 시대가 황금시대였다는 암시가 담겨 있다. 여기서 병은 자궁, 줄은 탯줄의 은유일 것이다. 병 모양의 첨성대와도 연결시킬 수 있다.

미륵님과 미륵할미는 불교의 신은 아니지만 그렇다고 미륵불과 무관하지는 않을 것이다. 알다시피 미륵은 미래 구원불로 이상사회의 도래에 대한 염원을 담고 있다. 「창세가」를 만든 이들이 오래전 태평시대가 다시 오기를 고대하며 미륵이란 이름을 선택했는지도 모른다. 미륵님과 대비되는 석가의 악신적 모습에는 무속의 불교에 대한 반감도 담겨 있을 것이다.

마을수호신
미륵할미

미륵할미들은 대부분 마을을 지켜 주고 주민의 삶이 편안하도록 도와주며 아이도 점지해 주는 마을신이다. 땅에서 솟아난 경우가 많다. 전남 함평군 대동면 덕산리 아차동에 있는 미륵할머니는 그러한 성격을 잘 보여 준다. 할머니는 마을 안쪽 도로가의 당집에 모셔져 있는데 자연상태의 선돌에 눈코입을 간단히 표시해 놓았다. 높이 130센티미터, 둘레 140센티미터의 크기다. 앞에 작은 돌 네 개가 놓여 있는데 할머니의 자손들이라고 한다. 근처에 딸미륵과 아들미륵이 따로 서 있다. 할머니의 유래를 알려 주는 전설은 다음과 같다.

함평 아차동 미륵할머니

오랜 옛날 마을에 재난이 자꾸 일어나고 음산한 밤이면 마을 옆 대밭에서 해괴한 울음소리가 들려오곤 했다. 마을 사람들이 대밭으로 가 샅샅이 살폈는데 다른 것은 없고 미륵처럼 생긴 바위만 덩그러니 서 있었다. 이유를 찾지 못한 사람들이 돌아가려는 순간 또 한 차례 울음소리가 들렸다. 사람들은 소름이 끼쳐 어찌할 바를 몰랐는데 그중 제일 연로한 할머니 한 분이 바위 앞에 엎드려 우는 사연을 말해 달라고 빌었다. 그랬더니 울음소리가 그치는 것이었다. 그날 밤 할머니의 꿈에 미륵할머니가 나타나서 말했다.

"나는 너희마을을 지키는 미륵할머니다. 너희는 나를 너무 푸대접했느니라. 너희에게 부탁이 있으니, 나를 위해 아늑한 자리에 집을 지어 주면 마을에 재액이 없을 것이다." 다음 날 온 마을 사람들은 미륵바위를 대밭에서 옮겨 와 좋은 자리에 제당을 지어 안치시켰다. 그리고 매년 정성을 다해 제사를 올렸는데 그 뒤로 이 마을엔 아무런 재앙이 없었다.

현재 주민들은 매년 정초에 미륵할머니에게 제사를 올린다. 농사가 잘 되고 마을에 나쁜 일이 없게 해 달라는 소박한 소망이 담긴 제사다. 비용은 마을에서 공동으로 마련한다. 옛날에는 제사 후 한바탕 줄다리기를 하며 놀았다고 한다.

'미륵님의 세월'을 꿈꾼
대담한 무녀들

「창세가」는 그저 굿판에서 불린 무가에 그치지 않았다. 놀랍게도 조선의 민중들은 '미륵님 세월'의 재도래를 현실에서 꿈꿨는데 그 불온한 움직임의 중심에 무녀들이 있었다.

대표적으로 숙종 때의 용녀부인 옥사가 있다. 경기도 양주에서 한 무리의 사람들이 모여 "석가의 시대가 다하고 미륵이 세상을 차지한다."며 도성에 들어가 궁궐을 차지하려 시도했다가 역모로 몰려 처형당한 사건이다. 그들은 미륵의 시대가 올 때는 큰 비가 내려 나라가 기울고 도성이 텅 비게 되는데 그때 세상을 얻을 수 있다고 믿었다.

주모자는 여환이란 승려와 그의 아내인 용녀부인 원향이었다. 여환은 천불산에서 미륵을 만나 계시를 받았다고 주장했다. 그는 많은 군사들이 북방으로부터 일어나고 검은 물이 땅 위에 두루 퍼지며 여인들이 무수히 나타나 고지를 하는 환영도 보았다. 무녀인 원향은 사해용왕의 딸로서 능히 구름을 일으키고 비를 내리게 하는 신묘한 존재로 인식돼 사람들의 신망이 높았다. 그들은 경기 북부와 황해도에 꽤 많은 추종자들을 거느리고 있었다.

원향은 남장을 하고 여환과 함께 한양에 입성했다가 돌아온 후 체포되었다. 당시 양주목사가 남긴 기록에 의하면 잡혀와서도 언변이 흐르는 물 같았다고 한다. 사건의 중심인물 중엔 '성인(聖人)제석'이라고 불린 무녀도 있었다. 처형 당시 용녀부인은 겨우 19세, 여환은 25세였다.

용녀부인 사건은 당시 왕실과 조정에 작지 않은 충격을 던진 것 같다. 영조 때 황해도에 생불이라 불리는 여자들이 나타나 큰 영향력을 행사하자 왕은 용녀부인 사건을 언급하며 즉시 잔혹하게 처단하도록 했다. 그리고 "지난 번 같이 뱀처럼 어지러운 무리"가 있을까 경계했다. 그 생불들은 미륵을 자처하며 석가를 적대시했다고 한다. 정조 때도 미륵세계를 맞기 위해 행동했던 집단이 역모사건을 통해 세상에 알려졌다. 이들은 하얀 옷을 입고 밤에 모여 천신에게 기도함으로써 신세계 혹은 미륵세계를 맞이하고자 했다. 이때도 '미륵성인'이라 불리며 제자들을 거느렸던 여성이 있었다.

가부장제가 엄혹했던 조선 후기에 성인제석이나 미륵성인으로 추앙된 여성들이 있었다는 사실은 놀랍다. 민중의 암묵적 저항 속에서 사회변혁을 꿈꾼 사람들의 한가운데 무녀들이 있었다는 사실 또한 그렇다. 그녀들은 계속 번져 나가는 동심원의 중심인 성혈 같은 존재들이었다.

「창세가」의 끝부분을 보면 세상을 차지한 석가를 따르던 중들 중 두 명이 성인이 되겠다며 그를 거역한다. 그리고 죽어 이 산 저 산에 있는 바위와 소나무로 변해 버린다. 이어 3, 4월 봄의 화전놀이를 언급하면서 무가는 끝난다. 느닷없는 이야기 전개로 보이지만 성인이란 말을 통해 그 숨은 뜻을 헤아려 볼 수 있다. 성인이라 불렸던 무녀들 때문이다.

'세상은 석가 차지여서 그를 거역하는 사람은 죽을 수밖에 없었다.

그러나 그들은 죽어 성인이 되었다. 그 성인은 이 산 저 산의 바위와 소나무들이다. 지금 사람들이 봄에 화전놀이를 하는 것은 그 성인들을 만나는 일이다······.' 이런 뜻이 아닐까?

산, 바위, 나무, 꽃 모두 우리 여신신앙의 중요한 상징들이다. 특히 바위는 마을의 돌미륵이 말해 주듯 미륵신앙과 밀접한 관계에 있다. 화전놀이는 주로 여자들이 산천에서 즐겼던 봄맞이 축제였다. 「창세가」의 끝부분은 화전놀이가 단순한 유흥이 아니라 미륵을 만나는 제의적 행사임을 암시하고 있다. 봄은 새해의 첫 계절로 재생의 시기이니 새 세상의 도래를 함의하기도 한다.

다시 여는 글

여신 서클: 여신은 어디에나 있다

사려깊고 헌신적인 시민들이 만든 작은 그룹이 세상을 바꿀 수 있을까 결코
의심하지 말라. 사실은 오직 그것만이 그래 왔으니.

— 마가렛 미드

"여신이 왜 중요한데?"

10여 년간 여신을 화두로 삼아 살다 보니 지인들이 가끔 묻
기도 한다. 여신이 낯설고, 이 복잡다단한 세상을 살아가는 데
무슨 의미와 가치가 있는지 잘 감이 잡히지 않기 때문일 것이
다. 아마도 우리 사회에서 여신이란 말의 함의가 갖는 한계 탓도
클 것이다. 우리가 아는 여신이란 대체로 남신의 보조적 존재거
나 통속적 아름다움의 화신으로 연결되기 십상이다. 자연과 우
주를 표상했던 위대한 여신, 모든 생명체들의 근원이자 귀의처인
여창조주(creatrix), 세상의 자식들을 다 품어 안는 통합적 모성,
조화롭고 아름다웠던 여신문화의 역사가 우리의 의식에서 사라
져 버렸기 때문이다.

그 결과 우리는 엄마 없는 불쌍한 존재가 되었다. 자연을 추방하고 서로 간에 벽을 친 도시에서 일하는 기계, 돈과 권력의 수단으로 전락했다. 그래서 외롭고 힘들다. 사는 것도 죽는 것도 다 문제다. 물질적 풍요는 있으나 자연과 단절된 삶은 결코 뿌리 깊이 행복할 수 없다. 입춘인지 동지인지, 보름인지 그믐인지 느끼지 못하고 알 필요도 없는 세상은 자연스럽지 않다. 밤하늘에서 쏟아지는 별빛의 신비, 우리와 지구를 공유하는 무수한 생명체들의 경이를 잊고, 게다가 몸의 신명까지 억눌린 일상에는 혼이 없다.

사람들의 영혼을 살리고 일상의 행복을 되찾기 위해, 무차별적으로 파괴되는 자연의 신성을 회복하기 위해, 더불어 살아가는 평화롭고 공평한 세상을 위해 우리는 고대의 여신을 다시 살려낼 필요가 있다. 건강한 영성은 의미 있고 행복한 삶의 토대이자 가장 위대한 인간의 잠재력이다. 진정한 사회 변혁의 기본적인 동력이기도 하다.

전 국토에 산재한
신성한 여근들

우리 땅의 여신들과 그 유구한 전통에 눈을 떠갈수록 더욱 놀라게 된다. 그리고 깨닫는다.

이 땅이 여신의 땅이라는 사실을.

지금도 전국의 산과 강, 바다와 마을들에는 구전돼 왔거나 살아 있는 여신의 성소들이 즐비하다. 2부에 일부가 소개돼 있지만, 전 국토에 신성한 여근들 혹은 여신들이 산재하는 것이다. 누구든 살고 있는 지역을 관심 갖고 찾아보면 보이지 않던 여신의 성소를 여럿 만날 수 있을 것이다.

내가 사는 지역에도 마고할미가 쌓았다는 할미산성이 있다. 신라시대 성이라니 천년도 더 되었을 것이다. 마고할미 전설도 있고, 할미산성 문화제도 매년 개최된다. 조만간 지역여성들과 함께 그곳을 찾아 천년의 세월을 넘어 할미를 만나고 싶다.

여신이 무엇이고 누구인지를 알고 나면 일상에서도 늘 여신을 만날 수 있다. 그림이나 노래, 시 같은 예술작품에서만이 아니다. 조용한 아침 거실에서 문득 들려오는 새 소리, 창문을 통해 스치는 바람, 집을 오갈 때 만나는 나무와 돌들, 버스 차창으로 스쳐 지나가는 동네 산의 풍경에서도 가슴 가득히 여신을 느낄 수 있다.

여신을 만난 후 나는 수돗물에서도 신성함을 느낀다. 그 물 때문에 나와 사람들이 살고 있으니 말 그대로 생명수다. 그 물이 우리 조상의 조상의 조상, 아득한 시원의 시간에서부터 다양한 물체와 형태로 존재해 오다 지금 내 앞까지 온 것을 깨달으면 문득 숙연해진다. 한 컵의 물에도 담겨 있는 그 아득한 신비라니.

나도 몇 년 전부터 부엌에 맑은 물 한 사발 떠놓고 부엌의 여신 조왕님을 모시고 있다.

기적 또한 멀리 있지 않다. 힘없이 늘어져 있던 거실의 화초가 물을 먹고 다시 생생해지는 것, 바로 그것이 기적이다. 해월의 가르침대로 어느 것 하나 신성하지 않은 것이 없고, 일상의 작은 일들 또한 하늘을 모시는 행위다. 가족을 떠난 수행처도 때로 필요하지만 가족과 함께 하는 일상도 성스러운 것이다.

이제야 알겠다. 하찮은 일로 무시당해 온 여성의 일, 그 숱한 보살핌의 행위들, 밥해서 먹이고 씻기고 아플 때 돌보고 텃밭을 가꾸는 일들이 얼마나 신성하고 가치 있는 일인지를. 왜 이제는 남성들도 그 일을 배워야 하는지를.

성모 마리아,
관세음보살도 여신이다

여신은 주변의 성당과 절에서도 만날 수 있다. 나는 산책길에 집 앞 성당을 지날 때면 종종 너른 마당 한편에 자리한 마리아상을 찾는다. 정형화된 다소곳한 형상이 마음에 들진 않지만 그녀를 통해 기독교에 뿌리내린 여신신앙의 전통을 느낀다. 그리고 경배한다.

고대 7대 불가사의 중 하나인 아르테미스 신전이 있던 에페소스에 성모 마리아에게 봉헌된 첫 교회가 들어선 데서 알 수 있듯, 그녀는 고대의 여신전통을 잇고 있다. 그녀의 성소들 또한 동굴이나 샘, 나무 등과 흔히 연관된다. 동굴에서 발현했고 치유의 샘물을 선사해 유명해진 프랑스 루르드의 성모가 좋은 예다. 예수의 부활이 고대 여신신앙에서 매년 죽었다 다시 살아났던 남신들과 관련돼 있다는 견해도 오래전부터 제기돼 왔다.

절에 가면 관세음보살이 계시다. 인도에서 남성이었던 관음은 중국으로 건너간 후 여성으로 변했다. 이 흥미로운 성전환은 11세기에서 15세기에 걸쳐 완성돼 현재 중국에서는 관음을 여신으로 규정한다. 한국에서는 관음의 성이 모호한 채로 암묵적으로 여성으로 여겨진다. 한국 불자들이 독송하는 「관음예문」에는 "관세음 관세음 자비하신 어머니여."라는 구절이 있다. 『삼국유사』의 관련 설화들에서도 관음은 거의 다 여성의 모습으로 출현한다.

주목할 것은 관음신앙이 한국 불교의 중심 신앙이라고 할 정도로 큰 비중을 차지하고 있다는 사실이다. 마리아 신앙이 오히려 중심에 있는 듯 보이기도 하는 가톨릭과 유사한 상황이다.

관음은 서구 여신운동에서 매우 인기 있는 여신이기도 하다. 세계의 다양한 여신전통들을 다 영성의 자원으로 삼는 그들에게 관음의 자비와 아름다움, 동아시아 신앙에서의 드높은 위상이 매력적으로 느껴졌기 때문이다. 개인적으로 관음은 내가 닮고자 수양하며 보호를 구하는 수호여신이기도 하다.

여신운동은 우리가 알고 있는 배타적 종교 분파와 다르다. 기독교와 불교 같은 주요 종교들은 물론 세상의 모든 영적 전통들을 가로지르며 여성적 신성을 찾고 고무한다. 서구 여신운동가들 중에는 기독교나 유대교, 불교 신자거나 그에 뿌리를 둔 사람들이 적지 않다.

물론 여신운동은 독자적인 세력을 형성하고 있기도 하다. 이들은 현대인에게 맞는 여신신앙의 내용과 리츄얼들을 탐구하고 재창조하며 풀뿌리운동으로서 세력을 확장해 왔다. 각자 서 있는 위치, 선택한 영적 전통이 다르기 때문에 그 움직임은 매우 자유롭고 다채롭다.

한국의 여신운동은 암각화와 첨성대, 금관과 금허리띠 등이 말해 주는 강력한 여신전통과 지금도 살아 있는 무속을 자원으로 갖고 있다. 우리는 이들에 기반한 고유의 리츄얼을 현대적으로 재창조함으로써 한국사회에 여성적 신성을 키우는 한편으로 세계의 여신운동에도 기여할 수 있을 것이다. 외국 여신운동가들은 이미 한국에 관심을 보이고 있다.

여신서클,
여신운동의 첫걸음

여신운동의 첫걸음은 서너 명이라도 여신서클을 시작하는 것이다.

미국 여신운동은 1971년 평범한 여성 몇 명이 모여 만든 작은 서클에서 출발했다. 그러니 여신영성에 관심이 있다면 우선 뜻과 열정이 같은 사람들을 찾아 모임을 만들면 된다. 그리고 여신들과 여신전통들, 여신문화에 대해 공부하며 리츄얼을 함께 만들어 보라. 리츄얼은 누구나 시도해 볼 수 있다. 강제되는 규정이 따로 없기 때문이다. 함께 모여 즐겁고 의미 있게 할 수 있는 행위라면 그것이 리츄얼이다. 우리 어머니와 할머니들이 집에서 올리던 고사, 정한수 비손도 훌륭한 리츄얼이었다. 처음엔 어색하더라도 함께 모여 놀이하듯 해 보면 어느 날인가는 휘영청한 보름달 아래 강강술래도 훨훨 출 수 있게 될 것이다.

나도 수년 전 여신이란 말만 들어도 가슴이 뛰는 여성들과 함께 여신서클을 시작했다. 주부, 학자, 여성·환경·평화운동가, 화가, 심리상담가, 작가, 교수 등 다양한 사람들이 모여 있다. 아직 적은 숫자이고 본격적 활동은 못하고 있지만 지금까지 함께 공부도 하고 리츄얼도 창조하며 실험해 왔다. 일부 멤버들은 여신을 영접하는 첫걸음으로 집에 조그마한 제단을 꾸며 놓기도 했다. 나도 거실 한편에 조촐한 제단을 마련해 두었다.

"여성서클을 만들어라! 자기 자신과 세상이 바뀌기 원한다면."

1985년부터 여신서클을 이끌고 참여해 온 진 시노다 볼린의 주장이다. 『우리 속에 있는 여신들』 등의 저서로 국내에도 잘 알려진 그녀는 서클 자체가 여성들에게 친숙한 원형적 형태라고 말한다. 남자들도 크게 다르지 않을 것이다. 그들의 무의식에도 아주 오랜 저 옛날, 어머니 여신의 품에서 평화롭고 활기찼던 시절의 기억이 깔려 있을 것이다. 스타호크가 이끄는 여신운동 그룹에는 새로운 남신 상징들을 창조하며 여신문화를 함께 만들어 나가는 남자들이 상당수 모여 있다. 이제 아들들은 아버지의 칼을 버리고 어머니의 성배로 돌아와야 한다. 죽음과 전쟁이 아니라 생명과 평화를 선택하고, 위계적 피라미드에서 평등한 서클의 패러다임으로 바꿔야 한다.

잘 운영만 된다면 여신서클은 진솔한 소통과 공감의 서클, 치유와 격려의 서클, 신성한 연대의 서클이 될 수 있을 것이다.

여신이
수호하는 마을

이 땅의 여신이 앞으로 해야 할 중요한 과업 중 하나는 마을 살리기다.

20세기 전반까지도 우리 조상들의 일상에는 마을의 수호신이 자리했다. 아이를 원할 때도, 새해를 맞아 안녕과 풍요를 바랄 때도, 병의 쾌유나 집안 대소사의 해결을 위해서도 사람들은 친근한 신을 찾았다. 마을 수호신들은 자식 잘 낳아 키우고, 억울한 일 없이 건강하고 넉넉하게 어울려 살다가, 죽은 후 여신의 자궁으로 돌아가 재생하길 바라는 공동체의 소박한 염원이 만든 신이었다. 과거 마을 제사에 대한 자료들을 보면 받드는 신의 성별에서 여신의 수가 남신의 배를 넘었다. 여신이 중심에 있었던 것이다. 그런데 마을의 남신은 속성상 여신신앙에 속한 신이어서 굳이 성별에 큰 의미를 둘 필요는 없을 것 같다.

제주도처럼 마을마다 자기 신화를 가진 당신이 있고, 축제처럼 제의가 치러치는 건 얼마나 멋진 일일까? 마을 수호신은 마을 공동체를 만들고 유지하는 데 핵심적인 상징이자 동력이 될 수 있다.

한국사회가 이토록 힘들고 각박해진 데는 마을 공동체의 파괴도 한몫을 하고 있다. 각자의 아파트 공간에 격리된 우리는 몇 년이 지나도 이웃을 잘 모르는 황폐화된 관계 속에 산다. 자기가 거주하는 지역의 환경과 역사에도 무지하다. 남은 것은 아파트 가격에 대한 계산과 이해관계의 다툼뿐이다. 그래서 최근 마을 살리기 운동이 전개되고 있는 것은 매우 희망적인 현상이다.

안타까운 마음으로 돌아보며 자문한다.

'아이를 키울 때 마을이 있었다면 얼마나 좋았을까?'

아이를 제대로 키우기 위해서는 정말로 온 마을이 필요하다.

지금까지 아파트가 마을을 파괴해 왔다면 이제는 아파트촌을 마을화할 차례다. 마을이 살아나야 사람들의 일상에 온기와 윤기가 돌 수 있기 때문이다. 나만 해도 정월 대보름 저녁에 동네 풍물패가 집집을 돌며 흥을 돋우었던 어린 시절의 기억이 그리움으로 남아 있다. 그렇게 삶의 터전에서 함께 만들고 즐기는 흥겨움이야말로 삶의 진수다.

마을을 지켜 주는 여신과 남신들은 마을 살리기 운동의 촉매제가 될 수 있다. 살고 있는 지역의 역사를 찾아 보면 아마도 과거에 존재했던 마을신을 찾을 수 있을 것이다. 없으면 어디서든 마음에 드는 신을 찾아 관계를 만들어 정중히 모셔 오면 된다. 신이 거주하는 마을에는 생태적 살림이 시작되고 신명이 생겨난다. 그 생태적 관계와 신명은 특색 있는 마을 축제와 마을 예술도 생산해 낼 것이다.

치유와
변화의 길

현기증 나는 과학기술의 도약 속에서 인류에게 더 필요한 것은 지식이 아니라 지혜다. 지혜가 있어야 현명한 선택으로 아름다운 길이 열릴 수 있기 때문이다.

그런데 동서고금을 막론하고 지혜의 언어들은 균형과 조화라는 가치에서 피어났다. 음과 양, 삶과 죽음, 빛과 어둠, 자연과 문명, 몸과 영혼, 헌신과 성취, 공과 사…… 얼핏 상반돼 보이는 많은 것들이 사실은 배제적 대립쌍이 아니라 함께 세상을 만들고 움직이는 상보상생의 관계에 있다는 것이다. 여성성과 남성성 역시 마찬가지다.

하지만 세상은 지금까지 여성/음/자연/몸/어둠/헌신/사적 영역을 한편으로 묶고 남성/양/문명/영혼/빛/성취/공적 영역을 다른 편으로 묶어 대립쌍을 만든 후 후자가 전자를 지배하고 착취해 왔다. 현재 우리가 직면한 심각한 문제들—여성차별, 환경파괴, 가공할 군비경쟁, 취약하고 불안한 가정 등—은 그 불균형과 부조화의 결과일 것이다.

고통스런 세상을 치유하기 위해서는 남근이 가치의 유일한 상징인 세상에 신성한 여근을 재등장시켜야 한다. 그 '오래된 새로운 상징'의 거대하고 강력했던 힘을 기억하고 되살려 남근과의 균형을 찾을 필요가 있다. 하느님 아버지나 석가모니뿐 아니라 마고할미나 관음도 만나야 하는 것이다.

신성한 여근은 섹슈얼리티와 출산, 여성과 남성, 인간과 자연, 사회의 우선적 가치들에 대한 모든 잘못된 인식을 돌아보게 만든다. 그리고 더 나은 사회를 위해 우리에게 필요한 인식, 가치관, 비전 그리고 용기와 힘을 제공한다.

아프리카 케냐에 우모자라는 마을이 있다. 삼부루족 여자들이 일군 여성 공동체로, 꽤 유명한 곳이다. 삼부루족 사회는 지독히 가부장제적이다. 아내는 남편의 소유물에 불과하고 일부다처제, 조혼과 성기 절제, 아내 구타 등이 전통의 이름으로 자행된다. 여성들은 땅이나 재산도 소유할 수 없다.

우모자는 1990년 삼부루족 여성 15명이 모여 시작했다. 영국군에게 강간당했다는 이유로 쫓겨난 여성들이었는데 레베카 롤로솔리라는 담대하고 지혜로운 여권운동가가 중심에 있었다. 그녀들은 황량한 땅을 개척해 마을을 일군 후 온갖 공격과 해코지에도 불구하고 세계의 주목을 받는 명소로 발전시켰다. 현재 이 마을에는 50명 정도의 여성들과 200여 명의 아이들이 산다. 성폭력, 가정폭력 생존자들과 조혼이나 성기 절제를 피해 도망쳐 온 소녀들 그리고 버려진 아이들까지 거두면서 마을이 커진 것이다.

이들은 경제적으로 자립했을 뿐 아니라 삼부루족 여성들의 인권을 위한 활동도 벌여 왔다. 그 결과 주변에 유사한 마을들이 여럿 생겨나는 성과도 거뒀다.

우모자에서 모든 여성들은 동등한 권리를 갖는다. 마을의 모든 일은 수다나무(tree of speech) 아래 모여 함께 결정하는데 롤로솔리가 의장직을 맡는다. 더 중요한 것은 이들이 마을학교도 세워 아이들에게 민주적이고 성평등한 교육을 한다는 사실이다. 올

바른 교육이야말로 미래의 관건임을 분명히 알고 있기 때문이다.

　우모자에서 자라난 경우가 아니라면 성인 남성은 마을에서 살 수 없다. 하지만 우모자 여성들은 마을 밖 남성들과 자유롭게 관계를 맺는다. 남자가 아니라 가부장제를 거부하는 것이기 때문이다.

　과거 짐승 같은 취급을 받았던 우모자 여성들은 서로 간의 지지와 보살핌, 인권에 대한 자각을 통해 치유를 경험했고, 자신들의 역량에 자부심을 갖게 됐다. 그래서 그녀들은 매일 웃으며 살 수 있다. 그녀들이 이뤄 낸 치유와 변화의 기적, 그것이 여근 혹은 여신의 힘일 것이다.

주

1 가야 정견모주와 미륵할미는 발로 찾은 순례기가 아니라 지적 순례로 갈음했다. 아직 대표적 성소라고 할 만한 데가 부각돼 있지 않은 데다 그녀들에 대한 이해부터 선행되어야 하기 때문이다.

2 이 견해는 2016년 9월 학술지 《한국여성학》에 '첨성대, 여신상이자 신전'이라는 제목의 논문으로 발표됐다. 자세한 내용은 18장에 담았다.

3 후일 크리스트에게 참가자 나이에 대해 물으니, "중년 이전에는 아이 키우느라, 혹은 파트너 찾느라 바빠 여성들끼리의 활동에 잘 흥미를 보이지 않는다. 대체로 40대 후반쯤 돼야 자신에게 관심을 돌리는 것 같다."고 말했다. 아마 경제적 여유와도 관련 있을 것이다. 그 나이쯤 돼야 자신에게 쓸 돈도 좀 생길 테니까.

4 크리스트는 2012년 「왜 여성들, 남성들, 그리고 다른 생명체들은 아직도 여신을 필요로 하는가」라는 제목의 논문을 발표해 여신과 남성들과의 관계에 대한 입장도 밝혔다. 여신상징은 군림하는 신성한 힘을 부정하는데 이는 남성들에게도 큰 도움이 될 수 있다는 것이다. 필자와 한 인터뷰에서 크리스트는 이제 남자들이 여성과 여성적 신성을 존중하는 법을 배워야 하며 그러한 속성을 지닌 새로운 남신

을 창조할 필요가 있다고 말했다.

5 뱀도 나무처럼 전 세계에 걸친 여신의 대표적 상징이다. 구약성서의 배경인 가나안의 아스타르테 여신도 뱀과 함께 묘사되어 있다. 이브를 유혹한 뱀으로 기록된 여신은 릴리트다. 유대신화에서 그녀는 아담의 첫 아내로 등장한다. 아담처럼 야훼가 흙으로 만들었다. 그녀는 자신이 아담과 평등한 존재라고 주장했고, 성행위 때도 아담의 밑에 눕기를 거부했다. 자신의 우월성을 주장하는 아담과 다투다 그를 떠났으며 야훼가 천사들을 보내 설득했는데도 돌아오지 않았다. 이후 그 댓가로 아이들을 죽이거나 남자들의 힘을 뺏거나 온갖 재앙을 부르는 악마로 변했다.

6 고대의 강력했던 여신들은 스스로 생식력이 충만해서 배우자는 중요한 존재가 아니었다. 그녀들은 남편이 아니라 아들이자 연인인 남신들을 거느리고 있었다.

7 당시 나는 관음이 서구 여신운동가들에게 매우 인기 있는 여신이라는 사실을 모르고 있었다.

8 크리스트는 여신영성의 대표적인 이론가일 뿐 아니라 종교와 페미니즘이란 더 큰 분야에서도 손꼽히는 학자로 인정받는다. 그녀가 친구인 유대교 신학자 주디스 플라스코와 함께 편집한 『떠오르는 여성영혼』(1979), 『전망들을 짜며』 (1989)는 페미니스트 종교학 분야에서 가장 큰 영향력을 미친 것으로 평가받는다. 1997년에는 여신에 대한 체계적인 신학을 최초로 시도한 『여신의 재탄생』을, 2003년에는 영적 페미니스트들을 위한 종교철학을 담은 『변화하는 그녀』를 내놓아 대표적인 여신학자이자 페미니스트 종교학자로서 위상을 공고히 했다. 『떠오르는 여성영혼』은 『여성의 성스러움』이란 제목으로 국내에 번역 출간되어 있다.

9 돌이켜 보면 당시 크리스트는 고립된 상태에서 특히 힘든 시기를 보내고 있었던 것 같다. 하지만 그녀는 얼마 후 '페미니즘과 종교' 등 영향력 있는 인터넷 매체들을 통해 미국을 비롯한 세계의 여성들과 대화를 시작하며 삶의 활기를 되찾아 나갔다. 크레타 여신순례 웹사이트도 새로 정비했고, 2010년에는 그리스 녹색당 당원으로 정치에도 직접 뛰어들었다. 2012년 5월 그리스 총선과 2014년 지방선거에도 후보로 나섰다. 레스보스 섬의 습지를 지켜 내기 위해서였다.

2016년 8월에는 플라스코와 공저로 『세상의 여신과 남신』을 출간했는데 이 책에는 각자의 자리에서 신에 대한 성찰을 거듭해 온 두 사람의 무르익은 대화가 담겨 있다. 최근 그녀의 글들에서는 성숙한 지혜와 여유, 관조적이며 잔잔한 행복을 느낄 수 있다.

10 새 책임자인 이안 호더도 차탈회위크의 여남관계가 평등했다고 발표했다. 과학적 분석결과 여성이나 남성이나 유사한 음식을 먹고 유사한 일을 하며 다르지 않은 삶을 살았다는 것이다.

11 기독교는 여신상징인 뱀을 악마화한 것처럼 뿔과 발굽이 있는 사탄의 이미지를 창조함으로써 소를 비롯한 뿔 달린 짐승들의 신성성을 악으로 전도시켰다.

12 크리스트는 황소로 알려진 미노아 유물들이 암소일 가능성을 제기하고 있다. 암소도 뿔이 있기 때문이다. 미노아 유물 중 하나는 새끼에게 젖을 먹이고 있는 긴 뿔 암소를 묘사하고 있다.

13 강강술래는 주로 음력 8월 한가위 달밤에 마을 여성들이 놀이로 즐겨 왔다. 추석 뿐 아니라 설 대보름 단오 백중 중구절 등 연중 수차례 연행됐다고 한다. 노래를 주고받으며 둥글게 혹은 나선으로 도는 흥겹고 역동적인 춤으로, 풍작과 풍요를 기원하는 풍속이기도 하다. 아마도 이 춤은 우리의 오랜 여신전통에 뿌리를 두고 있을 것이다. 강강술래의 원형이 히에로스 가모스 같은 교합의례였을 것이라는 주장이 학계에 나와 있다.

14 이 그림의 여성들은 너무 세련되고 현대적이어서 3500년 전의 것이라고 믿기 힘들 정도다. 에반스 경이 복원 과정에서 지나치게 손을 대게 했다는 비판도 있다. 하지만 1967년부터 발굴되고 있는 미노아 유적지 아크로티리에서 나온 벽화들을 보면 그런 의구심은 상당히 해소된다. 아크로티리는 크레타 윗쪽의 세계적 관광지 산토리니 섬에 있는 유적지로, 화산재에 묻혀 있었기 때문에 보존 상태가 매우 양호하다. 이 유적지의 벽화에도 여신과 여자들이 그려져 있는데, 크노소스의 복원된 벽화들과 크게 다르지 않은 정교함과 생동감, 우아한 아름다움을 보여 준다.

15 그물 문양은 구석기 시대부터 생명을 주는 물이나 양수를 상징했다. 이를 통해 딕티나 여신이 산에 국한되지 않고 물과도 관련됐던 더 큰 여신임을 알 수 있다. 일반적으로 여신은 고대로 올라갈수록 땅과 물과 하늘을 다 아우르는 전일적 성격을 보여 준다.

16 삼면이 바다인 한반도에도 많은 바다의 여신들이 있었다. 현재는 일부만 겨우 살아남았는데 불교 유입 후 해수관음으로 흡수된 탓도 적지 않을 것이다.

17 마리나토스는 미노아 크레타에서 태양의 여신이 중심적 신으로 숭배됐다는 주장을 내놓기도 했다.

18 이 말은 이난나의 지하세계 하강 신화에서 차용한 것 같다. 이난나는 언니인 에레 슈키갈이 지배하는 지하세계로 내려가면서 문을 통과할 때마다 몸에 걸친 것을 하나씩 벗어 마침내 알몸이 된다.

19 디즈니 애니메이션 「모아나」에는 태초의 창조여신 테 피티가 등장한다. 그녀의 심장은 영화의 서사를 이끄는 핵심 소재인데 나선으로 상징돼 있다. 나선이 대표적 여신상징으로 선택된 것이다.

20 최근 개봉된 영화 「오두막」은 하느님을 뚱뚱한 중년의 흑인 여자로 등장시켜 화제를 모았다. 그녀의 몸은 고대여신의 중요한 은유 중 하나인 검은 어머니를 그대로 체화하고 있다. 슈퍼모델과 대척점에 있는 그녀의 풍만한 몸은 우리가 잊어버린 비옥한 아름다움을 상기시킨다. 얼굴이 훤한 보름달 같다는 말은 과거 어른들이 젊은 여자에게 던진 최고의 찬사였다. 그 얼굴에는 달의 그윽한 덕과 생기가 빛났다. 보름달 같은 얼굴이 기피되고 생기 잃은 인형 같은 외모가 추구되는 현대는 진실로 사람을 살리는 아름다움에 대한 감수성도 잃어 가고 있다.

21 음부와 뿔을 병렬시킨 구절은 여신 상징으로서의 뿔을 확인시켜 준다. 기원전 5세기경 제작된 이난나 여신상의 머리 위에는 뿔이 장식돼 있다. 자궁을 뜻하는 이집트 상형문자는 암소의 자궁에 뿔이 달린 형상이다. 두무지는 '충실한 아들'이란 뜻이다. 고대 여신신앙에서 남신이 여신의 아들이자 연인이었음을 시사하는 이름이다. 가이아도 아들인 우라노스를 남편으로 삼아 많은 자식들을 낳았다.

22 고대 근동과 그리스 등지의 여신신전들에서는 여사제들의 성적 의례가 빈번히 행해졌다. 신전은 공동체의 중심이었고, 여사제와 신전을 찾은 남자들 사이의 성행위는 신성한 행위로 여겨졌다. 이들은 성을 여신의 선물로 축하했다. 때문에 여사제의 명예도 높았고 권리도 보장됐다. 일반 여성들도 이 성적 관습에 참여해 신전에 봉사했다는 기록이 있다. 현대인들은 그 관습을 신전매춘으로밖에 이해하지 못한다. 그 세상의 사람들은 "죄 중에 잉태"했다며 성을 죄와 연결시키는 기독교와 완전히 다른 인식과 태도를 갖고 있었다.

23 아테나 여신도 크레타와 관련돼 있다. 크노소스에서 발굴된 선형문자 B 서판에는 'a-ta-na'라는 여신의 이름이 나온다.

24 케리드웬은 웨일스를 대표하는 여신 중 하나로 마법의 솥으로 유명하다. 남편, 딸, 아들과 함께 호수 한가운데 살았는데 너무 못생긴 아들이 걱정이었다. 그래서 그를 현명한 예언자로 만들기 위해 약초들을 모아서 큰 솥에 끓였다. 1년하고도

하루를 쉬임없이 저어서 만든 약초액은 몇 방울만 먹어도 힘과 지혜를 얻을 수 있었다. 그녀의 솥은 풍요와 시적 영감, 재생 등을 표상한다. 죽은 병사를 그 안에 넣으면 다시 살아났다고 한다. 솥이 자궁의 상징임을 알 수 있다.

25 열렬한 환경운동가이기도 한 크리스트는 순례 후 나와 한 인터뷰에서 여신운동과 현실정치 문제에 대해 다음과 같이 말했다. "여신운동은 자신이 온전해지기 위한 탐구에 국한되지 않습니다. 세상이 변하지 않는데 어떻게 나만 온전한 존재가 되겠습니까? 또 반대로 내가 내적으로 강해지지 않는다면 어떻게 세상을 변화시킬 수 있겠습니까? 우린 내적 탐구와 사회 변화 둘 다 필요합니다."

26 순례 후 나는 페이스북을 통해 그녀의 근황을 접했다. 드럼을 배우며 새 인생을 시작했다는 그녀는 화려한 의상을 입고 드럼 앞에 앉아 환하게 웃고 있었다.

27 종교학자인 크리스틴 다우닝은 이 전승을 근거로 아리아드네가 크레타의 위대한 여신이었다고 추정한다. 디오니소스는 원래 식물의 신이었으며 올림피아의 다른 남신들과 달리 여성의 숭배를 받았다. 그런 그가 아리아드네와 짝이 되었다는 것은 그녀가 원래 아들이자 연인인 남신을 거느리던 위대한 여신이었음을 말해 준다는 것이다.

28 우리 무속의 생사관은 세계 여신신앙의 보편적 생사관과 다르지 않다. 탄생-죽음-재생의 끝없는 순환 속에서 생사를 이해하는 것이다. 환생꽃은 이러한 순환적 생사관을 분명히 말해 주는 상징이다. 여기서 꽃은 여근의 상징이다. 꽃이 지면서 열매가 생기는 과정을 보면서 자연스럽게 생겨난 인식일 것이다. 고대 중국에서 꽃봉오리는 여근의 상징이었고, 일본 농사제의 꽃주술에서 꽃은 생명의 태반으로 여겨졌다. 그리고 여신신앙의 맥락에서 환생과 재생은 다른 것이 아니다.

29 제주인들은 가믄장아기를 '전상차지 신'이라고 하는데 운명의 신으로 해석된다. 심방들이 '전상'을 운명이란 뜻으로 사용하기 때문이다. 그런데 부와 풍요는 행운과 연결되기 때문에 풍요의 여신은 흔히 행운의 여신, 운명의 여신으로 성격을 확장한다. 로마의 운명의 여신 포르투나도 본래 풍요와 다산의 여신으로서 풍요의 뿔(코르누코피아)이 상징이다. 이 풍요의 뿔은 가믄장아기의 암소에 달렸을 뿔을 연상시킨다. 포르투나는 행운뿐 아니라 악운도 가져왔는데, 가믄장아기 역시 자신을 속인 언니들에게 악운을 내려 준다.

30 리투아니아에서는 17세기에도 표면이 평평한 거대한 돌을 여신이라고 불렀다. 그 돌들은 짚으로 포장되었고 곡물과 가축의 보호자로서 숭배받았다. 프랑스 건지

섬에는 묘지할머니라고 불리는 선돌이 있다. 한국에서도 선돌에 짚을 씌우거나 새끼줄을 두른다.

31 하와이의 대표적 여신 펠레는 킬라우에아 화산의 분화구 할레마우마우에 산다. 또 성산일출봉과 같은 형태의 코코헤드 분화구는 카포 여신의 성기가 찍힌 자국이라고 한다. 일본 후지산의 여신 고노하나노사쿠야히메는 산정 분화구 위 빛나는 구름 속에 산다는 전설이 있다.

32 제주에는 여러 한라산 남신(하로산또)들이 있다. 와흘본향당 주신도 하로산또라고 한다. 그러나 여러 학자들은 한라산을 만들었고 관련된 여러 전설들을 남긴 설문대할망이야말로 본래 한라산신이라고 본다. 한라산의 이칭 중 하나는 여장군이다. 백록담이 있는 정상의 분화구 역시 할망의 신성한 자궁이다. 하로산또들은 할망의 아들로서 신격을 얻었을 것이다.

33 현재 봉안된 당신도는 최근에 새로 제작한 것이다. 약 50년 전에 그려 봉안했던 당신도가 도난당한 후 한동안 방치됐다가 사람들의 기억을 되살려 다시 그렸다고 한다. 전체적으로 도교적인 느낌이 강하다.

34 개양할미는 옛날 변산에 많았던 호랑이들도 청동사자를 이용해 다스렸다고 한다. 서울대 조현설 교수는 이를 근거로 할미가 산신이기도 했다고 보는데, 그렇다면 한라산신 설문대할망과 성격이 더 유사해진다.

35 아홉 여신은 그리스와 힌두 신화에도 보인다. 아홉 명의 뮤즈들과 아홉 개의 다른 형상으로 나타나는 두르가 여신이다. 두르가의 아홉 여신은 아홉 밤에 걸쳐 진행되는 나브라트리 축제에서 숭배된다. 웨일즈와 중국에도 아홉 여신 전통이 있다.

36 도선에게 풍수를 가르쳐 준 이인이 지리산 성모인지도 모른다. 여러 정황상 성모는 한국 풍수의 뿌리였던 것 같다. 서양에서도 풍수적 지혜는 여신전통과 밀접한 관련이 있다.

37 후지산 여신을 모시는 센겐신사는 일본 전역에 1,300개에 이른다.

38 노고뿐 아니라 설문대할망, 개양할미, 안가닥할미 등의 거인여신들은 마고할미 계열의 여신으로 분류된다.

39 거석문화란 거대한 돌로 신전이나 무덤, 신상, 기념물 등을 창조한 선사시대 문화를 말한다. 구체적으로 고인돌과 선돌, 열석(列石) 등을 말하며 전 세계에 분포한다. 영국 스톤헨지는 세계적으로 유명하다.

40 　조왕은 부엌신으로 한국에서는 대개 여신이다. 『삼국지』 「위서」 '동이전'에는 변한과 진한 사람들이 "문의 서쪽에 모두들 부엌신을 모신다."고 기록돼 있다.

41 　현존 『부도지』는 해방 후 박제상의 후손이 기억에 의지해 옮긴 것이라고 하는데, 위서 논란에서 자유롭지 않다. 하지만 위서라 해도 『부도지』의 마고 역시 한국 역사와 한국인의 심상이나 영성에서 출현한 존재다. 마고할미의 원형을 복원하는 데 참고할 가치는 있을 것이다. 오랜 시간 구전돼 온 마고할미가 없었다면 『부도지』의 마고도 없었을 것이다.

42 　만물의 어머니이자 대지의 여신인 가이아도 그 우주적 스케일이나 거인 자녀 출생 등에서 볼 때 마고처럼 거인여신에 속할 것이다.

43 　단군신화에서 단군의 아버지 환웅은 풍백(風伯)·우사(雨師)·운사(雲師)를 거느리고 인간세상을 다스린다. 그런데 창원대 도진순 교수는 풍백·우사·운사가 농경과 관련된 신이 아니라 전쟁 신이라고 한다. 환웅-단군족은 홍익인간의 교화이념뿐 아니라 전쟁의 무력도 갖춘 부계종족으로서 모계 토착세력인 웅녀족을 복속시켰다는 것이다.(자세한 내용은 네이버 열린 연단 '역사와 기억, 그리고 이데올로기: 단군신화와 영원히 여성적인 것'을 참조)

44 　흉측한 몰골로 유명한 메두사는 원래 그리스 신화 이전에 존재했던 뱀 여신으로 여겨진다. 보는 이를 돌로 만들어 버리는 강력한 힘은 그로부터 유래한 것으로 보인다. 그리스 신화에서 그녀는 아테나와 적대관계에 있지만 원래 둘은 하나였다고 한다. 한 여신의 다른 측면들이 제우스의 딸 아테나와 괴물로 분화됐다고 보는 것이다. 이와 관련해 주목되는 존재가 아테나의 어머니 메티스다. 여신연구자들은 메티스와 메두사 두 이름이 어원을 공유하는 점 등을 이유로 둘을 같은 존재로 본다. 따라서 아테나가 영웅적인 공모자 페르세우스를 통해 메두사를 죽인 것은 사실 비밀스런 어머니 살해였다는 것이다. 이런 관점에서 메두사의 살해는 여신문화의 모녀 결속을 끝장내는 사건이 된다.

45 　심지어 야훼의 백성인 히브리인도 가나안의 여신 아세라를 바알과 함께 숭배했다. 성경에는 아세라상을 파괴하라는 야훼의 명령과 실제 파괴 행위들이 반복해 나타난다. 하지만 선지자들의 비난과 박해에도 불구하고 민중은 아세라 숭배를 지속했으며 야훼의 짝으로 만들기도 했다. 최근의 고고학적 성과들은 유대교 초기에 여신들이 중요한 역할을 했음을 알려 준다고 한다.

46 　마고할미가 이성계를 도왔다는 설화도 있다.

47   웨일즈의 리아논과 케리드웬, 켈트족의 에포나 여신은 말의 여신이다. 아스타르
      테 여신의 상징들 중 하나도 말이고, 아세라 여신도 종종 말과 함께 묘사됐다.

48   기독교의 부활절 달걀이 이러한 알의 성격을 잘 드러낸다. 많이 알려져 있듯, 부
      활절은 고대 종교의 재생을 축하하는 봄의 의례가 기독교에 흡수된 것이다. 순환
      적 세계관에 바탕한 여신신앙에서 모든 생명의 탄생은 재탄생이다.

49   서왕모란 이름이나 삼승할망의 서천꽃밭 등을 보면 고대 여신들의 방위는 주로
      서쪽이었던 것 같다. 선덕여왕은 "여자는 음이고 그 빛이 백색이며 백색은 서쪽
      을 뜻한다."고 말했다. 그래서 서술성모도 흰 말, 흰 닭으로 등장했을 것이다.

50   기록에 등장하는 첫 왕실여사제는 알영의 딸인 아로다. 알영도 서술성모의 여사
      제였을 것이다. (자세한 내용은 17장과 18장 참조)

51   여기서 아이라는 말은 현대적 의미와는 다른 맥락에 있다. 약하고 미숙한 존재가
      아니라 봄의 재생력 같은 새로운 생명력을 담지하고 있는 존재다. 그래서 혁거세
      뿐 아니라 김알지도 어린아이임을 주장했을 것이다. 크레타에서 제우스가 신성
      한 아이로 여겨졌고 기독교에서 아기예수가 찬양되는 것과 같은 맥락이다.

52   삼화령 미륵본존불의 나선무늬와 관련해서 3장에서 소개한 차탈회위크 여신상
      도 다시 볼 필요가 있다. 그녀의 양쪽 무릎에도 아치 형의 상징이 뚜렷이 찍혀 있
      기 때문이다. 자궁 부위에도 유사한 상징이 있어 무릎과 자궁의 연관성을 암시
      한다.

53   제보한 주민은 마누라 둘을 거느린 산신령이라고 했다는데 굳어진 가부장제적
      인식 때문이었을 것이다.

54   여성과 여신의 역사에 대한 전 세계 자료들을 제공하는 웹사이트 'The
      suppressed histories archives'에서 만들어 판매 중인 한 포스터에 포항 칠포
      리 여근 암각화가 포함돼 있다.
      http://suppressedhistories.net/vulvarocks.html

55   이 말은 여자는 아이를 꼭 낳아야 한다거나 여자의 최고의 일이 출산과 양육이라
      는 뜻은 결코 아니다. 생명출산과 양육, 보살핌의 가치들과 그것들을 구현하는 시
      스템을 사회의 중심에 놓지 못해 그 소중한 일들이 부담과 기피의 대상이 되거나
      경쟁 문화 속에서 왜곡된 이 사회와 문화에 대한 문제제기다. 그런 사회에 살았기
      에 내가 박탈당한 기쁨과 의미들에 대한 안타까움, 지금도 여러 피해들을 겪고 있
      는 숱한 한국 사람들에 대한 연민의 토로다. 그리고 이제 남자들도 이런 깨달음을

공유해야 한다는 제언이다.

56   여신신앙에서 여근 상징들은 셀 수 없을 정도로 많다. 현대인의 시각에서는 혼란스러울 정도다. 그러나 고대인들은 세상 만물에서 탄생과 죽음, 치유와 보호, 풍요와 다산, 불멸의 생명력과 창조성 등 다양한 여근의 능력을 보았다. 그들은 수많은 여근 상징들 간의 차이들을 잘 알고 있었을 것이다.

57   수혈은 현재 중국 지린(吉林)성 지안(集安)시 동쪽 17킬로미터 거리에 위치한 통천동이라는 용암동굴로 판단되고 있다. 이곳에서 압록강은 400미터 정도 떨어져 있다.

58   「구지가」에 거북을 구워 먹겠다고 겁박하는 내용이 있는 것은 고려시대의 기록이기 때문일 것이다. 용도 후대로 갈수록 자극이나 협박에 의해 부림을 당하는 존재로 격하됐다. 「구지가」가 거북신앙에서 나온 노래라는 견해는 학계에 여럿 나와 있다.

59   운제성모는 남해왕의 비였고 치술신모는 박제상의 부인으로 실성왕의 딸이었다.

60   신라 산천제사 중 가장 높은 대사(大祀)의 대상인 나림, 골화, 혈례 세 산의 신도 여신들이었다.

61   장천굴은 울진의 성류굴로 여겨진다. 지금은 시설물을 덧대 놓아 잘 보이지 않지만 동굴 입구가 영락없이 여성의 음문을 닮았다.

62   가야인들이 구지봉에 판 성혈과 같다.

63   이 때문에 설문대할망이 백록담에 큰 가마솥을 걸고 죽을 끓였다는 전설이 생겨났을 것이다.

64   금관 앞면의 세움장식은 보통 나뭇가지로 해석된다. 그럴 수도 있지만 산(山)을 표상할 수도 있고, 크레타 성화의 뿔이나 가야의 소머리 형상 금동관의 큰 뿔처럼 양식화된 소뿔일 수도 있다.(이 견해에 대한 자세한 설명은 20장에서 가야 금동관을 소개한 부분 참조) 혹은 그 모두를 아우르는 상징일 수도 있다. 상징은 다의적이라 하나로 대상을 고정시킬 수 없기 때문이다.
      허리띠 장식에 달린 물고기는 세계적으로 자궁의 상징으로 쓰였다. 티아마트 여신은 물고기 여자로 나타나고, 몰타 여신사원에선 물고기 토우가 나왔다. 아프로디테도 물고기와 함께 묘사되고, 다리 사이에 큰 물고기가 있는 아르테미스 여신상도 있다. 33관음 중 하나인 어람관음은 물고기로 상징되는 여성 관음이다. 거대한 오줌줄기에서 물고기와 온갖 해산물들을 창조했다는 설문대할망도 물고기 여신이라고 할 수 있다. 인어는 오래된 물고기 여신 전통에서 나온 것이다.

65 이런 관점에서 금관을 보면 앞의 세움장식이 양식화된 소뿔일 가능성이 가장 커 보인다.

66 김유신과 동시대를 산 유명한 문장가 강수의 원래 이름은 우두였는데, 어머니가 꿈에 뿔이 있는 사람을 보고 그를 낳았기 때문이다. 소머리가 상서로운 의미를 지 녔음을 알 수 있다.

67 선덕여왕의 아버지 진평왕은 하늘의 사자가 주는 옥대를 받았다. 그런데 그 명령 을 내린 존재는 상황(上皇)이다. 하늘신의 성별은 알 수 없으나 이름에 '황(皇)'이 쓰였다. 이 이야기는 선덕여왕의 즉위와 관련되어 있을 것이다.

68 고려대 최광식 교수는 동명왕 대에 부여에 두고 온 어머니를 신격화하여 시조신 으로 받든 것으로 본다.

69 이는 여신문화의 특성과 연결되는 중요한 통찰이다. 여신문화는 죽음보다 탄생 을 우선하고 중시했다. 나정에서 '생(生)'자가 써진 기와들이 출토된 것이 좋은 예 다. 생명 탄생을 의미하는 '생'자는 신라 여신신앙의 핵심적 가치. 여신문화는 물론 죽음에도 큰 관심을 가졌지만 죽음의 위기에서 생명의 즉각적 재생이 일어 난다는 강한 믿음이 있었다.

70 당 황제가 진덕여왕을 계림국왕으로 봉했다는 『삼국유사』의 기록은 신라가 국제 적으로도 상당기간 계림국으로 불렸음을 알게 한다. 아테네가 아테나 여신의 도 시이고 '유럽'의 어원이 여신 에우로페(Europe)라고 얘기되듯 신라는 서술성모 의 나라로 여겨졌던 것 같다.

71 남해왕의 비 운제부인도 이름에 '제(帝)'자가 들어 있다.

72 우리 정초 민속에 우물에서 용알뜨기가 있었다. 복을 구하며 첫새벽에 물을 긷는 풍속이다. 용알이 있는 우물은 알구멍인데 성혈도 알구멍으로 불렸으니 성혈과 우물이 같은 의미임을 이를 통해서도 알 수 있다.

73 황룡사 구층탑의 숫자 9는 개양할미와 지리산 성모천왕의 아홉 모녀, 마고할미가 거느렸던 아홉 장수의 숫자상징과 상응하는 것일 수 있다.

74 정연식 교수도 첨성대의 형상을 여체로 보았다. 첨성대는 나정과 마야부인의 몸 을 겹쳐서 형상화한 것이며, 네모난 창구는 석가모니를 낳은 옆구리라는 것이다. 조경학자 조세환은 1998년 발표 논문에서 첨성대 창구가 여성의 성기일 가능성

을 조심스럽게 제시했다.

75 수로왕은 하늘에서 알이 내려온다는 점에서 약간의 차이가 있다. 그러나 알이 땅에서 12일을 보낸 후 수로왕이 출현했으므로 그도 땅 자궁을 거친 것으로 볼 수 있다.

76 우리의 거대한 여신들은 5미터 크기의 우하량 여신상을 상기시키면서 서로의 관련성을 생각케 한다. 몰타 섬에서도 기원전 3000년경 만들어진 3미터 정도 크기의 여신상이 발굴됐다.

77 중국의 여와와 복희는 서로 얽힌 채 컴퍼스와 굽은 자를 각자의 손에 들고 있다. 수메르 신화에서 이난나는 지하세계로 하강할 때 손에 청금석으로 된 막대자를 들고 있었다. 막대자는 3-4000년 전 근동 지역의 지배자들 조각에 나타난다. 그리스 율법의 여신 네메시스, 운명의 3여신 중 하나인 라케시스도 막대자를 지니고 있다. 부안 수성당의 과거 당신도 속 개양할미는 자를 재는 모습이었다고 한다.

78 과장된 남근을 달고 있는 토우들이 많은데 김부타스는 남근도 자발적 생명 에너지를 표상하는 여신 상징이라고 본다. 전국 곳곳에 산재하는 남근석들은 남근숭배라기보다 여근의 생식력을 북돋는 역할로 보는 게 타당하다. 동해안 해신당에서 여신에게 봉헌하는 남근과 같은 것이다. 유럽과 근동에는 남근 형상을 품은 석기시대 여신상들이 여럿 있다.

79 차탈회위크 유적에는 두 다리를 일자로 벌린 매우 유사한 여신상들이 여럿 발굴됐다.

80 문무왕 수중릉이 여성성기 형상인 데는 호국주술적 성격도 담겨 있을 것이다.

81 이러한 인식은 샥티를 숭배하는 힌두교에서 매우 뚜렷하다. 『여신의 언어』를 번역 출간한 신화학자 고혜경은 『태초에 할망이 있었다』에서 선덕여왕의 선언을 상기시키는 힌두신화 하나를 소개한다. 시바신이 진노하여 신의 남근(링감)이 마구 치고 박고 날뛰기 시작했다. 산도 무너지고 계곡도 파괴되고 세상에 난리가 났다. 그때 여신 두르가가 나섰다. 그리곤 음문을 크게 벌려 날아오는 시바의 남근을 잡아버렸다. 그러자 남근은 고요해졌고 세상도 평화로워졌다.

82 용궁은 첨성대 전체 성소를 구성한 불가분의 요소였을 것이다. 계림 또한 마찬가지다. 신라 토착신앙에서 신성한 우물은 숲과 짝을 이루기 때문이다.

83 하니와를 생산한 고분시대는 한반도 도래인들의 문화적 영향을 많이 받은 시기로 알려져 있다.

84   첨성대를 여신과 관련시킬 수 있는 방증 하나가 더 있다. 바리공주 무가다. 바리 공주의 생김새를 묘사하는 한 무가는 "아기씨 키는 28수(宿) 스물여덟 자"라고 한다. 28수는 별자리 구역을 말하는 것이니 우주적 존재로 상상된 것이다. 그런 데 스물여덟 자는 첨성대 높이와도 관련시킬 수 있다. 당시 신라는 고구려 자나 당나라 자를 썼는데 스물여덟 자면 현재 첨성대 높이인 9.2미터와 얼추 들어맞 는다. 당시 척도는 시대에 따라 약간씩 달랐고 현대처럼 정확히 표준화돼 있지 않 았다. 첨성대 맨 위 정자석을 한 단으로 계산해 전체를 28단으로 보고 그것이 28 수를 표상한다는 견해가 있는데, 첨성대 높이도 여신의 키 스물여덟 자를 나타 낸 것일 수 있다. 어쩌면 첨성대의 정체를 전승하고자 한 여신신앙 세력이 무가에 "아기씨 키는 28수 스물여덟 자"를 암호처럼 넣었을지도 모른다. 바리공주를 만 든 뿌리는 신라 공주일 가능성이 높다. 조선시대까지 삼척과 안동 지역에서 거행 됐던 오금잠제(烏金簪祭)는 검은 금비녀를 신체로 모셨는데, 그것이 신라 공주 를 표상한다는 기록들이 남아 있다. 이 신라 공주는 신라 왕실여사제 전통이 만들 어 낸 신이었을 것이다.

85   과거 남부 지방에서는 가뭄이 계속될 때 여자들이 산꼭대기에 올라가 집단방뇨 를 했다. 여자들의 방뇨와 강우를 같은 성격의 일로 여긴 유감주술인데 하늘과 여 근을 동일시한 인식을 읽을 수 있다.

86   체코의 출산 민속에서 계란은 해를 의미한다. 또 여러 민족의 신화에서 알은 해와 관련된다. 대만에는 해가 알을 낳았다는 신화가 있고, 이집트 하토르 여신은 거위 로 변신해 황금알을 낳는데 이는 곧 해다. 이러한 맥락에서 수로왕의 황금알을 해 와 관련시킬 수도 있다.

87   당금애기 무가에도 그녀가 출산을 했을 때 옥황상제가 내려와 산바라지를 해 주 는 내용이 있다.

88   희화는 본래 일월의 운행을 주관한 태초적 여신이었던 것으로 여겨진다.

89   이 사각형은 삼화령석조미륵불의 역삼각형, 서산마애본존불의 띠매듭과 조응한 다.

90   낭산 마애삼존불 본존은 광배를 두르고는 있으나 불상이라기보다 풍만한 귀부인 처럼 보인다. 양 옆에 악귀를 쫓는 신장을 거느리고 있다. 머리에는 머릿결이 보이 고 손발은 감춰져 보이지 않는다. 또 얕지만 감실 안에 앉아 있다. 마모가 심해 할 매부처처럼 확실한 인상을 주지는 않지만 여성적 특징은 느낄 수 있다.

91   19세기 중엽 이규경이 쓴 『청학동변증설』에 담긴 내용이다.

92   서왕모가 사는 곤륜산의 '곤륜(崑崙)'이란 말의 어원을 살피면 소용돌이치는 물의 모양을 형용하면서 둥글다는 의미로 갖고 있다고 한다. 중국 창조여신 여와(女媧)의 '와(媧)'자를 구성하는 '咼'도 어원학적으로 '빙빙 돈다', 혹은 '둥근 구멍'이라는 의미라고 한다.

93   크노소스 신전에서도 나선이 새겨진 조개껍질이 출토됐다. 분황사 모전석탑 공양품 중에는 가위, 바늘통, 금바늘, 은바늘 등 여성용품들이 있다.

94   『삼국유사』는 남산 신을 따라 헌강왕이 춘 춤을 상염무(霜髥舞)라고 전한다. '상염'은 흰 수염이란 뜻이다. 그런데 상모돌리기에서 모자에 장식하는 상모(象毛)는 새의 흰 털로 만든다. 우리가 잘 아는 긴 종이띠는 그것의 변형이다. 상염무의 상염은 흰 새털로 만든, 수염 모양의 상모와 관련된 것으로 보인다. 그렇다면 상염무는 상모돌리기의 원형이 되는 춤이었을 것이다. 사발돌리기는 사발(자궁)을 돌려(나선) 빠른 회전의 에너지를 방출함으로써 자궁의 생명력과 나선을 연결시킨다.

95   뇌질주일(惱窒朱日)과 뇌질청예(惱窒青裔)는 해와 초승달을 의미하는 것으로 보인다. '청예'는 푸른 끄트머리, '주일'은 붉은 해라는 뜻이다. 『삼국유사』가 전하는 혁거세의 다른 이름 불구내(弗矩內)도 붉은 해의 음차 표기로 보인다.

96   결국 혁거세도 알영처럼 계룡의 소생이다. 혁거세 탄생과 관련해 성모의 상징 중 백마와 계룡, 즉 하늘과 땅, 물의 신성이 함께 사용된 것이다. 알영은 하늘의 신성에서 제외돼 있다는 점에서 남성중심사회로 이행하는 과도기적 상황이 보인다.

97   이는 중국과 한국에서 비석받침으로 돌거북을 쓴 배경을 말해 준다.

98   부안에 고인돌이 모여 있는 마을의 이름은 구암리(龜岩里)다. 부안의 고인돌들은 수성당과 지형이 같은 크레타 푸르누 코리피 유적지에서 나온 거북 여신상을 연상케 한다.

99   이 고인돌 가까운 곳에는 같은 시기에 세워진 선돌이 있는데 임신한 여성의 형상으로 판단되고 있다. 국내에서 유일한 경우라고 한다.

100 세오녀 설화에서 그녀가 짠 비단이 사라진 해와 달을 되찾을 수 있었던 것은 비단의 주술적 재생력 덕이었을 것이다. 혹은 희화의 해들이 거처하는 부상이 뽕나무이기 때문일 수도 있다.

한편 허황옥의 비단 바지는 현대에도 출현했다. 월남전에 파병된 국군장병들 사이에는 여자 팬티, 특히 입었던 팬티를 지니면 전쟁터에서 살아남을 수 있다는 속설이 있었다. 그래서 위문공연을 간 여가수들은 팬티를 많이 준비해 나눠줬다고 한다. 생명을 낳고 비를 부르며, 없어진 해도 되찾고 개인과 공동체를 보호하는 여근의 힘에 대한 믿음이 현대까지도 남아 있었던 것이다.

101 앞서 소개한, 우두라는 이름을 가졌던 강수는 대가야 출신이다.

102 가야왕자 아라사등에게 마을 사람들이 소를 잡아먹은 사실을 알려 주면서 소 값으로 마을의 신을 달라고 하라고 가르쳐 준 이도 갑자기 나타난 한 노인이었다.

103 수로부인 설화의 배경은 성덕왕 때다. 그런데 성덕왕은 특히 김유신 가문에 대한 배려가 두터웠다. 김유신의 후처인 지소부인(태종무열왕 김춘추와 문명왕후 사이 출생)과 손자들을 후히 대접하고 총애했다. 주변에서 질투할 정도였다. 가야계인 김유신 가문이 부상하면서 정견모주도 수로부인을 통해 부활한 듯하다.

104 강릉을 비롯한 동해안 해신당 여러 곳에서는 여신에게 수소의 생식기를 바쳐 왔다고 한다.

105 고구려 제천행사인 동맹에서 제사한 하늘도 여신일 가능성이 높다. 이 축제에서 사람들은 동굴신인 수신(隧神)을 맞이하여 압록강변에서 제사를 지냈다. 수신을 모셨던 동굴로 판단되는 통천동(通天洞)은 이름이 말해 주듯 하늘로 뚫려 있다. 하늘 자궁을 이루고 있는 것이다. 수신은 아마도 하늘여신이기도 했을 것이다. 북한 지역에 전승돼 온, 주몽이나 환웅이 동굴에서 하늘로 올라갔다는 전설들은 동굴이 하늘의 통로로서 같은 의미 범주에 속함을 시사한다. 고대 중국 문헌인 『주비산경』은 "모난 것은 땅에 속하며, 둥근 것은 하늘에 속한다."고 설명한다.
주몽의 아버지로 얘기되는 천제의 아들 해모수는 후대에 덧붙여진 듯하다. 광개토왕비문에는 해모수가 등장하지 않는다. 대신 주몽을 천제의 아들이라고 하는데 다른 비문에서는 일월의 아들이라고 하고 있어 하늘이 곧 일월(日月)임을 알수 있다. 이 하늘은 남성적 하늘보다 하늘 자궁에 가까울 것이다.

106 경기 지역에 전하는 우렁각시 설화에는 우렁각시가 백마를 타고 하늘을 오간다. 백마가 여신의 탈 것으로 등장하고, 우렁각시의 본향이 하늘이라는 점에서 한국 여신전통의 중요한 지점들을 담고 있다.

107 그리스에도 사람들이 아버지를 몰랐던 시절에 대한 기록이 전한다. 2세기경의 그리스 여행가 파우사니아스는 아테네 최초의 왕 케크롭스가 한 여자를 한 남자에게 처음으로 제한시킨 사람이라고 전한다. 그 이전에는 사람들이 자유롭게 관계

를 맺었다고 한다. 마라 켈러는 기원전 1500년경 이전에는 아테네 지역이 모계사회였으며 보다 자유로운 남녀결합이 지배적이었을 것이라고 추정한다.

108　『설문해자』는 성(姓)을 "사람이 태어난 바를 나타낸 것"이라고 하는데 부족의 시조모와 관련된 것으로 이해된다.

109　노적봉 전설은 할미가 지혜로써 우리 군사들을 도와 외적을 물리쳤다는 내용이다. 호국여신의 면모를 보여 준다.

인용 및 참고자료

고혜경, 『태초에 할망이 있었다』, 한겨레출판, 2010.

김영균·김태은, 『탯줄코드』, 민속원, 2008.

김정숙, 『자청비 가믄장아기 백주또』, 도서출판 각, 2002.

김태곤·최운식·김진영, 『한국의 신화』, 시인사, 2012.

노자, 『도덕경』, 오강남 풀이, 현암사, 2011.

리안 아이슬러, 『성배와 칼』, 김경식 옮김, 비채, 2006.

박제상, 『부도지』, 김은수 역, 한문화, 2011.

사라 넬슨, 『영혼의 새』, 이광표 옮김, 동방미디어, 2002.

소병, 『노자와 성』, 노승현 옮김, 문학동네, 2000.

신동흔, 『살아 있는 한국 신화』, 한겨레출판, 2014.

이능화, 『조선무속고』, 서영대 역주, 창비, 2008.

유홍준, 『나의 문화유산답사기』, 창작과비평사, 1993.

재클린 심슨, 『유럽신화』, 이석연 옮김, 범우사, 2013.

전호태·이하우·남연의·박초아, 『한국의 검파형 암각화』, 한림출판사, 2016.

조현설, 『우리 신화의 수수께끼』, 한겨레출판, 2006.

＿＿＿, 『마고할미 신화연구』, 민속원, 2013.

최진석, 『노자의 목소리로 듣는 도덕경』, 소나무, 2001.

클라리사 에스테스, 『늑대와 함께 달리는 여인들』, 손영미 옮김, 이루, 2013.

하순애, 『제주도 신당이야기』, 제주대학교 출판부, 2008.

강상대, 「녹족부인 서사에 나타난 신화적 상상력 연구-"반인반수"를 중심으로」, 동양학 55, 2014.

강영경, 「울산 천전리서석곡의 명문과 세선화에 보이는 여성」, 한국암각화연구 19, 2015.

고현아, 「신라 원화제 시행의 배경과 성격」, 역사와 현실 67, 2008.

김기탁, 「상주(尙州)의 영암신앙 연구」, 한국사상과 문화 22, 2003.

김아네스, 「한국인의 이상향과 지리산 청학동」, 동북아문화연구 20, 2009.

＿＿＿＿, 「조선시대 산신숭배와 지리산의 신사」, 역사학연구 39, 2010.

김무조, 「수신고: 여성상징을 중심으로」, 여성문제연구 2, 1972.

김유정, 「제주의 무신도: 현존하는 내왓당 무신도 10신위 연구」, 탐라문화 18, 1997.

김일권, 「영일만의 천문사상과 별자리 암각화」, 한국암각화연구 15, 2011.

김태식, 「제장으로서의 천전리서석곡과 제관으로서의 신라 왕실의 여인들-와권문(渦卷文)과 명문 분석을 중심으로」, 한국암각화연구 6, 2005.

＿＿＿, 「신라 국모묘로서의 신궁」, 한국고대사탐구 4, 2010.

문무병, 「탐라 고문화와 칠성신앙」, 민족미학 11(2), 2012.

서정범, 「미르(龍)어를 통해서 본 용궁사상」, 경희대학교 논문집 8, 1974.

송화섭, 「부안 죽막동 수성당의 개양할미 고찰」, 민속학연구 22, 2008.

＿＿＿, 「석검형·석촉형·검파형 암각화의 도상과 상징-남성과 여성의 성적 표현을 중심으로」, 한국암각화연구 19, 2015.

양홍진·복기대(2012), 「중국 해성 고인돌과 주변 바위그림에 대한 고고천문학적 소고」,
　　　　동아시아고대학 29, 2012.

우실하, 「최초의 태극관념은 음양태극이 아니라 삼태극/삼원태극이었다」,
　　　　사회사상과 문화 8, 2003.

＿＿＿, 「한국 전통문화의 심층구조-3수분화의 세계관」, 민족학연구 9, 2010.

이인경, 「한자에 투사된 고대중국의 생육숭배문화」, 중국학연구 77, 2016.

이종주, 「동북아시아의 성모 유화」, 구비문학연구 4, 1997.

이하우, 「한국 선사암각화의 제의표현에 관한 연구」, 경주대학교 박사학위논문, 2010.

임채우, 「고대동양의 여성숭배사상에 대한 고찰-한·중 신화에 나타난 여신의
　　　　변화과정과 유·도(儒·道)의 관점을 중심으로」, 온지논총 16, 2007.

전호태, 「울산 천전리서석 암각화의 용」, 한국고대사연구 77, 2015.

정연식, 「선덕여왕과 성조(聖祖)의 탄생, 첨성대」, 역사와 현실 74, 2009.

정호완, 「가락(駕洛)의 표기와 분포」, 지명학 14, 2008.

조세환, 「첨성대의 경관인식론적 해석」, 한국조경학회지 26(3), 1998.

조태영, 「한국 건국신화의 난생과 알노래 '아리랑'」, 한중인문학연구 16, 2005.

천혜숙, 「안동지역의 '산할매' 신앙과 여성조상의 신격화 전통」,
　　　　실천민속학연구 25, 2015.

최종성, 「생불과 무당-무당의 생불신앙과 의례화」, 종교연구 68, 2012.

한승훈, 「조선후기 혁세적 민중종교운동 연구」, 서울대학교 석사학위논문, 2012.

Betty Meador·Judy Grahn, 『Inanna, lady of largest heart: Poems of the
　　　　Sumerian high priestess Enheduanna』, University of Texas Press,
　　　　2000.

Carol Christ, "Why Women Need the Goddess-Phenomenological,
　　　　Psychological, and Political Reflections." In C. P. Christ & J. Plaskow,
　　　　『Womanspirit Rising: A Feminist Reader In Religion』, Harper & Row,
　　　　1979.

Carol Christ, 『Rebirth of the Goddess: Finding Meaning in Feminist

Spirituality』, Routledge, 1997.

Cynthia Eller, 『Living in the Lap of the Goddess: The Feminist Spirituality Movement in America』, Beacon Press, 1995.

Diane Wolkenstein·Samuel Kramer, 『Inanna, Queen of heaven and earth』, Harper and Row, 1983.

Elinor Gadon, 『The once and future goddess: A symbol for our time』, HarperCollins Publishers, 1989.

Marija Gimbutas, 『The Living Goddesses』, University of California Press, 1999.

_____, 『The Language of the Goddess』, Thames & Hudson, 2006.

Merlin Stone, 『When God was a woman』, Houghton Mifflin Harcourt, 1978.

Min Jiayin, 『The chalice and the blade in Chinese culture: Gender relations and social models』, China Social Sciences Publishing House, 1995.

Miriam Dexter·Victor Mair, 『Sacred Display』, Cambria Press, 2010.

Nanno Marinatos, 『Minoan religion: Ritual, image, and symbol』, University of South Carolina Press, 1993.

_____, 『The Goddess and the Warrior: The Naked Goddess and Mistress of Animals in Early Greek Religion』, Routledge, 2011.

Rodney Castleden, 『Knossos: Temple of the Goddess』, Efstathiadis Group, 1997.

Sara Nelson, 『Shamans, queens, and figurines: the development of gender archaeology』, Left Coast Press, 2014.

Starhawk, 『The Spiral Dance: A Rebirth of the Ancient Religion of the Great Goddess』, Harper San Francisco, 1999.

Angeliki Lebessi, 「The Erotic Goddess of the Syme Sanctuary, Crete」, American Journal of Archaeology 113(4), 2009.

Jacqueline Da Costa, 「From Feminist Theologian to Thealogian: The Life and Work of Carol P. Christ.」, Feminist Theology: The Journal of the Britain & Ireland School of Feminist Theology 14(3), 2006.

Mara Keller, 「The Eleusinian mysteries of Demeter and Persephone: fertility, sexuality, and rebirth」, Journal of Feminist Studies in Religion 4(1), 1988.

_____, 「Crete of the Mother Goddess」, Revision 20(3), 1998.

朴亨國, 「古代韓国の女神信仰と現存女神像に ついて」, 仏教芸術 278, 2005.

전통문화연구회 동양고전종합DB. 莊子(4) 第29篇 盜跖.
　　　http://db.cyberseodang.or.kr/

삼국유사 삼국사기 관련 내용 - 네이버 지식백과
　　　http://terms.naver.com/list.nhn?cid=49616&categoryId=49616
　　　http://terms.naver.com/list.nhn?cid=49615&categoryId=49615

이형구, 『한국 고대문화의 비밀』, 새녘출판사, 2012.
　　　http://terms.naver.com/entry.nhn?docId=1968015&cid=42954&categoryId=42954

사진 출처

1부

헤라클리온 전경 | Andy Montgomery | Flickr

1장

크노소스 유적 | János Korom | Flickr

미노아 도자기들 | Zde | Wikimedia Commons

2장

크리스트 사진 | Michael Honegger

3장

크노소스 복원도 | Mmoyaq | Wikimedia Commons

차탈회위크 여신상 | Nevit Dilmen | Wikimedia Commons

필라 크립트의 양날도끼 | Carol Christ | feminismandreligion.com

황소머리 형상 | Wolfgang Sauber | Wikimedia Commons

카밀라리 | Schuppi | Wikimedia Commons

추수감사 항아리 | Zde | Wikimedia Commons

추수감사 항아리 부분 | Zde | Wikimedia Commons

푸른색 배경의 여주인들 | 셔터스톡

백합왕자 | Leonard G. | Wikimedia Commons

어부 | Yann Forget | Wikimedia Commons

황소 재주넘기 | Harrieta171 | Flickr

왕좌실 | Shadowgate | Flickr

4장

뱀 여신상 | George Groutas | Wikimedia Commons

새 모양 토기 | 국립전주박물관

황금벌 펜던트 | Olaf Tausch | Wikimedia Commons

딕티나 동전 | Zde | Wikimedia Commons

미노스 반지 | Jebulon | Wikimedia Commons

6장

양날도끼 프레스코화 | Zde | Wikimedia Commons

파이스토스 디스크 | C messier | Wikimedia Commons

미르토스 여신 | Zde | Wikimedia Commons

9장

교동금관 | 국립경주박물관

2부

제주도 풍경 | 장시은 | 한국관광공사

10장

내왓당 홍아위 | 문화재청

송당본향당 | 문화재청

11장

13명의 토착할머니들 | http://www.grandmotherscouncil.org/

내 슬픈 전설의 22페이지 | 서울시립미술관

생태 | 서울시립미술관

12장

성산일출봉 | Korea.net | Wikimedia Commons

15장

화순 고인돌 유적 | 문화재청

핑매바위 | 문화재청

성루 동전 | Marie-Lan Nguyen | Wikimedia Commons

달집 | 리빙스턴 홈페이지(https://pagaian.org/articles/mooncourt/)

16장

이시스 | Jeff Dahl | Wikimedia Commons

삼화령석조삼존불 | 국립경주박물관

서산마애본존불 | Dalgial | Wikimedia Commons

조몬여신상 | World Imaging | Wikimedia Commons

띠 매듭을 장식한 여인 | Zde | Wikimedia Commons

테트 | Metropolitan Museum of Art | Wikimedia Commons

내왓당 본궁위 | 디지털제주시문화대전

고 | 문화재청

17장

문무왕릉 | 경북나드리

윷판형 암각화 | 임실문화관광

신암리 여인상 | 국립중앙박물관

백록담 | 제주도청

18장

첨성대 | 문화재청

황남대총 북분 금관 | 국립중앙박물관

황남대총 금허리띠 | 국립중앙박물관

천마총 금허리띠 | 국립중앙박물관

장군형 토기 | 국립경주박물관

아르테미스 | Klaus-Peter Simon | Wikimedia Commons

구슬가슴꾸미개 | 국립중앙박물관

천마총 나비형금제장식 | 문화재청

천마총 소뿔모양금제장식 | 문화재청

구멍 뚫린 토우 | 국립중앙박물관

첨성대를 닮은 그릇받침 | 국립대구박물관

검파형 여신상을 닮은 그릇받침 | 국립중앙박물관

첨성대 입구 | 문화재청

실라 나 긱 | Pryderi | Wikimedia Commons

미추왕릉 토우 장식 장경호 | 국립경주박물관

중국 신석기시대 항아리 | Prof. Gary Lee Todd | Wikimedia Commons

그릇받침 여신상 | 국립중앙박물관

보성리 검파형 암각화 | 문화재청

누트 | British Museum | Wikimedia Commons

19장

여인 토용 | 국립경주박물관

분황사 출토품 | 국립경주박물관

영묘사터 수막새기와 | 국립경주박물관

최시형 | 미상 | Wikimedia Commons

20장

정견모주 표준영정 | 손연칠 | 대가야박물관

장기리 암각화 | 문화재청

구례 봉서리 고인돌 | 한국학중앙연구원

옥천 석탄리 선돌 | 문화재청

부안 구암리 고인돌 | 문화재청

덕흥리 고분벽화 | 한성백제박물관

뿔잔 | 호림박물관

소뿔 모양 손잡이 달린 항아리 | 국립중앙박물관

가야 금동관 | 문화재청

소모양 토기 | 호림박물관

나선 뿔잔 | 국립중앙박물관

21장

함평 아차동 미륵할미 | 국립민속박물관

이 책을 만드는 데 협조해 주신 모든 분들께 감사의 말씀을 전합니다.
저작권을 찾지 못한 일부 자료는 저작권자가 확인되는 대로
정해진 절차에 따라 해결하도록 하겠습니다.

여신을 찾아서

1판 1쇄 찍음 2018년 5월 8일
1판 1쇄 펴냄 2018년 5월 15일

지은이 | 김신명숙
발행인 | 박근섭
책임편집 | 정지영, 강성봉
펴낸곳 | 판미동

출판등록 | 2009. 10. 8 (제2009-000273호)
주소 | 06027 서울 강남구 도산대로 1길 62 강남출판문화센터 5층
전화 | 영업부 515-2000 편집부 3446-8774 팩시밀리 515-2007
홈페이지 | panmidong.minumsa.com

도서 파본 등의 이유로 반송이 필요할 경우에는 구매처에서 교환하시고
출판사 교환이 필요할 경우에는 아래 주소로 반송 사유를 적어 도서와 함께 보내주세요.
06027 서울 강남구 도산대로 1길 62 강남출판문화센터 6층 민음인 마케팅부

판미동은 민음사 출판 그룹의 브랜드입니다.